创新创业教育译丛

杨晓慧 王占仁 主编

创业教育研究手册

（第三卷）

国际视野

〔法〕阿兰·法约尔 主编

刘 志 译

徐健文 周思瑞 校

HANDBOOK OF RESEARCH IN ENTREPRENEURSHIP EDUCATION, VOLUME 3: INTERNATIONAL PERSPECTIVES

This edition arranged with Edward Elgar Publishing Limited

through Big Apple Agency, Inc., Labuan, Malaysia.

中译丛书序言

高校深入开展创新创业教育对于提高高等教育质量、促进学生全面发展、推动毕业生就业创业、服务创新型国家建设发挥了重要作用。高校创新创业教育的基本定位是培养创新创业型人才，造就“大众创业、万众创新”的生力军。为了切实提高创新创业型人才培养质量，就要把创新创业教育真正融入高校人才培养全过程，以培养创新创业型人才为核心目标，以把握创新创业型人才成长规律为基本依据，以创新创业型人才培养质量为主要评价标准，在创新创业型人才培养视域下规划和推进高校创新创业教育。

培养创新创业型人才是国家实施创新驱动发展战略、促进经济提质增效升级的迫切需要。在创新型国家建设的新形势下，国家对创新创业教育有了新的期待，希望创新创业教育能够培养冲击传统经济结构、带动经济结构调整的人才，这样的人才就是大批的创新创业型人才，以此来支撑从“人力资源大国”到“人力资源强国”的跨越。

培养创新创业型人才是世界高等教育发展的必然趋势。创新驱动的实质是人才驱动,国家需要的创新创业型人才主要依靠高等教育来培养。但现有的高等教育体制机制还不足以满足创新型人才培养的需要，必须要进行深入改革。这种改革不是局部调整，而是系统革新。这恰好需要高校创新创业教育先行先试，发挥示范引领作用，以带动高等教育的整体转型。

培养创新创业型人才是高校创新创业教育当前所处历史方位的必然要求。我们要清醒地认识到高校创新创业教育当前所处的发展阶段，以及将来能够发挥什么作用。当前，高校创新创业教育已经在大胆尝试和创新中完成了从无到有的初级目标，关于未来发展就是要看它能为对它有所期待、有所需要的国家、社会、高等教育和广大学生创造何种新价值。国内外创业教育的实践都充分表明，高校创业教育的核心价值是提升人们的创新意识、创业精神和创业能力，即培养创新创业型人才。这是高校创新创业教育能够有所作为并且必须有所作为的关键之处。

在我国深化高等学校创新创业教育改革的同时，世界范围内的很多国家也在大力发展创新创业教育。其中，有些创新创业教育起步较早的国家或地区已经形成了“早发内生型”的创新创业教育模式，如美国的创新创业教育。在起步较晚的国家和地区形成的“后发外生型”的创新创业教育模式也值得学习和借鉴，如欧盟的创新创业教育。因此，我们需要从中国创新创业教育的发展逻辑和迫切需要出发，进行国际比较研究。创新创业教育的国际比较面临着夯实理论基础、创新研究范式、整合研究力量等艰巨任务，其中一个非常重要的前提性、基础性的工作就是加强学术资源开发，特别是要拥有世界上创新创业教育相关理论和实践的第一手资料，这就需要开展深入细致的文献翻译工作。目前围绕国外创新创业教育理论及实践，学界虽不乏翻译力作，但成规模、成系统的译丛还不多见，难以满足创新创业教育的长远发展需要。

正是从创新创业教育的时代背景和学科立场出发，我们精选国外创新创业教育相关领域具有权威性、代表性、前沿性的力作，推出了具有很高研究价值与应用价值的系列翻译作品——《创新创业教育译丛》（以下简称“译丛”）。译丛主要面向创新创业教育领域的研究者，帮助其开阔研究视野，了解全世界创新创业教育的发展现状；面向教育主管部门的决策者、中小学及高校从事创新创业教育的工作者，帮助其丰富教育方法，实现理论认知水平与教育水平的双重提升；面向创新创业教育专业及其他专业的本科生与研究生，在学习内容和学习方法上为其提供导向性支持，使之具备更为广阔的专业视角和更为完善的知识结构，从而为自我创业打下坚实的基础并能应对不断出现的种种挑战。

基于以上考虑，译丛的定位是体现权威性、代表性和前沿性。权威性体现在译丛选取与我国创新创业教育相关性大、国际学术界反响好的学术著作进行译介。既有国外相关领域知名专家学者的扛鼎力作，也有创业经历丰富、观点新颖的学术新秀的代表性著作。代表性体现在译丛选取了在全球创新创业教育领域位居前列的美国、芬兰、英国、澳大利亚和新加坡等国家，着重介绍了创新创业教育在各国的教学理念、教育模式、发展现状，有力展现了创新创业教育理论研究与实践探索的最新现实状况及前沿发展趋势。前沿性体现在译丛主体选取了自 2000 年以来的研究专著，确保入选书目是国外最新的研究力作。在研究主题上，入选书目聚焦了近年来学界集中关注的热点难点问题，紧扣我国创新创业教育发展的重大问题，把握国外创新创业教育理论与实践的最新动态，为深化创新创业教育改革提供前沿性理论支撑和实践引导。

译丛精选了 12 本专著，计划分批翻译出版，将陆续与广大读者见面。它们分别是《本科生创业教育》《研究生创业教育》《创业教育与培训》《创业教育：美国、英国和芬兰的论争》《创新与创业教育》《创业教育评价》《国际创业教育》《广谱式大学创业生态系统发展研究》《广谱式创业教育》《创业教育研究手册（第一卷）》《创业教育研究手册（第二卷）》和《创业教育研究手册（第三卷）》。

译丛坚持“以我为主、学习借鉴、交流对话”的基本原则，旨在丰富我国创新创业教育在国外译著、理论研究与实践探索等方面的学术资源，实现译著系列在学科定位、理论旨趣以及国别覆盖上的多重创新，为推动学术交流和深度对话提供有力支撑。

杨晓慧
2015 年 12 月 25 日

目　录

第四部分　如何从制度文化中学习？

作者列表

卞东：里昂高等商学院，法国。

内奥米·博斯泰尔：利默里克大学，爱尔兰共和国。

佩尔·布雷恩科尔：奥胡斯大学和计划总监，国际创业教育和培训硕士，丹麦。

塞尔文·布雷：欧洲高等商学院和综合理工学校，法国巴黎。

贾尼斯·伯恩：里昂高等商学院，法国。

保罗·林德·克里斯滕森：南丹麦大学和科灵设计学院，丹麦。

琳达·科利：迈阿密大学，美国。

克里斯·柯雷特：昆士兰科技大学，澳大利亚。

凯瑟琳·科隆：巴黎第二大学，法国。

德克·德舒密斯特：根特大学，比利时。

苏珊·戴妃：西蒙斯管理学院，美国。

阿兰·法约尔：里昂高等商学院，法国。

杰奎琳·冯特：欧洲高等商学院和综合理工学校，法国巴黎。

托马斯·贾若万：利默里克大学，爱尔兰共和国。

西蒙·吉：德比大学，英国。

朱迪斯·古丽克尔斯：瓦格宁根大学，荷兰。

埃德加·伊思奎尔多：美国管理研究生院，厄瓜多尔。

蒋红玲：上海交通大学，中国。

柯林·琼斯：澳大利亚创新研究中心，澳大利亚。

诺伯特·凯勒：约翰开普勒大学，奥地利。

吉尔·齐库尔：纽约大学，美国。

托马斯·兰斯：瓦格宁根大学，荷兰。

哈里·麦特莱：伯明翰城市大学，英国。

罗伯特·穆恩：德比大学，英国。

哈迪·尼卡：昂热大学，法国。

特雷萨·尼尔森：西蒙斯管理学院，美国。

巴拉·Ó. 西奈德：利默里克大学，爱尔兰共和国。

大卫·雷：林肯大学，英国。

布雷特·R. 史密斯：迈阿密大学，美国。

菲利普·司博坦：埃里昂商学院与综合理工学校，法国。

皮埃尔·司博坦：卡昂大学，艺术家与摄影师，法国。

前　言

创业与“异质性”有关：创业者创建企业时来自不同背景，有不同的商业理念，并且其创业方式也各不相同。威廉·加特纳(William Gartner)[①]在其一篇论文中强调这一事实：“一个创业实证模型，八种创业原型。”他还于1985年在《管理学会评论》上发表一篇文章，这篇文章后来被广泛引用。在文章中，他提出了一个创业多样性模型，这些多样性包括创业者多样、创业活动多样、新创企业类型多样及其创业活动所处的环境多样，这个多样性模型可称为创业不同模式的“万花筒”模型。

根据这一论证得知，情境很重要！不同国家的创业制度条件存在很大差异。[②]各国不仅在对创业、风险和失败的态度方面，以及经济环境方面存在差异（如经济增长、立法、税收、创业者的行政负担），而且还在对创业者及其新创企业的扶持上存在差异。这些因素都会影响人们在社会中创业的可能性，并使得在不同国家内创业行为各不相同。因此，创业活动进展速度和所创企业的特点在不同情景下存在极大不同。[③]

创业者所创建的企业之间也存在极大的异质性。大多数企业可被看作是模仿性企业，因为人们往往创建和其他企业本质上相似的企业，例如，人们新创建的饭店与其他饭店相似、精品店与其他此类的商店相似，等等。当然，创业中这种模仿行为有其原因，主要在于这种行为是减少新创企业内在不确定性的一种方式。尽管有这种创建具有模仿性企业的倾向，但也常有打破常规模式、创立更具创新性企业的创业者，而这种企业可能会带

① 参见威廉·加特纳（William Gartner，1982）。
② 参见路德斯乔姆与史蒂文森（Lundström and Stevenson，2005）。
③ 参见博斯马等人（Bosma *et al.*，2008）。

来新产业。创建创新性企业不同于创建模仿性企业，[①] 例如，创业者必须学会新技能并预先设想到企业将要遵守的常规惯例，同时也要说服其他人相信自己的创意和创业项目。

此外，不论是模仿性还是创新性企业都有多种不同创建方式。[②] 甚至可能会有这样的情况：在创业者开始考虑创业前，其与顾客的第一笔生意就已经完成。创业起始阶段的持续时间也长短不一，短至几周，长达数年。创建企业的最佳方式并不存在，它是一个包含创新、实验、规划以及系统性工作的复杂过程。

最后，创业者之间也存在差异！全世界每年有数以百万的人创业，但他们的特点与动机却并不相似。总体而言，很早以前就有这样一种观点：你要么是一个创业者，要么完全不是，并且普遍认为创业者具有专门的特质和动机。[③] 但现在我们已经知道，这些变量仅能解释一小部分差异。[④] 此外，我们必须牢记，创业已经不仅仅是一种个人的成就，而是这样一个社会现实，即越来越多的企业由创业团队创建，这就使得创业的先决条件和过程与以往创建一家个人企业明显不同，例如，在资源的可获取性以及团队内部冲突可能性和创业面临的负面影响方面，二者都存在差异。

我们可得出的结论是：创业中差异之处多于相似之处，即创业是一个高度异质现象，而我们的创业教育需要考虑这一异质性。在本书，即《创业教育研究手册（第三卷）》中，阿兰·法约尔（Alain Fayolle）着眼于国际视野下的创业教育，对创业异质性的问题进行了极有价值的探讨，使我们得以从全世界教学经验的多样性中有所收获。

正如法约尔在引言中所述，“根本就不存在什么神奇方法，有的只是或多或少贴合教学目标，符合受众群体特征，以及符合制度、文化和组织要求的方法而已”，因此，在创业教育中并不存在最佳教学法。本书第一部

① 参见奥德里奇（Aldrich，1999）。
② 参见雷诺兹与米勒（Reynolds and Miller，1992）。
③ 参见布洛克豪斯（Brockhaus，1982）。
④ 参见戴维森（Davidsson，2008）。

分介绍创业教育中的不同教学法，如仿真模拟法、案例研究法及运用创业者的实践知识。第二部分侧重于关注在教学情境中利用学生多样性方面的差异，以及不同国家和文化之间创业教育方面的差异。第三部分详述针对如女性创业者、少数民族创业者、艺术家、科学家及本科生等特殊受众的创业教育。本书最后一部分通过对不同制度文化（例如，在大学情境和私营公司）下创业教育的讨论，将创业的异质性纳入考虑之中。

本书内容丰富，为读者自身的学习提供很好的机会。认真考虑创业的异质性，读者可从本书呈现和探讨的不同教学法与创业教育中有所收获。我希望读者们都能有一个愉快而又有益的阅读体验。

汉斯·兰斯特龙
（Hans Landström）
瑞典隆德大学
（Lund University, Sweden）

参考文献

Aldrich, H.E. (1999), *Organizations Evolving*, Thousand Oaks, CA: Sage.

Bosma, N., Z.J. Acs, E. Autio, A. Coduras and J. Levie (2008), *Global Entrepreneurship Monitor: 2008 Executive Report*, Babson Park, MA: Babson College.

Brockhaus, R. (1982), “The psychology of the entrepreneur”, in C.A. Kent, D.L. Sexton and K.H. Vesper (eds), *Encyclopedia of Entrepreneurship*, Englewood Cliff s, NJ: Prentice-Hall, pp. 39–57.

Davidsson, P. (2008), “Looking back at 20 years of entrepreneurship research: what did we learn?”, in H. Landstrom, H. Crijns, E. Laveren and D. Smallbone (eds), *Entrepreneurship, Sustainable Growth and Performance*, Cheltenham, UK and Northampton, MA, USA: Edward Elgar, pp. 13–26.

Gartner, W.B. (1982), “An empirical model of the business start-up, and eight entrepreneurial archetypes", unpublished doctoral thesis, University of Washington, Seattle.

Gartner, W.B. (1985), "A conceptual framework for describing the phenomenon of new venture creation", *Academy of Management Review*, 10, 696–706.

Lundstrom, A. and L. Stevenson (2005), *Entrepreneurship Policy: Theory and Practice*, New York: Springer.

Reynolds, P. and B. Miller (1992), "New firm gestation: conception, birth and implication for research", *Journal of Business Venturing*, 7, 405–417.

第一章　国际视野下的创业教育

阿兰·法约尔（Alain Fayolle）

随着《创业教育研究手册》前两卷的相继问世，本书第三卷也即将出版。第一卷和第二卷分别从综合（整体）和背景（情境）两个角度探讨创业教育。[①②] 这两卷书中有几章专门探究目前创业教育在范式、方法及理论上的变革，还有一些章节论述文化、制度、国家及政治等背景（情境）因素对开展创业教育的重要性。而本书，即《创业教育研究手册（第三卷）》，则着眼于国际视野。也就是说，我们不但认可创业教育与培训的背景（情境）性，而且坚信：我们作为创业教育研究者和教育者，能在对国际实践的多样性研究中有所收获。[③]

创业是创造价值的重要源泉。我们相信，通过创业可实现社会公正。创业与情境息息相关。是谁发现并利用了基于未来产品和服务的商业机会？他们是如何做到的？这又会产生什么样的结果？这一过程深受其所处背景（情境）的经济发展水平及文化的影响。[④] 例如，众所周知，发展中国家和转型国家的创业完全不同于发达国家的创业。基于此，我们可发现三个塑造创业的经济文化背景（情境）。第一，自由体制，即市场机制是塑造和维系经济与社会公正的最佳方式（即美国经济）；第二，合作体制，即当市场无法有效进行财富再分配时，政府则会起重要作用（比如法国）；

① 参见法约尔（Fayolle，2007a）。
② 参见法约尔（Fayolle，2007b）。
③ 参见波特（Potter，2008）。
④ 同上。

第三，非正式体制，即政府和受管制的市场都不能创造财富、实现社会公平。因此，这些国家财富和公平由地方按照社会组织的隶属关系实现（比如许多非洲国家）。上文简述的三种背景（情境）对创业的塑造不尽相同。因此，我们不能只从单一维度理解创业，因为它建立在许多对宏观经济产生巨大影响的行为基础上。

这些不同的世界观及创业发挥积极作用的方式影响了创业教学方式，让人们认识到创业是可教授的。而我们能确信的是，创业教育研究应给予这方面更多的关注。

在《创业教育研究手册（第三卷）》中，我们收集了 17 篇实证和理论研究。这些研究论证了上述不同经济文化背景（情境）下创业教育和培训中的问题，关注具体背景（情境）如何塑造其创业教育。我们还想强调应如何从这些国际视点中学习，从而改进自身实践。为实现这一目标，我们将本书分成四个部分，每一部分探究创业教育学习中的一个关键问题，即方法、差异、少数群体和制度文化。以下是本书四部分（17 章）的内容概要。

一、如何从方法中学习？

我们知道方法对创业教育非常重要，[①] 但有时教育者和教师总是或隐晦或大方地谈论（或者寻找）一种能让每个人都成为成功创业者的神奇方法。然而这根本就不存在，有的只是或多或少贴合教学目标、符合受众群体特征与制度、文化和机构要求的方法而已。[②] 这里的“方法”既是指模拟教学、案例教学、邀请创业者参与课堂教学等教学方法，也包括评估关键创业要素（在我们的案例中指创业能力）的概念方法。《创业教育研究手册（第三卷）》的第一部分共四章，前三章围绕特定教学方法展开，第四章则重点介绍创业教育中创业能力的评估。

第二章“使用仿真模拟训练法激发学生的移情和能动性——革新性的

① 参见卡里尔（Carrier，2007），法约尔（Fayolle，2008），哈里森和利奇（Harrison and Leitch，2008），史密斯等（Smith *et al.*，2008）。

② 参见法约尔和加伊（Fayolle and Gailly，2008）。

社会创业教育教学”是布雷特・R. 史密斯（Brett R. Smith）、吉尔・齐库尔（Jill Kickul）和琳达・科利（Linda Coley）的研究成果。本章的出发点是让学者及实践者认同移情是社会创业者的一个必备技能。基于此，作者对模拟教学法的运用如何促进移情培养和社会创业教育发展进行验证。质化研究结果表明，仿真模拟法可以成为社会创业教学的有效工具之一，它可以给学生提供对重点理论建构进行体验式学习的机会。在社会创业领域持续发展的同时，[①] 在社会创业者的教育与培训方面仍存在许多问题和挑战，和“传统”创业者相比，社会创业者寻求的机会与之有着本质性区别。

第三章的作者是巴拉・Ó. 西奈德（Barra Ó Cinnéide）。题目是“创新型产业与创业教育——以学生为本进行案例教学的潜在贡献”。本章旨在阐述创业教育与培训中案例教学的价值与意义。本章参照的是创新型产业，这是一个涵括许多不同部分和细分市场的经济领域。本章强调了它在案例教学中的潜力。文化和民族性格等因素影响着创新型产业，据此可以发展新型的、有吸引力的案例教学材料。作者描述了她在授课及测验中创造并运用创新产业案例教学的经验。她主要的研究涉及九个群体和期末测验案例评估过程的有效性，并据此得出自己的结论。其实验的现实意义是建议教育与培训者应就案例教学在他们教学过程中的特定作用进行更多的课堂研究。此外，她还鼓励大家进一步开展创新产业教育方向的研究，因为这一领域有很多研究机会有待发掘，它们能提供很多振奋人心的创业与创新案例。

第四章由佩尔・布雷恩科尔（Per Blenker）和保罗・林德・克里斯滕森（Poul Rind Christensen）撰写，题目为“学习创业知识：创业教育中的创业者”。我们一般听到的都是创业者的实践知识以及他们在教育与培训中显示出的卓见绝识。因此，让创业者在创业教育中担任教师的做法广受好评并流行开来。在本章中，作者探讨并指出可将创业者基于经验的知识以不同方式、不同目的纳入到教学项目中来。虽然这一研究只是迈出了第

① 例见我们的《社会创业研究手册》（即将出版）。

一步，但为回答以下关键问题提供了一个初步框架，即我们如何才能将不同教育背景下不同类型创业者的教学贡献和启示意义最大化。

第五章的作者是托马斯·兰斯（Thomas Lans）和朱迪斯·古丽克尔斯（Judith Gulikers），题目为“创业教育与培训中的创业能力评估”。作者基于教育科学的视角，指出过去30年间人们关于个体教育评估作用及设计的认识已经发生改变。从“对学习的评价”转向“为了学习的评价”，由测试文化转向评价文化。像其他关于创业的看法各不相同一样，本章认为创业教育需要学习型评价方式，承认参与者及创业背景（情境）的异质性。这些评价方式应让参与者辨识并理解自己所处创业背景（情境）的关键方面，还应给他们机会去展示自己已有的才能，并找出他们为成为各自专业领域成功创业者还需做出努力的方面。为此，本章描述了这种创业培训评价体系的首要步骤以及创业教育或培训研究三个相关的潜在研究领域。

二、如何从差异中学习?

本书的第二部分是关于差异的。我们从差异中学到的可能比在相似中学到的还要多。过去的创业教育研究关注从经验中学习，[①] 注重从失败中学习，[②] 但很少有人对从差异中学习进行研究。这里所说的差异可从多个角度来看：国家、文化间的差异，不同人群——学生、教育者及利益相关者的差异，以及各机构和（或）教育制度间的差异。

第六章“诠释学生或教育者多样性的原因——再谈互动理论”由柯林·琼斯（Colin Jones）撰写。这一章的主要目的是强调在创业教育过程中运用学生多样性的适切度与价值。尽管教育者对高等教育中学生的差异性达成共识，多样性这个问题却仍被大大忽略。作者认为，一旦我们认同学生间的多样性，我们就可以利用一种全新的学生反思形式来改善学生学习结果。考虑到创业教育的体验性本质，这一领域的每一个教育者都有一个发现并利用学生多样性的机会以改善师生间的互动本质。从这一讨论中

① 参见科普和沃茨（Cope and Watts，2000），波利蒂斯等（Politis *et al.*，2008）。
② 参见谢泼德（Shepherd，2004）。

我们可得出一个重要结论，即重视学生发展、减少对创业教育中商业价值的侧重具有潜在价值。

杰奎琳·冯特（Jacqueline Fendt）和塞尔文·布雷（Sylvain Bureau）是第七章“大国中的小企业教育：冲突、机遇还是兼而有之？——对一所法国精英大学的案例研究”的作者。我们中一些人可能对法国教育体系的特征很熟悉，它的独特性在于其大学和精英大学的二元对立。[①] 冯特和布雷的研究详述了法国巴黎一所精英大学商学院的一个实验性创业教育项目。作者首先综述了当代创业教育的重要主题和关注点，然后描述法国本科生体系的特殊性以及（推论的）小企业创业者崛起与法国极度精英化管理培养体系的矛盾对立。在本章中，两位作者主要介绍和分析了一所法国商学院的一种创业教育经验，并使之概念化。他们从学生、教职工、创业者、投资者及企业合伙人等不同类型的利益相关者角度审视这一项目的成果。最后，冯特和布雷根据这一经验提出了自己的见解，对一些观点进行了引申并提出了进一步研究的建议。

在第八章“英国创业教育中利益相关者的参与和影响”中，作者哈里·麦特莱（Harry Matlay）调查了利益相关者的参与对英国创业教育的影响。这一关注点和话题很有意思，因为我们知道各种利益相关者在创业及创业教育中扮演着重要角色，他们可以带来更加广泛的资源，并且可以分享自己关于这一话题的经历和特有知识。作者首先批判性地评价了有关利益相关者参与到创业教育中的文献。在解释其研究采用的研究方法后，作者对研究中收集到的数据、进行的相关分析以及最终得出的研究发现进行概述。研究的一个主要目的是基于角色类型、参与度高低及贡献大小强调三种类型利益相关者的概念差异，这三种类型包括一级利益相关者（比如学生）、二级利益相关者（比如父母或校友）及三级利益相关者（比如政治人物与当地社区）。麦特莱揭示了其研究的多重含义并指出多个进一步研究的方向。

① 参见巴苏科斯和劳伦斯（Barsoux and Lawrence，1991）。

第九章“从多文化视角看创业者教育与培训环境”为凯瑟琳·科隆（Catherine Coron）所著。此研究的目的是比较不同高等教育体系对创业能力培养的影响。基于这一视角，作者试图探查美国、英国、加拿大、法国和中国这些国家的高等教育体系中是否存在商业文化特殊性。如果存在，就明确辨认这些特殊性并衡量它们对创业者的影响。因此，作者研究分析每个国家商业培训和高等教育体系的主要特征，时刻谨记此研究目的是试图找出成为一名“成功”创业者所需的特质。创业领域的一些研究者将英雄式的创业者与更为“普通”的创业者做对比。[①] 基于此，科隆试图质疑这类创业人物并测定这类创业人物在上述国家的适用度。

三、如何从少数群体中学习？

“少数群体”这一词汇在不同文化和社会中意义各不相同。在本书中，我们认为少数群体是指我们在创业领域可教授、教育或指导的特殊受众。他们有着特殊背景、社会身份和心路历程。教育者对其教授对象和听众的了解是其设定某一课程（这里指创业）教学大纲的关键因素。[②] 我们相信，可从教授少数群体的经历和实践中有所收获，这些少数群体包括女性创业者、法国北非创业者、艺术家、科学家及厄瓜多尔本科生。

第十章“创业教育中的性别问题”是本部分的第一章，由特雷萨·尼尔森（Teresa Nelson）和苏珊·戴妃（Susan Duffy）所著。作者调查主流创业教材及其数据源以及顶尖商业学术期刊近期发表的关于生理性别和社会性别差异的研究。然后作者基于此，以全新眼光重新审视商业学界传授给女性和男性关于女性、生理性别和社会性别的知识。他们推崇社会建构主义方法，从而识别出组织机构对女性创业者的假设，以及这些假设对社会关于女性创业者看法的影响，这些假设中包括一些毫无根据但很常见的看法，如认为男女创业者在本质上有所不同。尼尔森和戴妃阐述这种偏见对创业教育与研究的影响。作者坚信，是时候去形成并分享一个更为精准、

① 参见法约尔和菲利翁（Fayolle and Filion，2006）。
② 参见法约尔和加伊（Fayolle and Gailly，2008）。

有针对性且与时俱进的女性创业者形象了。不光作为教育者和研究者的我们要互相交流，我们的学生也要被纳入这一过程。为此，作者分享了这个为揭露女性创业者在性别化环境下的遭遇以及这一遭遇对她们学习和创业的影响的研究。

第十一章“创业教育与少数族裔——法国北非裔创业者的案例研究”由哈迪·尼卡（Hadj Nekka）和阿兰·法约尔所著。他们在本章中提出完善法国少数族裔的创业教育项目和制度的问题。他们认为，没有深刻了解目标群体就无法设计出适合创业者的创业教育项目。因此，作者的目的主要是为特定目标群体——北非裔创业者找到最佳教学工具（或方法）。他们给出一种法国北非裔创业者的分类，并检验这一方法在教育层面的相关性。本成果为这一领域研究的深入拓展奠定了基础。

菲利普·司博坦（Philippe Silberzahn）和皮埃尔·司博坦（Pierre Silberzahn）是第十二章“艺术家和科学家作为创业者——对创业教育新研究计划的呼吁”的作者。众所周知，创业不仅仅局限于商业，这也是本章作者的观点。和普遍观点不同的是，菲利普和皮埃尔认为艺术家和科学家的活动从本质上讲都极富创业性。因此他们认为在这些活动中也应进行创业教育。本研究号召学者进一步探讨这一问题，从创业角度更好地了解艺术家和科学家工作的特殊性，并为他们设计相关教育计划。这些研究可让我们更好地了解艺术、科学和创业如何相得益彰。

本部分最后一章“本科阶段的创业和创新教育应强调哪些创业能力？”由埃德加·伊思奎尔多（Edgar Izquierdo）和德克·德舒密斯特（Dirk Deschoolmeester）撰写。为结束本部分的探讨，本章提出创业教育中至关重要的几个问题。我们知道，要想开展能力本位的创业教育，首要任务是识别传授给本科生和研究生何种创业相关能力。作者解决这一问题的方法是审视创业领域中精英创业者和学者专家的观点。为此，作者进行了两个调查研究，一个来自厄瓜多尔的创业者，另一个来自几个不同国家的学者，希望能借此确定一组创业教育应强调的相关能力。结果表明，创业者和学者的观点有所不同。大多数创业者都频繁选择决策能力，认为它在创业企业的创建初期和经营阶段中至关重要，而学界则认为识别商业机会的能力更为重要。

四、如何从制度文化中学习?

这里的“制度”是一个广泛概念，不局限于诺思（North）对“制度”的定义或维尔特（Welter）在创业领域对诺思观点的阐述。[①②]本书中的“制度”指国家、大学及私有机构等社会政治体系，这些组织机构将其隐含的准则和价值观灌输给其成员，因此它们及其代表的文化对教育有重大影响，决定创业教育的定位和形象。我们相信，在对这些体系及其相关文化的研究中处处、人人均可获得学习的机会。

第十四章“从新兴经济体到发达经济体的国际创业——中国创业教育新理论”由蒋红玲（Hongling Jiang）和卞东（Dong Bian）撰写。虽然关于公司从发达经济体到新兴经济体的国际创业研究有很多，但缺乏关于公司从新兴经济体到发达经济体的研究。尤其是关于这些从新兴经济体发家的公司是如何不断更新自己的能力，以确保其在发达经济体中保持竞争优势的研究更是少之又少。因此，本章作者强调进行关于那些发源于新兴经济体随后在发达经济体立足并发展的企业的研究具有重要意义。相应地，本章也提出一个理论框架，凸显中国国际创业教育以及从新兴经济体到发达经济体的跨国创业的重要性，并通过审视与中国中小企业（small and medium enterprises，SMEs）有关的中国创业教育市场，为中国国际创业教育开发一个课程设计框架。作者相信，这个理论框架不仅可以为改善当前国际创业项目的现状提供指导，也能促进中国国际创业的理论发展。

第十五章的作者是托马斯·贾若万（Thomas Garavan）、内奥米·博斯泰尔（Naomi Birdthistle）、巴拉·Ó.西奈德和克里斯·柯雷特（Chris Collet），题目是“爱尔兰创业教育：环境、机遇与挑战”。作者对爱尔兰创业教育特点进行分析。我们可将爱尔兰创业体系描述为一个合作机制，

① 参见诺思（North，1990）。
② 参见维尔特（Welter，2007）。

其中国家在企业创立及创业政策制定中扮演着重要角色，它通过各种各样的基金和政策举措影响创业教育项目的设计和开展。情境很重要，因为它帮助我们阐释创业教育的演变方式。爱尔兰的情境是一个多元概念，可有很多种理解方式。它在一些情况下为创业教育提供支持，也是创业教育的一个能量来源。特定历史事件和政治决策加强人们的创业教育意识。最后，作者对情境的探究为进一步理解创业教育的演变和发展提供一个更为广阔的基础。

第十六章“德语国家的高校创业教育——创业教育‘全校性’概念设计的实证和建议”的作者是诺伯特·凯勒（Norbert Kailer）。他为我们提供了德语国家关于创业教育的有趣观点。一所大学要成为创业型大学，发展全校性系统化创业教育的概念至关重要。因此，本章对关于德语地区大学学生、校友及教学人员的研究进行了分析。作者呈现这些概念的核心设计参数，包括工作经验和能力、预期障碍、扶持性基础设施、组织结构及创业教育项目评估。本章为有关组织契合度、目标群体、扶持措施和评估等全校性概念的构思提供了实用建议。诺伯特·凯勒还讨论了在对模块化结构、建立与外部专家与企业家的联系网、处理预期障碍和培养广泛能力等课程进行设计时经常会涉及的因素。

第十七章“创业学习型团队在大学创业文化培育中的作用”系大卫·雷（David Rae）、西蒙·吉（Simon Gee）和罗伯特·穆恩（Robert Moon）所著。他们提出关于“创业型大学”的新见解，审视创业型大学中创业团队遇到的资助、领导力、追随力、时段、持续性、限制和约束等问题。“创业型大学”被视为一个理想且可实现的目标，但也随之遇到如何使这些大学变得具有创业性的问题。富有创新精神的学者在促进文化变迁上的作用常常被忽视。本章呈现了德比大学一个教学团队做的案例教学，他们在五年多的时间中一直“扮演创业者角色”来激励大学内的创业学习。这所现代地方大学的文化变迁可从本章得以充分了解。该案例研究通过追踪德比大学组织、教学、系统和行为方面的变化与冲突来检测大学创业文化培养的过程。这个教学团队作为反思性参与者的学习经历体现在叙事分析与内外部参与者反馈的同步使用之中。案例中运用了行动学习、描绘"关键事件"和变革过程涉及的"实践理论"等方法。作为研究的结果，该案例研究追踪调查了这所毫无创业基础的高等教育机构在五年创业学习中的重要进步，包括一门创业课程、创新性学习方法、针对学生个体或团体的创业基金计划、基于实践的研究，以及教育者、实践者和影响者关系网的形成。本章最后展示了这一团队和大学在"创业激励教育"员工发展活动中的里程碑式成就。

本书的最后一章，即第十八章"公司创业培训：一项关于常规的研究"由贾尼斯·伯恩（Janice Byrne）所著。这是一项理论性研究成果，它有助于公司常规和企业创业理论的发展。文中作者尝试调查企业创业培训项目是否会影响个人改变常规的意图。贾尼斯参考关于企业创业以及培训和公司常规的文献资料来阐述一系列研究问题。作者运用一个关于法国培训项目的案例教学数据检验自己的研究问题。研究结果和他们对数据的解读表明，有时创新性行为（这是企业创业所需的）可能要求重建公司常规。我们通常以为个人会践行并再现组织的常规，但贾尼斯提出的重要实证证据表明培训体验会激发人们揭露或质疑这些常规的愿望。

五、结语

我们相信本书所选章节会为创业教育研究做出广泛且重大的贡献。我们坚信有必要在创业教育中创造或丰富有关教育与教学的知识，这是《创业教育研究手册》丛书的主要目的。作为研究者和教育者，我们必须不断质疑、不断学习。创业教育还有很多未知或鲜为人知的领域，所以我们希望创业研究者能给予这个话题更多关注。现在，让我们一起思考第四卷和第五卷的要旨与目标。

参考文献

Barsoux, J.L. and P. Lawrence (1991), "The making of a French manager", *Harvard*

Business Review, July–August, 58–67.

Carrier, C. (2007), "Strategies for teaching entrepreneurship: what else beyond lectures, case studies and business plan?", in A. Fayolle (ed.), *Handbook of Research in Entrepreneurship Education*, vol. 1, Cheltenham,UK and Northampton, MA, USA: Edward Elgar, pp. 143–159.

Cope, J. and G. Watts (2000), "Learning by doing. An exploration of experience, critical incidents and reflection in entrepreneurial learning", *International Journal of Entrepreneurial Behaviour and Research*, 6(3), 104–124.

Fayolle, A. (2007a), *Handbook of Research in Entrepreneurship Education, Volume 1, A General Perspective*, Cheltenham (UK): Edward Elgar.

Fayolle, A. (2007b), *Handbook of Research in Entrepreneurship Education, Volume 2, A Contextual Perspective*, Cheltenham, UK and Northampton, MA, USA: Edward Elgar.

Fayolle, A. (2008), "Entrepreneurship education at a crossroads: towards a more mature teaching field", *Journal of Enterprising Culture*, 16(4), 325–337.

Fayolle, A. and L.J. Filion (2006), *Devenir Entrepreneur – Des enjeux aux outils*, Paris: Editions Village Mondial.

Fayolle, A. and B. Gailly (2008), "From craft to science: teaching models and learning processes in entrepreneurship education", *Journal of European Industrial Training*, 32(6 and 7), 569–593.

Harrison, R.T. and C.M. Leitch (2008), *Entrepreneurial Learning*, Abingdon: Routledge.

North, D. (1990), *Institutions, Institutional Change and Economic Performance*, Cambridge: Cambridge, University Press.

Politis, D. (2008), "The process of entrepreneurial learning. A conceptual framework", in R.T. Harrison and C.M. Leitch (eds), *Entrepreneurial Learning*, Abingdon: Routledge, pp. 44–71.

Potter, J. (2008), *Entrepreneurship and Higher Education*, Paris: OECD Publications.

Shepherd, D.A. (2004), "Educating entrepreneurship students about emotion and learning from failure", *Academy of Management Learning & Education*, 3(3), 274–287.

Smith, B.R., T.F. Barr, S.D. Barbosa and J.R. Kickul (2008), "Social entrepreneurship: a grounded learning approach to social value creation", *Journal of Enterprising Culture*, 16(4), 339–362.

Welter, F. (2007), "Entrepreneurship in West and East Germany", *International Journal of Entrepreneurship and Small Business*, 4(2), 97–109.

第一部分

如何从方法中学习？

第二章　使用仿真模拟训练法激发学生的移情和能动性

——革新性的社会创业教育教学

布雷特·R. 史密斯、吉尔·齐库尔和琳达·科利
（Brett R. Smith，Jill Kickul and Linda Coley）

懂得移情，才可能成为改革者。

——比尔·德雷顿（Bill Drayton），爱创家协会（Ashoka）创始人

虽然社会创业在理论和实践领域都在迅速崛起，但关于社会创业教育教学的研究却鲜有人问津。[①] 鉴于我们培养未来社会创业者面临的独特挑战，这种对社会创业教育教学关注和重视的不足会直接影响到对未来创业者的培养。[②] 社会创业教学法既要识别出社会创业教育与商业创业教育的共性，也要突出强调社会创业教育的个性特征。我们把创业教育定义为知识的转移，而这个知识是关于能创造未来产品与服务的商机如何、由谁及以什么效果被发现、评估和发掘。[③] 虽然已有这样的定义，但社会创业涉及范围却很广，如辨识有本质差别的机会、把控价值获取问题、管理和评估社会影响与产出及处理个人和团体的身份冲突等，这无疑使如何定义社会创

① 参见布罗克等（Brock *et al.*，2008）。

② 参见特蕾西和菲利普斯（Tracey and Phillips，2007）。

③ 参见欣德尔（Hindle，2007）。

业教育变得更为复杂。总之，社会创业教育教学考虑到社会价值和社会公正，这使得创业过程极大地复杂化。

为教授学生社会创业知识，学者们提出了许多教学方法，如课堂案例分析、与社会企业合作共同授课等。① 这些教学方法在学生进行亲身体验式学习（experiential learning）的程度上各不相同；② 同时，由于课堂时间限制，这些教学方法的可操作性也不尽相同。尽管这些教学法在不同程度上都促进了学生的参与度，但是它们遗漏了重要的一点，那就是仿真模拟的使用。从教育学角度看，仿真模拟训练（simulation）是一个革新性的方法，它让学生在实际学习中体验社会创业的复杂性。它兼具现实性与有效性，学生需要通过亲身体验来学习，同时，因为仿真模拟是在教室里进行的，学生还要适应时间和空间的限制。

虽然关于社会创业的定义不胜枚举，但有两个方面大家是一致认同的：

① 社会创业往往涉及的是更广泛意义上的创业活动，它包含创造力、想象力及革新性。

② 社会创业致力于解决长期存在的社会问题，尤其是边缘化人群面临的问题。③

社会创业的重点不是创造经济价值，而是为被剥夺公民权的社会成员创造社会价值。但到目前为止，人们却很少关注边缘化人群是如何吸引潜在的社会创业者来帮助他们。经济学家重点研究潜在商业创业者的寻租行为（rent-seeking behavior），而我们则把重点放在社会创业的学生具有的亲社会行为（prosocial behavior）上，从而理解在社会创业及其教育领域里的一个核心问题：为什么（潜在的）社会创业者会选择采取行动？

社会创业者选择采取行动的原因之一可能就是移情。大量实证数据表

---

① 参见史密斯等（Smith *et al.*，2008），特蕾西和菲利普斯（Tracey and Phillips，2007）。

② 参见科尔布（Kolb，1984）。

③ 参见扎赫拉等（Zahra *et al.*），即将发表。

明在移情和亲社会行为之间有着极其重要的关系。[①] 移情是一个人对他人所处情境的同情，它通过个人视角或观点表现出来，包括去理解他人在理性和感性上的感觉。[②] 移情和亲社会行为之间的关系表明，从他人角度思考，尤其是从那些处在悲伤中的人的角度思考，很有可能诱导出亲社会行为，这些行为可能是出于利他目的，也有可能是出于利己目的。[③] 据此我们认为移情可能会让更多的人参与到社会创业中来。为检验这一结论是否正确，我们开展了一个名为“星力量”（Star-Power）的仿真模拟实验研究。为此我们提供了一些教学中运用模拟实验并做出四方面贡献的原始证据，这些贡献包括：提供了教授社会创业复杂性的方法；提供了将移情的理论结构与社会创业实践连接的桥梁（Fiet，2000）；提供学习和反思个人与团体世界观对社会创业行为中社会价值和社会公正的影响的机制；阐明了模拟仿真训练和社会创业研究相互影响的机制。

本章包含四部分内容：第一，阐释移情在社会创业过程中的作用；第二，讨论仿真模拟在社会创业教学法中所起的作用；第三，回顾学生参与仿真模拟的实验结果；第四，进一步探究社会创业教学法的研究的发展趋势及移情与社会创业之间的关系。

一、移情在社会创业中的作用

虽然商业创业和社会创业有许多共同之处，但二者最大的差异是其创业机会的本质不同。[④] 商业创业机会侧重于创造经济价值，而社会创业机会则侧重于创造社会价值——也就是某种形式上的社会进步。因此，潜在的商业创业者和社会创业者的决策可能会受到不同因素的影响。在构建创业行为理论时，麦克马伦（McMullen）和谢泼德[⑤]（Shepherd）认为创业行为决策是可行性和希求性共同作用的结果。假定两种创业机会的可行性恒

① 从元分析中得出，参见艾森伯格和米勒（Eisenberg and Miller，1987）。

② 参见格兰钦和奥尔森（Granzin and Olsen，1991）。

③ 回顾见巴特森（Batson，1987）。

④ 参见奥斯汀等（Austin *et al.*，2006）

⑤ 参见谢泼德（Shepherd，2006）。

定不变，追求商业创业或是社会创业的机会的希求性可能也会不同。希求性可能由许多原因促成，[①] 但在商业创业者的决策过程中，经济效益是一个重要的考量因素。相比之下，潜在社会创业者的主要动机是创造社会价值，尤其是为社会边缘人群创造社会价值。但为什么潜在社会创业者会想为社会边缘化人群考虑呢？

几个世纪以来，人们一直研究情感在人类亲社会行为中的作用。[②] 虽然这些行为是出于利己还是利他目的仍存在争议，[③] 但心理学家都一致认为移情是许多情境下亲社会行为产生的主要决定因素。[④] 我们把移情定义为“一种情感状态，它源自对其他人情感状态或境况的理解，并且这个状态或境况是和它相契合的”。[⑤] 在建构指导实践的理论中，巴特森（Batson）提出三种可能会引发亲社会行为的路径。[⑥] 前两条路径表明助人的行为是出于利己目的（即寻求回报动机、规避惩罚动机和唤醒水平降低动机）。第三条路径另辟蹊径，和传统观念不同。传统观念认为所有有意为之的行为都出于利己目的，而该路径则把亲社会行为认定为是由利他动机引发的。第三条路径，即由移情引发的利他动机，提供一个将移情与亲社会行为联系起来的理论模式。[⑦] 鉴于越来越多的实证证据支持移情 - 利他主义假说（empathy-altruism hypothesis），[⑧] 我们重点关注第三种路径，认为个体可能是由第三种路径引发社会创业行为。

---

① 例见西尔特和马奇（Cyert and March，1963）。

② 简短回顾，见艾森伯格和米勒（Eisenberg and Miller，1987）。

③ 我们把亲社会行为定义为自愿、有意为之并对他人有益的行为。一个很重要的问题就是亲社会行为的动机是不确定的，可能是积极的，可能是消极的，也可能二者兼有。参见艾森伯格（Eisenberg，1982）。通过对比研究，我们把利他行为也定义为自愿的、有意为之的行为。但通常这种行为的预期目标并非寻求积极回报或是躲避消极后果。参见艾森伯格和米勒（Eisenberg and Miller，1982）。

④ 参见巴特森和科克（Batson and Coke，1981），戴维斯（Davis，1980），霍夫曼（Hoffman，1984）。

⑤ 参见艾森伯格和米勒（Eisenberg and Miller，1987：91）。

⑥ 参见巴森特（Batson，1987）。

⑦ 见本书第 20 页图 2–1。

⑧ 例见巴特森和肖（Batson and Shaw，1991）。

根据第三种路径所述模式可知，在突发或在诱导情境下一个人就会换位思考。换位思考和自身视角有关，抑或是与对他人面对类似情况所做出反应的看法有关，[①]通常情况下，当他人处在麻烦或是危难之时，换位思考就会发生。因此，了解对方所处情境、曾经有过类似经历或是对他人的亲近感都有可能引发这种共鸣，[②]而且它和他人需求的大小及一个人对他人的亲近程度有关。这种亲近可能是由多种原因引起，比如境遇的相似性及对方的吸引力。这样一来，此种情感联系就会诱发想去帮助他人的利他动机。该假设的基本前提在于他人的痛苦促使别人想要给予其帮助，而这种帮助不是出于利己目的，而是出于利他目的。动机被激发后，会帮助个体根据快乐计量学原理（hedonic calculus）进行帮助性行为的成本效益分析。这种成本效益分析会将他人痛苦的程度和自己帮助他人减少或消除痛苦所付出的成本进行比较。该成本可能是身体上的、精神上的、社会上的、政治上的或是经济上的。最后，当效益大于成本的时候，个体便会开始帮助他人。这种助人行为会发生在以下几种情况：① 有能力提供帮助；② 帮助他人所带来的相对效益是积极的；③ 本人帮助他人的相对效益比别人提供帮助的相对效益更具积极意义。[③]

移情－利他－亲社会行为模型为理解社会创业者的决策行为提供理想理论解释框架。[④]尽管对于社会创业者而言，帮助他人可能不会有个人报酬（经济上或其他形式），但向需要帮助的人伸出援助之手的机会会成为理论构建的重要基础，这些理论可用来解释社会创业者的动机。鉴于该模型的潜在重要性，我们现在就来检测其本身对社会创业教育到底有多大用处。

① 参见巴特森（Batson，1991）。
② 参见巴特森（Batson，1991），李和霍尔登（Lee and Holden，1999）。
③ 参见巴特森和肖（Batson and Shaw，1991）。
④ 摘自巴特森（Batson，1987）。

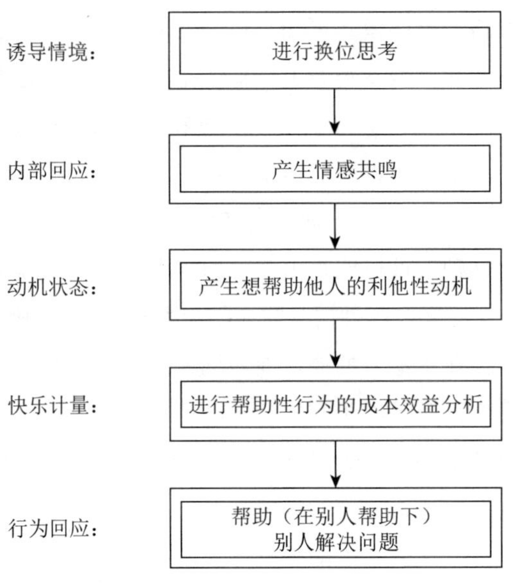

图 2-1　帮助性行为的利他性路径

二、社会创业教学法中仿真模拟的作用

社会创业刚刚诞生，因此社会创业教育领域也仍处于发展之中。自从开始对学生进行创业教育以来，人们提出几种教学方法，[①] 但有一个重要方法被忽略了，那就是仿真模拟的使用。被忽略的原因之一可能是这个领域尚处在起步阶段，对该领域特定的模拟方案仍未创建起来。即便如此，我们仍可引入其他领域的模拟方案来专门解决社会创业领域一些最为显著的问题，例如有一个名为星力量的仿真模拟方案，30 年来它已被运用于包括管理学在内的许多领域。

星力量作为教学工具，兼具现实性与有效性。它旨在将模拟情境下学生们增长的兴趣、参与度和热情与更广阔的体验式学习环境相结合，[②] 而社

---

① 参见布罗克等（Brock *et al.*，2008）。

② 参见基斯和沃尔夫（Keys and Wolfe，1990），金尼尔和克拉默（Kinnear and Klammer，1987），麦格拉思（McGrath，1982）。

会创业则被嵌套在这个实验环境之中。根据项目负责人的介绍：

> 星力量是一种游戏。在游戏中，社会流动性较低，并以筹码的形式来分配财富，社会被分为三个阶层。社会一旦建立，最具财力的群体拥有制定游戏规则的权力。无一例外，他们制定的规则都是为维护和巩固自身的权力。另外两组则都认为这些规则不公平，通常会给它们冠上独裁、法西斯或种族歧视的标签。有时他们会公开反叛上层群体，有时这两组人会放弃抗争甚至退出游戏。当沮丧和冲突达到一定程度时，负责人就叫停该游戏，然后分析和讨论整个体验过程。[①]

三、星力量仿真模拟项目：概览

在模拟过程中，袋子里面装的都是随机分类的不同颜色筹码，学生们从袋子中进行盲选。不同颜色筹码对应不同分值。基于先前确立好的游戏规则，学生进行两轮筹码交易，从而组建社会上的三个不同阶层。第一轮交易完成后，根据学生手中五个最具价值的筹码折合成的总分，学生被划分成三组。在结算筹码时，我们会给每组学生发徽章以作标记。[②]在每轮交易完成后，我们会给每组三个筹码作为奖品，这些筹码经组内投票分配给成员。然后分数再次相加。如果有必要的话，也需要在不同的社会阶层间进行人员调整。接下来学生们再次抽选筹码，但这次提供给三个小组的筹码袋中的筹码价值不均等，在第一轮获得最高分数的小组会得到最具价值的筹码袋。在这次不均等的抽取后，第二轮交易开始，紧随其后的是第二轮奖励。根据这两轮交易的结果，获得最高分的小组就有权力制定接下来几轮的交易规则。

为让星力量模拟项目发挥更好的效果有一点很重要，那便是给学生提供机会去反思自身经历并和全班同学分享。根据课堂模拟的情况（大约 75 分钟完成），学生要完成一篇反思性论文，以便为下节课做准备。论文主要涉及两大问题：

---

① 参见瑟斯（Shirts，1993：3）。

② 为实现实验目标，我们用三角形代表最高阶层，正方形代表中间阶层，圆形代表最低阶层。

① 你在星力量模拟项目中的感受如何？

② 在社会创业课程中我们为什么要用到这种模拟？

下节课上的讨论就围绕这两个问题展开。第一个问题强调不同小组的情绪感受以及这些情绪是如何刺激行动的。学生们聆听彼此的心得体会，之后就会对小组间情感差异的产生方式有更全面的认识，也会更好地理解这些情感是如何影响个人行为和小组决策的。第二个问题用以把模拟项目的学习性体验同重要的社会创业理论联系在一起。

四、亲身体验社会创业：多重益处和现实意义

这种仿真模拟和反思同体验式学习理论（experiential learning theory，简称 ELT）不谋而合。[①] 根据体验式学习理论，多种学习模式都会推进学习进程，如亲身体验、反思性观察、抽象具体化及积极的实验等。星力量模拟项目是一个亲身体验的过程，学生们是该项目的积极参与方。在模拟期间，学生们都把注意力放在玩游戏上，很少注意到游戏的象征意义。等到体验结束后，实验要求学生进行反思。依据我们的经验，在亲历模拟体验后，学生应尽快进行反思，不应把反思过程拖到很久之后，这一点似乎很重要。因为我们的模拟和反思过程有间隔 48 小时进行的，也有间隔一周进行的，从学生角度看前者似乎效果更佳。根据学生们的反思，我们进行 75 分钟的课堂讨论，以便听取他们的反思体会。在这次讨论会上，学生参与度很高，几乎每个学生都表达了自己的观点。讨论会成为学生们把抽象具体化的基础，抽象具体化的对象是他们整个学期以来在体验项目时涉及的社会创业的方方面面。星力量项目的仿真模拟、反思和分析共计需要花费 150 分钟（课堂上进行）。从我们的角度来看，模拟过程对于学习经验有很大作用，这些经验帮助学生获得实践学习的益处，又弥补课程时间较短的缺陷。

从社会创业教育的目的出发，星力量模拟项目为我们提供一个教学工具，这个工具远比课程学习和案例分析更有意义，因为它把学生放在一个

① 参见科尔布（Kolb，1984）。

更具体验性的场景里。从这个角度看，模拟项目既可弥补之前提到的一些教学方法缺陷，也能适应课程学习的潜在时间限制。更重要的是，星力量模拟项目为学生，特别是为发达国家的学生提供机会以培养其对社会边缘化群体或贫困群体的移情。鉴于学习社会创业的学生可能并没有亲身经历过社会边缘化群体的生活，该模拟项目便给学生机会去观察、感受和体验被体制和一系列规则边缘化时的情感状态。他们在反思自身行为的同时，也会了解到身边同学的反思体会，而这些同学要么是同组关系，要么是竞争关系。这种反思过程能让学生感受到一个人的行动和决定对于他人感觉与行为的影响效果。这样一来，该模拟方法给学生提供大量亲身体验经历，能帮助其理解边缘化人群的情感诉求。对于潜在社会创业者而言，理解这些诉求会在其构思中以一种创新性方法去解决边缘化人群的问题，并对其起到一定的帮助作用。

总体看来，星力量模拟项目这种教学方法以实践性、体验性的方式让学生去体验社会创业的一些独特方面。更重要的一点是这种模拟也有可能让学生明白他们有能力做一些事情去减弱体制给边缘化人群带来的不平等性。这样一来，星力量模拟项目会让学习社会创业的学生更好地意识到人类能动性在社会变革方面的重大意义。因此，我们的实验结果表明，星力量模拟项目提供一种让学生亲身体验亲社会行为下移情－利他主义理论模型的教学方法。

五、从星力量的运用中学到的知识

从星力量的模拟项目、反思报告及随后与社会创业相关的课堂讨论中，我们获益良多。为探究星力量模拟项目的显著作用，我们首先阅读在2007—2008 学年度参加星力量模拟项目的 77 名大学生的反思报告。因为反思报告是开放性的，所以每份报告我们都反复阅读，以便识别出这些论文的共同主题。在列出一些共有的主题和构想后，我们再一次仔细阅读每份报告，看看它们最一致的地方，以便找出能体现学习本质的代表性言论。

下面是对学生参与者一些关键性心得和代表性言论的简要概述。每段引言均直接摘自学生在模拟体验后提交的反思报告。

（一）对社会结构作用的认识逐渐增强

社会创业领域通常涉及一些使某些方面处于社会边缘的人群创造社会价值的机会。在许多情况下，这种边缘化的发生不受个体控制。例如，和出生在发达国家的人相比，出生在撒哈拉沙漠以南的非洲地区的人就明显处于劣势地位，所以要让学生和潜在社会创业者认识到社会结构在弱势群体边缘化这个问题上的作用。星力量模拟项目让学生能认识到社会结构的作用，所以在教学中我们需借用该项目。比如，有一个学生在其反思报告中谈到一个一以贯之的主题，他这样写道：

> 这件事和个人技能还有自身创业天赋没多大关系……从某种意义上讲，这和我们当今社会的运转方式有直接关联。通常你出生时所处的经济阶层会跟随你一生。如果你从事低薪工作，还得养活一个四口之家，那么无论你多努力工作，想要存钱去搞未来投资几乎是不可能的。你作为个体时能遇到多大的机会决定你未来的经济实力，当然，机会主要取决于你的受教育程度。

逐渐认识到社会结构的作用对培养移情的重要性。回顾亲社会行为下移情－利他主义理论模型[①]可知，该模式的第一步是进行换位思考。星力量模拟项目让学生们更好地了解诱导情境，并促进其在反思基础上的移情发展。

（二）对社会边缘化人群情感的了解更深入

移情的培养通常涉及与被帮助人在认知或情感上的共鸣。在星力量模拟项目中，学生们用不同方式来更深入地了解这些情感。有一部分学生发现自己在模拟过程中，至少在某些阶段，都处在社会边缘化小组里。对于这部分学生而言，他们有着亲身的边缘化情感经历。例如有两位学生是这样描述当时在不同情感下的经历：

> 起初因为做得很糟我感到很尴尬。我下定决心想摆脱我的窘境。

---

① 参见巴特森（Batson，1987）。

> 然而第二轮交易之后，我开始思考机会这个因素……随着尴尬感逐渐减弱，我又开始对我所处的环境感到沮丧，开始厌恶那些上层阶级的人群……这种情感的爆发主要是因为那些上层人群总在暗示：他们比我们更成功，因为他们更善于谈判磋商，而我们却因为智商不足而处在这种境况下。
>
> 在游戏中，每个人都能体会到自身处在压迫体系下被边缘化的感觉，从这一点来看我们学到了许多。我深感沮丧、气愤和不公。

除了这些具体情感，也有许多学生基于自身的移情体验进行反思。许多时候学生们在模拟中会同时遇到情感和认知两个维度的观点采撷，甚至在那些未处于边缘化小组的学生中，也有人会觉察出自己同情处在边缘化的同学，抑或是感同身受。学生们用这种方式开始审视被用作身份定位的社会阶层，在一些情况下也会重新定位其所属阶层。几位同学的反思体现出此种情感和信念：

> 在这种模拟中，我们不是简单地只是听一听被压迫的感觉，而是亲身体验。整个学期我都将记得这种换位思考的经历。
>
> 从理论上去了解社会阶层是一回事，花一个半小时去体验圆形组（Circle）的气愤、三角形组（Triangle）的自我正义感，还有正方形组（Square）的沮丧则是另外一回事。
>
> 在模拟和现实之间最显著的联系是人本身，你的肤色、国籍，还有你谋生的职业等因素都与之无关。出生在内罗毕的小男孩和你一样潜力无限，这无法改变。富人感受到的优越与权势我也可能感觉到。但真正让人震撼的却是圆形组做出的评论："我们只是投错了胎，其实大家都一样。"

（三）边缘人群对救济的反应

在第二轮交易结束后，最高收益组（三角形组）制定一些援助规则，这些规则给收益最低组（圆形组）一些机会去获得少量的筹码收益。这种策略在许多方面与最低工资法案及外援资助条款都有许多共同点，也就是说特权阶层尽力保证社会边缘化人群能通过救济的方式获得少许援助。尽管这种方法可能和削弱利己目的去帮助他人的激励机制不谋而合，但这种模拟过程能让参与者更加了解社会边缘化人群的真实反应。一位学生是这样说的："那些来自圆形组的学生并不想得到三角组给他们的援助，他们真正想要的是一个更加公平的竞争环境。"

学生们开始进行反思并产生情感共鸣，这些和基于移情去施与援助的行为一脉相承。随着过程的不断推进，学生们更能明白为什么社会边缘化人群不想接受援助。这种认知非常有意义，因为学生开始思考社会变革的发展和实施及这种变革的持续性。能创造社会价值很重要，但社会变革理论必须考虑到创造社会价值的方式。

（四）社会创业中人类能动性的作用

最后，星力量模拟项目在游戏结束后给学生机会去思考他们的行为反应。之前也提到过，创业行为是希求性与可行性共同作用的结果。[①] 许多情况下，模拟情境似乎能增加学生行动的希求性。学生通常能识别出当下自身在社会结构中的角色以及当前角色是如何促使他们采取行动来促进社会公平和社会变革的。例如一些学生评论：

> 现实世界中我们每个人都是三角组的一员。
>
> 这种模拟帮我更好地理解社会创业，因为我了解到作为一个满富能量的个体，我也可以献出自己的一份力。
>
> 它让我了解到如果社会创业者以同等的热情和动力（正如人们致力于实现经济目标那般）致力于实现社会目标，他们是何等强大。

亲社会行为模式下移情－利他主义理论模型的最后一个阶段是亲社会行为。因为星力量项目自身的局限，模拟通常在亲社会行为出现前就已结束。在一些情况下，学生对模拟项目的积极性很高，以致他们的行为属于利己行为（egoistic behavior）而并非亲社会行为。例如一个学生这样评论道："一成为三角组的成员我就知道我有机会赢得这个游戏了，这样游戏才变得有意思。"另一个学生解释说："人类的'我们对他们'这种思想根深

---

① 参见麦克马伦和谢泼德（MaMullen and Shepherd，2006）。

蒂固。我们都知道应该制定一些有利于三角组的规则，防止正方形组和圆形组取代我们。”这一点至少提供一些初期证据，证明移情的运用可能与模拟过程后的反思活动有关。

六、关于未来研究的讨论及其方向

虽然仿真模拟早已广泛应用在战略管理、领导力和决策等领域，但在社会创业领域使用仿真模拟还是相对较新的。星力量项目提供一个在社会创业情境下充分利用仿真模拟学习特质的机会。运用星力量项目模拟情境、撰写反思报告及课堂讨论提供了一个在模拟的、体验性环境中了解现实世界的机会。这种教学方法引导学生从模拟的具体体验到观察、撰写反思报告，最终实现体验式学习理论[①]中提到的抽象概念的具体化和普遍化。它同时也给项目负责人机会去进一步强调一系列理论建构，[②]这为一些社会创业的相关问题提供理论基础。最后，该项目会让学生更加清楚地意识到通过社会创业可让其能力发挥作用。学生的初期经历很有研究价值，这些经历还能帮助学生理解为社会边缘化人群进行社会创新和变革时的微妙与复杂之处。

此外，该项目回应了布罗克等人（Brock *et al.*）[③]关于未来研究应包括学生学到的知识的建议。模拟项目以学生为中心，让学生从多维角度思考，这高度还原了社会创业者面临的难题和境况。虽然本质上很复杂，但该项目却在一个相对简单、具有体验性质的情境中进行，这种环境既适应课堂情境的限制又能得到模拟项目参与者们的真实反馈。

仿真模拟、反思报告及课堂讨论最重要的一个优点便是让学生真正体会并清楚表达出在不同社会阶层中的感受，他们所处的社会阶层作为一个框架可识别出他们的能力并使其产生影响。爱创家协会创始人比尔·德

---

① 参见科尔布（Kolb，1984）。

② 包括结构化理论（structuration theory），社会类别论（social categorization），相对损失（relative deprivation），程序公正（procedural justice），公平理论（equity）及移情理论（empathy）。

③ 参见布罗克等（Brock *et al.*，2008）。

雷顿认为，对于社会创业者来说，移情是最为关键的基础技能且可通过学习得到。因此，星力量模拟项目是一个能让学生亲身体验亲社会行为下移情－利他主义理论模型的教学方法，这种模拟也让学生懂得他们有能力影响社会。

一些研究者也提到突发事件的重要意义，因为这样的事件往往会催生社会创业行为。比如有许多人去一些灾区，如亚洲海啸（Asian tsunami）席卷过的村落或是卡特琳娜飓风（Hurricane Katrina）袭击过的新奥尔良（New Orleans），之后就会想做些事情去改善这种情况。这是移情与亲社会行为关系的体现。尽管一些人有可能会去一些灾区，但对于学生来说，有许多客观因素会阻碍他们有这种经历。如果经历突发事件能培养一个人的移情并最终使其行动起来，那么仿真模拟可能会成为一个增加人们对社会创业领域兴趣度和参与度的重要教学方法。

虽然本章侧重教育与教学，但是仿真模拟也能给实证研究提供借鉴。定量检测是未来研究发展的重要方向，检测对象包括模拟前和模拟后的情况以及移情的不同方面。戴维斯（Davis）[①] 提出的人际反应指数（Interpersonal Reactivity Index，IRI）表明，移情关乎多个维度，探求二级维度可能会更好地理解它，因此核查仿真模拟是否和移情的某个维度更具关联性就变得很重要。人际反应指数的提出就是为更好地探究构成移情的理性和感性因素。四个二级维度包括：观点采撷（自发考虑他人心理的倾向）；幻想（把自己想象为书里或电影里的虚构人物，体验其情感和行为的倾向）；出于同情的关心（同情他人的感受及关心他人的不幸）；还有就是个人压力（对个人焦虑的自我感知及紧张人际环境下的不安）。要进一步理解移情在社会创业中的作用，人际反应指数会是很重要的一环。

社会创业研究的巨大挑战之一便是很难找到足够大的样本，仿真模拟给这个问题提供了解决办法。虽然目前的研究还不是很成熟，但能表明仿真模拟的前测数据及其后测数据至少可给社会创业研究提供一个可行路径，

---

① 参见戴维斯（Davis，1980）。

它能分析一些人是如何选择和为何选择成为社会创业者的，这也许能够解释为什么在模拟项目的讨论阶段上层和下层阶级（相对于中间阶级）的社会行动动机最强；虽然两者产生的原因有所不同，前者可能与相对剥夺有关而后者的能动性可能是由社会不公平性驱动产生。

社会创业有许多有形和无形的好处与回报，通常是以创业者对自身所服务群体的责任感知以及由此带来的价值形式体现出来。社会创业者旨在改善社会和发展其所在群体，包括向重要股东提供丰厚的投资回报（社会和经济两方面）。社会创业者并非只是简单地根据企业规模、发展方向或发展速度而是根据他们的社会影响和产出来评定自身的影响力。理解社会创业的潜在影响并保证其未来发展的首要关键是懂得有抱负的社会创业者的多样化动机。如果朝着这个目标努力，仿真模拟的使用可能会对教学和研究产生重要影响。

最后，鉴于社会创业领域仍在发展之中，我们需要提供给学生新的且有教育意义的教学工具，以便他们能意识到自己具有潜力成为变革者（change agents）去改变自身和所在群体，这样就会让学生创造出有益且可持续的方法来使社会变得更美好。

参考文献

Austin, J., H. Stevenson and J. Wei-Skillern (2006), “Social and commercial entrepreneurship: Same, different or both?”, *Entrepreneurship, Theory and Practice*, 30 (1), 1–22.

Batson, C. (1987), “Prosocial motivation: is it ever truly altruistic?”, in L. Berkowitz (ed.). *Advances in Experimental Social Psychology*, New York: Academic Press, pp. 65–122.

Batson, C. (1991), *The Altruism Question: Toward a Psychological Answer,* Hillsdale, NJ: Erlbaum.

Batson, C. and J. Coke (1981), “Empathy: a source of altruistic motivation for helping?”, in J. Rushton and R. Sorrentino (eds), *Altruism and Helping Behavior: Social, Personality and Developmental Perspectives,* Hillsdale, NJ: Lawrence Erlbaum

Associates.

Batson, C. and L. Shaw (1991), "Evidence of altruism: toward a pluralism of prosocial motives", *Psychological Inquiry*, 2, 107–122.

Brock, D., S. Steiner and M. Kim (2008), "Social entrepreneurship education: is it achieving the desired aims?", *United States Association for Small Business and Entrepreneurship (USASBE) Conference Proceedings*, p. 832.

Cyert, R. and J. March (1963), *A Behaviourial Theory of the Firm*, Englewood Cliffs, NJ: Prentice–Hall.

Davis, M. (1980), "A multidimensional approach to individual differences in empathy", *JSAS: Catalog of Selected Documents in Psychology*, 10, 85.

Eisenberg, N. (1982), "The development of reasoning of prosocial behavior", in N. Eisenberg (ed.), *The Development of Prosocial Behavior*, New York: Academic Press.

Eisenberg, N. and P. Miller (1987), "The relation of empathy to prosocial and related behaviors", *Psychological Bulletin*, 101, 91–119.

Fiet, J. (2000), "The pedagogical side of entrepreneurship theory", *Journal of Business Venturing*, 16, 101–117.

Granzin, K. and J. Olsen (1991), "Characterizing participants in activities protecting the environment: a focus on donating, recycling and conservation behaviors", *Journal of Public Policy & Marketing*, 10, 1–27.

Hindle, K. (2007), "Teaching entrepreneurship at university: from the wrong building to the right philosophy", in A. Fayolle (ed.), *Handbook of Research in Entrepreneurship Education*, Cheltenham, UK and Northampton, MA, USA: Edward Elgar, pp. 104–126.

Hoffman, M. (1984), "Interaction of affect and cognition in empathy", in C. Izard, J. Kagan and R. Zajonc(eds), *Emotions, Cognition and Behavior*, Cambridge: Cambridge University Press.

Keys, B. and J. Wolfe (1990), "The role of management games and simulations in education and research", *Journal of Management*, 16, 307–336.

Kinnear, T. and S. Klammer (1987), "Management perspectives: the GE experience and beyond", *Journal of Business Research*, 15, 491–501.

Kolb, D. (1984), *Experiential learning: Experience as the Source of Learning and Development*, Englewood Cliffs, NJ: Prentice-Hall.

Lee, J. and S. Holden (1999), "Understanding determinants of environmentally conscious behavior", *Psychology & Marketing*, 16, 373–392.

McGrath, J. (1982), "Dilemmatics: the study of research choices and dilemmas", in J. McGrath, J. Martin and R. Kulka (eds), *Judgment Calls in Research, Beverly Hills*, CA: Sage Publications.

McMullen, J. and D. Shepherd (2006), "Entrepreneurial action and the role of uncertainty in the theory of the entrepreneur", *Academy of Management Review*, 31, 132–152.

Shirts, G. (1993), *Star-Power: Director's Instructions*, Del Mar, CA: Simulation Training Systems, Inc.

Smith, B., T. Barr, S. Barbosa and J. Kickul (2008), "Social entrepreneurship: a grounded learning approach to social value creation", *Journal of Enterprising Culture*, 16, 339–362.

Tracey, P. and N. Phillips (2007), "The distinctive challenge of educating social entrepreneurs: a postscript and rejoinder to the special issue on entrepreneurship education", *Academy of Management Learning & Education*, 6, 264–271.

Zahra, S., E. Gedajlovic, D. Neubaum and J. Shulman (Forthcoming), "A typology of social entrepreneurs: motives, search processes and ethical challenges", *Journal of Business Venturing*.

第三章　创新型产业与创业教育

——以学生为本进行案例教学的潜在贡献

巴拉·Ó. 西奈德（Barra Ó Cinnéide）

引言

本章强调：越来越多的人认识到，创新型产业不仅在世界范围内是一个重要领域，近年来对爱尔兰也产生极大影响。本章的一个重要论点是创新型产业这一特殊商业领域有其独特的创新性和竞争性特质，而我们应让创业教育领域的这些特质更加广为人知。人们普遍认为，可通过振奋人心的创新型案例实现这一目标，尤其是使用和娱乐业相关的案例。我们迫切希望能激励学生，使其由"被动的"课堂出席者转化为讨论的"参与者"，从而培养学生的决策、创造等能力。为此，在设计学习方案时必须从众多案例中选出具有吸引力的案例以激发学生的想象力。

案例研究是一个能把"现实生活"经历引入到课堂中来的有效机制，因而它和由它引发的讨论可以给学生提供一次有益的学习体验。[①] 但由于课堂案例大多是从信息交流中心得来，在判断其与教案的贴合度的基础上"不加考察"地选取，因而我们并不能保证这些案例适合不同文化背景下的学生群体，也不能保证这些案例能令所有学生都感到满意。对想要运用热门案例素材的教育者和培训者来说，也许最大的挑战是运用自己的创造力

---

① 参见伊斯顿（Easton，1982），林德斯和厄斯金（Leenders and Erskine，1989），理查德森等（Richardson *et al.*，1995）。

将这些案例转变为引人入胜的例子。

一、爱尔兰：一个特殊案例?

似乎有很多因素支持在爱尔兰采取案例教学。爱尔兰人有一个得天独厚的优势，即他们的教学和书面语言都是世界通用语——英语，而英语又恰好是案例教学中最常用的语言，因此爱尔兰大多数备受推崇的教育和培训教材都不是用爱尔兰语写成，而主要是沿用英国或美国的语言习惯。由于爱尔兰人口稀少且市场上的现有材料又多用英语写成，因而要在爱尔兰商业或管理情境下鼓励书写个案非常困难。

与此同时，教材中现存及源自信息交流中心的海外案例，其情境和方案都对学生来说显得十分"陌生"。例如一个典型哈佛案例可能指的是一家拥有数十亿美元销售额的企业集团，这样的素材如果出现在课堂教学或是考试中，对欧洲（包括爱尔兰）学生来说压力太大。因此一些爱尔兰学者致力于从海外国家寻找适合爱尔兰的补充材料，这大大激励了爱尔兰的本土商业研究，他们出版了大量爱尔兰的新案例，其中有许多以企业或创业为话题。

在仔细研究了爱尔兰凯尔特文化传统后，作者发现，1000多年来爱尔兰人一直保持着学习、革新和创造的传统。作者认为当今世界的人们严重低估了宏观社会和文化情境在驱动创业方面的价值。研究表明，一个由复杂因素构成的系统会将国际竞争胜利与自信以及一组心理现象联结在一起。这组心理现象以身份认同为基础，并通过语言、文学、音乐和舞蹈等文化差异表现出来。文化是一个连接国家、地区和地方社区的重要因素，它和身份认同、自尊及自信息息相关，可以打破壁垒、引进新观点，当然文化在这些方面创造的经济效益也是难以估量的。

李（Lee）[①] 对爱尔兰20世纪发生的变化进行了颇有价值的研究，认为爱尔兰需要一个能将语言、身份认同和民族自信联系起来的环境。如果你想使爱尔兰走向繁荣的话，这在很大程度上有赖于对其独一无二的特质和

① 参见李（Lee，1989）。

传统的理解、欣赏与开发利用爱尔兰独一无二的特征和传统。爱尔兰前总理肖恩·勒马斯（Seán Lemass）对这点深有体会。用勒马斯的话说就是“在我们致力于带领国家走向富强时，我们会发现爱尔兰民族精神是我们最宝贵的财富，是我们取得胜利的最大保证”。①

爱尔兰在一个多世纪前爆发过多次民族或政治运动（在 1922 年脱离英国、实现独立时达到高潮），同时也出现重大文化革命，这使得爱尔兰的语言保护、音乐、舞蹈及（盎格鲁）爱尔兰文学等问题迅速升温。②值得注意的是，1922 年后大多数爱尔兰文化复兴运动都由非营利社区团体发起，这主要是由于这些活动很少得到公众或私有部门的支持，至少在最近兴起的“凯尔特之虎”（Celtic Tiger）经济③之前都是这样的。

二、寻找诠释“凯尔特之虎”的答案

爱尔兰经济相当开放，其进出口总额高达其国内生产总值的 1.6 倍。世界经济危机等事件检验了爱尔兰公共和私有部门管理的独创性和组织技巧。尽管岁月变迁，但爱尔兰经济不仅存活了下来，且发展迅速，出现了前所未有的繁荣景象。

越来越多的专家开始对传统政治体系感到失望，因为这些理论无法解释创业和经济发展，尤其是在像爱尔兰这样的小国的发展，人们严重低估了宏观社会和文化情境对创业的驱动作用。

一个由复杂因素构成的系统会将国际竞争胜利与自信以及一组心理现象联结在一起，这组心理现象以身份认同为基础并通过语言、文学、音乐和舞蹈等文化差异表现出来。

当前，创业者们要想为自己及其企业创造优势，他们就必须足够自信，而自信的主要决定因素是个人身份认同和民族身份认同。语言是身份认同

① 参见巴拉·Ó 西奈德（Barra Ó Cinnéide，2002）。

② 同上。

③ 近年来，爱尔兰的经济表现［在欧盟内持续保持国民生产总值（GDP）最高］，使其在金融媒体和管理媒体中赢得了“凯尔特之虎”的称号。

最重要的组成部分，因而它在国家和地方企业发展中起到特殊作用。斯堪的纳维亚民族语言独一无二，因此，他们一直在创新和设计方面走在世界前列。例如丹麦人，他们对自己独特性的认识将他们凝聚在一起，也激励着他们。而他们这种对独特性的认识表明他们已深刻意识到自己同其他市场及国家在文化和语言上的差异。市场定位策略在竞争高度激烈的经济环境中极为关键，因而这种对差异的敏感度至关重要。

爱尔兰本国的诸多发展都未能引起人们的足够关注，这些发展不仅包括活跃企业的经济发展，也包括民族自豪感的涌现，这种民族自豪感在文化和艺术领域尤为突出。这些发展涉及范围很广，但在传统音乐和舞蹈领域表现尤为突出。爱尔兰的这些表现让人们开始思考像它这样的小国（人口不足 400 万）的企业在全球经济中的竞争力。例如，《大河之舞》和《王者之舞》（后面会详细介绍）这两个节目相当成功，在众多作品中脱颖而出。

三、文化及其民族影响力

我们需要回顾一些蕴含在我们世界观中的价值和意义。[①] 有证据表明，一个由复杂因素构成的系统会将国际竞争胜利与自信以及一组心理现象联结在一起，这组心理现象以身份认同为基础并通过语言、文学、音乐和舞蹈等文化差异表现出来。

自信的一个主要决定因素是个人身份认同和民族身份认同。有关爱尔兰在过去一个多世纪中社会变革的研究（比如李[②]），证实了一个将语言、身份认同和民族自信联系起来的环境存在的必要性。爱尔兰的繁荣昌盛主要取决于理解、欣赏并开发利用（如果你愿意的话）其独一无二的特性和传统。

许多人对于爱尔兰在过去 20 多年里如何成为世界上发展最快的经济体之一表示疑惑。传统理论并不能解释像爱尔兰这样的小国的创业和经济发

---

① 参见布雷德利和肯内利（Bradley and Kennelly，2008）。

② 参见李（Lee，1989）。

展，越来越多的专家对其疑惑不解。许多评论家甚至认为最好将爱尔兰最近几年的经济表现看成一个前所未有的经济“奇迹”。

四、文化和社会因素也许是创业起源的要素

当今，创业者们一直在为自己及其企业打造独特优势，由此他们必须高度自信，他们必须具有某些特征，如符合自身的“人格面貌”特征及与未来挑战和任务相一致的“身份认同”感。

作者认为在当今这个复杂世界里，宏观社会和文化情境对创业的驱动价值被严重低估了，尤其是对民族语言的高度认同感被低估了。众所周知，民族语言是身份认同的重要组成部分，它在国际和地方层面都扮演着重要角色。

在爱尔兰这个案例中，当分析研究“凯尔特之虎”的起源和促进其发展的有利因素时，一些评论员在给出一些传统经济因素之外又添加了一些其他因素，这些“新”因素包括：文化，社会凝聚性，民族身份认同，“地域感”以及国家、地区和地方有远见的政策。“新社会经济”的思考方式可以使得像爱尔兰这样的小国脱颖而出，既独一无二又面向国际，既自力更生又团结各国。比如说，创新型经济体的员工需掌握信息时代要求的多种技能，这些技能和传统产品部门所要求的技能有显著区别，这一点可以很好地解释爱尔兰的“老虎”奇迹。我们也希望这能让爱尔兰在这个新千年变幻无常的全球经济中屹立不倒。

越来越多的人认识到文化、地理位置和全球化是决定企业成败的主要因素。正如迈克尔·波特（Michael Porter）[①] 解释的那样，这些因素仍是创新和竞争的核心，并且世界经济越复杂多变，越以知识为导向，上述说法成立的可能性就越大。波特认为全球竞争优势取决于地方特色，比如独一无二的民族身份认同、动机、人际关系和知识等。

---

① 参见迈克尔·波特（Michael Porter，1998）。

五、爱尔兰的音乐与舞蹈史

B'fhearr liom ná bó go mbeadh rince agam, is dá mbeadh, ní phósfainn ach píobaire.

比起得到一头奶牛，我更希望跳一支舞，而且如果有机会的话，我一定要嫁给一名风笛手。[①]

诺曼人不仅因为将“轮舞”引入爱尔兰而受到赞颂，他们还可能和五月节庆典有关。在一首 14 世纪的英语诗歌中，我们能找到确凿证据证明爱尔兰在中世纪时就产生舞蹈：“我是一名爱尔兰人，来爱尔兰和我跳舞吧！”16 世纪涌现大量关于爱尔兰舞蹈的文献，从盎格鲁 – 爱尔兰和英国文学作品中我们可找到很多这方面的文献。吟游舞蹈大师是乡村社会生活中的重要人物。18 世纪后半期英国著名旅者亚瑟 · 扬（Arthur Young）将其在爱尔兰的经历记录如下：“舞蹈对于爱尔兰人来说很常见。舞蹈大师们带着风笛手或盲人小提琴手环游整个国家……挨家挨户地表演，演出费是每 15 分钟六便士。”[②]

六、音乐和舞蹈：世代流传

一位名为理查德 · 海德（Richard Head）的英国作家把其对爱尔兰音乐和舞蹈的描述刊登在周日的“娱乐”版面上，他评论道：“在每一处空地你都能听到小提琴演奏，都能看到少女们随着音乐翩翩起舞，直到他们累得精疲力竭。”[③] 另一个旅者约翰 · 卡尔（John Carr）给出相似评论：“爱尔兰农民的周日和法国农民的周日并无不同。数小时辛勤劳作后，人们欢歌笑语，奏响风笛，舞步翩翩。”[④]

英国旅者托马斯 · 戴恩丽（Thomas Dineley）在其 1681 年游历爱尔兰时的见闻录中写道：“他们（爱尔兰人）（在节假日，演奏风笛、爱尔兰竖

---

① 摘自古盖尔谚语。
② 参见霍尔顿（Halton，1892）。
③ 参见海德（Head，1674）。
④ 参见卡尔（Carr，1805）。

琴或犹太式竖琴时）都沉醉于自己民族的流行舞蹈，（也就是说），主人、太太和仆人不分你我，一个接一个地围成一个长长的舞蹈队伍，纵情歌舞，不能自拔。”[①] 这是有关音乐和舞蹈最有趣的一篇文献。

在 18 世纪后半叶，村里每个小队都拥有自己的风笛手，周日下午大家都会花半便士听风笛演奏：

> 我们从这些活动中继承丰富的音乐和舞蹈遗产。尽管现在这一传统正在走向衰落，但自 20 世纪早期以来，这种音乐形式仍蕴含着 6000 多个（保守估计）音乐片段，包括吉格舞曲、里尔舞曲、众多角笛舞曲和成百上千的组乐和半组乐、波尔卡舞曲及其他舞种。[②]

七、保护爱尔兰的音乐和舞蹈遗产

尽管随着时间流逝，爱尔兰音乐和舞蹈传统逐渐走向衰落，但自 20 世纪初期以来就出现大量传统爱尔兰音乐，主要是和舞蹈有关，[③] 因此我们必须向那些数世纪以来一直致力于保护音乐和舞蹈遗产的表演者或档案收录者表示感谢。我们尤其要感谢那些 19、20 世纪初期和过去十年间的表演者或档案收录者，因为他们以一种独特方式——自愿放弃营利——以保证文化传统的延续。

“大地娱乐”（Siamsa Tíre）（乡村、音乐和娱乐）建于 1964 年，是爱尔兰国家民俗剧院。它最初是凯里郡费诺谷村做的一个实验，目的是引起年轻人对当地音乐和舞蹈传统的兴趣。这个组织的使命在于保护和发扬当地传统文化。大约半个世纪以后，它面临了一个挑战，即用现代通俗风格或环境来展示传统文化。随着这一组织的不断发展壮大，其在 30 多年前建成一个具有特殊目的的剧场——娱乐之家（Teach Siamsa），坐落于凯里郡首府特拉利。为庆祝它的落成，他们在美国七个主要城市进行巡演，这

① 参见布瑞斯纳（Breathnach，1971）。

② 同上。

③ 有关爱尔兰音乐和舞蹈联系的个人研究具有启发意义。据估计，爱尔兰音乐中包含 50%~60% 的舞蹈元素。参见巴拉 · Ó. 西奈德（Barra Ó Cinnéide）。

引发了“热烈的”评论。特拉华州《周日新闻》写道：“如果‘Siamsa’和这有关的话，爱尔兰核心和灵魂必将永存……简单纯真，不仅魅力四射，且符合民俗艺术价值。”《纽约时报》著名的大嘴评论家科雷夫·巴恩斯（Clive Barnes）写道：“绝对地无与伦比……它让我想要立刻坐上下一班到爱尔兰的飞机。”[①]

八、创新型产业

越来越多的人意识到创新型产业在国民经济中日益提升的重要性，这一产业通过开发并利用知识产权而在创造财富和增加工作岗位方面表现出巨大潜力。就像沃尔夫（Wolf）[②]所说的那样，“娱乐业——而不是汽车、钢铁和金融服务行业——正在急速成为推动新型经济发展的动力”。创新型产业的发展为后工业时代经济中的企业存亡提供了一个显而易见的例子。[③]很明显，这一产业正紧随社会变革而不断变化，尤其是在推动社会经济由生产指向型向知识经济转变这方面更是如此。

就爱尔兰而言，在颁布《1995—1997艺术规划》后创新型产业取得很大成就，[④]其他研究成果也相继出版。《艺术规划》描述爱尔兰国家优势，比如自身富于创新力与想象力的深厚传统以及爱尔兰人天生的自发性，这两点激励创新型产业的创业发展，然而在之后关于创新型产业未来发展的争论中一些重要问题未能得到充分重视。这些问题包括创业作用、在创新型产业中培养创造性“企业”文化的需要以及通过艺术的相关教育和培训建立“新型企业”发展体系。

越来越多的人承认“自然资源”这个部分是重要的经济发展催化剂，尤其是像音乐、舞蹈、文学和电影这样的创新要素。爱尔兰也是这样，不

① 如果爱尔兰民众（和戏剧评论家）记得这些好评，那么，他们不会对1994年4月在都柏林先锋剧院上演的爱尔兰音乐和舞蹈演出大吃一惊（见后文）！

② 参见沃尔夫（Wolf，1999）。

③ 参见希尔（Hill，1996）。

④ 参见艺术委员会（Arts Council，1994）。

同的是爱尔兰人早在十多年前就预见到创新型产业的流行，[①] 通信网络的全球化及电子科技突飞猛进的发展推动了创新型产业发展，[②] 创新型产业的经济态势良好，数据能够证明一切。

九、创新型产业和创业

作者认为在研究创新型产业中的创业时，这两者相互关联且相互促进，例如文化部门可为创业提供一个引人瞩目的平台，而艺术本身是动态发展的。如何平衡创业的艺术与科学这一难题在创新型产业中尤为突出，[③] 因为这一部门对课程输入有十分明确的要求，既要设计合理又要专门针对创业。除此之外，对于企业投资来说找到财政支援尤为重要，尤其是在创业初期或是在所谓的“死亡谷”阶段。

创新型产业表现出多样性，这一多样性又直接或间接地与经济体中的信息、通讯和娱乐部门相联系，而这是外国合资者乐于接受的。因此这些部门有进行出口、国际合作和境外直接投资活动（foreign direct investment，FDI）的巨大潜力。最终，它们会鉴于创新型产业的本质特征不断吸收新技术、新处理方法及新管理知识，从而增加自己出口产品的附加值，因此这些领域在销售、知识和科技转化方面拥有巨大的潜在商机。[④]

意识到以上问题之后，过去几年间人们一直努力说服政策制定者提高人们对创造性的认识和理解。政府一直致力于推动这一产业的发展，如成立专家小组、制定独一无二的新方案和官方委任报告。创新型产业代表的是一个至关重要、激动人心且飞速变化的活动领域，是知识型经济中的关键发展部门。创新型产业部门是知识集中型产业的一个下属部门。我们可将知识集中型产业定义为“源于个体创造力、技术和天赋，能发明并利用知识产权并在创造财富和增加就业方面有巨大潜力的活动”。

---

① 参见《福特报告》（*Forte Report*，1996）。

② 参见 Ó. 西奈德（Ó Cinnéide，2002）。

③ 参见杰克和安德森（Jack and Anderson，1998）。

④ 参见巴拉 · Ó. 西奈德（Barra Ó Cinnéide，2002）。

通过调查研究艺术和表演部门的创业，我们可对创造力在创业过程中的重要性有一个宝贵而直接的认识。意识到创新型产业日益重要的地位及其发展前景让这一行业成为一个重要的国际性研究话题。①

十、爱尔兰音乐与舞蹈的适应性

20 世纪 60 年代以来，爱尔兰传统音乐走上了伟大复兴之路，尤其是在克兰西兄弟（主要在北美演出）和酋长乐队等人的努力下，爱尔兰传统音乐走向国际舞台，这使其影响力进一步彰显。在这次凯尔特音乐复兴运动中，有很多在全球表演的著名爱尔兰乐手和歌唱家，他们到底在哪儿呢？事实上，这一期间不仅仅是在爱尔兰，还包括英国、澳大利亚和美国涌现出大量的舞蹈家，他们这些年来一直致力于使自己的艺术臻于至善——参加竞赛赢得奖牌和奖杯，获得世界或地区性的爱尔兰舞蹈冠军称号。但近年来，爱尔兰舞蹈除了少数杰出代表以外，其他人基本上没有融入到艺术表演和更广泛的娱乐行业中——直到《大河之舞》的诞生。它的成功表明爱尔兰通俗文化有着很强的适应性，几乎可将多种矛盾的影响力和元素结合在一起，就像这个表演的获胜秘诀那样——是凯尔特暮年和百老汇少年的融合。

剧院表演应将戏剧、舞蹈和音乐融合起来，这和爱尔兰桂冠诗人 W.B. 济慈（W.B. Yeats）的理念不谋而合，也和美国音乐剧有很多相似之处。然而《大河之舞》的成功离不开它对爱尔兰传统音乐和舞蹈的尊重，它承认民俗文化有着自己独特的生命力和真实性。像爱尔兰这种小国（人口不足 400 万）的企业是否能在电视和盛宴中出席并成为世界“巨人”是我们讨论的核心问题之一。综上所述，《大河之舞》最初的“放映者”包括爱尔兰国家广播机构（Raidió Telefís Éireann，RTÉ），它是《大河之舞》最大的股东。即使这样，我们仍必须承认《大河之舞》最初的“表演者”和世界娱乐业相比也不过是沧海一粟。那么通过分析《大河之舞》及其后来

---

① 参见巴拉 · Ó. 西奈德和亨利（Barra Ó Cinnéide and Henry，2007）。

的竞争对手，比如《王者之舞》在追求国际性成功的过程中采取的策略，我们能学到什么呢？①

十一、“早起的鸟儿”必然要飞得更快更高！

享有盛誉的《大河之舞－原始舞曲》② 在理念上无与伦比。传统幕间表演一般以歌曲系列呈现，由上一年度最佳歌手演唱年度最佳歌曲。《大河之舞》极具创造性地将另一种娱乐形式——舞蹈——引入表演中，做出这一决定的人是莫亚·道尔蒂（Moya Doherty），她是爱尔兰广播电视欧洲电视网歌唱大赛的节目制作人，一直以来对舞蹈有着浓厚兴趣。

这是一个很好的创新／国际贸易／营销的例子。除此之外，《大河之舞》还展示了爱尔兰舞蹈这一文化／传统形式是怎样发展成为一个被普遍接受的娱乐“产品”的。要实现这一点必须紧扣其传统价值。事实上，一个神奇的新秘诀出现，为爱尔兰舞蹈的国际形象增添吸引力。《大河之舞－表演》及后继而来的衍生品，例如《王者之舞》，诠释了创业及商业策略中的许多重要元素：

> 这些节目采取不同的营销（主题／形式）定位。《大河之舞－表演》（这一节目）在后欧洲电视时代开发利用机会的能力。作为“原创和最佳”节目，它这只“早起的鸟儿”有能力在别的竞争者出现之前提高自己的国际名声（尤其是通过电视曝光）。
>
> 由于爱尔兰是一个小国（人口不足400万），所以很明显《大河之舞》的成功从一开始就取决于其在国外的认可度。这就是“伟大的爱尔兰移居”（爱尔兰人口移居世界各地，据估计约有7000万至8000万人）的重要性所在，因为大家都知道北美、英国、澳大利亚、新西兰和南非是现场表演和视听衍生产品的畅销市场。

---

① 其中之一的衍生品是已经真正成为学校的特殊需要以及为富有抱负的大河之舞演员服务的行业。

② 《大河之舞－原始舞曲》是为1994年在都柏林先锋剧院举办的欧洲电视网歌唱大赛进行的七分钟幕间演奏。

竞争性节目的兴起让爱尔兰舞蹈音乐剧中引入了浓烈的竞争元素。《大河之舞》远未过时（或说并没有像1994年到1995年间它刚登台时一些评论员认为的那样只是昙花一现）。它不仅存活了下来，还成为爱尔兰文化娱乐业的模范，并且推动包括《王者之舞》在内的许多其他表演的发展。在《大河之舞》及《王者之舞》这两部舞剧成功以后，有很多"我也行"的表演簇拥而来，包括《在危险之地跳舞》[由《大河之舞》前领舞琼·巴特勒和柯林·唐恩（Jean Butler and Colin Dunne）编舞]、《舞动世纪》（改编自英国）、《席勒林翁》（改编自苏格兰）及《盖尔人的力量》（起源于澳大利亚）。

竞争中优胜劣汰，投入、独创性及创造才能不可或缺。竞争类节目的兴起给爱尔兰舞蹈增添了有力竞争优势，因为这些"我也行"节目的兴起激励爱尔兰舞蹈投入更多并更富独创性与创造性！

吉尼斯黑啤酒在其市场营销中，通过强调爱尔兰酒馆、传统音乐等独一无二的特点成功令"爱尔兰特色"成为自己品牌战略的一部分。当前的文化复兴也能将爱尔兰展示给日益增加的国际观众。除此之外，新文化动态性能提升自信心及民族信心，从而促进创业和经济的发展。一般来说，《大河之舞》在爱尔兰国内被视为爱尔兰商业投资的模范及本土创业的灵感源泉。《大河之舞 - 表演》向世界展示爱尔兰盛行的"我能行"哲学思想，这催生了一个经济奇迹，也就是人们所说的"凯尔特之虎"。

"《大河之舞》产业"揭示了新兴企业凭借一些推动力从成功企业中脱颖而出的方法，这些推动力包括对独立、控制力、自我实现的需求（n-Ach）、赶超成功"初始"企业竞争精神的个人追求。有趣的是，迈克尔·弗莱利（Michael Flatley）强调"知识产权"（如舞蹈设计）和他对控制《大河之舞》未来发展的渴望。人们认为这两点促使他先从《大河之舞》的制作商阿布罕制作公司辞职，然后创作了一部与之抗衡的戏剧作品，使这两档爱尔兰舞蹈节目形成势均力敌的竞争场面。

重要的一点是当时他们曾想过将欧洲电视网歌唱大赛的七分钟表演扩展成为一个完整的戏剧节目，可爱尔兰的创始人坚持尽力掌控他们的知识产权及对这个节目的管理控制。他们在戏剧作品、国际业务和后勤、金融与营销等方面的签约都很成功，这些保证了四家舞者和音乐家“公司”能在全球同步巡演。你不得不佩服莫亚·道尔蒂及约翰·麦科根（莫亚的丈夫）（John McColgan）的创业才能，他们以前没有任何直播戏剧作品的经验，但他们在全球娱乐市场竞得一席之地的成功事迹振奋人心。它表明即使你来自小国家、过去经验不足、预算较少也有可能在纽约和伦敦这样的娱乐之都成为世界“巨人”。

十二、创新型产业发展案例

学生参与／评估的步骤必须满足几个标准，这很重要，其中之一就是学生的学习过程必须是一个有机整体。评估方法有多种，案例作为其中之一有很多优势，比如说我们可选取现有案例，也可根据大纲指示的最佳困难度特别书写案例，尤其是案例可集中在一个没有“正确”答案的热门话题。

最有效的案例研究能激发学生思考、使其发挥创造力并最终形成自己的观点。作者花费数十年设计发展案例研究，以期记录创业趋势和爱尔兰本土企业的主要转变，尤其包括传统产业、科技、商业和自然资源部门的发展。然而 U2 乐队、酋长乐队和可儿家族合唱团等爱尔兰国际性表演者的兴起让作者对创新型产业产生兴趣。之后《大河之舞》首次亮相。值得一提的是他对《大河之舞》的发展历程做了持续的个人调查，研究《大河之舞》如何从一个简单概念一步步成长为一个企业并成为享有全球声誉的发展范式。

很明显，使爱尔兰能在日益增加的国际观众面前展示自己的是一场文化复兴运动，而《大河之舞》的出现在很大程度上促进了该运动的发展。此外新文化动态性能提升自信心和民族信心，从而促进爱尔兰的创业和经济发展，这将有助于确保“凯尔特之虎”不会像一些经济学家预测的那样仅是一个短期奇迹。因此，15 年前作者就开始了一系列关于创新型产业部门的案例调查。《大河之舞》最早的版本（可称为“原型案例”）是在 1995

年初期、《大河之舞 – 表演》之前写的。它通过多组测试并被成功运用于课堂和研讨会之中，其文本内容也被不断修改，这是因为《大河之舞》追随的是其自然道路——像以前一样稳步踏入国际舞台。

在初次尝试进军戏剧之后，作者基于《大河之舞》和《王者之舞》这两个爱尔兰舞蹈和音乐表演做出两个完整案例，目的是强调这些企业的创新性并提供一个讨论平台，用以思考基于爱尔兰本土来设计和发展国际性成功舞台表演的管理层面问题。在追求创新之外，作者决定重点推动《大河之舞》这个故事的进一步发展并将其作为一个案例主题，这是因为娱乐产业特别注重满足不同年龄、不同收入和不同个人偏好等人群的需求，而《大河之舞》已证实自己在不同教育团体中的吸引力。学者们相信通过分析《大河之舞》的出现和发展以及随之出现的《王者之舞》，人们可从中获得很多关于创新型企业创业过程的宝贵启示，这些启示包括创新型创业家如何操作，他们会遇到哪些特殊阻力以及他们特殊的品质和发展需求。①

十三、充满挑战的演艺行业

《大河之舞》和《王者之舞》的例子阐释一个核心问题，即在像爱尔兰这样的小国家，电视制作人和有抱负的剧目演出赞助人如果想要成为世界娱乐业巨头并将电视节目转化成舞台盛会他们会遇到哪些挑战。尽管此前几乎没有“戏剧界”和艺术管理的经验，爱尔兰出品人、导演和“赞助人”（戏剧投资人或投资资本家）在被人称为其他“衍生产品”的经营项目中表明其有能力将节目推向世界舞台，将《大河之舞》和《王者之舞》的衍生作品，例如影像和录音产品及专用商品商业化也是如此。《大河之舞》赞助人面临的主要挑战是如何在“高度分散的爱尔兰”人群中建立最佳联系网。这些人群共有 7000 万到 8000 万人，他们都自称有爱尔兰的血统或者和爱

① 关于创新型行业中的创业，在这里应当指出，经济学家理查德 · 坎蒂隆（约 1690—1734）在其作品中，第一次对创业活动严格定义，并进行分析，其作品分别收录在他的《商业性质概论》（*Essai sur la Nature Du Commerce En Général*），在他死后，于 1755 年发表。无需多说，他是一个爱尔兰人！

尔兰人有姻亲关系，他们大多数都在讲英语的国家，但也有人在像阿根廷这样的国家。那么接下来的问题是《大河之舞》如何才能更好地实现进一步发展。应尝试充分发展目前市场还是在地理上进一步扩展市场？应进一步研发新产品还是采取其他策略？总之，《大河之舞》和《王者之舞》的成功引发了关于将创业原则运用到文化形式和艺术形式的问题。这究竟是为利益还是出于其他目的呢？这些成功案例的启示不仅使爱尔兰受益也使其他许多国家致力于保护并开发自己独特的文化，尤其是努力宣传（甚至可能创造）自己文化特有的艺术表演形式。对于这些国家来说，《大河之舞》或许是一个模板。

十四、演艺行业的创业行为

对《大河之舞》和《王者之舞》演变与持续发展的研究为讨论创新型产业的创业和革新提供了一个有趣的关注点。除了为我们提供某些依据让我们进一步思考影响商业企业开创初期构思与实践的因素之外，它还让我们有机会研究在公共领域鼓励“创业”和创造的特殊因素。之所以在后来娱乐业内出现创业是因为艺术表演产生原创性概念，而该概念源自于 RTÉ（爱尔兰国家广播机构）举办的欧洲电视歌唱大赛。

1994 年举办的欧洲电视歌唱大赛为《大河之舞》这一原创性艺术创作的诞生提供了动力。我们可从“创意性想法”的形成起源探索《大河之舞》发展演变的根本原因，正是这些想法使得人们成功地将“新产品”引入传统商业界。作者在撰写和音乐舞蹈相关的系列案例研究时认为思考这样一个问题会相当有趣，即《大河之舞》和《王者之舞》的发展过程在多大程度上运用与创业天赋截然不同的创造性或管理技巧。我们相信“艺术领域创业：创业和艺术，哪个是关键”（这里的艺术是指艺术才能或创造性）这一问题可能会引发广泛讨论。

案例讨论能解决艺术或文化部门在“走钢丝”这一困境中面临的道德难题，即寻求新“产品”商业成功最大化，但不能出现过度开发利用，不能以损害娱乐部门为代价。这一难题的提出可表述为如何充分利用《大河之舞》的最初影响，以确保它有利于爱尔兰在国际商业领域（无论是哪一个领域，只要讨论者认为其最合适即可，例如旅游业）树立良好的海外形象。《大河之舞》和《王者之舞》的未来长期发展会引发一些问题，如赞助人的创新能力是否存在规则限制。

我们可鼓励案例讨论者评估娱乐领域的创造能力和管理技巧（与创业天赋截然不同）在多大程度上影响《大河之舞》和《王者之舞》的发展。《大河之舞－表演》等剧目制作人、导演、作曲家、编舞师及领舞人员的角色分工这一问题会引发广泛讨论，因为他们的角色各不相同又高度交互。我们可从《大河之舞》这个案例的细节信息发现一个特点，即“自由”市场调查起源于 1944 年欧洲电视歌唱大赛优秀幕间音乐舞蹈表演获得的公众赞扬。欧洲电视后期节目一次又一次地表明（采用现代风格）展示传统爱尔兰音乐和舞蹈受到观众的热烈欢迎。创新型行业部门大多数项目市场潜力的量化调查会遇到一些困难，弗莱彻（Fletcher）[①] 就其中常见困难做出相当有趣的评论。

十五、《大河之舞》激发创造力和革新力

《大河之舞》的一些特征可以归纳如下：

个性特色；

革新性；

创造性；

拥有独特的历史和文化；

出奇制胜，超乎常理。

请想象一下，如果用这些价值观念来强化爱尔兰在食品行业、旅游业、电子产品和文化方面的努力和尝试将有多大威力。只需想象一下如果我们在销售爱尔兰起司时像法国人那样先确立起人们对食品真实而强烈的认同感，然后再进行销售会出现怎样一种光景。出奇性、个性和独特性在这里

① 参见弗莱彻（Fletcher，1999）。

都是好的品格特征。创造性和个性对那些技术型和知识型企业来说至关重要，这一点尤其适用于当今的爱尔兰。看看吉尼斯黑啤公司是如何打破爱尔兰酒吧文化这一身份认同，明确建立起自己的核心价值体系，重构这些价值并从中获利的。就在2009年吉尼斯黑啤公司在世界范围内庆祝成立250周年！

一般来说，《大河之舞》的成功会引发这样的问题，即如何将创业准则运用到文化和艺术形式上，无论是出于营利还是其他目的。《大河之舞》的成功启示不仅使爱尔兰受益也使其他许多国家致力于保护并开发自己独特的文化，尤其是努力宣传（甚至可能创造）自己文化特有的艺术表演形式。

然而，根本问题仍然存在，即在不损害力图保护和发扬的艺术价值和文化价值的前提下如何开发大众市场、充分利用新文化“产品”的商业成功。

十六、《王者之舞》对比《大河之舞》：和百事对比可口可乐或者阿维斯对比赫兹租车公司情况相似?

大家似乎已普遍接受迈克尔·弗莱利被《大河之舞》赞助人解雇的两个主要原因：弗莱利对“知识产权”的强调（比如编舞方面）及其想要控制《大河之舞》未来发展的愿望。这就为我们引出一个问题：如何将创造性管理做到最佳。考虑到管理创造性时遇到的特殊挑战，加之呈现在“电视的视觉壮观”和“舞台”的实体演出之间的巨大差异，就可以解释控制像《大河之舞》这样难以把控的戏剧的困难，而且这也极有可能是弗莱利突然离职的原因。

弗莱利和《大河之舞》负责人对剧情梗概的分歧为我们讨论国际化商业策略等管理形式提供了丰富的切入点，包括弗莱利决定创造和《大河之舞》竞争的新剧目《王者之舞》。于是弗莱利在离职后一年时间里设计、制作自己的新剧并使其登上国际舞台——一场举世瞩目的音乐和舞蹈盛宴！很快，他就开发制作商业衍生产品（比如影像和录音产品），他充满活力和雄浑气魄的新节目在各大洲广受欢迎，也为“舞蹈音乐剧”界带来一个卓越非凡的竞争对手。这让人们开始将品牌战争中的策略，比如将百事与可口可乐或阿维斯与赫兹租车公司与《大河之舞》和《王者之舞》的情况做比较。[①]

弗莱利在投资创业初期运用的一个主要策略十分有趣，即赶在《大河之舞》在澳大利亚和新西兰演出前让《王者之舞》在爱尔兰首都都柏林和英国像伦敦、利物浦和曼彻斯特这样的大城市进行短时期内的快速巡演。通过这样在英国、澳大利亚和新西兰持续开演的大肆宣传，他很快获得了最大曝光率。而与此相比，《大河之舞》则推迟在都柏林和伦敦的上演日期（而在美国的演出在一年多以后才开始）。似乎《王者之舞》所采取的策略是尽可能多地在全球观众面前展示其节目，其于 1996 年 10 月份发行它的录像产品也印证这一策略。弗莱利为让《王者之舞》与《大河之舞》的名气相抗衡，他参加了一系列新闻发布会，在广播和电视节目上频繁露面，特别是“早餐电视”、访谈节目等。与此同时，他还不断向媒体曝光自己的新闻发布会及其信息。

十七、以学生为本的案例研究：在期末测验中运用案例法的例子

作者在利默里克大学教授／评定大班制的研究生文凭课程。[②]这门课程和营销政策／策略紧密联系，但其开设的主要目的是尽可能地树立“新企业”这个主题。目前注册这门课的人数超过预计人数的四倍，结果原计划中与学生互动的课堂形式就必须彻底改变，因此这门课程便舍弃原先的案例“研究”法，转而在课堂授课中纳入十几个爱尔兰企业组织的营销活动和企业才能的案例。

这样，班级授课便结合传统“教师讲授”／案例参考和简短的企业历史介绍，且后者在其中所占分量很大。由于期末测验是学生的期末最终成绩，而且在规划期末测验时缺少潜在个体间的互动令人困扰，因此作者决定用案例分析和理论测试两种方式评估学生，但对那些不习惯分析爱尔兰

① 参见附录 3–1。
② 参见 Ó. 西奈德（Ó Cinnéide，1997）。

案例情境的海外学生则允许他们有特殊选择或给他们留有余地。

十八、评估过程

试卷包括两部分。第一部分占 40 分，主要和案例有关；第二部分占 60 分，是一些“传统的”论文式理论问题。在圣诞假期前会布置两个简短案例：一个六页的“2020 远景规划”特别研究和一个两页的《大河之舞 – 情景》概要。《大河之舞 – 情景》是对爱尔兰舞台作品《大河之舞 – 演出》进行案例分析时所使用的最初版本。在考试时学生被告知他们必须在两者之间选择一个。在最后一堂课还会放映《大河之舞》在欧洲电视歌唱大赛的七分钟幕间表演。

在 1996 年 1 月，有 114 名研究生参加了一场超过两个半小时的随堂测验。如上文所述，这场测验的成绩就是学生这一学期的最终成绩。主要有五个专业的学生（括号里为参加测验的人数）选择这一课程：管理学专业（61 人）、旅游专业（25 人）、创业专业（15 人）、娱乐管理专业（10 人）及专业交际学专业（3 人）。

在课外作业环节，81 名同学（占学生总数 71%）回答关于《大河之舞》的问题，29 名同学（占总数 25%）选择“2020 远景规划”这一题目，还有 4 名同学（占总数 4%）选择放弃回答上述两个问题。很明显大多数“旅游专业”和“创业专业”的学生选择回答关于《大河之舞》的问题，24 名旅游专业的学生（占专业人数 96%）和 13 名创业专业的学生（占专业人数 87%）都选择娱乐业这个话题。

从总体上来看，明显大多数同学对《大河之舞》有自己的理解，而且从他们优秀的回答来看，他们和这一表演紧密相连。他们精彩的“个性化”评论和观点使作者在向英国克兰菲尔德欧洲案例交流中心（European Case Clearing House）提交论文前，从学生那里得到很多关于如何完善《大河之舞》[①] 后续案例分析的灵感！

---

① 参见 Ó. 西奈德（Ó Cinnéide，1995）。

这次学生在评价《大河之舞》这一问题上得到的平均分是作者近30年来参与课程教学和测验工作最高的一次。“创业专业”学生分数的算术平均值达到68分（百分制），“旅游专业”学生达到65分，整个班级的平均分达到63分。

也许这杰出非凡的课堂表现可归结于那时《大河之舞–表演》在爱尔兰的流行。大多数学生在测验前都在电视上或录像上看过这个表演。因为在圣诞节和元旦节期间许多电视频道都会播放这个表演，学生可观看表演，学习娱乐两不误，同时提前为期末测试做好准备。需要强调的是，学生事先并不知晓试卷的详细信息。

十九、测验中运用《大河之舞》和《王者之舞》案例的成果归纳

加上1995—1996学年的试点测验和随后四个学年的期末测验，作者共计在九次期末测验中运用《大河之舞》和《王者之舞》案例。这些测验涵盖三所爱尔兰大学，共有330名学生参与，其中包括120名本科生和210名研究生。测验在利默里克市校区和其他两个位于都柏林的爱尔兰大学校区进行，在每个校区笔者都进行为期两年的课程作业布置。当学生被告知可以选择“案例”或“理论”问题作答时，将近80%的学生选择前者。

从他们的作业中可以清晰地看到，他们对于这两个爱尔兰音乐和舞蹈节目的特点具有独到见解和非凡的热情。通过对这九个专业学生进行关于案例问题得分的统计分析可发现他们的平均分在60分到65分之间，这是作者所教学生中平均分最高的。[①]

人们普遍相信这些案例的使用说明如果话题足够有趣就能很好地吸引人们的注意力并且容易被理解，就能实现一个高层次的“参与式学习模式”。通过提供一些能引起学生共鸣的话题（同时也要能激发同学们的热情），年轻一代所具有的充分表达自己的才能就会被释放出来。人们相信，从具有创造性的行业，如娱乐业部门中，选择一些热门的、具有创新性的

① 参见Ó. 西奈德（Ó Cinnéide，2006）。

企业作为例子能在很大程度上让考生给出高度“个性化”的回答。

二十、使用《大河之舞》和《王者之舞》案例的优点（尤其是在考试中！）

一个学期下来，大班制（由于其人数多并且不考虑个体的分组影响）在很大程度上阻碍学生个体的课堂贡献。然而如果在书面考试中要求考生进行批判性分析并根据问题／观点表述自己的看法，像之前描述过发生在市场中的营销政策／策略评估那样，就能提供一个表达自我／实现自我的独特平台。如果能营造合适的鼓励环境，搭建恰当的考试结构，就能在文字中捕获学生的观点、感受、个人思考习惯及表达能力。

人们普遍相信，通过案例（研究）方法，师生间能够建立“一对一”的密切关系。因此，我们十分高兴地发现，不管是在课堂上还是在期末测试中，[①] 学生们都能做出高水平的个人见解，这证明《大河之舞》和《王者之舞》案例的使用是有效的。

附录 3–2 提供一些可以作为试题话题的例子。

二十一、结论

这一章尝试提供一些关于概念化与案例制作的方法，这些方法非常适合教育与培训项目。本章还细述一项从创新型产业部门中发展“娱乐”案例的方法，其中囊括案例法是否适合用于学生评估，特别是对“坐下来”任务的评估。通过分析《大河之舞》和《王者之舞》的诞生与发展，人们相信参与到创新型创业中可获得宝贵见解，[②] 其中包括：这些有创新精神的企业家如何工作，他们所面临的障碍，他们的个性及发展需求。

人们相信从之前的研究中能够得出（一些）有趣的结论，这项研究的参与者是来自三所大学九个专业的 320 多名学生（包括本科生和研究生）。

---

① 《大河之舞》和《王者之舞》这两个表演商业案例可以被应用在多种情景中，尤其是顶点课程和以下学科的执行项目：创业、企业内部创业、创造性、新产品研发、企业发展、策略、商业政策和国际营销。

② 参见 Ó. 西奈德（Ó Cinnéide，2005）。

结果不仅表明个案评估在测验方面的高效性，也表明创新型产业对学生具有高度吸引力，该产业能检验和探索创业与革新。

综上，《大河之舞》最初的“放映者”包括其最大股东爱尔兰国家广播机构，但和世界娱乐业相比，它不过是沧海一粟。《大河之舞》和《王者之舞》这两个剧作在伦敦西区和百老汇这样的演艺中心却成功上演，那么分析这两个节目在寻求国际成功时使用的战略可以让我们从中学到什么呢?

最后，继“凯尔特之虎”的巨大成功之后，我们在世界戏剧舞台上的参与所带来的最大案例研究就是《大河之舞-现象》一书[①]（笔者本人已经把书中的案例带到课堂）！ 总之，通过发展一系列相关案例对娱乐与创意产业的探索与挑战，笔者的这一信念不断被强化。

用古老的戏剧表演谚语来说是:“此业彼业都不如娱乐业。”

附录 3-1：《大河之舞》与《王者之舞》的金融成就

《王者之舞》为在同《大河之舞》的竞争中通过大量商业化运作定位自己，运用了很多国际商业策略的重要元素，包括录音和录像等新颖的衍生产品，这一做法给其进军娱乐界带来一种颇富趣味的竞争优势。

用竞争术语来说，我们可将《大河之舞》和《王者之舞》之间的竞争和百事与可口可乐或阿维斯与赫兹租车公司这样著名的跨国广告营销活动做比较。可能有人会提出这样的问题:“我们可以将《大河之舞》看作赫兹租车公司和可口可乐（第一名），而将《王者之舞》看作百事和阿维斯吗？”反过来呢？ 15 年后为解决这一难题而回顾这两个节目发起人及其他主要负责人就举办娱乐表演活动和经济上的成功而获得的财富信息会相当有趣。

作者根据《星期日泰晤士报》富豪榜[②]发布的信息和相关数据进行以下分析。他对英国和爱尔兰财富的研究为其分析个人在商业活动中的混合财富提供一个独特依据，这为市场的表现及市场中企业的变幻莫测带来有趣

① 参见 Ó. 西奈德（Ó Cinnéide，2002）。

② 参见贝雷斯福德（Beresford，2009）。

启示。《星期日泰晤士报富豪榜 2009》[①]介绍娱乐业大腕的生活方式和目前在这一部门的参与度。比如，在 2008 年《大河之舞》的英国告别演出结束后，道尔蒂和麦科根在中国和迪拜寻找新市场。《星期日泰晤士报》指出在迈克尔·弗莱利的资产中映星娱乐国际有限公司（Unicorn Entertainment）持有的《王者之舞》品牌价值保守估计达到 0.42 亿英镑（0.47 亿欧元），其中他个人资产的很大一部分和沃伦投资基金（Warren Investment fund）有关。弗莱利在退下舞台几年后又重新开始他的事业。他和别人一起主持《超级星舞会》（Superstars of Dance），这个节目是美国全国广播公司的一档大热节目。

下面是对 2009 年数据的分析（括号里的数据是 2008 年的）。对道尔蒂和麦科根这两个《大河之舞》合伙人的资产估计是 0.74 亿欧元（0.8 亿欧元），在爱尔兰富豪榜中排第 107（122）位。他们夫妻的共同财产在英国富豪榜中排第 853（969）位，其中莫亚·道尔蒂在英国女富豪榜中排第 88 位。尽管在 2008 年到 2009 年间全球经济局势下滑，但和 2008 年相比这对夫妻的财政地位在英国和爱尔兰排名中都明显上升。

与此同时，弗莱利资产共计 2.73 亿欧元（3.72 亿欧元），在“爱尔兰富豪榜前 250”中排名第 27（29）位，在英国富豪榜中位列第 234（240）位。尽管其资产减少 34%，其总排名仍略有上升，其他排在他前面的富豪在这一年损失得更多！这一分析说明弗莱利在 2008 年和 2009 年排名都远远超过《大河之舞》这对夫妇。他累计资产达 2.73 亿欧元，是他们 0.74 亿欧元资产的 3.7 倍。可以说“早起的鸟儿有虫吃”这一古老谚语并不适用于他们！因此，仅从财富来看我们可以将弗莱利看成赫兹和可口可乐（第一名），道尔蒂和麦科根则是排在第二位的阿维斯和百事！

尽管《大河之舞》在“生产财富”方面排第二位，但不可否认的是它的主要成就是其原创性和创新性能力，它实现了爱尔兰新型戏剧性舞蹈和音乐盛会的一体化，独具匠心，有能力在百老汇和伦敦等世界娱乐业中心

① 参见“星期日泰晤士报富豪榜”（Sunday Times Rich List，2009）。

发展成为该行业的巨头。这场蕴含爱尔兰传统音乐和舞蹈的文化复兴运动不是1994年在欧洲电视歌唱大赛表演后凭空出现的，而是因为《大河之舞》正好出现在一个本土表演艺术和娱乐浪潮兴起的时代。这为“爱尔兰移居”期间国内外表演者、出品人和观众提供基础，让1994年的电视表演成为可能，从而进一步在国际上获得成功。由于很多部门的文化复兴都显而易见，爱尔兰有能力向日益增长的国际观众证明自己。此外，新动态变化能提升个人和民族的自信心，而这一般会给创业和经济发展带来有益影响。

附录3-2：关于《大河之舞》的一些可能议题

以下几点可为案例讨论提供一些有用启发：

① 讨论：“所有的一切都源于好的创意，第一步是最重要的——千里之行，始于足下。”

② 思考电视直播节目的特点，尤其是那些首映活动。讨论那些“巨大”或“盛大”的文化广播的特殊影响，例如，1990年罗马世界杯决赛催生的“世界三大男高音”及其与《大河之舞》的相关性。

③ 自然的“根基”十分重要，它能激发创业才能和动力以建立能彰显自己文化独特性且具有国际影响力的形象。道尔蒂和麦科根需要面对的是“如何控制成功正落入敌手的局面”及“如何才能更好地击败劲敌”这两个问题。在分析《大河之舞》的成就和未来规划时，我们必须强调主要负责人相互合作及在策划长期战略时保持头脑冷静的能力。

④ 不考虑那些约束，案例能在多大程度上说明相关个体能通过自己的独特才能/技术、人格魅力、领导方式或其他路径在商业领域中取得成功的可能性。

⑤ 长远看来，会有很多选择，也许一个较小的、按比例缩小的节目使其更容易分散负载或复制《大河之舞－表演》，也就是“克隆”，正如那些普遍在舞台上获得成功的案例，如《悲惨世界》、《猫》及《冰上迪士尼》等。还需审视并评估其他的衍生品，如以《大河之舞》为基础所衍生出来的商业营销。另外还有利用表演与《大河之舞》这个品牌在推进爱尔兰文

化、旅游业及经济增长等方面的潜力。

参考文献

Arts Council (1994), *The Arts Plan, 1995–1997*, Dublin: Criterion Press.

Beresford, P. (ed.) (2009), *The Sunday Times Rich List, 2009*, 26 April.

Bradley, F. and J. Kennelly (2008), *Innovation, Learning and Sense of Place in a Globalising Ireland*, Dublin: Blackhall Publishing.

Breathnach, B. (1971), *Folk Music and Dances of Ireland*, Cork: Mercier Press.

Brennan, H. (1999), *The Story of Irish Dance*, Dingle, Co. Kerry: Mt. Eagle.

Cantillon, R. (1755), *Essai sur la Nature Du Commerce En Général.*

Carr, J. (1805), *Stranger in Ireland*, quoted in Breathnach, B. (1971), *Folk Music and Dances of Ireland*, Cork: Mercier Press.

Easton, G. (1982), *Learning from Case Studies*, London: Prentice Hall.

Fletcher, W. (1999), *Tantrums and Talent: How to Get the Best from Creative People*, London: World Advertising Research Centre.

Forte Report on Music (1996), *Access All Areas: Irish Music – an International Industry. Report to the Minister for Arts, Culture and the Gaeltacht*, Dublin: Stationery Office.

Halton, A. (ed.) (1892), *Re Arthur Young's "A tour in Ireland, 1776–1779"*, London: Bell.

Head, R. (1674), *The Western Wonder*, quoted in Breathnach, B. (1971), *Folk Music and Dances of Ireland*, Cork: Mercier Press.

Hill, B. (1996), *Income Statistics for the Agricultural Household sector*, proceedings of the Eurostar seminar, Luxembourg, 10–11 January.

Jack, S. and A. Anderson (1998), *Entrepreneurship Education within the Condition of Entreprenology*, proceedings of the conference on Enterprise and Learning, Aberdeen.

Lee, J. (1989), *Ireland 1912–1985: Politics and Society.* Cambridge: Cambridge University Press.

Leenders, M. and J. Erskine (1989), *Case Research: The Case Writing Process*, 3rd edn, London, Ontario: University of Western Ontario.

Ó Cinnéide, B. (1995), "*Riverdance*" case study, Cranfield, UK, European Case Clearing House.

Ó Cinnéide, B. (1997), "The role and effectiveness of case studies: student performance in case study vs 'theory' examinations", *Journal of European Industrial Training*, 21 (1), 3–13.

Ó Cinnéide, B. (2002), *Riverdance – The Phenomenon*, Dublin: Blackhall.

Ó Cinnéide, B. (2005), "Creative entrepreneurship in the arts: transforming old into 'new' – Irish dance and music test cases such as *Riverdance* and *Lord of the Dance*", *International Journal of Entrepreneurship and Innovation*, special issue, August.

Ó Cinnéide, B. (2006), "Developing and testing student oriented case studies. The production process and classroom/examination experiences with 'entertaining' topics", *Journal of European Industrial Training*, 30 (5), 349–364.

Ó Cinnéide, B. and C. Henry (2007), "Entrepreneurship features of creative industries: the Irish music and dance sector", in C. Henry (ed.), *Entrepreneurship in the Creative Industries – an International Perspective*, Cheltenham, UK and Northampton, MA, USA: Edward Elgar.

Porter, M.E, (1998), "Clusters and the new economics of competition", *Harvard Business Review*, Nov–Dec., pp. 77–90.

Richardson, B., L. Montanheiro and B. Ó Cinnéide (eds) (1995), *How to Research, Write, Teach and Publish Management Case Studies*, Sheffield: PAVIC Publications, Sheffield Business School.

Wolf, M. (1999), *The Entertainment Economy*, London: Penguin.

第四章　学习创业知识：创业教育中的创业者

佩尔·布雷恩科尔和保罗·林德·克里斯滕森
（Per Blenker and Poul Rind Christensen）

背景

多年来大量著述都提到：创业知识能教吗？[①] 毋庸置疑，我们一致认为这个问题的答案是肯定的。但是我们需要调整课程设置、革新教学方法，这样大学毕业生才能为创业型社会做出更多贡献。

谈到创业学习，公认的核心要义便是邀请创业者担任创业课程的教师。欧洲委员会创业与工业总署（European Commission，Enterprise and Industry Directorate-General，2008：31）的专家组最新发布了一份报告，报告指出：

> 就当前欧洲高等教育的情况而言，专家们认为创业者和商业实践者确实都参与到教学中来，但他们露面的机会却比较少，而且几乎没有商业实践者能参与整个课程。他们通常只是给学生做简短报告（如写推荐信或者担任客座讲师）或是在竞赛中担任评委。

2008 年递交给欧洲委员会的一份报告（NIRAS Consultants，FORA，ECON Pöyry，2008）中也提到类似内容。该报告指出"师资队伍应该有亲身创业的经历，这样才能全面认识到创业活动带来的好处和其面临的障碍并能和学生就此进行充分交流"。但实际情况却是只有极少数教师有这样的经历。谈到该问题的解决办法时，报告也指出"在创业教育中引入客座

① 参见菲特（Fiet，2000），杰克和安德森（Jack and Anderson，1999），塞克斯顿和厄普顿（Sexton and Upton，1987）。

讲师和商业实践者的做法很普遍”，[①] 但目前看来创业者担任教师通常都是短时的、偶尔的。[②]

这些论断无不表明：创业者必须要有亲身实践的经验，因为这些经验在创业教育中是不可或缺的。丹麦的一句古语似乎也印证了这个道理：领航是一码事，开船则是另外一码事了。但是目前研究中关于选拔有实践经历的创业者担任教师的目的以及创业者参与课程的不同方式的内容都鲜有提及，最后就像我们看到的那样，把创业者引入到创业课程中来的关键问题以及可能出现的问题也就不了了之了。

本章致力于反思创业知识的各个方面，并将创业知识与创业者的角色以及创业者参与到创业教育之中的方式联系起来。

一、创业知识

莎拉斯瓦蒂（Sarasvathy）[③] 在她撰写的有关创业知识的书中提到，她的研究是在赫伯特·西蒙（Herbert Simon）等人对创业知识进行长期认知性研究的基础上进行的，她认为专业知识的各个部分似乎“被整合成一套特定领域的启发探索法，这些方法要么通过专业体系得以体现，要么用作决策技巧和问题解决技巧，而这些技巧都是可以测试和教授的”。[④] 其研究的重点便在于创业知识把不同类型的知识与创业者联系起来，而不是与企业相联系。虽然创业者的成功不一定保证企业也能成功，但企业可被视作创业者取得成功的一个工具。

莎拉斯瓦蒂的研究发现创业知识主要有两大特点：一是它由非直线式的隐性知识组成；二是它追寻理性，和所谓的管理式逻辑学有显著区别。管理式逻辑学重因，而根据莎拉斯瓦蒂的概念来看，创业逻辑学则更重果。[⑤] 换句话说就是这种重视结果的论断阐明了创业知识的特点，并且与策

---

① 参见该报告，第 171—172 页。
② 参见卡茨（Katz，1995）。
③ 参见莎拉斯瓦蒂（Sarasvathy，2008）。
④ 参见莎拉斯瓦蒂（Sarasvathy，2008：13）。
⑤ 参见莎拉斯瓦蒂（Sarasvathy，2008：17）。

略谋划式的重因理论截然相反。创业专家们认为未来并不具有可预见性和个体行为独立性，他们把未来看作行为领域中的一部分，因此他们能逐步去影响未来。但有一个问题就是该论断的概念被过度扩展，以致把行为领域及与他人工作空间和观念有关的隐含意义都囊括进来了。

我们的目的在于调查创业知识如何才能丰富创业教学，这个调查可能足以说明重因论断是一种目标 - 手段型的论断方式，没有或少有中间媒介，也就是一种直线弦型论断。这种直线式重因理论非常有用，比如以科学管理方式监控机器式样的系统。但是该论断却无法满足创业领域的需求，因为创业领域需要多弦型论断，并能将其应用到需要基于经验和革新性判断的“未知领域”。这样一来，专家型创业者会将个人行为和他人情况考虑进去，做出重果的论断，也更具实用性。

将创业者引入到教学中来有多重影响。我们观察到在创业教育课程中企业负责人本身不会机械性地提供一些必要的专业知识来支撑和丰富课堂。我们也发现，在创立企业的不同阶段学员们所需要的创业专业知识类型也是不同的。如果创业早期阶段侧重在创造机遇和奠定企业基础上，那么所需的创业知识更接近于纯粹的逻辑式呈现；而在创业后期阶段则侧重在巩固与管理常规事务上，那么所需的创业知识就更具综合性。

二、角色定位

然而，创业知识也受到创业学习进程中创业者角色的影响。主流观点认为创业者应该参与到课程中来以展示他们真实创业经历中的最佳实践。但是，正如加特纳（Gartner）和贝克（Baker）[①] 提到的那样，创业早期是机遇识别阶段，该阶段受各种想法、价值观以及创业者的丰富想象所影响，因此给学员们留点空间，让他们创造属于自己的最佳实践经历。为避免单纯叙述，也为借鉴以芙兰克 · 西纳特拉（Frank Sinatra）为代表的这类个人创业者的经验，我们需要一个清楚明了的教学说明，即“走自己的路”。

① 参见特纳和贝克（Gartner and Baker，2008）。

这可以作为创业者发挥作用的一个路径：通过自身参与获取附加价值。

接下来我们会阐明创业者参与到创业教育中的目的、创业教育的常用教学方法以及在创业教育的不同教学情境下参与者的作用是如何体现出来的。

三、多种多样的角色以及教学方法

把创业者引入创业教育中的目的可能是多样的。此处我们阐述五种不同类别却又非常典型的目的。我们先从最简单的目的谈起，然后再依次递进。

① 通常情况下，创业者受邀到课堂去谈一谈他们自己亲身的创业经历比如创业动机、创业经历、风险认知、资本收购以及商业版图构建等。在教学情境中，创业者只要现身说法并把现实情况结合到理论学习中去即可。这样的教学是典型的以理论为基础的例子，重点在于教师向学生传授理论性知识。这种情况下，创业者通常以客座嘉宾的形式受邀演讲。教师也可以把学生带到创业者的公司中去，以便深刻理解课本上的理论知识，同时也能把抽象的理论知识同具体情境下的创业特点相衔接。课堂上创业者具有鉴赏力，[①] 这可以说明动态的创业学术知识与实际的创业行为存在差别。基于特定商业管理的逻辑学和策略的理论可能会被拿来和学生所拜访创业者的实践经历做比较。

其中可能会遇到一个关键性问题就是创业者在讲述自己的创业经历时可能会对过去的经历有所调整。另外一个可能遇到的问题是创业者是否愿意敞开心扉同学生分享自己成功或失败的经历。

② 另一个把创业者引入到课堂中最常见的方法就是把他们当成行为榜样。这样做是为了选拔出成功的创业者、商人或是社会创业者。接下来的重要问题就是根据档案挑选创业者，学生们更看重的是信誉与诚信。通常情况下，学生和创业实践团体的日常生活完全不同。学生都有一些自己的

① 参见纳尔逊和温特（Nelson and Winter，1982）。

榜样和模范，这些人对学生的生活有积极影响。这样他们就很难看清自身或是与评选的创业者相关的职业道路。因此，教育者面临着“一个巨大挑战，即通过为学生提供与其生活相关的偶像模范，将来自不同文化背景的学生分为不同的小组”。[①] 在这种情况下，出现在课堂中的创业者会把不同价值观个性化，并通过这种方法成为模范。创业者的作用可被视为将创业培训与学生的创业态度和创业诉求联系起来。因此，创业者作为行为榜样会影响学生，使其认识到创业到底是不是他们真正想要的。2008 年的全球创业观察（Global Entrepreneurship Monitor，GEM）报告中指出“创业态度……受人们是否认识最近开始创业的人所影响”。[②]

但是创业榜样模范也只是暂时性的。2008 年 11 月下旬丹麦公司“技术工厂”（IT-Factory）的首席执行官（chief executive officer，CEO）斯坦·巴格尔（Stein Bagger）获得了“丹麦年度创业者”的称号。但就是在同一天，斯坦·巴格尔消失不见了，这也成为丹麦最大的欺诈案件之一。同时，受邀的模范创业者的逻辑也可能会引导学生进行重因推理。

③ 另一种很少被提及的把创业者引入到创业课程中来的方法是创建情境学习。创业者提供他们的公司作为工作环境。创业者相当于“问题所有者”（problem owner），学生们则尽力去了解创业观念，然后给创业者的问题提供解决办法。在面临实际创业问题之前，学生会学习一些理论知识，而真实的创业问题可以作为培训基础，使学生学习如何将理论应用于实际情况。创业者参与到情境学习阶段的方式有许多种。最简单的一种形式就是创业者可能已经清楚明白地向学生说明了创业中可能出现的问题。这样的情境之下，学生们参与到“限定性问题解决”（closed problem-solving）的过程中去，因为这些问题都是创业者为学生们设定的。还有一些其他情境，为了找出公司存在的问题，学生们可能会去创业者的公司实习一段时间，并在解决这些问题之前把它们全面综合地阐述出来。这种情况下，学

① 参见欧洲委员会创业与工业总署（European Commission，Enterprise and Industry Directorate-General，2008：23）。

② 参见全球创业观察（GEM，2008：10）。

生们就参与到“解决开放性问题”（open problem-solving）的过程中去，因为创业者并未给学生限定问题。相反，需要学生用相关方法去将问题概念化、具体化。邀请创业者时要考虑到资源、开放程度而不仅仅局限在“企业中有哪些是我们需要的”这样的单一角度。

④ 当学生自身存在问题时，情况就大相径庭。这种情境更为开放，也涉及更多私人问题。这种情境下，首先学生作为创业新手，他们把注意力集中在自己的企业以及与企业创建过程有关的问题上。受邀的创业者同银行家、风险资本家和审计师一起充当核验员。他们基于自身经历，给创业新手提供问题的有效反馈、假设及建议。这种情境下，学生尽力去寻求创业机遇并提出创业想法。同时，在创业的某个阶段，学生们会求助于创业者和顾问们，他们能在学生收到顾客与竞争对手的真实的市场反馈之前，在对等基础上帮助学生们详述和评估他们的企业。

当选的创业者和顾问们的创业知识很关键。通常情况下，创业后期的小创业者以及不同类型的顾问们可能会在他们指导学生创业时忽视效用逻辑而去践行重因的逻辑理论，由此如何为核验过程选择创业者和顾问就显得格外关键。

⑤ 在“创业者作为问题所有者”以及“创业者担任核验员”这两种情境下，问题要么属于创业者要么属于学生。但可能还有一种情况，那便是学生和创业者受邀去共同解决一个共性问题或是寻求一个共同机遇。为了模拟这种情况，两方必须会面。这种情况通常发生在学生提出有利于企业或有潜在福利的想法和创意的时候，或是发生在特定情境下他们在追求认为对自身有利的机会的时候。这样一来，创业者便正如学生所希望的那样参与到学生的创业项目中，成为一个潜在利益相关者。这种情况下，学生和受邀创业者成为了相互关联的创业者，换句话说，他们是必须合作的创业者，因为只有这样才能实现模拟情境中的创业目标。这体现了常见的“训练营”（camps）特征，其紧凑的过程将参与者带离目标明确且具有理性行为的日常生活，从而让他们进入到一个轻松而又充满合作意识的氛围中去。训练营坚持多样性原则，提倡问题解决和行为学习且面向未来，这能

让学生和创业者在问题出现之前就能对其提出解决办法。

把创业者引入创业教育的五个不同目的，也就是创业者在课堂中扮演的五种不同角色，参见表 4–1。经过引申，在表格中它们同三种不同的创业教育教学相结合：关于创业的教育，为了创业的教育，通过创业的教育。

表 4–1 不同教育情境下创业者的角色

教学方法	关于	为了	通过
将创业者引入到学习进程中的目的			
解说员	创业者受邀从理论角度阐述现象		
模范榜样	创业者受邀将创业价值观个性化	创业者受邀来激励学生积极创业	
问题所有者		创业者向学生提供将理论运用于实践的训练基地	
核验员		创业者——或是顾问受邀给学生一些基于自身经验且有效的反馈建议	创业者是在对等基础上同学生进行互动的对话式伙伴
协作者		创业者是学生创建的企业的潜在股东	学生和创业者都是“创业者”——为了共同创造机遇必须通力合作

表 4–1 阐明了几点内容。该表以最简洁的方式展示出在创业教育中创业者是如何以三种不同的形式参与到创业课程中来的。阅读该表后可以看出一些结合是有意义的，该表中的空白单元格则不相关或无意义。然而，从该表可以看出从“传统的自上而下指令式”方法（表左上方）向“进步的自下而上指导式”方法（表右下方）的过渡越来越困难。[①] 在阅读表 4–1 之前，我们先简单解释一下这三种创业教育教学：分别是“关于、为了和通过”创业。

① 参见吉布（Gibb，1993），洛伦索和琼斯（Lourenco and Jones，2006）。

关于创业的教育是传统教学方法经常在高等教育机构中使用的。同其他学科类似，创业学科也有许多门类和大量文献。有关创业的文献种类繁多，如熊彼得（Schumpeter）、柯兹纳（Kirzner）和麦克莱兰等人著述的古典著作，史蒂文森（Stevenson）、加特纳、奥尔德里奇（Aldrich）和沙恩（Shane）等人著述的当代著作，还有莎拉斯瓦蒂或是约翰尼松（Johannisson）等人著述的一些可供选择的范例。此外，还有许多创业学科之中的以及一些可以教授的特殊话题，比如企业发展、创业金融或是风险管理等。

这些健全的理论是“关于创业的教育”教学法的基础。“关于创业的教育”教学法把创业视为一门特殊的、发展较完备的学科，它认为创业同其他发展完备的学科一样，可以被教授[①]。然而，这种教学法由于过度强调理论知识和以教师为中心的抽象式学习方法，并认为其最终目的就是获得概念上的知识，因此受到了批评。[②]

因此，“关于创业”的教育需要凭借创业知识对其蕴含的创业理论和教师主导的形式进行改革。这种教学法所需要的创业知识是什么呢？可以被看作是实践者对于理论界的一种宣战。教科书上关于创业特点和冒险行为的概念描述以及教材对商业计划智慧的一贯肯定都将受到挑战。宏观观察视角以及心理学的方法视角可能也会受到挑战，这是由创业者所呈现出的深刻复杂性造成的。

学习创业知识不一定能走到“为了创业的教育”这一步。虽然创业教育有多种形式，但仍是以管理学的思维传统为基础，围绕商业计划的结构组织展开。嵌入到管理学思维和战略性商业计划制定中的重因论断可能会受到挑战，同时也会被补充一些子课题，比如创意生成、机遇识别、资源规划及思想传达等。除此之外，几个高等教育机构已经建立起多种不同的帮助学生创业的形式，有的在企业孵化团体里，有的参加创业杯大赛，也

---

① 参见菲特（Fiet，2001）。

② 参见洛伦索和琼斯（Lourenco and Jones，2006）。

有的参与专家指导活动。除此之外，还有许多可选择的创业学习方法。[①]

对于创业知识的理解也随着“为了创业”而改变。在这里，创业知识更多的是辅助作用——基于实践的知识融入并丰富教科书对如何实现创业的阐释。因此，这也使得学生在教材知识和实践知识之间达到平衡。

有关描述性的“关于创业”的方法和更规范的“为了创业”的方法主要都是基于理论进行的。然而，创业还与许多艺术创作有相似之处。[②]创业的本质是创造和革新，因此借由传统教学法学习创业知识将会很困难。用一种更具实践形式的方法去学习创业知识可能更有用。

通过创业的教育，其理论基础是把学生带入实际创业过程中，使学习更具体验性。[③]从这个角度来看，当学生们参与到实际创业进程中来，他们就会学到相关的创业行为。这个进程始于学生所处的个人环境以及学生在这种环境中遇到的机遇。着眼于此，学生们为了寻找机会而将视野拓宽到大学之外的地方。参与这个进程能帮助学生获得创业能力以及一些与其他学科（如管理学、文学、物理等）相关的能力。

因为学生对创业知识的渴求受其个人创业愿景的驱动，所以创业过程中产生的知识、执行力以及资源需求因人而异。学生们会面对真实且不确定的现实处境，这些不确定来源于不同的合作伙伴、股东以及监督员对风险和机遇的不同看法。创业者成为和学生平等互动的对话式合作伙伴，双方都把彼此看作是创业者，为了共同创造机遇需要协同合作。

邀请创业者和外部顾问来到课堂的一个重要意义就是挑战个人信仰、价值观和想象力，这些挑战构成了学生寻求个人发展和机遇的特质性空间。

到目前为止，我们通过表 4-1 展示了从“传统的自上而下指令式”方法（表左上方）向“进步的自下而上指导式”方法（表右下方）的过渡越来越困难。在“关于创业”的教学中，创业者充当榜样模范去阐述理论知

① 参见吉布（Gibb，2002），卡比（Kirby，2006）。

② 参见杰克和安德森（Jack and Anderson，1999）。

③ 参见巴格和布伦克尔（Bager and Blenker，2008），约尔特和约翰尼松（Hjorth and Johannisson，2007）。

识，这和学术传统不谋而合。然而，在教育机构之外的地方，通过与创业者合作、共同创业的方式促进个人学习进程则是一个充满挑战的任务，对于学生、老师和创业者来说都不容易，他们的参与度越来越高。

然而，我们认为从“传统的自上而下指令式”方法向“进步的自下而上指导式”方法过渡的困难也伴有教学方法方面的挑战。在表 4–1 中，从左上方到右下方的过渡涉及一个重要的转变，该转变不仅仅在于教什么，更多地还在于怎么教。[①]

创业者、老师和学生这三种角色都有不同的作用，他们对创业学习过程的贡献也不尽相同。在表 4–2 中，我们尽力去说明不同角色的作用在三种不同教学情境下是如何体现出来的。

表 4–2 三种不同创业教育形式下不同角色的作用

角色 教学方法	创业者	老师	学生
关于	解释说明 经历叙述 实践经验	专家 讲座人 解释人	知识缺乏者 反思者 未来顾问 未来从政者
为了	榜样模范 核验员 指导者	教育组织者 选拔代理 安排人	模式化创业者 创业新手
通过	核验员 推进者 协作者	进程推进者	机遇寻求者 过渡者 求变的创业者

三种教学情境“关于”、“为了”和“通过”都因三类参与者的不同组合方式而显现出不同特点。三种参与者不仅角色不同，也给富有成效的创业教育引入了三种不同的必备要求。教师认真负责地教授学术理论，创业者阐述他们基于自身实践的经历体会，然后在理想化状态下，学生们去实践创业行为（如果学生不受其他两个参与者的支配）。接下来我们会分别

① 参见卡比（Kirby，2006）。

展示在三种不同教学情境下都发生了什么。

“关于创业”的教育特点是教师是学习过程的中心。在其最传统的形式中，教师作为专家来选择与学生相关的理论，而后就此理论的概念、情境以及条理进行授课。创业者在课堂上出现是为了以一种现实方式阐述这些理论，学生对于学习过程的影响较小，简言之，即学生只是一个教师用来倾灌知识的“空桶”。

创业者可能会影响学习过程，因为他们叙述的故事可能会涉及一些基于经验的“事实真理”，这会和教师讲授的书本知识形成对比，因此老师要去解释理论和现实之间的反常之处与矛盾之处，这会进一步改变学生的角色，他们会反思在不同目的下使用何种理论是有效的。

尽管有理论上的反思，这类教育却可能不会把学生培养成创业者，当然它可能有一些别的好处。无论是公共还是私人部门都普遍需要对创业理论知识理解扎实的员工，要么因为他们是公务员而成为政策形成过程中的一分子，要么因为他们是顾问而成为政策执行过程中的一分子。[1] 因此，一个坚实的“关于创业”的教育对社会进一步发展具有重要意义。

在典型的“为了创业”的教育中，创业学生的抽象假设是学习过程的中心。因此大部分“为了创业”的教育假定学生——或是创业新手——会经历许多不同阶段。这个过程的典型阶段包括创业态度、创业诉求、机会识别、创意生成、观点陈述、资源获得及孵化等。

在这个学生被转化为创业者的过程中，学生身边会有许多教育性活动。在假定进程初期，创业者可以充当模范榜样，给学生灌输创业态度和创业诉求，为学生开辟新的职业视角。之后学生就会抓住机遇并形成自己的观点，这时创业者又成了核验员。在进程后期创业者又成了指导者。

老师的主要作用是根据学生所处的阶段组织课程。从这个角度看，教师成为媒介人员，他们会为创业新手挑选合适的创业者和顾问来协助学生们解决在创业学习过程中面临的问题。

---

① 参见科赫（Koch，2003）。

尽管这种教育模式也强调过程，但它的出现却是源于传统商学院管理逻辑的驱动，并且我们要知道这种方法的设计前提是关于学生为努力成为一名创业者所需经历事情的抽象假设和既定想象，而在现实中年轻创业者们经历的发展路线远不止这些。

在“通过创业”的教育中，作为创业者的学生是学习过程中的中心。如果我们同意将创业定义为一种“个人－机遇联结”（individual opportunity nexus），[①] 把担任创业者的学生视为教育核心，则意味着学生与创业机遇的相互影响构成了教师和创业者的双重角色。

教师的主要角色是学生机遇寻求过程中的推进者。正如我们所讨论的个人－机遇联结，这个过程不能简单地像上文概述的“为了创业”的情境那样给出宽泛而又老套的定义。相反，每位学生都会面对特定的机遇——而且每种机遇都只对应特定的人。由于学生作为个体会处在发展变化之中，因此这个学习过程会越来越复杂。有的学生会在创业初期遇到各种机遇，而有的则是在创业末期遇到各种机遇（如果这个过程有结尾的话）。

从这个角度看，创业者被引入到课堂不是受教师驱动，而是因为考虑到学生处在寻求个人机遇的过程中。学生们可能也希望企业家参与其中，因为他们想让自己发现的机遇接受检验，或是因为他们想让企业家帮助他们认识了解更多其他的企业家，抑或是因为创业者是学生们为实现自己的诉求而寻求的潜在合作对象，这从根本上改变了创业者的角色，使其成了学生的合作者。

我们已经分别展示了创业教育中三个中心角色在三种不同教学情境下的变换。“关于”、“为了”和“通过”这三种创业教育教学彼此之间息息相关。然而我们要意识到“关于创业”和“为了创业”两种教学法代表了同一因果逻辑下两个相近方面。这种手段－目的思维方式下的因果逻辑很常见，也很适用于教育体系。

“通过”创业的教学法是创业教育中的一种更有效的方法，这种方法将

---

① 参见希恩古尔德和文卡塔拉曼（Shane and Venkataraman，2000）。

会被投入使用到我们的教育体系中去。目前还有待去做的是对这种教学法进行详细描述，对教师们的主要挑战就是当创业者参与到创业教育之中时，教师们要少想教什么，多想怎么教。

四、关于创业教育和研究的建议

当前大家都接受创业者和外界人员参与到创业教育相关课程中来的方式。主流观点强调把成功的创业者引入到课程中的重要意义并鼓励在教学中树立榜样模范。

目前对当学生面对失败或是面对差异极大的创业文化及其不同的价值观、信仰以及对机遇的理解时具有的学习潜力的研究为数较少。

本章旨在揭示在教学中创业者的参与和创业知识的使用所呈现的多种形式，这些形式取决于创业教育下的教学意图。

然而，这些考虑引发了更复杂的反思，即创业者应该如何参与到课程之中。选拔程序是必需的，评定创业者思想的开明程度也有必要，还应仔细思考创业者在创业课堂里教授学生何种实践范例和创业经验。

我们需要更深层次地分析在不同课程和不同教学方法的背景下创业者的参与如何丰富学习过程。

一方面，对行动学习法的追求以创业者的亲身经历为支撑，这会导致体验性学习缺乏由恰当理论支撑的反思效力；另一方面，我们都知道关于创业的理论性学习甚至是实践案例的引入也只是可能激发但不一定会强化学生的创业行为。

因此，我们需要的是基于实验的研究，这就能揭示出更有成效的方法来把认知理论和实践学习结合在一起，以便促进学生对创业知识的吸收理解。

参考文献

Bager, T. (2009), “The camp model for entrepreneurship teaching”, paper presented to EFMD Conference, 26–27 February, Barcelona.

Bager, L.T. and P. Blenker (2008), "Bevidsthed om læring – en kompetence med udgangspunkt i entrepreneuriel undervisning", in H.L.Andersen (red.), *Bevidsthed om læring i uddannelserne: progression, portfolio og entrepreneurship*, 1 udg., University of Aarhus, Aarhus Universitet, s. 32–49.

European Commission, Enterprise and Industry Directorate-General(2008) *Promotion of SMEs Competitiveness*, Entrepreneurship, Final version, March.

Fiet, J.O. (2001), "The theoretical side of teaching entrepreneurship", *Journal of Business Venturing*, 16, (1), 1–24.

Gartner, W.B. and T. Baker (2008), "No cash no fear: just so stories for an entrepreneurial age". Conference Paper, Nordic Small Business Conference, Tallin, May.

Gibb, A.A. (1993), "The enterprise culture and education", *International Small Business Journal*, 11 (3), 11–34.

Gibb, A. (2002) "In pursuit of a new 'enterprise' and 'entrepreneurship' paradigm for learning: creative destruction, new values, new ways of doing things and new combinations of knowledge", *International Journal of Management Reviews*, 4 (3), 233–269.

Global Entrepreneurship Monitor (GEM) (2008) "Executive Report", available at: http://www.gemconsortium.org/download/1233151745634/GEM_Global_08.pdf. (accessed 16 February 2009).

Hjorth, D and B. Johannisson (2007), "Learning as an entrepreneurial process", in A. Fayolle (ed.), *Handbook of Research in Entrepreneurship Education, Volume 1: A General Perspective*, Cheltenham, UK and Northampton, MA, USA: Edward Elgar, pp. 46–67.

Jack,S.L.and A.R. Anderson (1999), "Entrepreneurship education within the enterprise culture", *International Journal of Entrepreneurial Behaviour and Research*, 5 (3), 110–125.

Katz, J.A. (1995), "Managing practioners in the entrepreneurship class", *Simulation and Gaming*, 26 (3),361–375.

Kirby, D.A. (2006), "Entrepreneurship education: can business schools meet the challenge?", in A. Fayolle and H. Klandt (eds), *International Entrepreneurship Eucation, Issues and Newness*, Cheltenham, UK and Northampton, MA, USA: Edward Elgar, pp. 35–54.

Koch, L.T., (2003), "Theory and practice of entrepreneurship education: a German view", *International Journal of Entrepreneurship Education*, 1 (4), 633–660.

Lourenco F. and O. Jones (2006), "Learning paradigms in entrepreneurship education: comparing the traditional and enterprise modes", National Council for Graduate Entrepreneurship Working Paper 027/2006, June.

Nelson, R.R. and S.G. Winter (1982), *An Evolutionary Theory of Economic Change*, Cambridge, MA: Harvard University Press.

NIRAS Consultants, FORA, ECON Pöyry (2008) "Survey of entrepreneurship education in higher education in Europe", report for European Commission, Directorate-General for Enterprise and Industry.

Sarasvathy, S.(2008),*Effectuation:Elements of Entrepreneurial Expertise*, Cheltenham, UK and Northampton, MA, USA: Edward Elgar.

Shane, S. and S. Venkataraman (2000), "The promise of entrepreneurship as a field", *Academy of Management Review*, 25 (1), 217–226.

Sexton, D.L. and N.B. Upton (1987), "Evaluation of an innovative approach to teaching entrepreneurship", *Journal of Small Business Management*, 35 (1), 35–43.

第五章 创业教育与培训中的创业能力评估

托马斯·兰斯和朱迪斯·古丽克尔斯
（Thomas Lans and Judith Gulikers）

引言

尽管创业教育[①]在最近几年已成为一个“热门”话题，但从学习范式角度评估个人创业能力仍存在问题，在创业教育文献中对该问题的探索与研究也不是很深入。[②]在启蒙教育、后启蒙教育以及更多基于实践的学习路线中，创业教育在全球范围内正迅速发展。[③]这些创业教育课程将发挥多种作用，比如促使学生们更了解创业或创业行为所需要的条件，提升员工的创业精神及创业文化，在特定情境下将成功创业设为目标。学校都设有大量不同难度的此类课程，这也表明学校采取多样化的教育评估策略以评估各类创业课程中学生们的表现。

然而在评估这件事情上，创业教育领域的学者和实践者面临不少挑战。首先，由于对创业这个概念的定义较少且该概念在不同情境下意义不同，因此不仅在不同个体之间，而且在不同部门、国家和体系之间，创业概念都各不相同（即所谓的“地方特色”）。这些因素反过来又会在不同程度上

① 我们这里所说的创业教育，选取的是其广义定义，与法约尔和克兰德特、卡茨的看法一致。因此，本文的创业教育不单指以创建新企业为核心的启蒙教育，还指任何一个旨在促进专业发展的学习项目或过程（如让企业主更具创业能力，或为了公司创业而学习）。参见法约尔和克兰德特（Fayolle and Klandt，2006），卡茨（Katz，2007）。

② 参见查德和葛瑞格尔（Béchard and Grégoire，2005）。

③ 参见卡茨（Katz，2007）。

影响创业教育与培训中的（潜在的）学习路线。[①] 比如，强调创业并不完全等同于创造新企业，而应强调创业行为、创业态度及创业文化，[②] 这对创业课程有重要意义，包括影响学生们参与评估的目的与方式。其次，当今社会各国都非常重视先前学习认定（accreditation of prior learning，APL），鼓励终生学习，主张在工作实践中进行非正规学习，对创业能力的评估不再为正规创业教育和小企业扶持项目所独有。因此，不同的机构背景和不同的潜在传统常常会引发评估的各种问题（例如，选择与发展）。最后，由于欧洲多个地区引入以能力为本的教育，高质量评估方式的构成理念发生变化，进而改变关于教育评估功能与结构的基本观念。在过去大多数标准化测验（例如单项选择测试）采取“关于学习的评估”的地方，现在更多强调使用个性化评估方式以刺激和引导未来学习，也就是坚持“为了学习的评估”。[③] 从经典的评估学生角度（是否通过考试）而言，上文所述评估方式不仅非常有趣，而且越来越多地被看作是一种促进学习和（重新）塑造个人发展轨迹的重要工具。[④]

对创业教育学者来说，这些理论的发展为讨论在校内外创业教育中评估的功能、设立及特点提供富于挑战性的观点。诸如创业含义与可得性、创业学习与发展的可测量性、创业教育基本的核心与地位，尤其是在学习与教育中评估所扮演的角色等问题，都是这些观点的根本所在。本章第一部分将会论述这些富于挑战性的观点。第二部分我们将会把这些观点与关于学生测评的新理念联系起来。这种与普通教育（评定）文献的联系在创业教育文献中仍不多见。[⑤] 由此我们为创业能力评定的提出和发展打下了第一个基石，从而推动创业教育领域进一步发展。最后，我们概述未来关于创业能力评估与创业教育中评估方法的研究领域。

---

① 参见卡比（Kirby，2004）。

② 参见法约尔与克兰德特（Fayolle and Klandt，2006）。

③ 参见比伦巴乌姆等（Birenbaum *et al.*，2006）。

④ 参见多希与麦克道尔（Dochy and McDowell，1998）。

⑤ 参见查德和葛瑞格尔（Béchard and Grégoire，2005）。

一、日新月异的创业观

一直以来，创业文献都有将创业者视为卓越出众、富于创造力的天才的传统。许多与生俱来的特点和性格特征被认为与一个人能否成为创业者有关，具备那些特质的人被认为能进行创业，缺少那些特质的人（比如经理）则被认为往往无法成为创业者。在20世纪90年代初，这种用一系列特质判断一个人是否能成为创业者的方法毫无疑问受到越来越多的批判。有的批判它太过苛刻（毕竟创业者品质特性因人而异），有的批判认为这样的方法无法让人们更加了解创业行为。[①②] 除此以外，这种关于创业的固执看法无法解释为什么有研究发现参与创业教育项目与日后的成功创业（如企业发展、企业的生存机率及收入情况）有重要联系。[③] 十年前人们就开始倾向于把目光转向创业过程的本质与特征及以下各类活动，诸如识别机遇、调动资源、创建新机构、发展企业及完善人际关系网等等。[④] 此外，能发现机遇的创业者不仅开办新企业，还越来越多地投入到各种活动中，如：促进企业国际化、推动企业革新、提升小企业竞争力、推动部门与社区发展等。[⑤]

越来越多的实证研究表明创业过程与创业活动离不开创业能力[⑥]、动机（例如自我效能）[⑦]、认知能力[⑧]和社交网络[⑨]。有意思的是，许多这类研究都

---

① 参见高德纳（Gartner，1989）。

② 这不是说不去考虑各种创业特质。近期一项研究对各种近似创业特质的品质（如控制力、对成就的渴望及冒险精神）进行详细的荟萃分析。结果表明，其中一些特定品质很大程度上可解释为什么有些创业者成功了而有些创业者却失败了。参见劳克和弗里斯（Rauch and Frese，2007）。

③ 参见沙尔内与利贝卡普（Charney and Libecap，2000）。

④ 参见赫尔辛基（Hulsink，2005）。

⑤ 参见海敦与凯利（Hayton and Kelley，2006），参见美恩等（Man *et al.*，2002），参见萨皮恩扎等（Sapienza *et al.*，2006），斯塔托普罗等（Stathopoulou *et al.*，2004）。

⑥ 参见巴伦与恩斯利（Baron and Ensley，2006），德蒂安与钱德勒（DeTienne and Chandler，2004），巴萨兰等（Ucbasaran *et al.*，2008）。

⑦ 参见赵等（Zhao *et al.*，2005）。

⑧ 参见米切尔等（Mitchell *et al.*，2000）。

⑨ 参见埃尔夫林与赫尔辛基（Elfring and Hulsink，2003）。

强调这些因素（如创业能力）事实上都受到学习与发展的影响。[①] 诸如巴伦（Baron）与恩斯利（Ensley）[②] 等人的一些研究说明了在识别商业机会时经验丰富的创业者是如何高创业新手一等的。这种现象的产生并不是因为这些创业者生来就更具有创业素质与能力，而是因为他们的认知框架在丰富性和模式识别方面更加成熟，这无疑大大提升了他们的决策力。德蒂安（DeTienne）与钱德勒（Chandler）进行过一次教育实验[③]，结果显示，即使一个人缺乏创新性，机会识别仍是一种可习得能力。

在创业教育的发展历程中，关注核心由创业者的品质转向以下三个方面：一是创业过程与创业行为（例如机会识别与把握[④]）；二是令创业实践活动成为可能且丰富多样的情境与目标群体；三是创业技巧、创业能力与创业行为的可习性。这些转型具有重要意义，因为它们强调创业教育所指的“创业”二字并不仅指某个具备丰富资源与创业特质的人去开创一个新企业。因此，法约尔与克兰德特[⑤] 和其他学者一样，主张以更广阔的视野去看待创业教育所指的“创业”二字，而非只是传统地将其看作是新企业的开创。他们都认为创业与行为和文化（如创业精神和创业态度）有关。所以，目前的挑战就是如何让学生参与到创业教育的学习中，以便培养他们的创业行为，提高他们的创业热情。真正的困难并不是教授创业知识，而是学习创业知识且学以致用。[⑥] 这不仅对开发课程和举办学习活动意义重大，而且有助于形成合理评估。评估标准的设计者应在深思熟虑后接受这一转变，鼓励多样化创业，从而为不同背景的学习者提供无限可能。[⑦]

---

① 参见巴伦与恩斯利（Baron and Ensley，2006），德蒂安与钱德勒（DeTienne and Chandler，2004）。

② 参见巴伦与恩斯利（Baron and Ensley，2006）。

③ 参见德蒂安与钱德勒（DeTienne and Chandler，2004）。

④ 参见沙恩与文卡塔拉曼（Shane and Venkataraman，2000）。

⑤ 参见法约尔与克兰德特（Fayolle and Klandt，2006）。

⑥ 参见吉布（Gibb，2002），卡比（Kirby，2004）。

⑦ 参见《先前学习的评定》（*Assessments for Prior Learning*），约斯特伯克等（Joosten-Ten Brinke *et al.*，2008）。

二、关于学生评估的新理念

（一）变化中的评估功能

创业观在过去30年间不断发展变化，人们对教育评估角色与作用的看法也发生明显改变。过去，教育评估被认为只是对学习结果的评估（即终结性评价），而如今教育评估被认为应是为了学习的评估（即形成性评价）[①]。以往的讨论指出创业能力的标准的终结性评价更关注学生是否会成为一个（更加）成功的创业者，然而这种评价方式总体上难度较高且只适合极个别情况，比如现有公司的人才选拔，然而这里有几个更有意思的问题：这是我们在创业教育与培训中感兴趣的评估方式吗？当前社会不需要头脑灵活、明白自己优势与劣势、能适应不同企业环境且实现自我发展的终生学习者吗？劳动力市场不想招聘已通过创业测试或能够熟练撰写商业计划的人才吗？难得的机会不是为对创业环境有大局意识、能清楚地意识到自己创业意图、有能力在不同创业环境中发现并识别机遇的人准备的吗？我们总是主观认为积极参与到各种各样创业课程中的学生本身就对获得能识别创业机会的洞察力感兴趣，并且想要充分挖掘自己的潜力而非仅是为能通过考试或是不得已而为之。如果这种设想是错误的呢？这些问题的答案决定创业教育评估的核心与功能。我们需要运用一些终结性且标准化的高利害相关性测验（high-stakes，summative，standardized tests）去进行合格鉴定与说明。但是这些测试因其自身的消极方面而受到批判，如过于简单化、以知识为核心却无法满足现实世界的需求，对学生学习有负面影响，通过鼓励一切为考试的教学将教育课程简化，而这总体上限定了学生创业能力的发展。[②] 越来越多的关于评估的文献强调：应降低对高利害相关性标准化测试的倚重程度。相反，为帮助学生成长并学以致用，应大力支持师生对话中出现的更具解释性、定性且个性化的评估。[③] 我们都认为，创业教育及

① 参见比伦巴乌姆等（Birenbaum *et al.*，2006），参见《为创业而学》（*Learning for Entrepreneurship*），参见卡比（Kirby，2004）。

② 参见奈特（Knight，2000）。

③ 参见哈伦（Harlen，2005），参见奈特（Knight，2000），参见塔拉斯（Taras，2005）。

学习创业教育课程的学生所需要的主要是具有个人特色、能与创业紧密联系的形成性评价。除此以外，我们还主张标准化高利害相关性测试评估不应成为创业课程的焦点。形成性评价旨在增强学生们对创业的认识，让学生们理解创业环境中的重要因素，并且依据这些重要因素确定并讨论自身优点与缺点，也为学生们未来发展定下学习目标。[①] 在这种理论框架之下，评估实际上成为一种学习活动。它给出关于每一位学生创业能力的深刻见解与宝贵的信息反馈。在创业教育中，这类评估对学习者们而言是非常宝贵的，因为它对学习者们找到创业机遇有极大帮助。因此，这类评估十分适合运用于旨在培育学生创业精神、促进学生创业行为的创业教育中。

（二）变化中的评估内容结构

关于创业行为可习得性与“地方特色”的争论、学习者创业经历和理念差异的争论以及对评估不同功能（即终结性评价和形成性评价）的争论都极好地适应已经发生变化的教育评估的设计观点。这种观点所发生的变化就是所谓的由测试文化向评估文化过渡。[②]

测试文化植根于实证－分析的学习观，将知识视为客观真理。但评估文化却与测试文化相反，它以建构主义者关于知识和学习的认识论为基础，将知识视为个人或一个群体在某个社会文化情境中逐渐成形的一个相对、主观的概念。[③] 在评估文化中，评估应具备如下特点：

① 置于专业的实践或社会之中，应对专业的想法与行为。

② 不仅侧重知识，还重视知识、技能与态度的有机结合，能在现实世界中执行。

③ 允许个人持有自己的看法与理解，承认个人所做贡献。

④ 不仅重视最终成果，也看重过程。

⑤ 增强人们的理解，促进他们的未来学习。[④]

---

① 参见奥斯蒙德（Orsmond *et al.*，2004），参见萨德勒（Sadler，1989）。

② 参见比伦巴乌姆（Birenbaum，2003）。

③ 参见霍恩贝恩等（Honebein *et al.*，1993），雷伊（Rae，2006），雷伊与卡斯韦尔（Rae and Carswell，2000）。

④ 参见赛格尔等（Segers *et al.*，2003）。

测试文化中的测试是标准化、客观并以知识为基础的。评估文化中的测试正与此相反，它更具解释性，是一种个性化测试，致力于改善学生在现实世界中的表现，不论这些表现是社会生活方面还是专业工作方面。这类评估的例子有很多，如档案袋的使用、对实际表现的观察、反思日志与工作评估。这些新评估方式都致力于更合理地应对人们思考与行动的过程，而这恰恰是人们为更好地适应当今日新月异的社会与劳动力市场所需要的。

（三）能力本位评估的特点

在这些新评估方式的文献中，实践者与研究人员常常会谈论能力本位评估（或称为“表现本位评估”）。本章我们选择能力本位评估这个术语。该类评估包含上文提及的所有特点且主要强调学生在顺利完成与工作相关的任务、成功扮演工作上不同角色时融入知识、技能和态度的能力。[①]除此以外，能力本位评估还与当前在欧洲成型的能力本位教育有关。[②]接下来这部分将会详细分析其他一些构成能力本位评估的核心特征，[③]探究在目标群体各异的创业教育中这些特征是否有可能为我们带来面向学习、个性化的评估。

能力本位评估最重要的一个特点是专业实践与其具有代表性的角色和任务之间有直接联系。[④]清楚地了解专业实践对培养优秀创业者及开发有效能力本位评估都具有至关重要的意义。[⑤]然而正如人们所言，创业者的专业实践缺乏一个明确总体定义。它涵盖很大范围，可指参与到快速发展、创新、高科技企业的创办过程，也可指参加各类社会创业活动，这意味着在某个特定创业课程或培训中清楚地阐明创业本质是创业教育与评估不可或缺的一个前提。它可成为评估的理论基础，比如它应囊括评估任务及评估

---

① 参见古丽克尔斯等（Gulikers *et al.*，2004），马尔德（Mulder，2001）。

② 参见比耶曼斯等（Biemans *et al.*，2004），韦塞林克等（Wesselink *et al.*，2007）。

③ 参见比伦巴乌姆等（Birenbaum *et al.*，2006），参见古丽克尔斯等（Gulikers *et al.*，2004）。

④ 参见比伦巴乌姆等（Birenbaum *et al.*，2006），参见古丽克尔斯等（Gulikers *et al.*，2004），参见韦塞林克等（Wesselink *et al.*，2007）。

⑤ 参见达尔阿尔巴（Dall'Alba，2004），参见古丽克尔斯等（Gulikers *et al.*，2008）。

标准。[①] 当然，这并不意味着创业的其他共性因素在创业环境中不重要，只是它们的具体意义与重要性各不相同。[②] 稍后本章会对这一点进行详述。

能力本位评估的另一个重要特点就是应该更具个性化，符合每一个学生的自身理解、信念及学习目标，它并非一份旨在适合所有学生的标准化评估。[③] 有几项研究指出，在除创业以外的其他领域中（如医学、管理和教师教育），为培养优秀专业人士，不仅需要帮助学生理解专业实践的含义还需要向他们解释清楚实践的真正含义。[④] 创业课程中，不同参与者可能会在理解、信念及经历上有很大程度的不同（比如，刚入门的学生可能会想当然地认为创业就是赚许多钱，而连续创业者虽已有一些经验，但这些经验也只局限在某些特定领域且还停留在感性阶段）。这种想法使标准通用的教育项目及评估发展模式复杂化。因此，学生们需要新评估方式让他们可以说出自己对创业的看法，进一步发展或改变自己过去对创业的（幼稚）看法，并且可根据自己的创业经历、情境和未来规划对评估内容或方式有所调整。

这就引出能力本位评估的第三个特点，即学生积极参与评估的开发和使用。[⑤] 评估不应只是为了学生，还应通过学生。[⑥] 学生积极参与评估的开发和使用有助于他们更好地了解评估本身，更好地投入其中，最终可让他们的表现更为出色。[⑦] 理想的情况是，让学生们参与到评估标准的制定过程中，而且要让评估标准在实践中体现学生们的创业能力。[⑧] 能力本位评估的核心是标准参照而不是常模参照。前者指评估学生们的表现时会根据评估标准中的表现等级将其进行比较，后者指评估学生们的表现时会在他们之

---

① 参见达尔阿尔巴（Dall'Alba，2004），参见古丽克尔斯等（Gulikers *et al.*，2004），萨哈与普林斯（Sluijsmans and Prins，2006）。

② 参见巴伦与马尔克曼（Baron and Markman，2003），兰斯等（Lans *et al.*，2008），美恩与劳（Man and Lau，2005）。

③ 参见多希（Dochy，2001）。

④ 参见达尔阿尔巴（Dall'Alba，2004），利奇奥与威尔逊（Lizzio and Wilson，2004）。

⑤ 参见比伦巴乌姆等（Birenbaum，*et al.*，2006），萨哈与普林斯（Sluijsmans and Prins，2006）。

⑥ 参见施里夫等（Shreeve *et al.*，2004）。

⑦ 参见布莱克与威廉（Black and Wiliam，1998），萨哈等（Sluijsmans *et al.*，2004）。

⑧ 参见奥斯蒙德等（Orsmond *et al.*，2004），萨哈等（Sluijsmans *et al.*，2004）。

间做出比较。[①] 设计开发这些评估标准是整个评估成型的第一步，它们对学生学习起到决定性作用。因为学生学习的内容就是评估标准指定的内容。当学生们理解评估标准并且意识到它们与自己的未来相关，他们就会学得更好。[②] 因此学生们对创业者专业实践的看法以及对某个特定课程下创业具体含义形成的共识不仅可对评估标准的制定起到促进作用，还有助于学生自身学习。这有力地推动了透明能力本位评估标准（而非知识本位评估标准）及其他与专业相关的评估标准（即反映实践中创业能力标准）的制定。所有学生与教师都理解并认同这些标准是制定有效可行的能力本位评估的关键所在。[③]

那么，在充分肯定先要达成共识及制定评估标准的重要性之后我们该做什么呢？我们认为，评估标准对每一位学生都能甚至都应一视同仁。评估标准的标准化一方面保证不同学生的评估之间存在相对可比较性，[④] 另一方面也使评估任务的个性化成为可能。评估的可比较性与评估任务的个性化都是能力本位评估的重要方面。评估旨在探究学生们在多大程度上达到创业的评估标准并找到评估中的哪些标准仍需要改进。评估任务的个性化意味着不同背景、创业经历、创业规划或学习目标的学生会在评估标准的不同方面有所侧重地表现自己，以此证明他们的创业能力。这样，创业评估就能体现众多参与者之间的个人差异。当然，课程参与者不会在课程之初就完全符合各项评估标准，因此所有参与者都必须用批判性的眼光，（基于先前创业或相关活动）重新审视自己的表现。[⑤] 他们应问自己：评估标准定义的创业能力在我的表现中体现出怎样的程度？反过来，创业课程也应为学生们提供更多机会，让他们解决自身表现与评估标准之间存在差距这一问题，并推动他们在评估标准其他方面的表现有所提高。这样，评估就

① 参见萨德勒（Sadler，1989）。
② 参见古丽克尔斯等（Gulikers *et al.*，2008）。
③ 参见奈特（Knight，2000），萨哈与普林斯（Sluijsmans and Prins，2006）。
④ 参见巴特曼等（Baartman *et al.*，2006）。
⑤ 参见奈特（Knight，2000）。

变成一个动态且不间断的过程，将教师指导与学生发展结合在一起。[①]

总的来说，创业教育首先需要面向学习的评估，承认课程不同参与者之间与不同创业情境之间的互异性。这些评估可帮助学生们认清并更好地理解自己身边的创业关键（这也有助于评估标准制定），可给学生们提供更多机会展示自己的能力（即他们现有创业能力水平），可帮助学生们认识到自己的不足，找出未来能或应做出改进的方面，这样日后在各自专业领域中能成为一个（更加）成功的创业者。当评估满足上述条件时就具备以下特征：评估（标准）透明化、专业实践情境化、评估标准可比较性、评估任务个性化及评估依据多渠道性，这包括反思中的批判性思维，这些特征构成能推动学习的优质评估。[②]除此以外，这类评估还与日益受到关注的终生学习和为创业而学习的概念相适应。最后，评估不仅为正规启蒙创业教育提供应用前景（如在大学或职业教育中），还为后启蒙教育、培训项目中学生个人或专业发展提供发展空间。下一部分，我们会构建一个框架，具体地描述在后启蒙教育及培训项目中制定创业能力评估的各个步骤，以便将上述讨论结果具体化。这样做是为了让企业员工或（小型）企业所有者更具创业能力而不是激励他们去开创自己的企业。

三、评估成形的前期准备

这个框架具体地描述在制定创业培训评估标准初期的四个步骤：

① 从描述创业典型行为的模型中选择一个现有模型或将几个模型进行组合。这将会是参与者就自己课程或培训中创业者的创业活动进行思考并展开描述的一个良好开端。

② 研究讨论所选模型，并将其与参与者自身对创业的看法融入到对创业活动和特定行为情境的共识中。

③ 制定具体评估标准。

④ 根据评估标准证明并确定参与者的创业能力。

---

① 参见比格斯（Biggs，1996），参见多希（Dochy，2001）。

② 参见奈特（Knight，2000）。

首先看第一步。从总的抽象层面上看，在某个专业领域中确认创业构成、知晓创业典型行为及能力的类型是非常重要的。不少研究明确地将现有小型企业或大型组织机构中的创业与角色（即行为集）和潜在能力相联系。虽然下面的表 5–1 并没有完全列出这些研究，但也的确提供了几个实例。尽管这些模型可能并没有给出后启蒙创业课程或培训所需创业的完整概念，但它们为教师们或培训人员更加了解自己课程或培训中的创业活动提供了基础。

表 5–1　不同创业情境下的核心创业行为

作者	环境	核心创业行为
钱德勒与詹森（Chandler and Jansen，1992）	成功的小型制造企业与服务企业的创办者	• 审视环境 • 把握良好机遇 • 制定战略
伯德（Bird，1995）	创业能力的回顾	• 扛住一时压力 • 坚持战略重点 • 提升自我修养
美恩等（Man *et al.*，2002）	中小企业的竞争力	• 提升竞争力 • 收集与使用资源 • 设定目标，规划策略
吉布（Gibb，2002）	创业培训	• 找寻机遇 • 抓住机遇 • 串连人际关系网 • 发挥主动性 • 在不确定的情况下预估风险 • 坚持不懈地实现目标 • 具备战略性思维
萨德勒 – 史密斯等（Sadler–Smith *et al.*，2003）	小企业中的创业类型	• 管理文化（多样性与合作） • 识别客户需求，发现机遇
海敦与凯利（Hayton and Kelley，2006）	大型机构中的内创业	• 在机遇识别过程中，机警、富有创造力并善于团队合作 • 运用、迁移、共创新知识 • 树立远见，推动公司内部创业 • 争取新资源，增强合理性，提供建议与指导

续表

作者	环境	核心创业行为
兰斯等 （Lans *et al.*，即将发表）	农产品领域的小型创业公司	• 分析职业核心挑战，并对其进行解读与推论 • 积极主动，在寻找新机遇与革新时具有前瞻性 • 反应迅速，具有说服力，能够协调自己，与他人合作

这些不同研究在定义创业行为时对详略与重点的安排各不相同，其中一些研究认为创业行为与创业活动、创业类型或创业角色有关，当然还取决于具体研究情境。在实证数据的基础上，钱德勒和詹森[①]认为在他们所谓的创业行为中主要有三种活动，分别是审视环境、把握良好机遇及制定战略。伯德[②]在她对创业能力的评论中认为创业离不开三种活动：能够抗住一时的压力、能坚持战略重点和提升自我修养。吉布[③]在一篇关于创业培训的文章中提到七种核心创业行为，分别是找寻机遇、抓住机遇、串连人际关系网、发挥能动性、在不确定的情况下预估风险、坚持不懈地实现目标和具有战略性思维。[④]萨德勒－史密斯等[⑤]在他们的研究中讨论分析创业类型，他们认为创业类型（与管理类型相对）指以寻求机遇和多样化管理为核心的行为。美恩等[⑥]在他们的著作中提出创业的三个不同任务对小型企业竞争力至关重要：① 提升竞争力；② 收集与使用资源；③ 设定目标，规划策略（将活动一和活动二相连接）。海敦与凯利[⑦]在他们对大型机构创业能力（公司创业）的概念框架中认为大型机构的创业主要扮演四种角色，每个角色下都有对应的任务与活动，这四个角色分别是推动创新、连接中介、支持拥护及提供赞助。推动创新由三种活动构成：在机遇识别过程中提高

① 参见钱德勒和詹森（Chandler and Jansen，1992）。
② 参见伯德（Bird，1995）。
③ 参见吉布（Gibb，2002）。
④ 参见吉布（Gibb，2002：139）。
⑤ 参见萨德勒－史密斯等（Sadler-Smith *et al.*，2003）。
⑥ 参见美恩等（Man *et al.*，2002）。
⑦ 参见海敦与凯利（Hayton and Kelley，2006）。

创业所需的警觉性、提升创造力及善于团队合作。连接中介包括以下活动：对新习得知识的运用与迁移、与同事共创（新）知识。与支持拥护相关的活动是树立远见并推动公司内部创业。至于提供赞助活动则以争取新资源、增强合理性及提供建议与指导为核心。[①]最后，依据创业领域的发展状况，兰斯等在他们（即将发表）的研究中主张建立一个关于创业能力的模型，它包括三个核心活动，即分析、寻找及串连。分析是指在目标或战略中分析职业核心挑战并对其进行解读与推测的能力。在寻找活动中，积极主动，具有前瞻性。串连这一活动则包括与创业任务相关的社交能力。

教师或培训人员可从这些模型中选择一个或几个的结合（也可添加本文未提及的其他模型），以此作为开发制定创业评估标准的开端。

下一步就是使用创业课程中所选择的模型，这既可联系创业背景增进对本课程中创业能力的了解，又可帮助学生们更加熟悉创业概念。近期对在荷兰与弗兰德斯（比利时）展开的两项大规模创业培训项目的实证研究表明，将核心创业行为（源于某个创业行为通用模型的界定）和态度、技能及知识作为讨论对象无疑是这类培训项目成功的关键所在。[②]培训项目有不同方式可供选择，可个人完成（参与者与培训人员）也可集体参与。如果是个人独立完成，参与者可将创业能力与自己所在机构紧密相连。如果是集体活动，对创业诉求持一致看法的参与者成为一组进行讨论并形成共识。

第三步是组员基于组内形成的共识共同制定评估标准。评估应详细指出创业中的各种重要表现并给出标准。这样，评估某个表现时就可参考给出的标准。[③]对创业产生共识是制定评估标准的良好开端，但这种共识往往缺少特定性和实质内容。而评估标准却应清晰地表述出哪种行为、怎样的表现会是成功创业者所需要的，并能帮助区分成功创业者和不那么成功的创业者。例如，人际关系网可以是创业能力共识中的一部分，这会形成较

---

① 参见海敦与凯利（Hayton and Kelley，2006）。

② 参见兰斯等（Lans *et al.*，2008）。

③ 参见奎尔马尔茨（Quellmalz，1991）。

为合理的评估标准。（在这种情况下）在一个成功创业者的人际关系网中至少会有一些人和他工作的领域或类型不同。为制定出评估标准，参与者可加入各种不同的（学习）活动中，而这一过程本身就是重要的学习活动。这些学习活动应致力于去发现哪些行为可推动创业而哪些行为容易导致创业失败。例如，观察他人（如创业专家、行为榜样）的创业活动、采访创业者等行为都将是成果颇丰的学习活动，能帮助参与者制定出具体评估标准。

本章即将介绍的最后一个步骤是依据评估标准去寻找证据，但这在真正评估中并非是最后一步。参与者需要寻找证据来证明自己与创业评估标准相关的能力。这些证据可来自先前进行的创业活动或与之相关的活动，也可来自之前参与过的课程（例如，关于人际关系评估标准的证据，可以是“当你在公司任职时建立自己的职业人际网络”，也可以是“你为自己所在的体育俱乐部安排数次与国内外许多合作伙伴的会议”）。对于一些创业标准，参与者在创业课程初可能找不到任何相关证据。这就表明，课程期间参与者还得组织参与和这些评估标准相关的活动。在后启蒙项目和培训中，大多数参与者会选择到能为他们提供参与这类活动机会的公司。这样，参与者就可在创业课程结束时得到所有评估标准要求的各类证据。

当然，关于创业评估及其在创业课程中的实际应用远不止上述所说的这些。从这个角度看，目前文中的框架并不完整。例如，选择一种合适的评估方法、进行自我评估或同行评议、对评估行为给出反馈等都是与评估相关的活动。然而，在本章范围之外，这些活动仍值得个人去深入研究。

四、创业教育未来研究问题

创业教育评估是一个相对较新的研究领域，它使许多有关创业教育的研究成为可能。基于我们的讨论，我们认为有三个研究领域可在未来继续探究。其中两个研究领域主要关注的是创业教育评估的短期影响：对个人发展、自我效能的影响和对适应新环境能力的影响。还有一个领域注重创业教育评估的长期影响，即对创业者职业道路的影响。

首先，本章当中介绍的以学习为取向、能力本位的评估主要聚焦于让参与者明了自己在创业方面的长处与短处。换句话说，我们希望通过这篇文章让参与者更加充分地意识到当他们自己创业时应追求怎样的创业活动以充分发挥自身长处，应参与怎样的活动从而弥补自身不足。因此，我们衷心地希望在（未来）创业过程中他们可以更加循序有效地提升自己、选择合适的创业活动。班杜拉（Bandura）与此持一致观点：越了解自己的长短处，越有利于提高在创业方面的自我效能（相信自己的能力[①]）。

另外一条引领创业教育研究方向的理论逻辑基于创业新手和创业专家研究的联结。有专门研究显示，在应对新环境如新机遇的方式上，经验丰富的创业者确实与创业新手不同。[②]前者对创业领域有着丰富的知识和深刻的了解，因此可以更加有效地应对发生的变化，他们可以判断出用何种方式能最高效地应对有着不同特点的新环境。因此，根据本章先前所描述的面向学习能力本位评估的过程，对创业和创业情境有着更为深刻具体了解的创业者更容易识别出创业过程中的机遇，也可以更高效地应对这些新机遇。例如，可在论证中设置对照组对创业者进行比较与研究。其中一组创业者会使用面向学习的评估而另外一组则不用。研究还可比较他们分析机遇时所使用的不同方法及从长远角度看创业者在面对机遇时所选活动带来的影响。

从长远来讲，像本章所描述的那样制定并贯彻面向学习的评估标准最终会令创业表现有所提升。正如斯蒂金斯（Stiggins）所说：一旦学生们将评估的标准内化并懂得这些标准是如何影响自己与其他人的表现，他们就会表现得更为出色。[③]达尔阿尔巴（Dall'Alba）和桑德伯格（Sandberg）[④]基于在其他职业领域进行的研究发现，优秀的专业表现取决于对职业的理解，并且因对职业理解的不同而有所差异。对专业实践的理解方式无论对个人还是集体都是实践进行和发展的基础。在我们对面向学习的评估过程进行详述时，我们着重强调对创业及创业情境形成清晰共识的重要性，也强调

① 参见班杜拉（Bandura，1982）。

② 参见巴伦与恩斯利（Baron and Ensley）。

③ 参见斯蒂金斯（Stiggins，1991：38）。

④ 参见达尔阿尔巴和桑德伯格（Dall'Alba and Sandberg，2006）。

参与者自身的能力与这一共识之间的联系。对创业有着更为深刻理解的创业者比那些从未经历过学习本位过程的创业者往往会拥有与众不同的创业经历。比方说，前者更可能有机地组合创业或进行连续创业，而不仅仅是在一家业务范围狭窄、单一的企业内工作。

总之，当今在关于创业教育的普通教育文献中对评估的观点是对以往的补充。它们提供关于创业、创业教育及其评估的新思维方式。这些进步并不局限于理论层面，在实践层面也有较大发展。目前欧洲很多学校及培训机构在这些方面都有长足进步。这些发展也为创业教育领域的研究人员提供具有挑战性的起点，激励他们根据创业教育发展设计问题，进行评估并提升创业教育效力。

参考文献

Baartman, L.K.J., T.J. Bastiaens, P.A. Kirschner and C.P.M. van der Vleuten (2006), "The wheel of competency assessment: presenting quality criteria for competency assessment programmes", *Studies in Educational Evaluation*, 32, 153–170.

Bandura, A. (1982), "Self-efficacy mechanism in human agency", *American Psychologist*, 37 (2), 122–147.

Baron, R.A. and M.D. Ensley (2006), "Opportunity recognition as the detection of meaningful patterns: evidence from comparisons of novice and experienced entrepreneurs", *Management Science*, 52 (9), 1331–1344.

Baron, R.A. and G.D. Markman (2003), "Beyond social capital: the role of entrepreneurs' social competence in their financial success", *Journal of Business Venturing*, 18, 41–60.

Béchard, J.P. and D. Grégoire (2005), "Entrepreneurship education research revisited: the case of higher education", *Academy of Management Learning & Education*, 4 (1), 22–43.

Biemans, H., L. Nieuwenhuis, R. Poell, M. Mulder and R. Wesselink (2004), "Competence-based VET in the Netherlands: background and pitfalls", *Journal of*

Vocational Education and Training, 56, 523–538.

Biggs, J. (1996), "Enhancing teaching through constructive alignment", *Higher Education*, 32, 347–364.

Bird, B. (1995), "Toward a theory of entrepreneurial competency", *Advances in Entrepreneurship Firm Emergence, and Growth*, 2, 52–72.

Birenbaum, M. (2003), "New insights into learning and teaching and the implications for asessment", in M. Segers, F.J.R.C. Dochy and E. Cascallar (eds), *Optimising New Modes of Assessment: In Search of Qualities and Standards*, Dordrecht: Kluwer Academic.

Birenbaum, M., K. Breuer, E. Cascallar, F. Dochy, Y. Dori, J. Ridgeway and R. Wiesemes (2006), "A learning integrated assessment system", *Educational Research Review*, 1, 61–69.

Black, P. and D. Wiliam (1998), "Assessment and classroom learning", *Assessment in Education*, 5 (1), 7–74.

Chandler, G.N. and E.J. Jansen (1992), "Founders' self-assessed competence and venture performance", *Journal of Business Venturing*, 7 (3), 223–236.

Charney, A. and G.D. Libecap (2000), "The impact of entrepreneurship education: an evaluation of the Berger Entrepreneurship Program at the University of Arizona, 1985–1999", available at: http://ssrn.com/ abstract=1262343 (accessed 9 May 2008).

Dall'Alba, G. (2004), "Understanding professional practice: investigations before and after an educational programme", *Studies in Higher Education*, 29 (6), 679–692.

Dall'Alba, G. and J. Sandberg (2006), "Unveiling professional development: a critical review of stage models", *Review of Educational Research*, 76 (3), 383–412.

DeTienne, D.R. and G.N. Chandler (2004), "Opportunity identifi cation and its role in the entrepreneurial classroom: a pedagogical approach and empirical test", *Academy of Management Learning and Education*, 3 (3), 242–257.

Dochy, F. (2001), "A new assessment era: different needs, new challenges", *Research Dialogue in Learning and Instruction*, 10 (1), 11–20.

Dochy, F.J.R.C. and L. McDowell (1998), "Assessment as a tool for learning", *Studies in Educational Evaluation*, 23 (4), 279–298.

Elfring, T. and W. Hulsink (2003), "Networks in entrepreneurship", *Small Business Economics*, 21, 409–422.

Fayolle, A. and H. Klandt (2006), *International Entrepreneurship Education – Issues and Newness*, Cheltenham, UK and Northampton, MA, USA: Edward Elgar.

Gartner, W.B. (1989), "'Who is an entrepreneur?' is the wrong question", *Entrepreneurship Theory & Practice*, 13 (4), 47–68.

Gibb, A.A. (2002), "Creating conducive environments for learning and entrepreneurship: living with, dealing with, creating and enjoying uncertainty and complexity", *Industry and Higher Education*, 16 (3), 135–148.

Gulikers, J., T. Bastiaens and P. Kirschner (2004), "A five-dimensional framework for authentic assessment", *Educational Technology Research and Development*, 52 (3), 67–85.

Gulikers, J.T.M., L. Kester, P.A. Kirschner and T.J. Bastiaens (2008), "The effect of practical experience on perceptions of assessment authenticity, study approach, and learning outcomes", *Learning and Instruction*, 18, 172–186.

Harlen, W. (2005), "Teachers' summative practices and assessment for learning – tensions and synergies", *The Curriculum Journal*, 16 (2), 207–223.

Hayton, J.C. and D.J. Kelley (2006), "A competency-based framework for promoting corporate entrepreneurship", *Human Resource Management*, 45 (3), 407–427.

Honebein, P.C., T.M. Duffy and B.J. Fishman (1993), "Constructivism and the design of learning environments: context and authentic activities for learning", in T.M. Duffy, J. Lowyck and D.H. Jonassen (eds), *Designing Environments for Constructive Learning*, Berlin: Springer-Verlag, pp. 88–108.

Hulsink, W. (2005), *From Farming Knowledge to Knowledge Farming: The Contribution of Innovative Entrepreneurship and Networking to Agri-food and Other Technology Clusters*, Wageningen: Wageningen University.

Joosten-Ten Brinke, D., D.M.A. Sluijsmans, S. Brand-Gruwel and W.M.G. Jochems (2008), "The quality of procedures to assess and credit prior learning: implications for design", *Educational Research Review*, 3 (1), 51–65.

Katz, J. (2007), "Education and training in entrepreneurship", in J.R. Baum, M. Frese and R. Baron (eds), *The Psychology of Entrepreneurship*, SIOP Organisational Frontier Series, Mahwah, NJ: Lawrence Erlbaum.

Kirby, D.A. (2004), "Entrepreneurship education: can business schools meet the challenge?", *Education & Training*, 46 (8/9), 510–519.

Knight, P. (2000), "The value of a programme-wide approach to assessment", *Assessment and Evaluation in Higher Education*, 25 (3), 237–251.

Lans, T., W. Hulsink, H. Baert and M. Mulder (2008), "Entrepreneurship education and training in a small business context: insights from the competence-based approach", *Journal of Enterprising Culture,* 16 (4), 363–383.

Lans, T., J.A.A.M. Verstegen and M. Mulder (forthcoming), "Analysing, pursuing and networking: towards a validated three-factor framework for entrepreneurial competence from a small-firm perspective", *International Small Business Journal*.

Lizzio, A. and K. Wilson (2004), "First-year students' perceptions of capability", *Studies in Higher Education*, 29 (1), 109–128.

Man, T.W.Y. and T. Lau (2005), "The context of entrepreneurship in Hong Kong. An investigation through the patterns of entrepreneurial competencies in contrasting industrial environments", *Journal of Small Business and Enterprise Development*, 12 (4), 461–481.

Man, T.W.Y., T. Lau and K.F. Chan (2002), "The competitiveness of small and medium enterprises – a conceptualization with focus on entrepreneurial competences", *Journal of Business Venturing*, 17, 123–142.

Mitchell, R.K., B. Smith, K.W. Seawright and E.A. Morse (2000), "Cross-cultural cognitions and the venture creation decision", *The Academy of Management Journal*, 43 (5), 974–993.

Mulder, M. (2001), Competence development – some background thoughts. *The Journal of Agricultural Education and Extension*, 7 (4), 147–158.

Orsmond, P., S. Merry and A. Callaghan (2004), “Implementation of a formative assessment model incorporating peer and self-assessment”, *Innovations in Education and Teaching International*, 41 (3), 273–290.

Quellmalz, E.S. (1991), “Developing criteria for performance assessments: the missing link”, *Applied Measurement in Education*, 4, 319–332.

Rae, D. (2006), “Entrepreneurial learning: a conceptual framework for technology-based enterprise”, *Technology Analysis & Strategic Management*, 18 (1), 39–56.

Rae, D. and M. Carswell (2000), “Using a life-story approach in researching entrepreneurial learning: the development of a conceptual model and its implications in the design of learning experiences”, *Education & Training*, 42 (4/5), 220–227.

Rauch, A. and M. Frese (2007), “Born to be an entrepreneur? Revisiting the personality approach to entrepreneurship”, in J.R. Baum, M. Frese and R. Baron (eds), *The Psychology of Entrepreneurship, SIOP Organisational Frontier Series*, Mahwah, NJ: Lawrence Erlbaum.

Sadler, D.R. (1989), “Formative assessment and the design of instructional systems”, *Instructional Science*, 18, 145–165.

Sadler-Smith, E., Y. Hampson, I. Chaston and B. Badger (2003), “Managerial behaviour, entrepreneurial style, and small firm performance”, *Journal of Small Business Management*, 41 (1), 47–67.

Sapienza, H.J., E. Autio, G. George and S. Zahra (2006), “A capabilities perspective on the eff ects of new venture internationalization on survival and growth”, *Academy of Management Review*, 31 (4), 911–933.

Segers, M., F. Dochy & E. Cascallar (2003), *Optimising New Modes of Assessment: In Search of Qualities and Standards*, Dordrecht: Kluwer Academic.

Shane, S. and S. Venkataraman (2000), “The promise of entrepreneurship as a field of research”, *The Academy of Management Review*, 25 (1), 217–226.

Shreeve, A., J. Baldwin and G. Farraday (2004), "The limitations of difference. Exploring variation in student conceptions of the link between assessment and learning outcomes", in C. Rust (ed.), *Improving Student Learning: Diversity and Inclusivity*, Oxford: Oxford Brooks University.

Sluijsmans, D. and F. Prins (2006), "A conceptual framework for integrating peer assessment in teacher education", *Studies in Educational Evaluation*, 32 (1), 6–22.

Sluijsmans, D., S. Brand-G ruwel, J. van Merriënboer and R. Martens (2004), "Training teachers in peer assessment skills: effects on performance and perceptions", *Innovations in Education & Teaching International*, 18, 59–78.

Stathopoulou, S., D. Psaltopoulos and S. Dimitris (2004), "Rural entrepreneurship in Europe: a research framework and agenda", *International Journal of Entrepreneurial Behavior & Research*, 10 (6), 404–425.

Stiggins, R. (1991), "Relevant classroom assessment training for teachers", *Educational Measurement: Issues and Practice*, 10, 7–12.

Taras, M. (2005), "Assessment – summative and formative – some theoretical reflection", *British Journal of Educational Studies*, 53 (4), 466–478.

Ucbasaran, D., P. Westhead and M. Wright (2008), "Opportunity identification and pursuit: does an entrepreneur's human capital matter?", *Small Business Economics*, 30 (2), 153–173.

Wesselink, R., H.J.A. Biemans, M. Mulder and R. Van der Elsen (2007), "Competence-based VET as seen by Dutch researchers", *European Journal of Vocational Training*, 40, 38–51.

Zhao, H., S.E. Seibert and G.E. Hills (2005), "The mediating role of self-efficacy in the development of entrepreneurial intentions", *Journal of Applied Psychology*, 90 (6), 1265–1272.

第二部分

如何从差异中学习？

第六章　诠释学生或教育者多样性的原因

——再谈互动理论

柯林·琼斯（Colin Jones）

引言

本章向当前定义创业教育内容与过程的方法发起挑战。我们把课堂模拟为一个现在和未来学生都会参与其中的微观世界，因而需要提议微观世界中始终存在的多样性（并予以肯定）。本章试图通过说明成功的判定标准而在创业教育领域做出重要（且独一无二的）贡献。我们认为判定成功与否的因素包括：① 作为教育者的努力；② 学生；③ 多样化的教学方法。

本章的论述基于两个特定前提。最基本的前提是只有接受学生和教育者以及教育者和教育机构之间对话式关系的特点才能解释学生、教育者与教育机构的表现；第二个前提是根据在学习环境中产生不同学习结果且可观察到的异质性，教育者随时都有可能被评定为称职或不称职。本章认为，理解和欣赏课堂中的异质性可以提供全面改善学习和教学的路径。为解释这个主张，我们再次提到哈斯克尔（Haskell）[①] 的互动理论，以便提供一个视角来解释发生在各种教育背景下的互动方式。

哈斯克尔认为互动理论有三个显著特征。第一，社会活动通常和能力各异的个体，即强势群体和弱势群体相关联。在本文中，强势群体指教师，

---

① 参见哈斯克尔（Haskell，1949）。

弱势群体指学生。第二，对彼此而言，这二者的关系可且仅可分为九种根本不同的类型。第三，社会主要资产随着互动而变化。因此，在本章研究背景下，如果我们能理解发生在教师和（个体）学生之间的互动本质以及支配和影响他们行为的多种情境因素（比如，教师的教学哲学 / 教育机构的环境和学生的经验与诉求等），我们就能提升能力，不断改善最有利于创业学习结果的因素。

本章给出包含若干（可能）好和不好的教育实践（就学生和教师而言）的例子。从这些例子中可以得出九种特定的互动类型，通过这些互动可能是单方也可能是双方获利、失利或不受影响。讨论我们提出几个已改善的学习和教学发展路径的建议。一旦能解释始终存在的多样性，这些路径就会自我诊断而后发挥作用。我们修改皮安卡（Pianka）[①] 的群落相似性指数（Community Similarity Index），并发起这个讨论，以便识别出学生在学习偏好、个人诉求以及发展状况等方面的多样性。本章提出的模型为身处各种学习情境中的创业教育者提供方法以便理解塑造学习情境的各个参与方的互动性本质，该模型也为自我改进式的思维方式提供方法。最近发展起来的“此时此地”教学模式 [②] 可以看作是一种方法，它会起到推进学生多样性的杠杆作用，从而推动学生的创业学习发展。这个框架的基本构成（稍后会做详细解释）是自我反思和小组反思。

本章其余部分的结构如下：第一，解释进行这种（持续的）研究所采用的方法；第二，简要介绍“此时此地”教学模式；第三，探讨学生多样性的本质和重要性并阐述其（在企业内部）的识别问题；第四，探讨在“此时此地”学习过程中学生反思的本质；第五，介绍哈斯克尔 [③] 的互动理论并探讨在不同类型的企业情境下学生的学习成果；第六，介绍阿尔弗雷德·怀特海（Alfred Whitehead）的重要成果并把前面所述部分整合为一个更连贯的研究体系。本章最后是创业教师可以从本章内容获取的启示，尤

---

① 参见皮安卡（Pianka，1973）。

② 参见琼斯（Jones，2007）。

③ 参见哈斯克尔（Haskell，1949）。

其是对包括提供学生多样性在内的教师发展路径的识别。

一、方法

本章采用双重研究方法。第一，本文的主要内容基于海沃德（Hayward）[①] 的反思实践循环，他成功地将杜威（Dewey）、科尔布（Kolb）和舍恩（Schön）[②] 的经典理论整合到一起。这个反思实践过程使得个人就其自身实践进行反思，目的是学习与个人相关的新知识。在过去六年里，一个连续循环已经完成，[③] 它从多种渠道获得反馈，对获取的信息进行反思，再从这些信息中进行推断，进而形成新思维模式，最后采取行动以改变实践。第二，和创业教育教授方法类型相关的几种最新的想法已经在全球范围内的创业教育者团体中进行测试。基于采用德尔菲分析法（Delphi approach）从通过目的性抽样选取的创业教育实践者身上获取的评论，已经形成一个采用两维组织要素（即教育方式类型和教育者经验类型）的初步概念性分类方法。对创业教育者团体的反馈发展出创业教育互动分类法。

二、“此时此地”教学模式

“hit et nunc”这个拉丁短语可以逐字解释为此时此地，该模式鼓励和促进学生个体的“此时此地”学习[④]，以便适应用不同方式诠释所需学习主题的发展。如前所述，[⑤] 学习过程中一个关键因素是学生一定要对两周一次的研讨会中的重复性学习活动进行持续性反思。[⑥]

一段时间之后，学习活动已经发展为包括游戏、案例研究探讨、研讨会陈述报告及自我反思日记和小组感知活动，这些活动都和研讨会逐步引入的话题（也就是理论）息息相关。学习活动不断开展和改善的目的是加

① 参见海沃德（Hayward，2000）。
② 参见杜威（Dewey，1933），科尔布（Kolb，1984）和舍恩（Schön，1983，1987）。
③ 参见布鲁克菲尔德（Brookfield，1995）。
④ 参见怀特海（Whitehead，1929）。
⑤ 参见琼斯（Jones，2007）。
⑥ 参见泰勒（Tyler，1949）。

速“（学生的）行为模式改变过程……用广义的行为将思维方式、感知方式及显现行动囊括进来”。[①] 图 6–1 展示学习活动（两周重复一次）的典型结构。

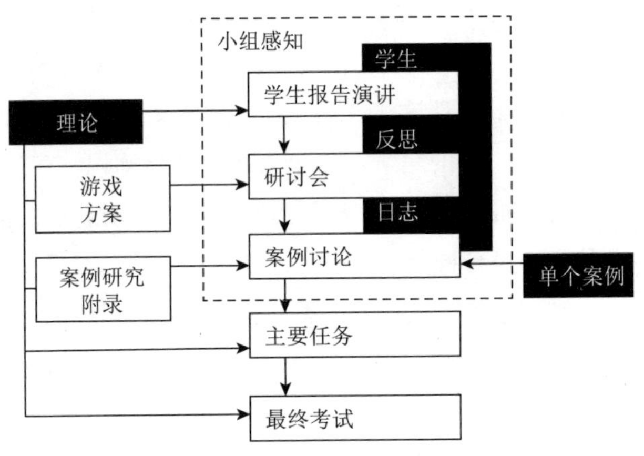

图 6-1 “此时此地”教学模式

这个框架用在塔斯马尼亚大学（UTAS）本科生和研究生的几个不同创业单元中。提出这个框架是为了推进实现塔斯马尼亚大学创业学习课程中两个特定目标的进程。一是使学生有能力完成从学生到创业者的过渡；另一个（更宽泛的）目标是帮助学生成长为一名理性的冒险者。希思（Heath）[②] 将理性的冒险者定义为实现自我满足、有能力为自己创造机遇的毕业生。这个特质被认定是从事创业活动的必要前提。在“此时此地”教学模式中，过程是不断重复的且通常始于新理论的引入，这些新理论都是学生在各种各样的学习活动中使用到的。一个关键假设是学生有能力在从一个研讨会到下一个研讨会的过程中改变自己的思维习惯。在讨论本章的重点内容（也就是学生多样性的重要性）前，让我们更详细地分析这个假设。

① 参见泰勒（Tyler，1949：5—6）。
② 参见希思（Heath，1964）。

三、学生习惯和思维的修正

有这样一个观点：学生在特定学习情境下的互动会被分类，而分类标准是评价过程中强调的特定（学习或技能）特点，在上文探讨中这种观点受到抵制。假设忽略学生学习结果的分布状况，在这种互动性下的学习环境也不会一成不变。正如之前所说，[①]我们认为学生内在（即思维习惯）变化及其行为表达（即表型表现）可能源于其与学习环境的互动。学习过程始于学生作为个体和学生作为学习环境内小组成员之间的互动。在第一阶段，每位学生同自己的小组参与多种学习活动，之后我们通过总结性和形成性的反馈对其进行评定。在评定过程中，我们会评定每位学生及其小组使用的方法是否合适。这些方法代表负责表型性表现（phenotypic expression）的活动系统（比如，学生/小组表现的内容和情境以及为评定者而设定的相关认定标准）。

因此，基于学生作为个体和/或团体的表型性表现的贡献，每位学生的思维习惯都会经历不同（支持或反对的）筛选过程。自由[②]和反思[③]相结合就能判别哪个小组进而是组内个人在面对团体和个体的思维习惯转换时可能会改变行为。小组和个人的改变始于其收到的总结性评价（也就是等级），然后又在收到与个人或小组表现有关的积极或消极形成性评价后继续进行，因此多样化的评定流程充当选拔机制。

产生总结性和形成性评价的过程有两个重要功能。第一，总结性反馈及时给在某一特定时刻个人或小组面对评估标准时表现的实时性和合适性提供启示。第二，形成性反馈令未来的改变成为可能。所以“他们之间的区别是在某种情况下是否为最终评价”。[④]影响构成互动的因素还包括小组内部所持的观点，这些观点可能被改变而后产生许多不同结果，因此三种思维方式都有可能在这个过程中出现并贯穿始终。

---

① 参见琼斯（Jones，2005）。

② 参见怀特海（Whitehead，1929）。

③ 参见泰勒（Tyler，1949）。

④ 参见比格斯（Biggs，2003：142）。

第一，学生的思维习惯（源于他们的生活习惯）在他们思考选择何种思维能力最能帮助他们取得进步时得到修正。改变的思维方式就经由个体学生行为或学生对小组的贡献从一个学习环境（也就是每个研讨会）被传递（或转移）到另一个学习环境。第二，那些修正的表型性表现（被认为是有利的）和任何与之相关的思维习惯的改变都被小组从一个学习环境传递到另一个学习环境中。第三，或许是最重要的一点，个人和小组行为有改变未来互动本质的潜能，这种互动发生在学习环境和所有被评定对象之间。这便是生态位构建概念[①]的核心思想；它提供一个方法使学生可以在属于自己的空间和时间里改变自己的学习环境，而且/或是至少把压力放置在属于自己的空间和时间的学习环境内。接下来的讨论将围绕学生多样性的重要意义展开。

四、学生多样性

虽然在此处讨论的学习情境中学生能以个体方式学习，但也有人主张学生与他人的互动可能会大大提高学习成果。承认在高等教育阶段学生多样性的日益显现[②]会给教育者带来独特的机遇。过去的研究强调学生学习结果的提高同学生高度多样化之间的关系[③]，正是基于此，“此时此地”教学模式有意积极合理地运用学生多样性的特征。

表 6–1　四个独立单元中的学生多样性

数据					
		算法333	算法213	算法787	算法505
N	有效值	189	1296	1431	78
	缺失值	1242	135	0	1353
平均值		.4750	.4465	.4931	.4655

① 参见奥尔丁–斯米等（Olding-Smee *et al.*，2003）。

② 参见比格斯（Biggs，2003）。

③ 参见古林（Gurin，1999）。

续表

数 据					
		算法333	算法213	算法787	算法505
标准平均误差		.01361	.00505	.00455	.01952
标准偏差		.18713	.18195	.17193	.17236
方差		.035	.033	.030	.030
全距		1.00	1.00	1.00	.75
最小值		.00	.00	.00	.13
最大值		1.00	1.00	1.00	.88

在“此时此地”教学模式中学生多样性不只被看作是一个与社会和种族起源有关的概念。学生相似性指数的提出用以识别在单个班级里（进而在班级与班级之间）的多样性程度。学生相似性指数改编自皮安卡[①]的生态群落相似性指数（ecological Community Similarity Index），[②]它可以表达为 X/N，X 是每组学生中共同特点的数量，N 是学生特点的总数量。

本方法将把八个特征用到三个独立领域：① 学生背景（例如，年龄、出身和研究领域）；② 学生当前状况（例如，工作责任、为学习付出的努力及个人诉求）；③ 学生学习方法（学习风格和学习个性）。例如，当这个指数被应用到塔斯马尼亚大学 2008 年第一学期开设的四个创业知识单元里时，可以看出[③]每个班级学生多样性的变化值范围大约在 44.5% 到 49.5% 之间。

重要的是，由于被测试的八个特点之间存在差异性，学生的相似程度很低，这显而易见，但班级之间的差异性是如何表现出来的还不明朗。在表 6–2 中，我们能确认在这四个课程单元中学生多样性本质的不同和 / 或

① 参见皮安卡（Pianka，1973）。

② 简单说，皮安卡系数就是 X/N，X 是两个城镇共有的亚群体数量，N 是任一城镇的亚群体总数量；因此当两个城镇完全相同时，群落相似性指数为 1；当两个城镇没有共同的亚群体时，群落相似性指数为 0。

③ 见本书第 102 页表 6–1。

相似程度。

典型判别分析是梳理创业知识单元（也就是课程单位 333、213、787 和 505）是如何产生差异的一个有用的分析方法。把单个课程单元作为因变量，我们就能测试出每个单元和八个自变量（之前提到的年龄、出身、研究领域、工作责任、为学习付出的努力、个人诉求、学习风格及学习个性）之间的关系。

简言之，用数据证明，通过下列变量相结合（判别功能）被检验单元之间有很明显的差异，即成熟度（年龄）、学生类型（出身）、工作责任和学习风格，这些变量（在表 6-2 的结构矩阵中有所展示）为观察每个单元的不同构成提供方法，也正是这些变量促成每个单元里特殊而又独一无二的学生多样性水平。

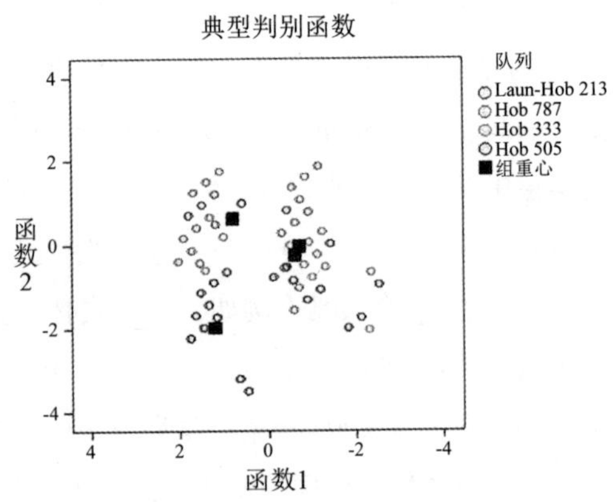

图 6-2　学生多样性比较

表 6-2　结构矩阵

	功能		
	1	2	3
成熟度	.894*	.081	–.097
诉求 [a]	.040*	–.008	–.028
工作	.117	.819*	–.357

续表

	功　能		
	1	2	3
学生类型	.323	−.646*	−.177
方法 [a]	.114	−.206*	.081
能力 [a]	.137	−.195*	−.073
努力 [a]	.072	.165*	.086
学习风格	.235	.142	.899*
性别 [a]	.081	.033	.120*
男女	.081	.033	.120*

注释：

合并判别变量和标准权威判别功能之间的组内关联。变量由功能内关联性的绝对程度产生。

* 在每个变量和任一判别功能之间最大的绝对关联程度。

a. 该变量不用于本次分析。

虽然通过前两个判别功能便能解释该模型的各种变化，[①] 但判别值却表明模型内四个变量都是有用的。正如特征值表明的那样，判别分数和单元之间密切相关。合并的卡方值测试出在所调查单元之间所使用功能的平均值相同。影响力小的数值表明判别功能要比划分单元的方法更具效果。

表 6–3　特征值和判别值（组内平方和与总平方和之比）

特 征 值 汇 总				
功能	特征值	变化百分比（%）	累计值（%）	相关系数
1	.606[a]	54.7	54.7	.614
2	.490[a]	44.3	99.0	.574
3	.012[a]	1.0	100.0	.107

注释：a. 前三个权威判别功能被用于分析。

① 见本页表 6–3。

续表

判别值				
功能测试	判别值	卡方	自由度	差异性显著值
1 通过 3	.413	264.381	12	.000
2 通过 3	.663	122.753	6	.000
3	.989	3.423	2	.181

因此，教育者能为每个班级勾勒出多样性轮廓也能比较不同班级的对比方式，关键在于我们已经揭示大家避而不谈的问题并识别出该问题的特点。重要的是学生们被告知其多样性的本质，这一认识在他们准备反思实践的过程中起重要作用。

五、学生反思

反思过程在“此时此地”教学模式中被认为是一个关键性因素，因为“学习产生于学生对其所处环境做出的反应”[①]。因此应积极鼓励学生就其参与的演讲展示、游戏和案例研究讨论做出反思。每个研讨会结束不久后的日志记录可以推动这一过程。该反思日志旨在提供给学生间歇和反思的机会，反思他们作为个体对其在研讨会的多种学习活动中所做贡献和收获成果的感觉如何，他们是如何运用策略让研讨会游戏获得成功，他们是如何参与案例研究讨论的。我们鼓励学生去思考在从一个研讨会向另一个研讨会的转移过程中他们自身能学习到什么。随着时间的推移，他们被鼓励去做元反思并思考在该学期中他们怎样改变自己的方法和态度。重要的是使学生观察自身行为并思考他们自身为提高和（或）维持个人成绩需要做出怎样的改变。

近来，另一种反思训练形式，即小组意义建构训练对“此时此地”教学模式构成补充。它不仅旨在深层次分析理解个人感受，还旨在深刻理解班级中其他学生的感受。其过程分四个阶段进行。教育者陈述情境然后让

① 参见泰勒（Tyler，1949：63）。

学生深入其中去思考。设定情境陈述是为引导每位学生在第一阶段做出深层次反思。四个阶段分别为：

阶段一：学生识别和记录他们与“情境陈述”有关的个人感受。他们很有可能会经历多种感受。冲突感和/或那些随着时间推移而改变的感受都应该记录下来。重要的一点是，他们不仅要记录预先假定或被描述的感受，还要记录自己的真实感受。

阶段二：学生们（作为小组）试着去理解情境陈述，在这个过程中要顾及小组所有成员。他们用自身感受去认知小组成员产生的集体感受。这个分析可能会将个人观念、特质、经历和态度合并研究。学生们基于集体感受来分析其他人对情境的理解以得出结论。

阶段三：每位学生都尽力问取其他（外部）参与者、同龄人等群体的反馈，以便来证实他们自己对情境的分析。换句话说，情境的意义要参考其他人的观点和角度以及/或者个人对其自身经历的反思。

阶段四：每位学生都指出情境反思是如何影响他们对这个特定问题的处理方法和/或角度。价值观、信念和/或态度上的任何可能转变都有所提及。下面的评论是使用两种反思实践方式的学生给出的代表性评论。

> 我想说反思活动让我可以从他人的视角分析自己的理念和态度。该反思和个人学习有关，它使我可以很容易地评论自己的学习模式，也让我意识到需要改进之处。该反思又和小组行为相关，它让我还能看到别人是如何看待我的行为的。（一号匿名学生）
>
> 反思日志帮我巩固自身优势，也让我发现与课程相关的有待改进之处。小组的情境陈述很有益处，它使我们能够以小组形式工作并有效传达我们的感受和想法，同时还提升了我们的创业能力。（二号匿名学生）
>
> 在经历了那些体验性学习实践之后，通过小组感知这一过程我对自己有了更深的了解。我发现这对自身而言大有裨益。我认为不仅自己从这反思实践中获益，老师也能更好地理解我的学习成果，这比不进行反思要好得多。（三号匿名学生）

从我自身的经历来看，小组感知训练帮我拓宽了对这一课题的视野。例如，在读了第一阶段我们组其他成员的日志之后，我能从之前没想过却也很有道理的角度去思考问题。同时，如果我在第一阶段写的日志引起小组内其他成员的共鸣，我就会更加自信，因为我没有离题。我觉得反思活动也给老师们更好的视角去体会学生是如何感受和理解自身学习进步的。（四号匿名学生）

反思学习的应用提高了个人的学习经历。反思学习需要对自身有更深层次的认知，这就会使学生更加了解他们的进展并客观看待已完成的工作和积极成果。积极成果不依据分数判别，更多是从个人角度出发。（五号匿名学生）

这些评论强调反思过程对学生和老师都有真正益处。小组感知活动不仅让学生进行反思，也给学生和老师提供多维思考角度。学生群体内的多样性被用于提高学生个人学习结果。上述“此时此地”教学模式是以学习者为中心，这对帮助者（教师）来说意义重大，同时也为学习情境中多种活动的共同作用提供了途径。

六、互动理论

1949 年爱德华·哈斯克尔（Edward Haskell）出版他的代表作品《社会科学的说明》（*A clarifcation of social science*），书中他进一步发展互动理论。此前七年间他的互动理论力求将能力各异的个人分为强势群体和弱势群体。哈斯克尔很重要的一个主张就是强弱“级别有且只有九种，它们是与彼此有本质不同的‘互动’关系”[①]。图 6–3 改编自哈斯克尔的分类体系。

在图 6–3 中，有关教师和（或）学生的一系列成果都是可能存在的。鉴于我们都同意可以在学生群组内判定多样性的本质，我们可以对老师和（或）学生双方的成果本质进行深层次分析。老师和学生之间唯一互

① 参见爱德华·哈斯克尔（Edward Haskell，1949：46）。

利互惠的互动类型就是共生（也就是 + +），另一种与其紧密相连的互动形式是共栖（也就是 + 0）。在共栖关系中，学生从互动中获利，老师不受经验影响。以此为基础，学生和老师之间的互动必须是最小化的，这样学生才能进步，老师也不会有所损失，其他七个互动结果都是次最优的。现在我们来讨论作者关于创业教育可能性方法的观点，以此与教育者的经验水平做对比。图 6–4 提供几个方法的互动结果，以期引起激烈讨论。

学生

		−	0	+
	+	− + 捕食	0 + 异养	+ + 共生
L	0	− 0 偏害共栖	0 0 中立	+ 0 共栖
	−	− − 共亡	0 − 异居	+ − 寄生

0　表明中立互动结果
+　表明积极互动结果
−　表明消极互动结果

图 6-3　改编自哈斯克尔的互动理论

与吉布[①]以往著作一样，本章认为创业教育不应该只是介绍关于创业的知识，而应该凭借通过和为了（和 / 或参与）创业的方式达到推动学生的学习效果。这个讨论也模拟创业学习项目的情境而不仅仅是引导式（或是单一）地介绍创业。在图 6–4 中提到的互动成果并不是与创业教育可能性方法有关成果的详尽分析。作者提倡的创业教育互动分类法的局限是它仅仅考虑到个人方法和个人经验这两个组织因素。

① 参见吉布（Gibb，2002）。

		方法		
		通过（或参与）	为了（或参与）	关于
	许多	++ 指导者	++ 推进者	- - 英雄
E	较少	++ 模范榜样	++ 共同反思者	- 0 仪式的主持人
	没有	- - 劳动主导者	- 0 行动指导者	- - 教材操作员

图 6-4　与所表明的互动结果相对应的可能性方法

来自第一轮中使用德尔菲分析法的反馈强调需要最终整合到一个更完整的模型里的其他因素（比如，教育者的内在局限、教师的商务经历与学术经历、学生的动机和发展，等等）。也就是说，创业教育者通过对初期分类做出评论，从而成为这个框架最初的坚定支持者。最有益处的是经常性评论，因为这会鼓励个人对自身实践的反思。我们先考虑组织因素，借此拉开思考分类本质的序幕。

第一是方法：通过创业 = 试图把个人 / 小组的商业理念转化为现实（也就是侧重商业化）的教育体验形式。为了（和 / 或参与）创业 = 学生再三进行反思实践培养创业技巧 / 态度（也就是侧重个人发展）的教育体验形式。关于创业 = 侧重对理论原则交流和 / 或对他人成就理解（侧重学习原则）的教育形式。

第二是教育者的经验：许多经验 = 教育者利用自己的资源获得非常多在新创企业（也就是在社会环境中任何新形式的企业）任职的经验。较少经验 = 教育者利用别人的资源获得过在新创企业（也就是在社会环境中任何新形式的企业）任职的经验。没有经验 = 教育者没有在任何形式的新创企业（也就是在社会环境中任何新形式的企业）任职的经验。接下来探讨创业教育者的九种角色类型和他们所表明的互动结果。为建立起能激发热烈讨论的分类学，此处会阐释几种特定角色，但并未考虑这些类型之间极有可能存在的关系。

教材操作员：教育者被一系列理想的（且共同的）学习成果所指引，这些学习成果都是为许多不同（不相干）环境中的学生大量学习所制定的。学生处在以教师为中心的教学方法中，老师会根据所选教材章节结构精心安排话题。从本质上看，这就忽略学生的诉求。因此，学生和老师都没能（以任何有意义的方式）从互动中有所收获（也就是 – –），而且还会造成机遇丢失（即学习和 / 或教育的机会）。

行为指导者：教育者看到个人发展的价值，却缺少对与创业有关心理问题的分析；借由学生潜力，他 / 她发挥的作用可有可无。教师没有足够的能力去理解学生发展道路的现实性。因此，学生失去反思和获得创业技能 / 特质的机会，教育者也没能丰富经验（也就是 – 0）。

劳动主导者：教育者希望给学生创造实现梦想的机遇，却没有能力指导这一进程。学生们就好比“狼入虎口”，一旦他们探索到教师知识 / 技能范围之外就会失去保护或指导。因此，学生们可能会在这一经历中受到伤害，教育者（也就是自己的声誉）也可能因学生反馈而受到伤害（也就是 – –）。

仪式主持人：教育者试图通过将一大批创业者介绍给学生并让双方进行互动的方式，帮助学生从以教材为基础的资源中学到知识，虽然学生们可能会从他们见到的创业者身上获得创业灵感，但他们无法发展创业技能 / 特质。同样，教育者的表现也没有改变（也就是 –0）。

共同反思者：教育者全程陪伴在学生个人发展旅程中，他们理解学生冒险过程中的兴奋、畏惧以及其他各种感受。感知活动是通过以学习者为中心的交流实现。其中有许多进行反思的机会。学生和教育者都极有可能从互动中有所收获（也就是 + +）。

榜样模范：教育者让学生一起分享创立新企业过程中的见闻感受，既为学生保驾护航，也能帮助学生获得重要资源。所有人都想得到切实的好处，通过分享，大家都有所收获，有许多进行反思的机会。这种情况下，学生和教育者也都极有可能从互动中有所收获（也就是 + +）。

英雄：教育者过度强调自己以往的成就且试图把自身成就用作学生的学习机制，这便白白浪费自身渊博知识。这个过程是以教师为核心的，学生的诉求得不到满足，因此学生和教育者都无法从互动中获益（也就是 --）。

推进者：教育者给学生创造学习机遇，使得知识能够情境化（让学生置身其中）。每位学生的个人需求都和特定学习环境相匹配，并且其中有许多进行反思的机会。显然，学生和教育者都很有可能从互动中有所收获（也就是 ++）。

指导者：教育者同学生个体（或学生小组）互动，运用自身经验帮助学生实现他们的商业理念。学生和教育者都很有可能从互动中有所收益（也就是 ++）。

以上分类暗含多种发展路径。例如，随着个人经历不断丰富，自信逐渐增强，一个教育者可能会从照本宣科转变为合作者，再到推进者，最终成为指导者。下一小节介绍艾尔弗莱德·怀特海的观点，使本章讨论的多种问题形成一个有机整体。

七、聚合观点

根据怀特海[①]的观点，所有大学最基本的作用是培养学生对生活的热情并让学生有能力用知性想象力把其所学知识应用于未来工作。大学的作用就是维护“知识和对生活的热情二者之间的联系”。教育的最终目的应该是培养学生对创新性冒险的不断追求。要不惜一切代价规避只学习一些理论（也就是一些滞后思想）的观念。要重点关注那些关键思想，因为当这些思想整合到一起的时候人们就可能形成一些原则，而这些原则又可能进而生成某种概念。对怀特海来说，问题在于如何使用知识，特别是在特定时间和空间情境下如何使用知识。他说：

思维从来都不是被动的；它是不间断的活动，微妙、有包容性、

① 参见怀特海（Whitehead，1929：93）。

易受刺激，直到你改进后才能延长其寿命。和你课程有关的任何兴趣点都要通过此时此地来唤醒；无论你想培养学生何种能力，也都要通过此时此地来实践；你要教授的任何精神世界的可能性知识也要通过此时此地来展现。这是教育的黄金法则，遵循起来非常困难。[①]（我想强调的）

因此，教育者的作用是通过自身和学生的个性共鸣来激发学生活力。如果我们接受教育者会面对学生多样性这个观点，这就说明在各种学习情境中会发生多种形式互动。然而，挑战在于创造一个（自我的）发现过程以保证“用通常观念来理解倾注到教育者生活中的一系列事件”[②]。到目前为止，已经有几个观点可供读者阅读思考。本章主张搭建一个教授和学习的框架（之前提到的“此时此地”教学模式），这样学生就会在他们的此时此地进行高度反思，从而有所学得。“此时此地”教学模式被认为是实现高效创业学习的基本要求。另外，所有这样的方法都应该能够识别、适应和利用学生多样性，使其成为学习环境的基本特点。个人 / 小组反思用于以下几种方式：① 使学生修正自己过去的想法 / 行为；② 使教育者完全理解在学习情境中产生的互动多样性。怀特海[③]的观点将教育者纳入学生的发展过程。然而，在图 6–4 中仅四个教育者类型起到积极作用。这可能表明创业教育者有必要去思考他们为实现这些角色类别而创立发展路径（或变化）的方式。本章剩余部分通过说明该类发展面临的挑战以得出结论。

八、讨论与结论

本章已经考虑到创业教育的对话性本质[④]，而且本章主张在上述讨论情境下通过对话原则提供一个有趣的感知路径。结合布鲁亚特（Bruyat）和朱利恩（Julien）的观点与互动理论，只有承认研究中两方（也就是教育者

① 参见怀特海（Whitehead，1929：6）。
② 参见怀特海（Whitehead，1929：2）。
③ 参见怀特海（Whitehead，1929）。
④ 参见布鲁亚特和朱利恩（Bruyat and Julien，2001）。

和学生）组成一个不可分割的系统我们才能理解它。因此，我们得到本章的基本前提：接受学生和教育者与教育者和教育机构之间对话式关系的本质才能分析解释学生、教育者和/或教育机构的表现。

通过平衡互动理论中的观点和学生多样性的分析（本章有详细说明），我们看到几个问题。第一个问题涉及教育者规划发展方向的能力，它可以帮助学生也帮助教育者自身收获更多。鉴于我们可能无法完全满足在某一特定群体内每个人的学习需求（因为多样性一直存在），这就有必要采取多种策略。例如，对自身能力以及学习活动本质的了解能影响最适合某创业项目的学生能否入选该项目（或从该项目中淘汰），或者可以不断提高学生选择的程度（依据他们在学习活动中的参与度），以便不同学生以最适合自身的方式参与到所要求的学习活动中。

另一个问题是我们如何评定教育者经验的本质。赫加蒂（Hegarty）和琼斯（Jones）[①]以高等教育中的创业教育为例批判传统创业=商业哲学（作为假定的成果）。他们认为学生可以有另一种收获（比如，发展创业思维和/或成为理性的探险者），而且他们的主张也可能改变我们对创业教育者经验的分类方法。如果我们走出对商业蓝图的浪漫遐想去形成一个更广阔的创业蓝图，那么生活中许多方面都可以解释为创业经验。例如，教育者在保守（或传统）的教育环境中是否发展了创新项目？教育者是否显现出挑战现状或是在更广范围内进行风险管理的能力？一旦创业情境从创业教育的核心区域转移到某个情境区域中，我们就有可能把更多的创业经验带到课堂。

重要的是，教育者和大家一起回顾之前没有获得预期成果的事件就可以把导致失败的问题（以多种形式）带入到教育过程中。这样，当我们改变游戏规则时更容易实现双赢。创业中最重要的不是商业，而是思维模式，尽管它可能（也可能不）会带来商业成果。从这个角度看，教育者作为指导者、榜样模范、共同反思者或推进者（或是兼具几个角色）能够将种种学习等式带入到学生学习过程中。目前来看，学生和教育者自身此时此地

① 参见赫加蒂和琼斯（Hegarty and Jones，2008）。

学习中的反思能力决定其学习成果。为获得商业上的成功必须遵循既定程序的压力消失。成功变成一个可根据多方（比如，和他们同班同学或是老师）互动本质和个人水平定义的概念。

总之，本章讨论识别、测量和利用学生多样性来提高学生创业教育的个人（进而也就变成集体的）学习成果。本章将“此时此地”教学模式当作一个过程并对其进行思考，在这个过程中运用自我和小组反思以肯定学生多样性。本章主张通过修正思维方式使学生能够真正处理创业教育中具有挑战性的情境。为促使这样的修正产生，教育者必须确保在学生和教育者间有实现良性互动的可能。因此，从某种意义上讲，在构建学习环境时教育者要扮演舞台监督的角色，这也极有可能需要我们在幕后提供必要支持。

最后，我们承认只使用两个组织因素（也就是教学方法和教育者经验）具有局限性，因此我们下一步要做的是发展一个更为复杂的创业教育互动分类法；该分类法会把其他局限因素囊括进来，比如教育者的局限、更多形式的教育者经验以及学生的动机和发展，这样才能为学生多样性这个话题提供更广阔的思考空间。

参考文献

Biggs, J. (2003), *Teaching for Quality Learning at University*, Buckingham: Open University Press.

Brookfield, S. (1995), *Becoming a Critically Reflective Teacher*, San Francisco, CA: Jossey-Bass.

Bruyat, C. and P.A. Julien (2001), “Defining the field of entrepreneurship”, *Journal of Business Venturing*, 16 (2), 165–180.

Dewey, J. (1933), *How We Think. A Restatement of the Relation of Reflective Thinking to the Educative Process*, Boston, MA: D.C. Heath.

Gibb, A.A. (2002), “Creating conducive environments for learning and entrepreneurship: living with, dealing with, creating and enjoying uncertainty and complexity”, *Industry & Higher Education*, 16 (3), 135–148.

Gurin, P. (1999), "New research on the benefits of diversity in college and beyond: an empirical analysis", *Diversity Digest*, vol. 5, Association of American Colleges and Universities.

Haskell, E.F. (1949), "A clarification of social science", *Main Currents in Modern Thought*, 7, 45–51.

Hayward, L.M. (2000), "Becoming a self-reflective teacher: A meaningful research process", *Journal of Physical Therapy Education*, 14 (1), 21–30.

Heath, R. (1964), *The Reasonable Adventurer*, Pittsburgh, PA: University of Pittsburgh Press.

Hegarty, C. and C. Jones (2008), "Graduate entrepreneurship: more than child's play", *Education + Training*, 50 (7), 626–637.

Jones, C. (2005), "Creating employability skills: modification through interaction", *Journal of Industry and Higher Education*, 19 (1), 25–34.

Jones, C. (2007), "Creating the reasonable adventurer: the co-evolution of student and learning environment", *Journal of Small Business and Enterprise Development*, 14 (2), 228–240.

Kolb, D.A. (1984), *Experiential Learning: Experience as the Source of Learning and Development*, Mahwah, NJ: Prentice-Hall.

Olding-Smee, F.J., K.N. Laland and M.W. Feldman (2003), *Niche Construction: The Neglected Process in Evolution*, Oxford: Princetown University Press.

Pianka, E. (1973), "The structure of lizard communities", *Annual Review of Ecology and Systematics*, 4, 53–74.

Schön, D. (1983), *The Reflective Practitioner*, New York: Basic Books.

Schön, D. (1987), *Educating the Reflective Practitioner*, San Francisco, CA: Jossey-Bass.

Tyler, R.W. (1949), *Basic Principles of Curriculum and Instruction*, Chicago, IL: University of Chicago Press.

Whitehead, A.F. (1929), *The Aims of Education and Others Essays*, New York: Free Press.

第七章　大国中的小企业教育：冲突、机遇，还是兼而有之？

——对一所法国精英大学的案例研究

杰奎琳·冯特和塞尔文·布雷
（Jacqueline Fendt and Sylvain Bureau）

引言

越来越多的人认为创业在价值创造方面发挥着强有力的促进作用并在个人层面、企业层面和社会层面均有体现。在企业内部，创业行为带动很多生产、服务、程序及管理方面的创新①并由此产生策略上的革新，②这也给利益相关者带来各种各样的价值。③从社会层面看，创业意义体现在创造工作岗位、④推动科技进步、促进经济复苏⑤和实现文化变革⑥这几方面。因此，世界各地的商学院对开展创业教育的热情不断高涨也就不足为奇。然而，尽管从20世纪50年代已经开始兴起，创业尤其是创业教育仍是相对新兴的研究领域，⑦不过自80年代早期至今这段时期它已经成为社会的

① 参见卡文和迈尔斯（Covin and Miles，1999），熊彼特（Schumpeter，1934）。
② 参见希特等（Hitt *et al.*，1999）。
③ 参见希特等（Hitt *et al.*，2001）。
④ 参见伯利（Birley，1986）。
⑤ 参见伯利（Birley，1986），参见扎赫拉（Zahra，2005）。
⑥ 参见古德曼（Gudeman，1992），英格尔哈特和贝克（Inglehart and Baker，2000）。
⑦ 参见熊彼特（Schumpeter，1953）。

重要方面。截至 2000 年，世界各地的创业项目累积已超过 1600 个[①]且这一数字仍在增长。这一领域的主要研究人员是盎格鲁 – 撒克逊人（Anglo-Saxon），而其中美国占绝对主导地位。那么法国在创业领域表现如何？法国人是否（仍然）喜欢行政管理类职业？法国教育体系是否（仍然）排斥创业浪潮？法国人是否（仍然）缺少创业精神？

本研究介绍的是巴黎一所精英大学（grande école）商学院近期开展的试验性创业教育项目。我们首先阅读现有文献并锁定当代创业教育领域几个重要课题及当今亟待解决的主要问题；其次，我们着眼法国本科教育体系并针对小型企业创业者的涌现和法国极端精英化的管理层培养体系之间的潜在矛盾进行讨论。[②]我们还概述一些这个体系内部的不同机遇。[③]在另一个非常重要的部分中，我们介绍分析一所法国精英大学商学院的创业教育经验并对其进行概念化。那是一个总计 150 个课时的研究生教育项目。设计该项目的明确目的有两个，一是消除上述法国教育体系中固有两分法的危害，二是强化该教育体系中的固有优势。该研究所采用的是定性案例教学，因为这种方法能揭示社会现象的复杂性和基础概念之间反复出现的关系模式，非常利于用归纳法发展理论。[④]我们从各种不同类型的利益相关者的视角分析创业教育经历，如学生、商学院、教职员工、投资者、创业者（不管是不是该校毕业生）及公司合作伙伴。除了分析学校传统评估系统（即期收回和延期收回的学生满意度调查问卷），我们还开展了五场深度叙事性访谈与分析以及四场专门针对利益相关者的反馈会议。访谈和会议分析包括编码、分类和备案，尤其是教职工及特别参与本项目的外部利益相关者所做讨论。此外，我们还将很多其他具体参数都考虑在内，如商

---

① 参见卡茨（Katz，2003）。

② 参见凯洛亚尼斯等人（Carayannis *et al.*，2003），丹尼斯（Denis，2007），法约尔（Fayolle，2000b），克拉佩尔（Klapper，2005），洛克（Locke，1984），小马茨等（Martz Jr *et al.*，2005）和托里斯（Torrès，2001）。

③ 参见沙多（Chadeau，1993），法约尔（Fayolle，2000a），参见芬特等（Fendt *et al.*，2008），拉希和亚米（Lasch and Yami，2008），马切斯娜依（Marchesnay，2007），托里斯（Torrès，2001），托里斯（Torrès，2001，2007）和瓦伦丁（Valentin，1994）。

④ 参见艾森哈特（Eisenhardt，1989），殷（Yin，1984）。

业计划竞赛的成绩、创业孵化基地受理的项目、得到赞助的项目及创建企业的数量，最后我们提出一些对以后研究有帮助的见解和看法。目前关于这一创业教育项目的研究工作仍在进行中。

一、当今创业教育概述

20世纪80年代创业教育才作为一个独立研究领域广为人知。[①]处于价值链下游的风险投资、天使融资及其他融资方法是20世纪90年代出现的。[②]对一个需开展教学的领域，人们应就其核心概念达成共识，但创业这一概念实在难以界定。创业是一个“相关问题分布范围极广且相互之间联系松散的领域”，[③]是一个“像被打了马赛克的、需要我们去探索的领域”。[④]创业带来的效益种类繁多且无处不在。因此，它吸引各个学科的学者，如会计学、人类学、经济学、金融学、管理学、市场营销、运营管理、政治科学、心理学和社会学。经常还有人将管理领域和创业领域进行对比，如今把两者关系定义为既非相互包含亦非毫无关联，可以说它们之间存在一定交集，[⑤]前者被认为更倾向于受机遇驱动，而后者被认为更倾向于受资源和“交流”驱动。[⑥]人们有时也讨论战略与创业之间的关系。创业与战略之间有重要的共通之处、共性问题和一致的权衡取舍，由此现在创业战略已成了一个专有名词[⑦]并随之衍生出一个新领域：战略型创业。这种独特构想能让企业创造更多财富。战略型创业的构成因素包括：创业思维方式、创业文化、创业领导者及“对资源的战略性管理以实现创新”。[⑧]过去十年

---

① 参见库拉特科（Kuratko，2005），蔡特哈姆尔和赖斯（Zeithaml and Rice，1987）。

② 参见迪莫和谢泼德（Dimov and Shepherd，2005），参见谢泼德和扎哈拉基斯（Shepherd and Zacharakis，2001，2002）。

③ 参见爱尔兰和韦布（Ireland and Webb，2007）。

④ 参见扎赫拉（Zahra，2005：254）。

⑤ 参见爱尔兰等（Ireland *et al.*，2003）。

⑥ 同上。

⑦ 参见希特等（Hitt *et al.*，2001）。

⑧ 参见爱尔兰等（Ireland *et al.*，2003：963）。

间公司创业及公司内部创业的需求广受人们关注。[①] 从微观层面上讲，创业者的多样性及他们为成功所采用的创业手段的多样性带动很多心理学界的相关研究。[②] 创业精神、创业思维方式、创业文化等概念正引起越来越多的国际关注。[③] 由于创业具有要求高、压力大的特点，创业中的风险与权衡也成为人们集中研究的问题。[④] 女性创业者和少数民族创业者出现并成为一个研究课题，他们面临许多不同的困难和机遇。[⑤] 从宏观层面上看，与世界500强企业相比，这些创业者、新公司、中小型企业（SMEs）还有家族企业对经济和社会做出的贡献远远超出大家的期望值。它们在创造就业、推动创新及促进经济复苏方面都表现得非常出色。[⑥] 最后，道德规范与创业、可持续创业和社会创业已成为发展迅速的研究领域，一方面是因为最近在大企业内部出现的流言蜚语，另一方面是因为大家对生态和社会问题的觉悟有所提高。[⑦] 表 7–1 对这些当代创业教育领域内的主要关注点和待解决问题进行了梳理和总结。

表 7–1　当代创业教育文献中的基本理论和关注点

主　题	学　者
一般性的、宏观的问题	
国家间差异；公众对创业缺乏认识，（导致？）创业精神不足，（导致？）创业教育体系不健全；因此需要长期在全国范围内培养创业意识	巴尔达萨里（Baldassari，2008）；亚太经合组织（APCE，2008）；经济合作与发展组织（OCDE，2006）

① 参见库拉特科等（Kuratko *et al.*，2001，2005），迈尔斯和卡文（Miles and Covin，2002），莫里斯和库拉特科（Morris and Kuratko，2002），扎赫拉等（Zahra *et al.*，1999）。

② 参见吉克古和冈德里（Kickul and Gundry，2002）。

③ 参见麦克杜格尔和奥维亚特（McDougall and Oviatt，2003），扎赫拉等（Zahra *et al.*，2001）。

④ 参见麦格拉恩等（McGrath *et al.*，1992）。

⑤ 参见查甘地和格林（Chaganti and Greene，2002），格林等（Greene *et al.*，2003），冈德里和韦尔施（Gundry and Welsch，2001）。

⑥ 参见克里斯曼等（Chrisman *et al.*，2003），厄普顿等（Upton *et al.*，2001）。

⑦ 参见库拉特寇和戈尔兹比（Kuratko and Goldsby，2004），参见莫里斯等（Morris *et al.*，2002）。

续表

主 题	学 者
不论是从微观层面还是从宏观层面看，都有各种各样的创业者，他们需要学习的技能也不尽相同；性别问题；种族方面；教育结果	阿龙松（Aronsson，2004）；齐库尔和冈德里（Kickul and Gundry，2002）；查甘地和格林（Chaganti and Greene，2002）；格林等（Greene *et al.*，2003）；冈德里和韦尔施（Gundry and Welsch，2001）
创业者的性格特点	希尔斯（Hills，1988）；胡德和扬（Hood and Young，1993）；朗丝黛（Ronstadt，1987）；斯科特和图米（Scott and Twomey，1998）
创业教育应从什么时候开始；早期启蒙	贝沙尔和格雷古瓦（Béchard and Grégoire，2005）；考克斯等（Cox *et al.*，2002）
关于定义：什么是创业	
创业和管理并不相同，创业本身就是一个教育研究领域	加特纳和维斯珀（Gartner and Vesper，1994）；加特纳等（Gartner *et al.*，1992）；麦凯维（McKelvey，2004）
创业与管理大致相同；他们在很大程度上相互重合；前者受机遇驱动，后者受资源驱动	戈斯林和明茨伯格（Gosling and Mintzberg，2006）；爱尔兰等（Ireland *et al.*，2003）
当务之急是将创业教育体系化；内容、方法等	贝沙尔（Béchard，1994）；贝沙尔和格雷古瓦（Béchard and Grégoire，2005）；卡茨（Katz，2003）
教育存在问题，这是因为创业研究是一个"所涉及问题分布范围极广且相互之间联系松散的领域"①，不同学科的学者都对创业进行广泛研究，所以建议采用多理论、多方法、多学科相结合的研究方法	爱尔兰和韦布（Ireland and Webb，2007）
关于教育成果的研究既不充分也不明确，研究结果不一致（或许是因为时间效应？），对风险投资的退出机制和收益机制所知甚少，缺乏除美国以外其他国家的研究数据	麦特莱（Matlay，2008）；迪克森等（Dickson *et al.*，2008）
区分关于创业的教育和为了创业的教育，分别衡量其相应的教育成果	莱格尔－扎赫努（Leger-Jarniou，2009）

① 参见爱尔兰和韦布（Ireland and Webb，2007：891）。

续表

主　题	学　者
包含各种形式的创业课程计划，例如：企业内部创业、公司创业和公司风险投资	库拉特科等（Kuratko *et al.*，2001）；迈尔斯和卡文（Miles and Covin，2002）；莫里斯和库拉特科（Morris and Kuratko，2002）；扎赫拉等（Zahra *et al.*，1999，2001）
从“开创”和“成活”阶段到变成一个合法领域，创业教育冒着掉入成熟陷阱的风险；自满，停滞，信奉正统	库拉特科（Kuratko，2005）；卡茨（Katz，2003）；史蒂文森（Stevenson，2000）；所罗门等（Solomon *et al.*，2002）
社会文化问题和行为问题：创业精神	
创业的社会影响和经济影响，我们为什么应该加强并改进创业	贝沙尔和格雷古瓦（Béchard and Grégoire，2005）；特雷西和菲利普斯（Tracey and Phillips，2007）；克里斯曼等（Chrisman *et al.*，2003）
创业教育中的文化问题和跨文化问题	凯洛亚尼斯等（Carayannis *et al.*，2003）；琼斯和斯派塞（Jones and Spicer，2005）
道德、伦理要求；创业态度、创业精神；权衡；个人风险承担问题；信息价值和共同责任的教育伦理	安德森和史密斯（Anderson and Smith，2007）；巴克霍尔兹和罗森塔尔（Buchholz and Rosenthal，2005）；库拉特科（Kuratko，2004）；帕吉特（Padgett，2005）；尤西姆（Useem，1996，2001）詹尼（Janney，2002）；库拉特科（Kuratko，1996）麦格拉恩等（McGrath *et al.*，1992）；麦克杜格尔和奥维亚特（McDougall and Oviatt，2003）；卡茨等（Katz *et al.*，2000）
当今的创业教育忽略三个教育关注点：社会认知、心理认知和唯心论 / 伦理	贝沙尔和格雷古瓦（Béchard and Grégoire，2005）
方法、实践和工具	
学术与商业不一致；理论、实践和教学法的比重；结构化与非结构化教学法；技能教学与实验；关联差距	菲特（Fiet，2001a，2001b）；冯特和萨克斯（Fendt and Sachs，2007）；斯塔基和马登（Starkey and Madan，2001）；韦克（Weick，2001）；库拉特科（Kuratko，2005）
可以学习创业、推动创业，但是不能教授创业；推荐体验式学习法、行动学习法和情景学习法	伯奇（Birch，2004）；德鲁克（Drucker，1984，1985）；阿吉里斯等（Argyris *et al.*，1985）；戴利（Daly，2001）；皮塔韦和科普（Pittaway and Cope，2007）；雷乌和温格（Lave and Wenger，1990）

续表

主　　题	学　　者
教育一定要包含创新性、创造性、创新能力、发明创造能力和识别机会能力；提出多种不同的方法	阿尔瓦雷斯和布森尼兹（Alvarez and Busenitz，2001）；陈（Chen，2006）；宾克斯等（Binks *et al.*，2006）；菲利斯（Fillis，2002）；李等（Lee *et al.*，2004）；拉斯乌森和瑟海姆（Rasmussen and Sorheim，2005）
创业是一种社会建构；关注叙述和意义构建；诠释共同体；教学法必须包括论述、叙述经历和社会角色：身份构建；象征与意义	多德（Dodd，2002）；唐宁（Downing，2005）；弗莱彻（Fletcher，2007）；弗莱彻和沃森（Fletcher and Watson，2007）；约尔特（Hjorth，2007）；琼斯和斯派塞（Jones and Spicer，2005）；沃伦（Warren，2004）
经验是原始的；即使是很小的先前经验知识也需付出很大代价才能获得；组合创业者是最成功的。但这样我们就应该致力于组合创业吗？	阿龙松（Aronsson，2004）；埃斯利和罗伯茨（Eesley and Roberts，2006）；韦斯赫德等（Westhead *et al.*，2005）
战略挑战和技术挑战；如何将战略、技术与创业教育联系起来？	列伊和斯洛克姆（Lei and Slocum，2005）；希特等（Hitt *et al.*，2001）；所罗门等（Solomon *et al.*，2002）；宾克斯等（Binks *et al.*，2006）；库拉特科（Kuratko，2005）
教授创业知识需要有艺术家的创造天分、工匠的技巧和能力、技术人员应用知识的能力和专家的专业知识	安德森和杰克（Anderson and Jack，2008）
配套措施：指导、人际网、创业孵化和交易流程支持	
创业中的一个成功会孕育另一个成功（像产卵一样）；教学法必须包括成功因素	冈珀斯等（Gompers *et al.*，2005）
如何让学生们对下面的交易流程有所准备；需要多少指导，学校应该提供哪些方法；步步为营法，风险投资，天使融资以及其他融资技巧；利益相关者的问题	迪莫和谢泼德（Dimov and Shepherd，2005）；霍尔和文登伯格（Hall and Vredenburg，2005）；谢泼德和扎哈拉基斯（Shepherd and Zacharakis，2001，2002）
政府介入（到创业和创业教育中）：如果介入，什么时候介入，如何介入	斯宾塞等（Spencer *et al.*，2005）；帕策尔特和谢泼德（Patzelt and Shepherd，2009）
技术转移；学术孵化，虚拟孵化，在创业孵化基地内的教育和培训	凯洛亚尼斯等（Carayannis *et al.*，2006）；凯洛亚尼斯和冯泽特维兹（Carayannis and von Zedtwitz，2005）；汉森等（Hansen *et al.*，2000）；奥尼尔（O'Neal，2005）

续表

主　题	学　者
实践社区对理解创业转型的过程有一定价值	弗莱彻和沃森（Fletcher and Watson，2007）；高斯达尔（Gausdal，2008）；约翰斯通和里奥奈斯（Johnstone and Lionais，2004）；沃伦（Warren，2004）
教育体系化；课程开发，教学设计，工具的使用（例如，多媒体），内容类型和传输模式	库拉特科（Kuratko，2005）；爱尔兰和韦布（Ireland and Webb，2007）

二、法国的创业教育

在法国，我们普遍认为创业这一概念是让－巴蒂斯特·萨伊（Jean-Baptiste Say）提出来的，在其《政治经济学概论》一书中，萨伊提出成功创业的几大原则。但提出这些原则不久后，萨伊和他的徒弟们就将重心转向研究让创业者高效管理资产和员工的必要性。[①]他这套行政管理方法将法国引向新工业实证主义，从而让管理者们接受管理学培训，而他的这一思想也催生了法国商学院。常常有人出于这样或那样的原因说法国没有创业文化，还有人说因为经济繁荣离不开创业者心态的改变。[②]我们不知道这样的说法如今是否仍然完全正确，但最近一次调查显示，大多数受访者都认为自己创业、还有（或者）换几次工作都是让自己职业生涯变得有趣的最好办法。[③]莱杰·扎尼奥（Leger-Jarniou）[④]的调查也得出相似结论。他发现70%的16—24岁法国大学生和研究生（包含商务专业和非商务专业）觉得创业是一条可行的职业发展道路。事实上，法国政府越来越强调国民团结与国家经济发展之间的联系，而创业精神也犹如一道“指令”在法国国内流传开来。人们动用一切方法为创业提供便利。现在，法国在创建新企

① 参见法基尼（Facchini，2007）。

② 参见阿洛托和布赫希（Arlotto and Bourcieu，2002），阿洛托等（Arlotto *et al.*，2007），托里斯和埃米内（Torrès and Eminet，2005）。

③ 参见迪阿梅尔和杜里耶（Duhamel and Teinturier，2004）。

④ 参见莱格尔－扎赫努（Leger-Jarniou，2009）。

业方面的表现可圈可点，但这些新创立的企业却面临严峻的生存挑战和发展问题。2002 年，在新成立的企业中有 91% 倒闭（最后存活下来的只占 9%，与之相比，德国和意大利的企业成活率是 20%，波兰的是 60%，捷克共和国的是 90%）。[①]

我们无意深究法国社会在创业方面的发展细节，只想讨论法国高等教育体系中的创业教育问题。我们认为，虽然整个法国社会对创业的接受程度或许会或不会变得更高，但教育系统却不会是这种两可状态。即便如此，创业者的培训需要仍远不能得到充分满足。[②]事实上，在法国，与那些没有一技之长的市民不同的是，拥有高等学历的人的创业可能性是 50%。[③]而在美国，创建公司的可能性对所有人来说都一样。[④]

近期，有一个针对高等教育机构[⑤]的全球性排名，依据是其登记在册的校友在世界 500 强企业任首席执行官的人数。不出意料，美国那些声望颇高的大学比如哈佛大学、斯坦福大学、宾夕法尼亚大学、麻省理工学院（MIT）等占据前十名。那么此外还有哪些大学呢？在这样一个顶尖的队伍[⑥]里，除五名法国精英大学的校友外，[⑦]再无任何来自英国、德国或法国其他大学的校友。这一结果或许可从法国精英大学模式和它们的四大特点来解释：

① 精英大学的学生们是在读完教育部组织的两年预科后通过全国竞赛严格选拔出来的。这种预科课程重点培养学生的精英思维、卓越的抽象思维能力和概念化能力（数学是选拔考试的科目之一）和个性化（而非团队合作）。

② 精英管理：只有考试成绩前 10% 的学生（匿名）可进入这些精英大学。这种“达尔文主义”优胜劣汰的过程被认为是比较合理的，而且这种选拔标准看上去绝对客观（数学不可能是主观的）。

---

① 参见菲利翁和布戎（Filion and Bourion，2008 : 7）。

② 参见贝兰杰等人（Beranger *et al.*，1998）。

③ 参见法国国家统计局（INSEE，1997）。

④ 参见 1997 年的美国当前人口调查。

⑤ http : //www.ensmp.fr/Actualites/PR/EMP- ranking.pdf。

⑥ 这些精英大学完全独立于法国的大学体系。它们具有很强的学术独立性，且这些项目也都是成分混杂的。

⑦ 巴黎综合理工大学、巴黎高等商学院、巴黎政治学院、国家行政学院和巴黎高等矿业学院。

③ 强大的校友人脉网对事业发展有很大帮助。例如，一个经验丰富的法国公司经理仍会在各大法国商务活动中介绍自己是“77 届的综合理工人”（如果他是巴黎综合理工大学 77 届的毕业生）。

④ 精英大学毕业生（硕士生）的地位是世界上最高的，特别是在工程领域，这让他们在人力市场的竞争中拔得头筹。

因此，最有名望的大学收获的是最好的学生，而这些学生一旦毕业，收获的也是在绝佳企业里最好的管理岗位：这样的教育体系总是非常顺利地将学生送到最具吸引力的管理岗位，不管是在公共事业单位还是在私人企业。然而正是这种优势成为发展创业的最大阻碍。有人提议，这样的教育体系应做适当转型，使其更加关注推动创新。[①] 直到几年前这些学校才开始开设创业项目。[②] 还好法国学校尤其是商学院并未完全脱离国际化轨道。事实上，国际化思想已开始通过以下三种路径渗透其中：

① 国际学生大熔炉：我们在本文中讨论的是巴黎高等商学院 – 欧洲管理学院（ESCP-EAP）的项目，该校有 50% 的学生都是国际留学生（以欧洲和北非的学生为主），这些学生将一种截然不同的文化带入课堂。此外该校鼓励所有学生都去国外至少待一年，不论是在国外高校学习还是出国实习。巴黎高等商学院 – 欧洲管理学院还提供另一种选择，在三个欧洲国家完成硕士项目，每个国家的项目都是一年，所有课程都是用当地语言授课，这种能让人深入地沉浸到三种不同欧洲文化当中的项目越来越受学生们欢迎。

② 专注于研究：学校专注于研究的压力越来越大。众高校都处在一个全球性竞争中，发表成果的数量和质量对学校排名影响很大。但精英大学一直都是以严格的选拔机制而不是研究能力闻名。大多数学生对研究不是很了解，也很少有人会选择从事研究工作。然而在过去 15 年里，商学院和工程学院大力发展博士项目，增加对他们实验室的经营投入。由于很多刚起步的企业都以研究中的创新发明为基础，因此这种变革与创业紧密相连。

③ 改变商业环境：受全球化影响，精英大学毕业生们的就业形势已远

① 参见沃尔茨（Veltz，2007：17）。

② 参见法约尔（Fayolle，1998）。

不如从前那样有保障，职业生涯不再是线性发展，也没有之前的确定性。现在所有职业都具有一定风险性，人们需要在大公司的舒适岗位与高失败率的创业之间做权衡。

虽然现在精英大学的教育体系仍有很强的路径依赖性，但这些发展正在逐渐削弱这种依赖性。目前法国社会整体上仍不相信创业者，而是更偏向做管理者，而且商学院目前对创业的态度仍未与时俱进，他们仍然追求学生能拥有舒适且有声望的职业。然而，我们还是能从一些现象中看出局势正在发生改变。比如，正是那些工作受尊崇、活得很舒适的优秀校友向他们母校也就是巴黎高等商学院－欧洲管理学院建议加强创业教育。校友们提议设计并开展一个创业项目，我们在此同大家分享其成果。

三、精英大学里的小企业

巴黎高等商学院－欧洲管理学院由经济学家让－巴蒂斯特·萨伊先生于 1819 年建立，是法国首屈一指的商学院。其实即便说它是全世界最早的商学院也毫不为过。近年来，该校在欧洲的发展使它更加脱颖而出：全校共有五个校区，主校区在巴黎，还有一些小一点的分校区分别设立在伦敦、柏林、马德里和都灵，因此，该校与法国同类商学院相比更加国际化。巴黎高等商学院－欧洲管理学院曾在 20 世纪 80 年代早期启动过一次创业项目，但当时学生兴趣不是很大，所以该项目在区区数年后便无疾而终。在互联网大肆炒作的那几年，它又启动过一次创业项目，但项目刚开始互联网的“泡沫”就破裂了，项目再次夭折。直到 2006 年，在一些著名校友的发动下，学校成立一个创业主席团，由此开展大量的研究和教育项目，我们又获得一次从零开始设计创业教育项目的机会。这个项目有两名主推人员（也是本文的两位作者），一位是资深专家兼天使投资人，曾经也是一名创业者，另一位是具有管理专业背景且掌握信息与通讯技术的年轻工作者。我们做的第一项工作就是对现有资源与数据进行梳理。为此，我们收集当今世界上现存文献中与创业教育相关的数据（表 7–1），还相当详细地研究一些世界上现存项以及一些成功的实践案例，接着我们将这些数据概念化并做出一个以创业教育问题为主题的框架（图 7–1）。

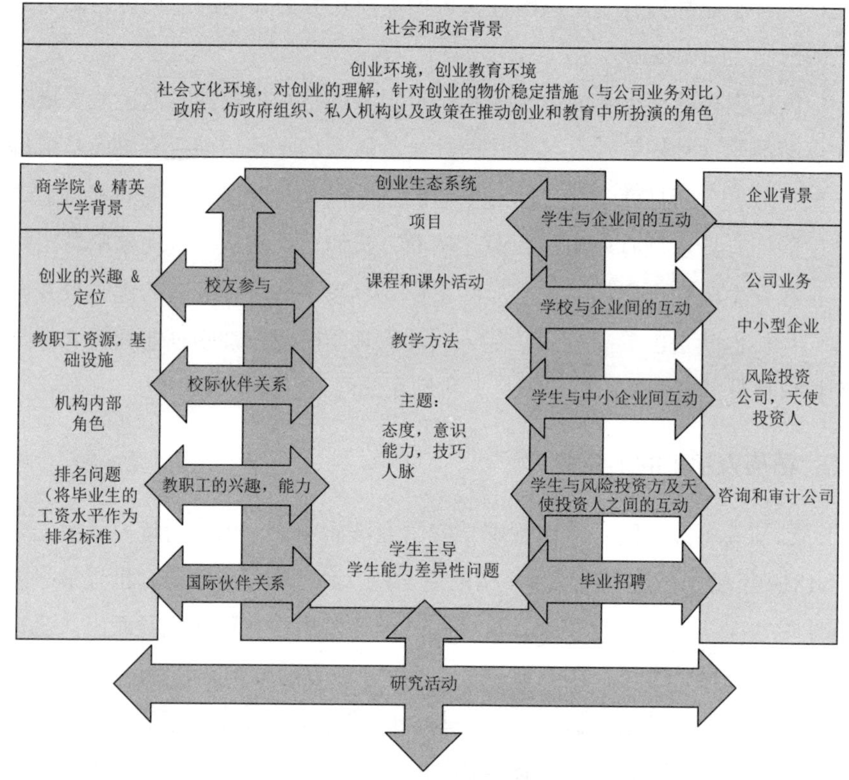

图 7-1 创业教育的主题框架

对法国而言，我们收集的都是关于那些特定关注点或是其他方面的有用信息，它们都与创业教育项目的设计有所联系。我们拜访这种特定制度环境下的一些学术研究机构，查阅许多非学术资料。此外我们还与当今和/或过去的项目工作人员、校友中的创业者及其他很多法国创业领域的参与者（投资人、企业领导、孵化基地的管理者等）进行充分交流，把这些丰富的信息概念化，并在一些研讨会上对基于已有资源和信息的教学形式与内容进行反思，从而尽最大可能地使先入为主的观点符合我们的实际能力。为使这些有用信息、明确了的关注点，以及为不同关注点设计的相应措施看起来更加清晰明了，我们总结出表 7–2。

表 7–2 总结的教学法要素构成一个主题基础，而 2006 年那个涵括 150 个课时的创业项目就在此基础上设计并开展。一个项目相当于一个专业，通常包含 120 到 150 个课时，学生们可在研究生阶段的最后一年选修。

表 7–2 全球和法国系统固有的关注点及提出的解决补救措施

主要关注点	建议的课程应对
共性	
全球的、学校的系统的固有问题：创业角色定位不明了，商学院的排名是基于毕业生工资水平和工资发展情况	商学院在校内校外进行创业意识培养，解释关于商业环境的改变，以及商学院需要为此在供给方面做适应性调整；将创业放在各学院的首要位置①
社会问题：对创业缺乏了解 / 尊重，对创业和公司资本主义的混淆；规避风险，干涉主义心理	意识培养的方法；让学生们五人一组，按选定的创业主题组织一场公共活动；学习如何围绕一个主题打造一个团队，吸引并留住赞助商，吸引媒体报道等；利用诸如全球创业周等既有的创业意识培养途径
神话，缺少创业的相关知识，对成立新公司和创业的想法不切实际	每周都由创业者来颁发证明书；由学生组成的顾问团与年轻创业者（他们硕士阶段同一专业已经开始创业的前辈）一起工作；在指导下定期反思（自我指导、批判性反思、叙述、意义构建）②
教学法	
关于教学目标设定的问题；我们应该做关于创业的教育还是为了创业的教育？我们拿什么 / 如何评估我们所做工作？	项目期间主要做关于创业的教育，但会为那些在学习期间就着手创业的学生和年轻毕业生，采取重要的辅助手段以及帮助他们建立整个交易过程的基本框架
理论 – 实践之间的差距，学术要求与商业需求；理论、方法、模式和体验法	理论与实践完美交织；③但一定要大力强调实践与操作，否则这个研究生项目就变成由策略与理论主导；混合型教职团队：既有专才又有通才，既有实践者又有学术研究者④

① 参见库拉特科（Kuratko，2005）。

② 参见巴克霍尔兹和罗森塔尔（Buchholz and Rosenthal，2005）。

③ 参见冯特和萨克斯（Fendt and Sachs，2007）。

④ 参见阿洛托和布赫希（Arlotto and Bourcieu，2002）。

续表

主要关注点	建议的课程应对
微观－宏观层面问题；准备创建小型企业还是去大型企业谋职；学生们学习如何进行财务管理、市场管理和人力资源管理，却不知道如何具体运用	不同方式的具体应用，他们自己的创业项目，同等类型组织，启动咨询项目，中国咨询项目；在他们自己的创业项目中，团队接受来自合作伙伴公司的战略顾问的指导
学生们年轻（与美国大多数项目的学生相比）	让创业成为一种“思维和行动方式”，如内部创业、公司创业、企业风险投资、小企业咨询等形式
法国系统固有的文化同质性；抽象思维的主导，实证主义范式	降低教学结构化水平，让学生投入到特定的操作性环境中；要求对积聚模型的亲身实践；应对复杂、探索性任务
多样性 / 同质性	
课程的同质性	这个专业由三个不同研究方向的学生组成，分别来自商务、工程和设计专业；依据学生对异质性和创新做出的潜在贡献来选拔学生①
个人主义	重点强调团队合作。除个人日记和期末考试外，所有工作都由团队合作完成
精英思维，对社会多样性认识不足	学生选拔要基于多样性原则（社会、文化、国籍、性别、经历）；②为期十天的上海之行，在当地创业环境下担任顾问团
可持续性与转移	
专业项目的时间限制：在硕士研究生阶段的最后一年用三个月读完一个专业	通过一系列举措来“延长”项目的介入时间，例如让项目提前开始；将这个专业与第二年选修课联系起来；在专业项目正式开始前的那个暑假就让学生们提前开始工作；与毕业校友之间建立一种指导关系，毕业之后也要依然保持这种关系，定期举办邀请青年毕业生参加的活动，等等
转移措施，社区建设	交易流程简易化（法律、税务、财务——赠款、债务和股权），门户开放，等等③；不断参加项目和商业企划大赛④

① 参见沃尔茨（Veltz，2007）。

② 参见阿洛托等（Arlotto *et al.*，2007）。

③ 参见迪莫（Dimov，2007），迪莫和谢泼德（Dimov and Shepherd，2005）。

④ 参见阿洛托和乔丹（Arlotto and Jourdan，2003）。

续表

主要关注点	建议的课程应对
精英大学的主要有利方面	
杰出、事业顺利且回报母校的校友体系	项目从始至终都有毕业校友的参与：在课堂或证明书中；为每一位学生提供一对一的监护人（为学生提供长期支持且随时欢迎加入；学校意识培养；招聘；联合研究项目
学校在各大企业中具有良好声望	安全的战略伙伴关系，涉及资金供给和其他资源，例如知识、指导、接触基层机构的机会、接触决策者的机会、参加重要社交活动的机会；为内部创业的招聘工作提供便利；联合研究项目；联合品牌打造
多种公共和私人的创业支持机构为学校提供操作上的帮助、建议以及资金支持	了解并将这些资源供应结构化；教育学生诠释、评估并明智地使用这些资源
超高的学生素质；聪明、能迅速地将知识概念化的学生	在考虑到项目的内容、质量、数量和节奏的前提下，允许大胆项目出现

四、创业专业

创业专业旨在让学生们了解和熟悉创业，尤其是如下几种主要创业行为类型：① 企业的创建与成长；② 接手现有企业；③ 主导家族企业；④ 承担企业发展计划、收购和 / 或其他大公司内部的创业任务；⑤ 向小企业领导者请教；⑥ 开展创业项目和 / 或在行政机构做基层管理；⑦ 从事风险投资。根据卡比（Kirby）对关于创业的教育和为了创业的教育的区分，[①]这个项目试图在某种程度上实现两者的兼顾，但重点仍放在关于创业的教育上。谦虚地说，想让 23 岁的学生们在为期三个月的项目里就为创业做好准备，我们的野心是有点大，但我们绝对不是不负责任。

然而，这要求我们就此项目对与所有相关人员有关的目标和局限进行充分沟通，以便大家彼此理解。学生选拔依据通常是主观的，并不是分数或其他客观标准。考官团队由四人构成：两位老师、一位校友（也是天使

① 参见卡比（Kirby，2004）。

投资人），还有一位应届毕业生。分别仔细研究所有申请者的申请材料，并进行排序，将排序结果反馈给学校老师。在此过程中会出现一些一致选择也会有很多分歧。

有了这些信息后，考官会相当详细地讨论每一份申请材料，还会注意他们的课程是否体现其创业行为，候选人能否为他们的申请动机提供合理解释，等等。此外，还有一个非常重要的选拔因素就是多样性。社会背景、国籍和性别的多样性都要优先考虑，当然还有一些不太常见的衡量角度。要特别说明的是，该项目包含 1 节绪论课在 6 月份开课，还有 5 个平行主题模块（每个都按 30 小时课时的课程记学分，通常分为 10 节课，每节 3 小时，总共历时 3 个月，从 9 月中旬到 12 月中旬）及一系列配套措施。每个模块的教学逻辑和项目各不相同且与大量实践项目相衔接，让学生们将教学逻辑和各自学习的知识都应用到现实中去。

（一）绪论课

六月份，学生们被选上来后很快就会受邀参与一门绪论课。该课程会通过“第二人生”方式上课，[①] 因为学生们可从该校在欧洲任意一个校区报名或在世界上任何一个地方实习。这门早期课程旨在激励学生立即开始工作。很多项目都会在暑期做一些准备工作并从中有所收获。这门课会介绍一些该项目的哲学信条，会概述一些即将开始的课程和项目，还会为接下来的暑期留一些特定但可选做的作业。该课要求学生围绕老师提出的几个创业话题组成小组。此外，老师还会鼓励学生们无论是通过各种现实路径还是虚拟网络手段尽可能多地互相了解。

（二）模块一

这是一个概要性、介绍性模块，主要强调创业本质：定义、表现形式、文化和心理层面和创业行为类别（公司创建、收购和继承；家族企业；内部创业；创业咨询；风险投资活动等）。

与该模块配套的实践项目是进行商业策划并举办一个与创业有关的活

① “第二人生”是一种可以通过互联网进入的 3D 虚拟世界，使用者可通过声音和文字聊天进行社交、联系和创作。

动。学生们选择一个合适的活动主题做商业策划，确保活动资金到位，并围绕这个主题形成和 / 或组织一个团队，安排媒体报道，最后举办活动并做汇报。

（三）模块二

这是一个内容比较具体的模块，重点讲与创业起步阶段相关的所有事宜：寻求构思、机遇识别、商业建模、将技术转化为经济价值、产品、服务、营销问题和市场细分，金融手段，人力资源问题，法律和税务方面的决策，利益相关者管理以及融资（赠款、债务和股权），等等。

对应的实践项目是模拟创业起步阶段，最后做出一个商业计划书并面向评审团做项目陈述。评审团由教职人员、已经创业的校友和天使投资人构成。每一个团队都有五名商学院学生、两名工程学院学生和一名设计学院学生。

（四）模块三

这一模块以科技为主，主要介绍信息与通信（IC）技术的相关具体问题以及第二代互联网等。所有功能方面的问题在这一模块都有再次涉及（商业建模、机遇识别、顾客和市场的问题、沟通、团队建设、融资、知识共享等），但都是从信息与通讯技术角度看待。

本模块的配套实践项目是以小团队形式建立一个网站。这个网站可与模块一的活动组织有关也可与模块二的创业启动有关。

（五）模块四

创新与交流。本模块向学生介绍的是非物质化原则、持续变化与调整的需要、协同进化现象、信息肥胖症现象等。他们需要找到能快速有效理解、决策和交流的模式、形式和应用方法以及理念分析、意义建构、视野发展与分享、加速和适应的方法手段。

本模块的实践项目是一个咨询任务。五人一组为学生近期创立的公司及学校创业孵化基地孵化的公司提供咨询。

（六）模块五

这是和中国有关的任务：本模块涉及通过内部创业办法进行创业活动。

本模块任务建立在一个真实案例的基础上，内容是一个法国公司打入一个正在兴起的经济体——中国。该公司首席执行官（CEO）会与学生们分享一些具体的日常工作事宜（例如，公司发展问题、向中国其他地区扩展的需要、介绍新产品或服务或类似事情）。

学生们会被分成几个比较大的队伍，大约在出发前一周会得到一些关于该法国公司的大概信息和本次商业行动的背景，然后他们需要尽可能地获得更多信息。在到达上海后，他们随即会收到来自客户的简要介绍，然后就针对选址问题提出解决方案。在最后一天，他们要在客户方管理队伍和带队老师面前，对他们的提案进行陈述。在这一周学习时间里会给学生们安排强调具体问题（关于文化、法律、政治、经济因素等）的讲座。

（七）配套措施

① 由经验丰富的校友为学生提供商业计划指导服务。这些校友是创业者和/或天使投资人。学生们可就其商业模式和商务计划进程在任何时候以个人或团队形式去寻求指导服务，通过这种服务学生们能获得非常清晰且有用的反馈。

② 对于在学习期间或毕业后马上有一个现实中的创业项目的学生和/或学生队伍，我们会提供一个非常简单的孵化基础框架（需要通过由老师、学生和校友构成的评审团的审核）。

③ 由不同类型创业者颁发的一系列证书（例如，高科技、绿色科技、社会、食品；小型企业、中型企业：内部创业者；成功或不成功的；等等）。

④ 每周的“棕色袋子会议”，就是老师和学生们聚在一起吃午餐，每个人都是自备食物，期间他们可随意自由地讨论与专业项目相关的各种话题。

⑤ 两个高层次社交活动，本活动能将新兴创业团队或商业生态系统的成员凝聚在一起，其中包括校友创业俱乐部、校友个人、公司合作伙伴、来自各个项目的学生（不光是法国精英大学研究生，还有专业硕士、工商管理硕士等）、教职人员、公共服务人员等。

⑥ 一个协作式网站，上面有一些信息共享系统、博客等。

⑦ 一个由本校举办的全国性商业企划大赛以及其他商业企划大赛的参赛渠道。

（八）教学法

随着研究生阶段最后一年的到来，大家都已通过那些主要管理课程积累了大量的创业知识、手段和方法，而且能高效地面对各种形式的教学操练（案例研究、报告、讲座、角色扮演、组织活动、期末考试等）。按照史蒂文森所给定义的逻辑，创业是“对超过现有可控资源的、更高层次机遇的追求”，[①] 因此，我们特意采用一种不同的教学法。我们通常只给学生们一个大概任务，提供的方法和资源也十分有限，真正将他们置身于一个颇具挑战性的环境中。他们拥有的指导和资源都远远不够。比如，可以让学生们五人一组，举办一场公共活动，活动主题可和21世纪中“工作”的概念有关，可和射频识别技术有关，和食品或时尚领域的创业有关，或和社会创业有关，等等。学生们可邀请或动员该领域内的主要人物参与活动，围绕特定主题组建一个团队，规划必要资源，确保媒体报道，举办活动方式应让我们的机构更具价值。学生们必须独立完成大部分工作，或者确切地说是决定需要老师和专家们多大程度的指导。每一个模块都不同程度地降低教学的结构化程度，其中第一个模块是结构化最不明显的，模块二和模块三尽管使用比较传统的教学方法但仍包含许多亲身实践的部分。

（九）检验

在课程检验中，50%的分数来自课程参与和项目工作，50%是传统试卷考试。虽然后者对我们的项目本质来说有些过时，但因为学校管理的强制要求，所以一定要有。

五、研究结果

考虑到本项目的创新特质，我们尽可能全面地去获取各种隐形反馈。这并不是一件容易的事，因为这个项目的每一个利益相关者都在尽自己全

① 参见史蒂文森（Stevenson，1983，2000）。

力，而被这种持续的集体热情包围反而会让我们难以获得各种不同反馈。我们的分析基于学校传统评估系统（即时收回和延期收回的学生满意度调查问卷）和一系列详细且针对特定课程的匿名反馈与改善建议。我们让学生（来自各个参与院校）收集这些匿名反馈和改善建议，最后汇总成一个30页的文件资料，共150条详细建议。除此之外，我们还举办了四场有深度的叙事性访谈并对其做了分析，也举办了四场专门针对利益相关者的反馈会议（与会者有学校管理层、参与项目的校友、本专业的教职员工及企业赞助商）。我们收集到的更多的是一些具体参数，比如商业计划大赛结果、担任各种评审团成员的普通投资者和天使投资人的反馈以及申请得到创业孵化的项目、得到融资的项目和创办公司的数量。

（一）总体情况

第一个重要结论是本项目从一开始就受到好评。开设项目的第一年有40名学生申请，其中有25名学生获选，选择依据是一份课程简介和一封自荐信。这有非常重要的意义，理由有很多。首先，这个创业教育项目在学生们开始选择项目的前几周才创立并公布——而学生们的选择通常是在最后一年到来之前就早早做好的。其次，每年大约有400名毕业班学生，他们共有14个不同项目可供选择，另外他们也可选择不参加任何项目。最后，这个项目是在2006年才定型，当时正值经济繁荣期，很多龙头企业——特别是银行和咨询公司——都在排队等着招聘精英大学毕业生。本项目招生的第二年，有60多名申请者，录取了35名。这又是一个非常重要的反馈，因为影响学生们选择的一个非常重要的因素是项目在学生中的口碑。两年期间有三家公司先后在毕业季创立，还有四家进入创业孵化基地。有五名学生项目引起天使投资人的兴趣但最后没有获得投资。学生们在正式评价中也对其充分肯定，学生的平均“满意”率（70%—80%），虽然并未超越其他运行良好的项目，但也几乎与其处在同一水平。学生们在商业企划大赛上表现也都非常出色，总是能在大多数比赛中拔得头筹或进入前五名。2007年本校也被唯一一个法国学生创业基金会选为最适合创业的学校，评选标准为一年中能获得基金的学生项目数量。

（二）学生

仅仅两年时间本项目就已声名远扬。在巴黎高等商学院－欧洲管理学院和与之关系紧密的工程和设计学院内对这个从一开始就进行精挑细选的项目流传着一些“溢美之词”。能入选本项目的学生很明显地会从言谈举止中流露出骄傲之情。很多人都知道这个项目并评价它是“现代的”[①]、“性感的”和“有创造力的”，有一些人说“它是所有想掌控自己命运的人的向往之地”，还有人说它是现今社会经济体系下的“行动派”。从这个项目毕业不久的学生会定期回去看老师和同学们，而且对于这个项目组几乎有求必应——不论是老师和/或学生拜访他们还是他们主动来——只要是项目组的发展需要或是新出现的创业者团队的发展需要。正式的反馈平均为“良好”，非正式评价非常细化且清晰，同时还反映了所有参与者不论是过去、现在还是将来都热情十足地要为项目做出贡献，要让创业主题提上学校议程，要确保学校在该领域的竞争力。就项目本身而言，我们通过研究这些详细的书面反馈尤其是这些深度访谈有两个重要发现：

① 各不相同、甚至是相互矛盾的学习目的：虽然学生们都对创业热情很高，但他们的目的却各有不同。有的学生已有一个明确的商业计划甚至已开始创业，为了全身心地投入到自己项目中他们迫不及待地想毕业。他们想得到最适合自己、能推动自己创业发展的相关知识、手段、方法、人脉及支持。虽然这样的学生只有两三个但非常受其他同学仰慕。还有一类学生是企业家子女，他们有的想将来加入家族企业，有的不想。因为从小在企业家身边长大，所以与其他学生不同的是他们对小企业的日常事务（例如，员工问题、资金流动问题、顾客满意度问题和税务问题）非常了解，而且他们对一些重要的创业问题有天生的熟悉感，对创业者的认识也更加现实。剩下的学生，也是班级里的大多数，只能说和这个课程比较有缘，仅此而已。创业对他们来说只是别人未来生活的一种可能性，他们现在只是设想一下，以后也可能只是会在从事本专业工作或在大机构里工作

① 本部分所有引用都来自学生的反馈采访，例外情况会进行特别说明。

时稍微想一想或根本不会再考虑。很难找到一种教学法能同时满足这么多种的需求并迎合所有人的利益。我们不会用最低标准来实施教学，而是会把握一个度以让所有听课的学生能始终保持在一个可接受的投入程度。

② 教学的结构化的程度：对某些课程故意降低教学的结构化程度，学生们反应不一，但总体上反应还是比较积极的。对大多数学生来说，经过一段调整期后他们会有一种思想得到解放的感觉，会明白该如何运用这些年学习积累的技巧。但另一些学生有时会迷失，需要另加指导。

（三）教职工

提倡创业的活动有很多，[①] 这个项目和它们不同的地方在于它最初兴起依靠的只有两个人的决心和激情。然而随着项目的开展，其他教职人员主动表示出兴趣并贡献力量。如果现在没有如此全面地提供创业选修课，比起学生创业兴趣或创业能力的不足，统一开发这些教学模块的时间不足会带来更严重的后果。我们与工程学院和设计学院的老师们合作得非常愉快。在创业过程中设计所起的作用是非常有洞察力的，而且具有很大的开发潜力。虽然这有些超出本章节的大纲，但还是要提一下，对于设计和创造企业价值之间的关系显然有待深入研究并最终形成一个研究报告。

（四）天使投资人、校友创业者和企业赞助商

这些来自创业组织的外来参与者都是自发加入且慷慨相助。每一个创业者和天使投资人都很真诚，他们为我们这个项目颁发证书、做项目指导和／或参与评审并参加社交活动。此外，企业赞助商不仅投入资金还投入大量人力资源。其实他们本不必这样做，因为我们这个项目主要是吸引那些不一定会在大企业谋职的学生。然而我们调查后发现这正是我们学生吸引企业的地方：由于企业对创新、灵活性和复杂性管理的需求不断提高，它们正需要寻求一种创业姿态。其实不仅仅是创业姿态，与学生们密切合作的过程对企业本身来说也是一种学习。对天使投资人我们有一个预期管理的问题。我们会邀请天使投资人参加我们项目最后的“先见面再投资”

---

① 参见库拉特科（Kuratko，2005：590）。

活动，很多投资人来的目的都是想看一看有没有可行的、进而可投资的创业项目。事实上有些项目的商业模式确实非常有吸引力且很可行。可因为我们每个小组的学生都分别来自不同的学院且时间安排也不同，所以他们通常不能真正地去追求和实现他们的创业项目。这些小组在项目最后一般会解散，他们的项目也不会实现。所以我们在和天使投资人沟通时需要特别解释清楚我们这个活动具有很强的学术性质。出乎我们意料的是，除极个别情况，天使投资者们的参与热情和参与度并未因此削减。我们鼓励他们尽量给我们的项目写一个详细的书面反馈，他们也非常认真地做了，还提出很深刻的见解。他们提供的反馈非常丰富，学生们都非常感谢他们的付出。对我们与这些利益相关者之间的多样且有转换性的业务关系，我们打算做细化研究，并在进一步研究中做一个相关汇报。

（五）学校管理

这个创业项目与其隶属的商学院和工程学院之间关系还很特别。虽然这些学院提供很多精神上的鼓励，也让参与项目的学生感到自豪，但实际上没有物质支持。我们将原因归为：创业还是一个比较新的课题，与各学院的主要任务不太一致。项目横向性问题也比较特殊：它没有大本营，没有属于它自己的院系，教职人员来自很多不同的系，如金融、战略、营销、经营、法律等，而学校资源一般下发到各个系。所以学校对这个花费很高，加之主要采取实验性教学法的项目基本没有预算。所有花费，包括整个团队教学，与校内其他项目的协调，对校外指导人员、专家、创业者的动员，证书和讲座的花销，项目工作的监督，团队活动、社交晚会等等大部分都由几位热情的老师垫付。他们为这个项目付出很多，放弃太多本可用来做科研或咨询的时间。大多创业项目就像是孤儿，而管理层的支持“顶多算零星的施舍”，[①] 而且只要学校排名的主要依据仍是学生毕业前几年的工资水平，创业项目的待遇就不会有太多改变。不管怎样，我们仍坚持像库拉特科[②] 所说的那样：“我们有能力在我们机构中把创业推向首要位置。没有

① 参见库拉特科（Kuratko，2005：590）。

② 同上。

学校高管会忽视一个在学生、校友、商业领袖、捐赠者和其他教职工中起带头作用且有重大影响力的项目。这就是真正的领导力基础。已经21世纪了，创业应该得到它应有的待遇！”

六、结论

虽然本文提出的这种教学法创新是回应不断增长的需求的产物，但现在下结论还为时过早。我们在此提出的很多东西只能说是推测。如果想得出更加确凿的结论，还需要多运行几个项目，而且最好是在不同经济背景下运行。那么，现阶段已得到证实的结论有哪些呢？首先，我们预料到法国精英大学的教育体系会让事情变得复杂。事实上，我们之前确认的那些该专业系统固有的限制因素得到证实。这些限定因素主要为以下几点：① 因为他们有很多去大公司工作的机会而且这些岗位的职业稳定性相对更高，所以他们的创业倾向不大。② 一方面是为岗位就业做准备的硕士项目（宏观教学法），另一方面是在最后一学年开展的短期教学时间段，运用的是小企业实践体验式教学法。③ 一个十分不重视创业的社会价值体系。④ 学校教育系统对创业也有一个先入为主的敌对态度。⑤ 整体缺乏对创业的了解和/或对创业有所误解，将其丑化或美化。⑥ 大量政府和仿政府组织为各种创业甚至是存活率不高的公司提供援助和补贴。⑦ 从一个知识性为主、高度个人主义的笛卡尔式教育下走出来的学生群体，他们被塑造得大多采取实证主义范式。这个项目是否成功？现在尚无一个衡量创业教育项目成功与否的方法，[①] 在此我们不便详述。然而我们清楚的是这个项目在创办之初就有明确目标——主要是做**关于**创业的教育或是**为了**（未来）创业者的教育——所有利益相关者都对这一目标有清楚的认识。我们注意到，那些没有具体商业计划的学生可能感觉有压力，因为项目组要求学生必须立刻想出一个可行的创业方案，否则他们会被项目淘汰。同时我们也感受到那些带着具体商业计划进入本项目的同学也会有一些挫折感，因为他

① 参见法约尔（Fayolle，2000b）。

们不能全身心地忙于自己商业计划的成熟与落实。我们甚至发现有些同学为毕业后选择企业内（有时真的很诱人）的岗位而不是自己创业感到“抱歉”！因此，在为所有利益相关者解释项目目标时一定要解释得非常清楚：老师会根据不同案例设计不同课程；企业赞助商的角色定位可能会有所不同，但不管赞助商是以招聘的逻辑思考还是以未来顾客的逻辑思考都应理解这一点；天使投资者们也要知道他们为模拟商业情境当评委时不能指望着这些学生真的去推进他们的项目，即使这些项目看上去完全可行。最后，对学校管理层来说，我们毕业生创建公司的数量在很多情况下都会是一个重要衡量标准。在现有背景框架下，我们的任务主要是基于现实培养学生的创业意识而不是让学生做好创业的准备。[①] 事实上，我们明确地将重点集中在前者。我们的目标是让学生们能把创业当作传统职业选择之外的一个备选，因为毕竟大多数学生所处的社会背景并不重视创业。虽然这个项目也包含对“企业创办”的详细模拟，但它主要强调的是在不同情况下的创业行为，如内部创业、公司创业、创业态度和精神、并购已有企业、准备继承家族企业、从风险投资者的视角评估生意，等等。根据对现存文献资料的研究（表 7–1）和针对即将到来的情况设计的教学法基础上得来的经验（图 7–1 和表 7–2），我们证实法国精英大学开展的创业教育对培养创业精神（关于创业的教育）有积极作用，除此以外，还能在较小程度上帮助学生为将来的创业（为了创业的教育）做好准备。[②] 我们的学生都很有才华而且积极参与，校友们也很乐于奉献，而我们也在学习如何理解和处理法国精英大学的一些特质。我们得出一些发现、激发、评价和培养学生创业潜力的方法以及激起创业热情的方法和培养一些必备技能的方法。我们还可以邀请一些有志向的创业者组成一个牢固的利益相关者人际网并帮助他们度过创业初期的成长阶段。对于之前提到的教育体系的限制因素，我们现在可这样说：

这些因素的限制力远低于我们的预期。

---

① 参见莱格尔 – 扎赫努（Leger-Jarniou，2009）。

② 参见卡比（Kirby，2004 : 514）。

这些因素可在很大程度上为我们的教学方法所借鉴，此外在我们的教学法中多样性措施是最为有效的。

很多问题都会被时间冲淡或因时过境迁而不再是问题。当我们进入经济困难时期时，企业与创业之间的风险与机遇的差异很可能会缩小。随着学校的日益国际化，法国学生会更早地接触到各个角度的看法，这样遇到问题时就不会觉得那么困难。

态度已在发生转变：越来越多的学生希望以后能创业。很多精英大学为在总体上促进创业，尤其在公司创建方面付出很多努力：研究项目融资、创建孵化基地、各种各样的专用项目、社交活动、与私企之间的协作等都在推进。这是一项正在推进的工作：未来我们应继续关注这些现象。我们计划在学校的教学计划中将创业教育的开展时间提前，第一学年举办一个发现日活动，第二学年就开设一些专业选修课。此外，我们还计划更早地让不同学生更认真地集中参与到这个过程中，这样学生们就可以更早、更深刻地了解到这个组合而成的学生群体在范式、本体和认知特点上的差异性。同理，我们也计划提前召集学院老师们和项目其他利益相关者（银行、天使投资人、创业者等），这也就意味着这种参与者之间的提前、重复、更系统化、更多可视化的联系会有利于项目开展。

参考文献

Alvarez, S.A. and L.W. Busenitz (2001), “The entrepreneurship of resource-based theory”, *Journal of Management*, 27 (6), 755-776.

Anderson, A.R. and S.L. Jack (2008), “Role typologies for enterprising education: the professional artisan?”, *Journal of Small Business and Enterprise Development*, 15 (2), 259-273.

Anderson, A.R. and R. Smith (2007), “The moral space in entrepreneurship: an exploration of ethical imperatives and the moral legitimacy of being enterprising”, *Entrepreneurship and Regional Development*, 19 (6), 479-497.

APCE (Agence Pour la Création d'Entreprises) (2008), *L'observatoire des pratiques pédagogiques en entrepreneuriat* (*Observatory of Pedagogic Practices in Entrepreneurship*), Conseil National de la Création d'Entreprise (CNCE) (ed.), Paris: Ministère de la Recherche.

Argyris, C., R. Putnam and D. McLain Smith (1985), *Action Science, Concepts, Methods, and Skills for Research and Intervention*, San Francisco, CA: Jossey-Bass.

Arlotto, J. and S. Bourcieu (2002), "Sensibilisation à l'Entrepreneuriat par projet: pour une approche transversale de l'enseignement aux élèves ingénieurs et managers: Cas du Challenge Projets d'Entreprendr" ("Sensitization to the entrepreneurship on project: for a transversal approach of the teaching aimed to engineer and economic students: the *Challenge Projets d'Entreprendre* case study"), paper presented at the CIFPME, Montreal.

Arlotto, J. and P. Jourdan (2003), "Les concours à la création d'entreprise: une nouvelle perspective pédagogique pour l'entrepreneuriat? Cas du Challenge Projets d'Entreprendre" ("The support for the enterprise creation: is it a new pedagogic prospective for the entrepreneurship? The *Challenge Projets d'Entreprendre* case study"), paper presented at the AIREPME, Agadir.

Arlotto, J., J.-P. Boissin and S. Maurin (2007), "L'intention entrepreneuriale des étudiants Grandes Ecoles/Universités: un faux débat?", ("The entrepreneurial project of the students from business school/universities:is it a false debate?"), paper presented at the Congrès International de l'Entrepreneuriat, Paris.

Aronsson, M. (2004), "Education matters-but does entrepreneurship education?", *Academy of Management Learning and Education*, 3 (3), 289-292.

Baldassari, S. (2008), "Entrepreneurship in higher education-especially in non-business studies", in EC Enterprise and Industry Director General (ed.), *Promotion of SME Competitiveness: Entrepreneurship*, Brussels: European Commission, pp. 1-69.

Béchard, J.P. (1994), "Les Grandes Questions de Recherche en Entrepreneuriat et Education", ("The great debates about the research in the entrepreneurship and education") *Cahier de Recherche HEC Montréal*, 94, 2-42.

Béchard, J.P. and D. Grégoire (2005), "Entrepreneurship education research revisited: the case of higher education", *Academy of Management Learning and Education*, 4 (1), 22-43.

Beranger, J., R. Chabbal and F. Dambrine (1998), "Sur la formation entrepreneuriale des ingénieurs" ("About the entrepreneurial training of the engineers"), 127, Paris: Ministère de l'économie, des finances et de l'industrie, Conseil général des Mines, Conseil général des Technologies de l'Information.

Binks, M., K. Starkey and C. Mahon (2006), "Entrepreneurship and the business school", *Technology Analysis and Strategic Management*, 18 (1), 1-18.

Birch, D. (2004), "Education matters–but does entrepreneurship education?", *Academy of Management Learning and Education*, 3 (3), 289-292.

Birley, S. (1986), "The role of new firms: births, deaths and job generation", *Strategic Management Journal*, 7 (4), 361-376.

Buchholz, R.A. and S.B. Rosenthal (2005), "The spirit of entrepreneurship and the qualities of moral decision making: toward a unifying framework – part 1", *Journal of Business Ethics*, 60 (3), 307-315.

Carayannis, E.G. and M. von Zedtwitz (2005), "Architecting gloCal (global–local), real-virtual incubator networks (G-RVINs) as catalysts and accelerators of entrepreneurship in transitioning and developing economies: lessons learned and best practices from current development and business incubation practices", *Technovation*, 25 (2), 95-110.

Carayannis, E.G., D. Evans and M. Hanson (2003), "A cross-cultural learning strategy for entrepreneurship education: outline of key concepts and lessons learned from a comparative study of entrepreneurship students in France and the US", *Technovation*, 23 (9), 757-772.

Carayannis, E.G., D. Popescu, C. Sipp and S. McDonald (2006), "Technological learning for entrepreneurial development in the knowledge economy: case studies and lessons learned", *Technovation*, 26 (4), 419-443.

Chadeau, E. (1993), "The large family firm in twentieth-century France", *Business*

History, 35 (4), 184-205.

Chaganti, R. and P.G. Greene (2002), "Who are ethnic entrepreneurs? A study of entrepreneurs' ethnic involvement and business characteristics", *Journal of Small Business Management*, 40 (2), 126-143.

Chen, J. (2006), "Weaving the threads of entrepreneurship creativity, innovation and into a technicolor dreamcoat", *Journal of Administrative Management*, (50), 22-23.

Chrisman, J.J., J.H. Chua and P. Sharma (2003), "Current trends and future directions in family business management: toward a theory of the family firm", *Coleman White Paper Series*, 4, 1-63.

Covin, J.D. and M.P. Miles (1999), "Corporate entrepreneurship and the pursuit of competitive advantage", *Entrepreneurship Theory and Practice*, 23 (3), 47-63.

Cox, L.W., S.L. Mueller and S. Moss (2002), "The impact of entrepreneurship education on entrepreneurial self-Efficacy", *International Journal of Entrepreneurship Education*, 1 (2), 229-247.

Daly, S.P. (2001), "Student-operated internet businesses: true experiential learning in entrepreneurship and retail management", *Journal of Marketing Education*, 23 (3), 204-216.

Denis, J.-P. (ed.) (2007), *Regard sur les PME* (*A Look at the Small Businesses*), Vol. 14, Paris: OSEO.

Dickson, P.H., G.T. Solomon and K.M. Weaver (2008), "Entrepreneurial selection and success: does education matter?", *Journal of Small Business and Entrepreneurship Development*, 15 (2), 239-258.

Dimov, D. (2007), "Beyond the single-person, single-insight attribution in understanding entrepreneurial opportunities", *Entrepreneurship Theory and Practice*, 31 (5), 713-731.

Dimov, D.P. and D.A. Shepherd (2005), "Human capital theory and venture capital firms: exploring 'home runs' and 'strike outs' ", *Journal of Business Venturing*, 20 (1), 1-21.

Dodd, S.D. (2002), "Metaphors and meaning—a grounded cultural model of US entrepreneurship", *Journal of Business Venturing*, 17, 519-535.

Downing, S. (2005), "The social construction of entrepreneurship: narrative and dramatic processes in the coproduction of organizations and identities", *Entrepreneurship: Theory and Practice*, 29 (2), 185-204.

Drucker, P.F. (1984), "Our entrepreneurial economy", *Harvard Business Review*, 62 (1), 59-64.

Drucker, P.F. (1985), *Innovation and Entrepreneurship*. New York: Harper and Row.

Duhamel, O. and B. Teinturier (2004), *TNS Sofres, L'Etat de l'opinion* (*TNS Sofres, The State of the Belief*), Paris: Seuil.

Eesley, C. and E. Roberts (2006), "Cutting your teeth: Learning from rare experiences", MIT Sloan Research Paper No. 4609-06.

Eisenhardt, K.M. (1989), "Building theory from case study research", *Academy of Management Review*, 14 (4), 532-550.

Facchini, F. (2007), "L' entrepreneur comme un homme prudent" ("The entrepreneur as a cautious man"), *Revue des Sciences de Gestion*, 226–227, 29-39.

Fayolle, A. (1998) "Orientation entrepreneuriale des étudiants et évaluation de l'impact des programmes d'enseignement et de l'entrepreneuriat sur les comportements entrepreneuriaux des étudiants des Grandes Ecoles de gestion française. Etude exploratoire" ("The entrepreneurial orientation of the students and evaluation of the teaching and entrepreneurship programs impact on the entrepreneurial attitude of French Business Schools' students. Exploratory study"), paper presented at the Congrès de l'Académie de l'Entrepreneuriat, Paris.

Fayolle, A. (2000a), "Dynamisme entrepreneurial et croissance economique: une comparaison France-états unis", in T. Verstraete (ed.), *Histoire d'entreprendre—les réalités de l'entrepreneuriat*, Paris: Editions Management et Sociétés, pp. 33-47.

Fayolle, A. (2000b), "Exploratory study to assess the effects of entrepreneurship programs on French student entrepreneurial behaviors", *Journal of Enterprising Culture*, 8 (2), 169-184.

Fendt, J., and W.M. Sachs (2007), "Relevance in management research: getting one's hands very dirty", Academy of Management Annual Meeting, Atlanta.

Fendt, J., Paris T. and Bureau S. (2008), "Can entrepreneurship be taught? The case of the French grandes ecoles", *EURAM 2008*. Ljubljana: European Academy of Management.

Fiet, J.O. (2001a), "The pedagogical side of teaching entrepreneurship", *Journal of Business Venturing*, 16 (2) 101-117.

Fiet, J.O. (2001b), "The theoretical side of teaching entrepreneurship", *Journal of Business Venturing*, 16 (1), 1-24.

Filion, L.J. and C. Bourion (2008), "Les représentations entrepreneuriales", *Revue Internationale de Psychosociologie*, 13 (32), 6-262.

Fillis, I. (2002), "An Andalusian dog or a rising star? Creativity and the marketing/ entrepreneurship interface", *Journal of Marketing Management*, 18 (3/4), 379-395.

Fletcher, D.E. (2007), "'Top story': the narrative world of entrepreneurship and the creation of interpretive communities", *Journal of Business Venturing*, 22 (5), 649-672.

Fletcher, D.E. and T.J. Watson (2007), "Entrepreneurship, management learning and negotiated narratives: 'making it otherwise for us -otherwise for them' ", *Management Learning*, 38 (1), 9-26.

Gartner, W.B. and K.H. Vesper (1994), "Experiments in entrepreneurship education: success and failures", *Journal of Business Venturing*, 9, 179-187.

Gartner, W.B., B.J., Bird and J.A. Starr (1992), "Acting as if: differentiating entrepreneurial from organizational behavior", *Entrepreneurship: Theory and Practice*, 16 (3), 13-32.

Gausdal, A.H. (2008), "Developing regional communities of practice by network reflection: the case of the Norwegian electronics industry", *Entrepreneurship & Regional Development*, 20 (3), 209-235.

Gompers, P., L. Lerner and D. Scharfstein (2005), "Entrepreneurial spawning: public corporations and the genesis of new ventures", *Journal of Finance*, 60 (2), 577-614.

Gosling, J. and H. Mintzberg (2006), "Management education as if both matter", *Management Learning*, 37 (4), 419-429.

Greene, P.G., M.M. Hart, E.J. Gatewood, C.G. Brush and N.M. Carter (2003), "Women entrepreneurs: moving front and center", *Coleman White Paper Series*, 3, 1-47.

Gudeman, D.A. (1992), "Denotational semantics of a goal-directed language", *ACM Transactions on Programming Languages and Systems* (*TOPLAS*), 14 (1), 107-125.

Gundry, L.K. and H.P. Welsch (2001), "The ambitious entrepreneur: high-growth strategies of women-owned enterprises", *Journal of Business Venturing*, 16 (5), 453-470.

Hall, J. and H. Vredenburg (2005), "Managing stakeholder ambiguity", *MIT Sloan Management Review*, 47 (1), 11-13.

Hansen, M.T., H.W. Chesbrough, N. Nohria and D.N Sull (2000), "Networked incubators", *Harvard Business Review*, 78 (5), 74-84.

Hills, G.E. (1988), "Variations in university entrepreneurship education: an empirical study of an evolving field", *Journal of Business Venturing*, 3, 109-122.

Hitt, M.A., R.D. Ireland, S.M. Camp and D.L. Sexton (2001), "Strategic entrepreneurship: entrepreneurial strategies for wealth creation", *Strategic Management Journal*, 22 (6), 479-492.

Hitt, M.A., R.D. Nixon, R.E. Hoskisson and R. Kochhar (1999), "Corporate entrepreneurship and cross-functional fertilization: activation, process and disintegration of a new product design team", *Entrepreneurship Theory and Practice*, 23 (3), 145-167.

Hjorth, D. (2007), "Lessons from Iago: narrating the event of entrepreneurship", *Journal of Business Venturing*, 22 (5), 712-732.

Hood, J.N. and J.E. Young (1993), "Entrepreneurship's requisite areas of development: a survey of top executives in successful entrepreneurial firms", *Journal of Business Venturing*, 8, 115-135.

Inglehart, R. and W.E. Baker (2000), "A modernization, cultural change, and the persistence of traditional values", *American Sociological Review*, 65, 19-51.

INSEE (Institut National de la Statistique et des Etudes Economiques) (1997), Enquête employ, Paris: INSEE. Ireland, R.D. and J.W. Webb (2007), "A cross-disciplinary exploration of entrepreneurship research", *Journal of Management*, 33 (6), 891-927.

Ireland, R.D., M.A. Hitt and D.G. Simon (2003), "A model of strategic entrepreneurship: the construct and its dimensions", *Journal of Management*, 29 (6), 963-989.

Janney, J.J. (2002), "Eat or get eaten? How equity ownership and diversification shape CEO risk-taking", *Academy of Management Executive*, 16 (4), 157-158.

Johnstone, H. and D. Lionais (2004), "Depleted communities and community business entrepreneurship: revaluing space through place", *Entrepreneurship & Regional Development*, 16 (3), 217-233.

Jones, C. and A. Spicer (2005), "The sublime object of entrepreneurship", *Organization*, 12 (2), 223-246.

Katz, J.A. (2003), "The chronology and intellectual trajectory of American entrepreneurship education", *Journal of Business Venturing*, 18 (2), 283-300.

Katz, J.A., E.F. Harschman and K.L Dean (2000), "Non-disclosure agreements in the classroom: a student entrepreneur's refuge or risk?", *Journal of Management Education*, 24 (2), 234-253.

Kickul, J. and L.K. Gundry (2002), "Prospecting for strategic advantage: the proactive entrepreneurial personality and small firm innovation", *Journal of Small Business Management*, 40 (2), 85-97.

Kirby, D.A. (2004), "Entrepreneurship education: can business schools meet the challenge?", *Education + Training*, 46 (8/9), 510-519.

Klapper, R. (2005), "Training entrepreneurship at a French grande ecole: the project entreprendre at the ESC Rouen", *Journal of European Industrial Training*, 29 (9), 678-693.

Kuratko, D.F. (1996), "Risk, challenge and innovation: the entrepreneurial experience at Ball State University", *Mid-American Journal of Business*, 11 (2), 43-48.

Kuratko, D.F. (2004), "Entrepreneurship Education in the 21st Century: From Legitimization to Leadership", paper presented at the Meeting of the US Association for Small Business and Entrepreneurship.

Kuratko, D.F. (2005), "The emergence of entrepreneurship education: development, trends, and challenges", *Entrepreneurship: Theory and Practice*, 29 (5), 1042-2587.

Kuratko, D.P. and M.C. Goldsby (2004), "Corporate entrepreneurs or rogue middle managers? A framework for ethical corporate entrepreneurship", *Journal of Business Ethics*, 55 (1), 13-30.

Kuratko, D.F. and R.M. Hodgetts (2004), *Entrepreneurship: Theory, Process, and Practice*, 6th edn, Mason, OH: South-Western, Thomson.

Kuratko, D.F., R.D. Ireland and J.S. Hornsby (2001), "Improving firm performance through entrepreneurial actions: Acordia's corporate entrepreneurship strategy", *Academy of Management Executive*, 15 (4), 60-71.

Kuratko, D.F., R.D. Ireland, J.G. Covin and J.S. Hornsby (2005), "A model of middle-level managers", *Entrepreneurship Theory and Practice*, 29 (6), 699-716.

Lasch, F. and S. Yami (2008), "The nature and focus of entrepreneurship research in France over the past decade: a French touch?", *Entrepreneurship: Theory and Practice*, 32 (2), 339-360.

Lave, J. and E. Wenger (1990), *Situated Learning: Legitimate Peripheral Participation*, Cambridge: Cambridge University Press.

Lee, S.Y., R. Florida and Z.J. Acs (2004), "Creativity and entrepreneurship: a regional analysis of new firm formation", *Regional Studies*, 38 (8), 879-891.

Leger-Jarniou, C. (2009), "Apprendre à entreprendre: Les clichés sont vivaces" ("Learning entrepreneurship: the cliches are well alive"), *L'Expansion*, 1, 40-44.

Lei, D. and J.W. Slocum Jr (2005), "Strategic and organizational requirements for competitive advantage", *Academy of Management Executive*, 19 (1), 31-45.

Locke, R.R. (1984), *The End of Practical Man: Entrepreneurship and Higher Education in Germany, France, and Great Britain, 1880-1940*. Amsterdam: Elsevier.

Marchesnay, M. (2007), "Trente ans d'entrepreneuriat et PME en France: naissance, connaissance et reconnaissance", *75ème Journée ACFAS*. Québec: Trois Rivières.

Martz Jr, W.M.B., A. Biscaccianti and T.C. Neil (2005), "A multicultural perception of the entrepreneurial lifestyle", *Journal of Enterprising Culture*, 13 (4), 359-381.

Matlay, H. (2008), "The impact of entrepreneurship education on entrepreneurial outcomes", *Journal of Small Business Enterprise Development*, 15 (2), 382-396.

McDougall, P.P. and B.M. Oviatt (2003), "Some fundamental issues in international entrepreneurship", *Coleman White Paper Series*, 2, 1-27.

McGrath, R.G., I. MacMillan and S. Scheinberg (1992), "Elitists, risk takers, and rugged individualists? An exploratory analysis of cultural differences between entrepreneurs and non-entrepreneurs", *Journal of Business Venturing*, 7 (2), 115-135.

McKelvey, B. (2004), "Toward a complexity science of entrepreneurship", *Journal of Business Venturing*, 19 (3), 313-342.

Miles, M.P. and J.G. Covin (2002), "Exploring the practice of corporate venturing: some common forms and their organizational implications", Entrepreneurship: *Theory and Practice*, 26 (3), 21-40.

Morris, M.H. and D.F. Kuratko (2002), Corporate Entrepreneurship, Mason, IA: South-Western College Publishers.

Morris, M.H., M. Schindehutte, J. Walton and J. Allen (2002), "The ethical context of entrepreneurship: proposing and testing a developmental framework", *Journal of Business Ethics*, 40 (4), 331-361.

O'Neal, T. (2005), "Evolving a successful university-based incubator: lessons learned from the UCF technology incubator", *Engineering Management Journal*, 17 (3), 11-25.

OCDE (ed.) (2006), *Programme for International Student Assessment*. Oslo: OCDE.

Padgett, B.L. (2005), "After dot-com, after Worldcom, after Enron, after capitalism", *Business Ethics Quarterly*,15 (2), 329-340.

Patzelt, H. and D.A. Shepherd(2009), "Strategic entrepreneurship at universities: academic entrepreneurs" assessment of policy programs", *Entrepreneurship: Theory and Practice*, 33 (1), 319-340.

Pittaway, L. and J. Cope (2007), "Entrepreneurship education: a systematic review of the evidence", *International Small Business Journal*, 25 (5), 497-510.

Rasmussen, E.A. and R. Sorheim (2005), "Action-Based Entrepreneurship Education", available at: http://www.sciencedirect.com/science?_ob=ArticleURLand_udi=B6V8B-4GSBGJ9-2and_user=10and_rdoc=1and_fmt=and_orig=searchand_sort=dandview=cand_acct=C000050221and_version=1and_urlVersion=0and_userid=10andmd5=ea952681a34a6ff0ce3c195f944ce737(accessed 13 January 2008).

Ronstadt, R. (1987), "The educated entrepreneurs: a new era of entrepreneurial education is beginning", *American Journal of Small Business*, 11 (4), 37-53.

Say, J.B. (1803), *Traité d'économie Politique* (*Essay about Political Economy*), Paris: Calmann Lévy.

Schumpeter, J.A. (1934), *The Theory of Economic Development: An Inquiry into Profits, Capital, Credit, Interest and the Business Cycle, trans.* R. Opie, Cambridge, MA: Harvard University Press.

Schumpeter, J.A. (1953), Aufsätze zur Soziologie, eds E. Schneider and A. Spiethoff , Tübingen: Mohr.

Scott, P. and D.F. Twomey (1998), "The long-term supply of entrepreneurs: students' career aspirations in relation to entrepreneurship", *Journal of Small Business Management*, 26 (4), 5-13.

Shepherd, D.A. and A. Zacharakis (2001), "Speed to initial public offering of VC-backed companies", *Entrepreneurship: Theory and Practice*, 25 (3), 59-69.

Shepherd, D.A. and A. Zacharakis (2002), "Venture capitalists' expertise: a call for research into decision aids and cognitive feedback", *Journal of Business Venturing*, 17 (1), 1-20.

Solomon, G.T., S. Duffy and A. Tarabishy (2002), "The state of entrepreneurship education in the US", *International Journal of Entrepreneurship Education*, 1 (1), 65-86.

Spencer, J.W., T.P. Murtha and S.A. Lenway (2005), "How governments matter to new industry creation", *Academy of Management Review*, 30 (2), 321-337.

Starkey, K. and P. Madan (2001), "Bridging the relevance gap: aligning stakeholders in the future management research", *British Journal of Management*, 12 (special issue), 503-526.

Stevenson, H. (1983), "A perspective on entrepreneurship", Harvard Business School Working Paper No.9-384-131.

Stevenson, H. (2000), "Why entrepreneurship has won!", paper presented at the USASBE National Conference, San Antonio, Texas.

Torrès, O. (2001), "Les divers types d'entrepreneuriat de PME dans le monde", *Management International*, 6 (1), 1-15.

Torrès, O. (2007), *La recherche académique française en PME, les thèses, les revues, les réseaux* (*French Academic Research on SMEs, Theses, Reviews, Networks*), Paris: Oseo.

Torrès, O. and A. Eminet (2005), "Rapport 2003–2004 sur l'entrepreneuriat en France et dans le monde", ("Report 2003-2004 about the entrepreneurship in France and worldwide"), *Global Entrepreneurship Monitor*, available at: http://gemconsortium.org/document.aspx?id=908.

Tracey, P. and N. Phillips (1997), U.S. Current Population Survey, Washington, DC: US Census Bureau. Tracey, P. and N. Phillips (2007), "The distinctive challenge of educating social entrepreneurs: a postscript and rejoinder to the special issue on entrepreneurship education", *Academy of Management Learning and Education*, 6 (2), 264-271.

Upton, N., E.J. Teal and J.T. Felan (2001), "Strategic and business planning practices of fast growth family firms", *Journal of Small Business Management*, 39 (1), 60-72.

Useem, J. (1996), "Young M.B.A. seeks attractive company", *Inc.*, 18 (16), 19-21.

Useem, J. (2001), "The risk-taker returns", *FSB: Fortune Small Business*, 11 (4), 70-73.

Valentin, G. (1994), "Les entreprises petites et moyennes: croissance et atouts", *Economie et Statistiques*, 274 (1), 3-9.

Veltz, P. (2007), Faut-il sauver les grandes écoles? De la culture de la sélection à la culture de l'innovation (*Are the Business School to be Saved? From the Culture of Selection to the Culture of Innovation*), Paris: Les presses de Sciences Po.

Warren, L. (2004), "Negotiating entrepreneurial identity", *Entrepreneurship and Innovation,* April, 25-35.

Weick, K.E. (2001), "Gapping the relevance bridge: fashions meet fundamentals in management research", *British Journal of Management*, 12 (special issue), 71-76.

Westhead, P., D. Ucbasaran and M. Wright (2005), "Experience and cognition: do novices, serial and portfolio entrepreneurs differ?", *International Small Business Journal*, 23 (1), 72-98.

Yin, R.K. (1984), *Case Study Research: Design and Methods*, Beverly Hills, CA: Sage.

Zahra, S.A. (2005), "A theory of international new ventures: a decade of research", *Journal of International Business Studies*, 36 (1), 20-28.

Zahra, S.A., D.F. Kuratko and J.E. Jennings (1999), "Corporate entrepreneurship and wealth creation", *Entrepreneurship: Theory and Practice*, 25 (1), 44-50.

Zahra, S.A., J. Hayton, J. Marcel and H. O'Neill (2001), "Fostering entrepreneurship during international expansion: managing key challenges", *European Management Journal*, 19 (4), 359-369.

Zeithaml, C.P. and G.H. Rice (1987), "Entrepreneurship/small business education in American universities", *Journal of Small Business Management*, 25 (1), 44-50.

第八章　英国创业教育中利益相关者的参与和影响

哈里·麦特莱（Harry Matlay）

引言

近年来关于创业教育及其相关问题的研究为数不少。作为一个新兴研究领域，它的出现主要因为发达国家和发展中国家的政府、政策制定者和商业评论员都将创业看作是一种经济活动，并且对其越来越重视。各类有影响力的利益相关者都有一个共识，即在提高创业者的质量和数量方面，创业教育是一个非常高效且性价比很高的路径。[①] 迪克森（Diskson）和所罗门（Solomon）[②] 认为，创业教育这种前所未有的发展是“建立在一个基本假设即教育与个人做出创业选择和推动成功创业之间存在积极关系之上的”。然而重要的是，虽然大家都想用实践证明创业教育和创业成果之间的积极关系，但得出的结果却有很大的不确定性，有时甚至自相矛盾。[③] 正如麦特莱（Matlay）[④] 提出的那样，“目前这一领域通过严格实证得出的结论很少有能用来证明创业教育可推动从创业起步到运用退出策略的创业活动各个阶段的发展”。

---

① 参见麦特莱（Matlay，2006a）。

② 参见迪克森和所罗门（Diskson and Solomon，2008：240）。

③ 参见查尼和利贝卡普（Charney and Libecap，2003）。

④ 参见麦特莱（Matlay，2008：382）。

尽管在创业教育的概念与背景方面始终存在诸多问题，但如今它在英国高等教育（higher education，HE）领域中的地位已非常稳固。汉农（Hannon）[①]指出“将创业教育引入高等教育领域（不一定要将它们整合为一体）的做法在几十年前就已开始，但引入理由各有不同，其中包括政治原因、意识形态原因、制度原因和教育界原因”。因此可以说，随之而来的对创业整体的争论尤其是针对创业教育影响的争论都非常复杂且难有定论。[②]这种进展和趋势不仅反映出大家争议、主张和不同意见的复杂性，也反映出各种主要、次要利益相关者不断提高的参与度和具体需求。所有这些利益相关者都可以名正言顺地说自己与创业教育各个方面有一定利益关系且对创业教育有一定影响。[③]本章作者将检验利益相关者在英国创业教育中的影响。具体结构如下：第一节批判性地评价与利益相关者参与创业教育相关的现存文献资料；第二节作者对本章研究方法做简单介绍；第三节到第五节介绍和分析研究中出现的数据并概述一级、二级、三级利益相关者的观点。此外，作者还探讨本研究得出的一些结论。最后一节包括总结性评价以及给参与创业教育的教育者一些建议和启示。

一、利益相关者在创业教育中的参与

作为英国冉冉兴起的学术和实践研究领域，创业教育在相关性和时事性方面都在不断发展与提高。[④]而有趣的是，在该领域迅速发展的专题文献中很大一部分关注的都是那些已被反复研究且已经很成熟的方面和创业教育模式，例如课程发展和项目实施、评估、准备环节的质量与学生经历等。尽管在各大研讨会上是谁或是什么在“驱动”着英国创业教育这类问题时常被提起，但作者发现很少有从利益相关者角度出发的创业教育研究或专门针对创业教育研究中利益相关者的实证研究。考虑到创业教育在英国及

① 参见汉农（Hannon，2006，297）。
② 例见亨利等人（Henry *et al.*，2003）。
③ 参见麦特莱和凯里（Matlay and Carey，2007）。
④ 参见汉农（Hannon，2007）。

其他地区的时事性和迅速发展，[①] 对利益相关者的参与、内心期望和影响的相关研究如此缺乏让人感到惊讶和不安。本章谈论的这项研究正为弥补这种不均衡而设计，该研究在英国创业教育中利益相关者的参与及其影响方面将提供很多严密的实证数据。

策略制定和相关变革管理中“利益相关者”（与“股东”相反）的影响和参与这一理念在20世纪80年代才开始流行起来，与之同时兴起的还有战略管理理论。根据弗里曼（Freeman）[②] 在战略管理理论背景下对利益相关者做出的定义，它包括“任何能影响组织目标实现或受组织目标实现影响的团体或个人”。同样，在高等教育背景下，阿玛拉尔（Amaral）和安文思（Magalhaes）[③] 将利益相关者定义为“在高等教育领域有合法利益或本身拥有干预权的个人或集体”。

这两个定义之间既有重要的相似之处又有一些不同点。两者在很大程度上都含蓄地将定义限定在其发展领域和特定背景下。例如，在两个定义中，“利益相关者”的概念都既包含金融投资（即股东的支出和资金流）又包含非金融利益（包括间接且更加无形的投入和/或奉献）。利益相关者既包括众多的个人、组织和机构也包括社区和政府代表。[④] 对传统的小型、中型或大型企业而言，利润虽很重要但绝不是唯一的组织目标。任何经济盈余都可以留作储备资金也可作为分红分给股东，还可以作为奖金发给员工。[⑤] 与之相反，社会企业的主要目标包含很多社会目标，盈余可以拿来再次投资，但为的是社区或社会的整体利益。[⑥]

在英国高等教育机构（higher education institutions，HEIs）中（除了一个私立大学），很多利益相关者在教育界都有合法利益或能影响教育成果。

---

① 参见汉农和琼斯（Hannon，2006），琼斯（Jones，2007），所罗门（Solomon，2007）。
② 参见弗里曼（Freeman，1984：46）。
③ 参见阿玛拉尔和安文思（Amaral and Magalhaes，2002：2）。
④ 参见麦特莱（Matlay，1998）。
⑤ 参见波兹卡和德富尔尼（Borzaga and Defourny，2001）。
⑥ 参见琼斯和基奥（Jones and Keogh，2006）。

他们的人数远超过营利性企业或社会企业的利益相关者。[①] 此外，人们关于利益相关者是否有权干预或影响高校活动以及他们的做法是否合法一直争论不休。这让情况变得更加复杂。[②] 高校和正规慈善机构一样也期望达到收支平衡，如果有多余盈利也一定要再次投入教育事业。[③] 然而，对英国及其他地区高校的直接或间接投资都在持续减少，[④] 这迫使学校"表现得更富创业精神"并去寻求外部收入来源。[⑤] 通过向家乡和地区的顾客提供各种商务和咨询服务，不管这些企业与传统教育是否相关，它们的利益相关者范围特别是为中小企业（small and medium enterprises，SMEs）的服务大幅扩大。[⑥]

为识别教育界利益相关者，学者们提出多种模式。瑞维尔（Reavil）[⑦] 基于产品和服务之间的相似性提出两种简化模式、但结果证明这两种模式都不合适，主要是因为两种模式分别确认出两套"教育领域的客户"。有趣的是，他的两种模式都是基于同样假设，即高校和传统供应商一样需要努力辨别出主要客户的需求。学生、机构员工及毕业的本科生和研究生的未来雇主们成为高校最主要的利益相关者。[⑧] 然而，佩雷拉（Pereira）和达席尔瓦（DaSilva）[⑨] 针对高校利益相关者提出不同看法，因为"传统上大学有两个主要目标：创造知识和传播知识……创造知识是通过科研，而传播知识是通过教育"。不幸的是，这种观点忽视其他重要的知识传播路径，比如革新、发明、咨询和知识产权。本话题的其他研究者也认为客户和/或利益相关者具有多样性。[⑩]

依据一种基于与教育相关联的重要性程度的分类法，鲁宾逊

---

① 参见麦特莱（Matlay，2006a）。
② 参见麦特莱（Matlay，2006b）。
③ 参见阿彻等（Archer *et al.*，2003）。
④ 参见巴尔（Barr，2004）。
⑤ 参见麦特莱（Matlay，2005），普拉特和普尔（Pratt and Poole，2000）。
⑥ 参见米特拉和麦特莱（Mitra and Matlay，2003）。
⑦ 参见瑞维尔（Reavil，1998）。
⑧ 参见柯克萨尔和鄂吉特曼（Koksal and Egitman，1998）。
⑨ 参见佩雷拉和达席尔瓦（Pereira and DaSilva，2003：673）。
⑩ 例子参见黄和张（Hwarng and Teo，2001），坎吉和坦比（Kanji and Tambi，1999）。

（Robinson）和朗（Long）[①]将高等教育机构客户分为一级、二级和三级利益相关者。各学习阶段的学生属于第一类；雇主和教育部门属于第二类；验证机构、校友、学生父母和学生的其他亲属是第三类。然而，需要注意的是创业教育条款最近有一些变化和发展，这不仅广泛影响相关课程及其运行，还影响各种模式的应用背景和平台。麦特莱和凯里（Carey）[②]在英国展开了一项关于创业教育的纵向研究，上述影响在这项研究结果中表现得尤为明显。例如，研究表明创业教育已不再是商学院的专利，在整个高校教学设置中，那些非商业主导的院系也在逐渐开展创业教育。[③]此外创业教育对日益广泛运用技术和电子支付平台、拓宽接触创业教育的渠道、增加创业教育设置的种类与提高并丰富相关学生体验都有很大作用。[④]

尽管最近英国关于创业教育的研究有所增加，但利益相关者的参与和他们对创业成果影响的整体情况仍不明朗。是否可以假设利益相关者对后义务教育的兴趣和参与同时也代表并关系到各种创业教育模式和创业教育相关条款？斯特里特等（Streeter *et al.*）[⑤]曾在对美国创业教育可供选择模式的评价中说到，现在美国普遍存在两种创业教育实施模式，一种叫"磁石模式"，一种叫"辐射模式"。"磁石模式"创业教育倾向于将潜在学生吸引到商学院开设的相关课程中。相反，"辐射式"项目主要为非商业专业学生设计课程，重视项目所处的背景。他们的调查表明，在美国能排上名次的创业项目 75% 使用的都是磁石模式，这样的项目对全校学生都很有吸引力。作者指出："虽然辐射模式对学生、家长和校友都很有吸引力，但磁石模式更易于管理，会遇到的阻力也更小。"[⑥]而重要的是，他们总结称尽管创业教育的磁石模式或许更容易实行，但从长远来看这种模式有可能使利益相关者之间出现矛盾，因此不能在大学里广泛应用。

---

① 参见鲁宾逊和朗（Robinson and Long，1987）。

② 参见麦特莱和凯里（Matlay and Carey，2007）。

③ 参见凯里和诺丹（Carey and Naudin，2006），麦特莱和凯里（Matlay and Carey，2008）。

④ 参见凯里等（Carey *et al.*，2007），麦特莱和史密斯（Matlay and Smith，2008）。

⑤ 参见斯特里特等（Streeter *et al.*，2002）。

⑥ 参见斯特里特等（Streeter *et al.*，2002：3）。

沃尔默等（Vollmer *et al.*）[①]提出美国创业教育的利益相关者，比如学生、教育者、校友和工商业界成员对与当地和地区发展息息相关的创业教育课程的开发起着非常重要的作用。他们认为“通过收集各个利益相关团体的反馈，大学可以决定如何更好地去满足这些利益相关者的需求……对大学来说，了解雇主们希望他们的毕业生在进入职场时需要知道哪些知识以及了解什么样的技术和能力有利于学生的职业发展这很重要”[②]。与上述观点类似，祖切利等（Czuchry *et al.*）[③]发现创业教育团队和来自教育行业以外的美国各行各业代表间的战略合作对行业内外所有利益相关者都有切实益处。

值得一提的是，实证研究将英国创业教育利益相关者的参与和其他工业发达国家做比较，英国创业教育利益相关者的影响力几乎垫底，仅高于新西兰，远低于美国、加拿大和澳大利亚。但有趣的是作者并未找到任何能证明这一说法的严密实证研究，因此这一问题还有待商讨。

二、研究样本和研究方法

本章以电话调查为基础，不过这些电话调查是一个纵向研究的组成部分，这个纵向研究涉及的范围更广，是由英国高校提供的关于创业教育和培训的研究。2008 年 1 月，作者邀请 439 人参与一项由作者本人主持的纵向研究，采访者需要接受一个关于利益相关者对创业教育影响的电话调查。其中有 297 位（88.39%）受访者同意参与并就利益相关者参与创业教育的程度和对英国创业教育所产生的影响提供相关信息。11.6% 的受访者拒绝作者采访，原因各不相同，有的是因为太忙，有的是因为一些私人原因表示不愿参与这项调查。得出的结果会在下一节进行概述和分析。

---

① 参见沃尔默等（Vollmer *et al.*，2001）。

② 参见沃尔默等（Vollmers *et al.*，2001：1）。

③ 参见祖切利等（Czuchry *et al.*，2004）。

三、数据和分析

这个专题文献研究针对的是英国高等教育中利益相关者的参与情况，它反映了各种相关的个人、组织和政府机构之间复杂甚至经常相互对立的关系。定义方面的困难增加了梳理利益相关者对英国高校创业教育参与和内心期望的困难。本章中作者将解构关于利益相关者参与创业教育的概念框架，并在先前研究的基础上重新建构一个关于利益相关者的观点、内心期望和影响的有意义的理论。

内部和外部利益相关者

首先，研究结果表明参与英国高校创业教育的利益相关人员分为两大基础类别：[①]

① 内部利益相关者——例如学生、教职人员、研究人员、行政人员、后勤和管理人员。

② 外部利益相关者——包括家长、校友、创业者、企业代表、商业机构代表和专业团体代表。

有趣的是，由于这个划分主要是概念性的，所以每当将利益相关者的观点、参与和内心期望考虑进来时这种划分就显得非常模糊。无论是对内部利益相关者还是外部利益相关者，研究都基于短期、中期和长期三种不同时间阶段有效反映并强调三种分立的关于利益相关者参与和内心期望的观点。

从短期来看，学生可以参与一系列本科生和研究生的创业教育课程。根据学习模式的不同，他们对课程完成时间的期待从“按时”到“尽快”各不相同。一些高校中接受创业教育的路径有很大灵活性，学生可以在很多相关选项和 / 或模块中进行选择。同样，创业教育中学生需要完成的课题和模块也有一定的灵活性。从中期看，学生们继续他们原来专业学习和 / 或学一些创业教育其他方面的新内容都是合理预期。他们还可以重新进修和 / 或获得更高等级的资格证。例如，一些大学会为本科生、硕士研究生和博士研究生

① 参看瑞维尔（Reavil，1998）。

提供创业教育，同时也会提供一些可以颁发学位或证书的短期相关课程。从长期看，学生——也是校友——可以成为老师和专家团队中的一分子，或和他们保持密切联系参与教育活动和社会活动，或者为各种创业活动提供支持。之前学生还愿意从教师团队或个体员工那里接一些商务培训或商务咨询工作，这些老师或员工都是他们完成学业期间和/或之后比较了解或相处比较愉快的。

同样，教学人员和研究人员的利益相关等级也取决于他们雇佣合同的性质以及他们为创业教育投入的时间。越来越多的参与创业教育课程的设计、实施和评估的教学人员与研究人员要么仅仅将创业作为自己的学科之一，要么只是将创业教育作为自己的兼职工作。而且，很多教学人员签的都是“零碎时间”或“客座讲师”类型的合同，他们只投入相对较少的一部分工作时间在创业教育上。有一些“教师同人”是一些喜欢和学生一起工作的创业者，还有的创业者选择担任教师是因为一方面他们可以从这个兼职中获得稳定、有保障的收入，另一方面这个兼职工作符合他们的生活方式，不会耽误其他工作。这一领域大多数研究人员还同时参与一些外部项目的开展，而且他们可通过教学来丰富自己的工作经验或通过教学、批改和指导论文来增加一些额外收入。近几年，教学和创业事业几乎达到水乳交融的程度，在中期和长期工作中，教学人员和研究人员都有可能在高校内或高校之间换工作或重新平衡他们工作重心的分配，他们甚至可能暂时或永远地退出教育系统，对创业教育的参与、贡献和影响也会随着时间而改变，可能全职或兼职，也可能只是偶尔、间歇抑或完全不参与。

与创业教育相关的行政和管理人员的利益相关等级更易预测，但仍会受一些或大或小的变化影响。大多数情况下这类大学工作人员参与的都是各类行政和/或管理工作，对各种形式的创业教育只涉及一部分。但有意思的是，这些管理人员对创业教育的参与和影响与他们在高校里的职位高低通常呈反比。因此，在院系或学校里职位越高的管理人员对创业教育的参与和影响可能越小。管理人员内部晋升的前景直接影响他们对创业教育的态度、参与和影响。

这种分类中也有特例存在，高校理事会中一些成员偶尔会跨越内部利益相关者和外部利益相关者之间的界限。理事会编外人员来自各种不同的政治、商业和社区背景，他们能进行重大战略决策并参与到各类决策制定的过程中。因为这些人具有一定的知识、经验和政治影响，他们对高校创业教育的推动和支持起到巨大的作用。

参与创业教育的学生父母和其他亲属作为外部利益相关者与学生福利和将来就业前景有很大利益关系。特别是父母，他们越来越期望能为自己孩子的高等教育提供资金支持，因为那将对整个家庭都产生很大影响。因为一大部分接受过创业教育的学生在毕业后（在自主创业之前）会选择就业，这些学生的教育也与未来雇主们的利益相关。这和中小企业所有者/经理关系尤为密切，他们越来越倾向于去“扫荡”劳动力市场以招聘到更多科班出身的本科毕业生和硕士毕业生。

现有创业者对创业教育培养未来创业者的能力感兴趣，他们好奇创业教育是否能培养出接受过良好教育的高素质人才——不会轻易失败或做出欺诈行为。毕业生们也在致力于塑造一个更好的形象——努力工作的创业者和成功的个体形象，不仅关心个人财富也关心社会中弱势群体的福利。出于类似原因，更广泛的企业、商业和社会团体也表示他们与创业教育利益相关。政府和相关政府机构倾向于将创业教育作为提高英国经济中活跃创业者质量和数量的一种路径并对其给予推动和支持。因此，中小型企业是经济活动中健康、动态且不断扩展的一部分，它们为创新与发展提供温床并由此对社会和国家产生积极影响。

四、各级利益相关者的观点

按照利益相关者对创业教育的重要性[①]将其分为一、二、三级利益相关者。而划分结果在很大程度上取决于所有受访者的看法，即他们是如何看待利益相关者对创业教育的参与和影响。调查结果显示，大家对如何划

---

① 参见鲁宾逊和朗（Robinson and Long，1987）。

分等级存在一些分歧，但同时也有很多共识。下面将分析所有受访者对各类利益相关者重要等级划分的看法。

（一）一级利益相关者

① 学生认为他们自己和参与创业教育的教学人员和研究人员（包括全职的、兼职的和访问学者）应属于一级利益相关者。他们将父母和其他亲属、之前创业教育培养出的学生及家人还有大学和大学里的工作人员划为二级利益相关者。最后他们把潜在学生及其家人、政府及相关政府机构、工商界、整个国家和整个社会划为三级利益相关者。

② 在创业教育的教学人员和研究人员看来，学生是最重要的利益相关者。除此之外，其他一级利益相关者还包括教学和研究人员，因为他们直接参与创业教育的设计、实施和对学生的评估。此外，一级利益相关者还包括有贡献的校友、创业者、实践者和商人。关于二级利益相关者，教学与研究人员认为应包括学生家人、普通校友及其家人、创业者和未来雇主。至于三级利益相关者，他们认为应该包括政府及相关机构、工商界和整个国家。

（二）二级利益相关者

① 正在接受创业教育的学生父母及其他亲属认为学生和直接参与创业教育的教师团队应该属于最重要的利益相关者。他们认为自己、将来的雇主、创业者和商业团体成员是二级利益相关者，将政府、相关政府机构和社区列为三级利益相关者。

② 校友们认为学生和直接参与创业教育的工作人员最重要。他们把自己、学生父母及其他亲人、未来雇主和现有创业者列为二级利益相关者，工商界、政府、相关政府机构及整个国家是三级利益相关者。

③ 未来雇主认为学生和相关教职员工是一级利益相关者，接下来的二级利益相关者是学生家人、未来雇主和其他创业者，政府和国家是三级利益相关者。

④ 创业者们将学生、学生家人、校友和校友家人列为一级利益相关者，将相关教职人员、其他创业者和工商界雇主列为二级利益相关者，将

政府和相关机构列为三级利益相关者。

（三）三级利益相关者

① 按照工商业代表的看法，现在的学生、之前的学生及所有学生家人都应属于一级利益相关者，而高校教职工、他们自己的员工还有创业者和未来雇主则是二级利益相关者，各工商业机构代表和政府为三级利益相关者。

② 社区代表们认为学生和他们家人属于创业教育中的一级利益相关者，高校员工和雇主属于二级利益相关者，他们将创业者、雇主、工业界和他们社区成员划为三级利益相关者。

③ 政府及其代表也认为学生和他们家人应属于创业教育的一级利益相关者，二级利益相关者应包括教职员工、各高校、政府、相关机构及各种规模的用人单位，工商界成员及地方社区则属于三级利益相关者。

五、讨论

通过研究我们可以清楚地看到，尽管大家对利益相关者的看法并不统一，但都会关注这些相关者的利益，他们在其中的利益最终影响的不仅是他们参与的广度，还有他们参与创业教育的时间长度和贡献量。

学生和来自各个系的高校创业教育工作人员们所处的利益相关等级正说明其个人利益在多大程度上决定他们在这个高等教育专业方面的选择、投入强度和投入时间长短。一个关于学生行为模式、资源投入（例如，时间、精力和金钱）和内心期望的考察表明，在本科和/或研究生阶段参加创业教育的学生会谨慎地选择参与高等教育这一方面。尽管随着时间的推移，学生的参与情况很大程度上取决于他们的学习模式，但学生的每一份投入都代表一份重要投资，他们期待创业教育能为他们成功创业（和形成相关生活方式）做好准备。学生不仅期待能学习到“关于”创业的知识和“为了”创业的知识，还希望能通过各种相互联系的、关于创办和经营他们自己企业的活动来获得第一手的知识和经验。至于对创业教育的影响，学生认为他们的反馈和投入是老师们在设计与开发课程和提供评价平台与模式时的最好指引。

教职人员同样也受个人利益的驱动、受已有知识的指导、受自己在创业和相关活动中经验的引领。这些相关活动都包括自主创业、内部创业和企业的起步与经营。有趣的是，由于创业教育对教学和研究人员在专业性上有所要求，大多数受访者都表示他们不仅在商学院而且在能促进创业及其教育的其他院系找到“理想型”职业：既符合他们的利益需求又能利用到他们的知识和经验。他们希望自己能影响学生将来的职业生涯，不论学生最终去求职应聘还是自主创业或是经营自己的小生意。很大一部分教职人员手里还有他们自己的创业研究项目和/或创业活动，包括一些私人咨询工作。大多数教职人员认为他们的专业领域正在迅猛发展，需要新知识、创新及亲身经验。他们似乎已成功地将创业理论和他们自己的教学、研究与创业活动等实践进行平衡和结合。相比之下，教职工管理人员、行政人员与后勤人员的参与和内心期待则比较小且更侧重于日常行政管理方面，有的高校员工认为他们可以通过表现得更有创业精神来获益，为此有一些管理人员主张将创业教育扩展到各个院系。管理人员、行政人员和后勤人员对创业教育的影响和内心期待相对都较低，这也反映他们在创业教育的参与程度。

在学生父母和其他亲属、雇主、创业者、校友及当地社区成员之间，有一些人对创业教育的参与度和影响度比较低甚至非常低。例如，父母一般会为他们子女的教育提供一些经济上和/或其他方面的支持但并没有专门针对创业教育的支持，而且他们的这种支持和期望从中得到的益处大多数被看成是带有社会或文化性质而非纯粹的经济行为。当地的雇主和创业者对创业教育的投入非常有限，只是偶尔提供一些相关的信息、经验和为“初出茅庐的创业者”提供数量有限的实习岗位。在他们看来，经济上的捐赠与付出是一种特别照顾而不是常规举措。与之相反，选择与之前的老师培养关系或保持联系的校友们更愿意为将来的创业者们去捐款和/或偶尔回学校去做客座讲师。地方社区代表们为未来创业者们提供的主要是他们学习期间和毕业后在精神上的鼓励与积极的创业环境。

事实证明，我们很难去衡量政府和相关机构对英国高校创业教育的参与和影响程度，它们对创业教育的支持主要集中在地方、地区和国家层面的中小型企业，而且是刚起步或成长型的企业。政府对创业教育的资金支持不够透明和清晰。对整体高等教育尤其是创业教育，政府总有很华丽的说辞，而高等教育基金的实际情况却不为人知，两者之间的信任裂痕越来越大。

六、结论以及本文对创业教育的启示

在本章之中，作者将创业教育利益相关者在创业教育中的参与进行解构，并且在先前研究的基础上对利益相关者的观点、内心期望、参与和影响做了一个严密的实证性整理。本章所依托的数据信息为本次关于英国高校创业教育中利益相关者参与情况的整理与评估提供充分的现实依据。

英国创业教育中利益相关者参与情况的整体框架逐渐成形，它显示这是一个复杂的、涉及范围很广的相互关系网，跨越一些社会经济和政治维度。创业本身就是一个多元化概念，深植于当代经济实情与政府鼓动性说辞中。20 世纪 80 年代早期“创业文化”开始出现，从那以后连续几届政府一直在推广与加强这种“创业文化”建设。而创业就是这种复杂文化的外在表现，也深深根植于这种创业文化。此外还有很多直接针对推广创业哲学、相关愿景和内心期待及生活方式的倡议，这对推广创业有很大支持作用。因此，创业教育中利益相关者们有非常明确且普遍的参与，而且这种参与和现行教育的发展紧密联系。这种现行教育的发展彻底改变了英国教育系统中各层级的管理结构与问责制度。同时，这对创业教育工作者和直接参与课程设计、开展与评估的利益相关者有非常重要的启示。

有一种分类方法，尽管它与各种利益相关者对创业教育的影响和互动并不完全一致，但它能将英国高校创业教育利益相关者的观点、参与程度以及对创业教育的内心期待都考虑在内。学生和直接参与创业教育的教职人员被认为是一级利益相关者。他们对创业教育的参与、投入、内心期望和影响都很重要。在设计相关课程时，创业教育者们既应考虑到学生需求又应考虑到学生的内心期望。本次研究从各高校调查样本中获得的建设性反馈表明，学生需求集中在创办企业和管理小型企业这样的具体技能以及更加宽泛、概念化且基于一定背景的关于创业的知识。这样看来，这些有创业知识和经验的工作人员对创业教育的参与和影响再加上创业者和实践者的参与，对实际相关创业教育课程的设计、开展和评估的成功有着非凡意义。

其他利益相关者，例如父母、家庭、校友、雇主和创业者对创业教育的内心期望、参与和影响程度不一，就对创业教育的贡献而言，不论是从短期还是从中期和长期来看，他们带来的影响都非常有价值。我们号召更多创业教育学生的父母和家人来支持这方面的职业教育并为其提供贴补资金。他们对创业教育的中期及长期影响、相关性和有效性都有所期待。在他们看来，创业教育一定要对他们的付出给予很高回报。其他的二级利益相关者和三级利益相关者能帮忙将创业教育放到一个更大的社会经济和政治背景中，尽管他们没有直接参与到创业教育的设计、开展和评估中，他们的观点代表工业界、雇主、专业机构及更广阔社区的需求和内心期待，而这些地方正是毕业创业者们将来可能生存和实现抱负的地方，这些其他利益相关者能丰富创业教育课程并推动其开展，还能使其更具现实意义和有效性。

关于政府和相关机构对创业教育的影响，作者所能得出的结论非常有限。这些机构相关工作的透明度和清晰度有待提高，以填补英国政府官方发言和高等教育基金实际情况之间逐渐扩大的信用差距。不管怎样，我建议今后教育发展领域的行动都把重心放在创业教育利益相关者的需求和内心期望上。任何有意义的政府介入一定要广泛咨询一级利益相关者和二级利益相关者的意见以及其他声称与创业教育利益相关的人的看法。英国政府只有通过多咨询利益相关者并与他们合作才能保证它的政策和举措能落实到目标群众，才能保证纳税人的钱花对地方且花得值得。

参考文献

Amaral, A. and A. Magalhaes (2002), "The emergent role of external stakeholders in European higher education governance", in A. Amaral, G.A. Jones and B. Karseth (eds), *Governing Higher Education: National Perspectives on Institutional Governance*, New York: Springer.

Archer, L., A. Ross, M. Hutchings and R. Gilchrist (2003), *Higher Education and Social Class: Issues of Inclusion and Exclusion*, London: Routledge Falmer.

Barclays Bank (2005), "Average graduate debt £13,501 up 12 per cent", available at: http://www.newsroom.barclays.com/content/detail.asp?ReleaseID=276&NewsAreaID=2(accessed 4 July 2008).

Barr, N. (2004), "Higher education funding", *Oxford Review of Economic Policy*, 20 (2), 264–283.

BBC News (2006), "Student debt 'averages £13,252'", available at: http://news.bbc.co.uk/1/hi/ /4790583.stm (accessed 4 July 2008).

Boem, B., A. Egyed, D. Port, A. Shah, J. Kwan and R. Madachy (1998), "A stakeholder win-win approach to software engineering education", *Annals of Software Engineering*, 6, 295–321.

Borzaga, C. and J. Defourny (eds) (2001), *The Emergence of Social Enterprise*, London: Routledge.

Carey, C. and A. Naudin (2006), "Enterprise curriculum for creative industries students: an exploration of current attitudes and issues", *Education and Training*, 48 (7), 518–531.

Carey, C., K. Smith and L. Martin (2007), "Supporting enterprise educators; how to promote enterprise in new areas", paper presented at the 30th ISBE conference, Glasgow, November.

Charney, A.H. and G.D. Libecap (2003), "The contribution of entrepreneurship education: an analysis of the Berger Program", *International Journal of Entrepreneurship*

Education, 1 (3), 385–418.

Chen, K.C. and D. Groves (1999), "The importance of philosophical relationships between tourism and hospitality curricula", *International Journal of Contemporary Hospitality Management*, 11 (1), 37–42.

Cooper, C. and J. Westlake (1998), "Stakeholders and tourism education: curriculum planning using a quality management framework", *Industry and Higher Education*, 12 (2), 93–100.

Czuchry, A., M. Yasin and M. Gonzales (2004), "Effective entrepreneurial education: a framework for innovation and implementation", *Journal of Entrepreneurship Education*, 7 (1), 39–56.

Dickson, P.H. and G.T. Solomon (2008), "Entrepreneurial selection and success: does education matter?", *Journal of Small Business and Enterprise Development*, 15 (2), 239–258.

Dobson, L.R. and R.F. Tas (2004), "A practical approach to curriculum development: a case study", *Journal of Hospitality and Tourism Education*, 16 (1), 39–46.

Freeman, R.E. (1984), *Strategic Management: A Stakeholder Approach*, Boston, MA: Pitman.

Hannon, P. (2006), "Teaching pigeons to dance: sense and meaning in entrepreneurship education", *Education and Training*, 48 (5), 296–308.

Hannon, P. (2007), "Enterprise for all? The fragility of enterprise provision across England's HEIs", *Journal of Small Business and Enterprise Development*, 14 (2), 183–210.

Henry, C., F. Hill and C. Leitch (2003), *Entrepreneurship Education and Training*, Aldershot: Ashgate.

Hwarng, H.B. and C. Teo (2001), "Translating customers' voices into operations requirements: a QFD application in higher education", *International Journal of Quality and Reliability Management*, 18 (2), 195–225.

Jones, C. (2007), "Creating the reasonable adventurer: the co-evolution of student and learning environment", *Journal of Small Business and Enterprise Development*, 14 (2), 228-240.

Jones, D. and W. Keogh (2006), "Social enterprise: a case of terminological ambiguity and complexity", *Social Enterprise Journal*, 2 (1), 11-26.

Kanji, G.K. and M.B. Tambi (1999), "Total quality management in UK higher education institutions", *Total Quality Management*, 10 (1), 129-153.

Koksal, G. and A. Egitman (1998), "Planning and design of industrial engineering education quality", *Computers and Industrial Engineering*, 35 (3), 639-642.

Kotler, P. and K.F. Fox (1985), *Strategic Marketing for Educational Institutions*, Eaglewood Cliffs, NJ: Prentice Hall.

Matlay, H. (1998), "The view from the bridge: stakeholders' involvement in, and impact upon, vocational education", research seminar paper, SME Centre, University of Warwick Business School, Coventry.

Matlay, H. (1999a), The impact of internal and external stakeholders in UK HEIs: a pilot study, Working Paper WP 002, Global Independent Research, Coventry.

Matlay, H. (2005), "Entrepreneurship education in UK business schools: conceptual, contextual and policy Considerations", *Journal of Small Business and Enterprise Development*, 12 (4), 627-643.

Matlay, H. (2006a), "Entrepreneurship education: more questions than answers?", *Education and Training*, 48 (5), 293-295.

Matlay, H. (2006b), "Researching entrepreneurship and education, part 2: what is entrepreneurship education and does it matter?", *Education and Training*, 48 (8/9), 704–718.

Matlay, H. (2008), "The impact of entrepreneurship education on entrepreneurial outcomes", *Journal of Small Business and Enterprise Development*, 15 (2), 382–396.

Matlay, H. and C. Carey (2007), "Entrepreneurship education in the UK: a longitudinal perspective", *Journal of Small Business and Enterprise Development*, 14 (2), 252-263.

Matlay, H. and C. Carey (2008), "Entrepreneurs as educators and researchers: evidence from live case studies", paper presented at the ICSB Conference, Halifax, Canada, June.

Matlay, H. and K. Smith (2008), "The use of technology in delivering entrepreneurship education in the UK: past present and future", paper presented at the ICSB Conference, Halifax, Canada, June.

Mitra, J. and H. Matlay (2003), "Entrepreneurship and learning: from theory to practice", *International Journal of Entrepreneurship and Innovation*, 3 (1), 7-16.

Penaluna, A. and K. Penaluna (2006), "Business paradigms in Einstellung: entrepreneurship education—a creative industries perspective", Working Paper 033/2006, National Council for Graduate Entrepreneurship, Birmingham.

Pereira, M.A. and M.T. DaSilva (2003), "Stakeholders in university education", paper presented at the 31st Annual Conference of the Production and Operations Management Society, Atlanta, GE, April.

Pratt, G. and D. Poole (2000), "International strategies as a response to market forces: directions and trends", *Journal of Institutional Research in Australia*, 7 (1), 9-25.

Reavil, L.R. (1998), "Quality assessment, total quality management and the stakeholders in the UK higher education system", *Managing Service Quality*, 8 (1), 55-63.

Robinson, A. and G. Long (1987), "Marketing further education: products or people", *NATFHE Journal*, March, 42-51.

Scotland, M. (2006), "Higher education program curricula models in tourism and hospitality education: a review of the literature", paper presented at the Academy of Human Resource Development International Conference, Columbus, OH, February, pp. 801-808.

Smith, G. and C. Cooper (2000), "Competitive approaches to tourism and hospitality curriculum design", *Journal of Travel Research*, 39 (1), 90-95.

Solomon, G.T. (2007), "An examination of entrepreneurship education in the United States", *Journal of Small Business and Enterprise Development*, 14 (2), 168-182.

Streeter, D.H., J.P. Jaquette and K. Hovis (2002), "University-wide entrepreneurship education: alternative models and current trends", Working Paper WP 2002-02, Department of Applied Economics and Management, Cornell University, New York.

Vollmers, S.M., J.M. Ratliff and B. Hoge (2001), *A Framework for Developing Entrepreneurship Curriculum through Stakeholder Involvement*, Morehead, KY: Morehead State University.

第九章　从多文化视角看创业者教育与培训环境

凯瑟琳·科隆（Catherine Coron）

引言

在《创业者：一门经济学理论》(*The Entrepreneur: An Economic Theory*）一书中，[①] 马克·卡森（Mark Casson）在人力资本和创业之间建立起理论联系，带领我们认识人力资本对创业的意义：

> 在近期关于经济增长的数据分析中，劳动力质量和资源使用效率方面的差异都由"人力资本"内部劳动者才能的差异导致。人们一般认为人力资本可反映出劳动者通过教育和培训获得的专业技能，并且它同样可反映出劳动者群体潜在的创业能力。这种情况下要完全移除这一解释中的"陈旧"部分就得为创业者这个概念建立一套理论。
>
> 当我们从历史角度看待经济增长与发展时，创业者的作用就凸显出来，创业能力也随之成为一种使特定人群能做出重大决定的个人能力。

接下来的分析试图从实证角度和对比角度对创业者"个人品质"提出质疑，例如根据创业者们来自的不同国家考察其教育背景。这些分析将有助于我们衡量高等教育体系对创业的影响。根据马克·卡森的观点，"创业者之所以会成为资本主义文化英雄在于他们能做到从白手起家到权势熏

① 参见卡森（Casson，1982：10）。

天"[①]。本章我们将根据实证研究对那些认为创业者是通过"白手起家"和"自我教育"实现成功的主张提出质疑与反对。阿兰·法约尔和伯纳德·叙勒蒙（Bernard Surlemont）认为只有"当创业者非常确定自己具备创业能力"并且"高等教育机构确实在这一过程中起到重要作用"时人们才会有创业意向。从这一观点看，考察创业者的高等教育背景也十分合理。[②]

首先我们会对分析的理论背景做出检验，其次我们会呈现调查结果以回答这些问题，最后我们还会从创业教育角度对这些结果做出解释。

一、理论背景

（一）创业者定义

第一个要解决的理论问题是本研究情境下创业者的定义。虽然创业者这一概念的同质性面临越来越多的质疑，[③] 本文依然会优先考虑约瑟夫·熊彼特（Joseph Schumpeter）于 1926 年提出的创业者模型，该模型中他将创业者定义为通过"创造性破坏"带来创新的那些人，[④] 他认为创业者一定是那些在市场内部通过实现新组合带来改变的创新者，这种新联结可能呈现多种形式，如引入新产品、改善其质量、实践新生产方式、开拓新市场、争夺新原料或新部件的货源或在新型产业中实现新组织形式。这一研究同时也和奥克塔夫·热利尼耶（Octave Gelinier）的观点相呼应，她主张每一个国家都有努力发展创业从而成为创业型国家的必要。[⑤]2000 年，在路易-雅克·菲利翁（Louis-Jacques Filion）和汉斯·兰斯特龙（Hans Landström）的研究基础上，阿兰·法约尔对三种不同的创业教育方式（创业是什么？谁是创业者？怎样创业？）进行分析，并指出如果从教育背景这个角度出发创业教育应采取"谁是创业者？"方式，这也正是本研究所赞成的创业教育方式。根据法约尔的观点，应通过创业者的行动和表现来对他们下定

① 参见卡森（Casson，1982：200）。
② 参见法约尔和叙勒蒙（Faylloe and Surlemont，2009：8）。
③ 参见阿塔梅尔和托里斯（Atamer and Torres，2007）。
④ 参见熊彼得（Schumpeter，1935）。
⑤ 参见热利尼耶（Gelinier，1976）。

义。[①] 这也将成为本文用来分析实证研究结果的方法，以此来考察不同国家文化环境是否确实会影响某些类型创业者的发展。

（二）"白手起家"型创业者对比"自我教育"型创业者

这两个概念看起来似乎很相近，但如果我们仔细分析会发现"白手起家"型创业者是在更宽泛的情境下提出的概念，暗含一个国家的社会、文化和历史背景，在本研究中就是指美国这个国家及其整个教育体系，这也是在本文研究范围内更倾向于使用"自我教育"型创业者概念的原因。此外，就接受教育类型而言，"自我教育"型创业者与在大学或商学院学习的创业者有很大不同。即使这是一个非常有意思的研究问题，但为保证本研究不偏离主题，我们将不会考察这方面的差异。

二、调查

（一）方法

A. 在不同国家间选择

我曾在 2007 年 9 月召开的亚博丁创业论坛上做过一次报告，并紧接着在 2008 年发表一篇文章，从那时起我就已经在做法国和英国的创业教育对比研究。[②] 选择这两个国家是为了考察两国不同的高等教育体系对其创业活动的影响。选择其他国家，包括美国、中国和加拿大是为了更加凸显英语母语国家和非英语母语国家间的文化差异。英语和法语在本研究里代表两国文化因素。加入中国作为研究对象一是为了加强东西方文化差异的对比，二是因为属于英语母语地区的中国香港地区创业者也是很关键的研究对象。加拿大则处于英语与法语两种语言的共同影响下，因此选择加拿大进行研究或许能看出哪种文化对创业的影响更大。

B. 数据收集

在对英国和法国的研究调查中，调查对象至少分别包括 50 名创业者。在有些国家搜集数据比较困难。福布斯世界排行榜提供大部分研究需要的

① 参见法约尔（Fayolle，2007）。
② 参见科隆（Coron，2008b）。

美国创业者信息，但在英国、加拿大和法国因为所需资料来源不同导致研究花费更多时间和精力。中国创业者信息最难找到，许多中国创业者的教育信息根本找不到，有时好不容易在公司网站或专门出版社找到信息也只提供中文版。

由于我研究的对象是成功创业者，因此我选择那些首次出现在福布斯榜单上的创业者而不是那些继承家族企业、没有自己“革新”的企业家。关于加拿大创业者，我查到的资料包括一份在网上找到的专业杂志名单[①]、教育机构提供的一份名单[②]和加拿大工业部网站上发布的一份关于加拿大制造业一些成功事例的参考文件。[③]通过加拿大在线百科全书和这些公司网站[④]，许多信息细节也得到证实。因为笔者确实别无选择才不得不参考不同来源的资料，因此本研究存在片面性。

表 9–1 全球前 20 位亿万富翁中的创业者数量（2008 年福布斯排行榜）

美国	中国香港	法国	加拿大	英国
4	1	1	0	0

表 9–2 全球前 50 位亿万富翁中的创业者数量（2008 年福布斯排行榜）

美国	中国香港	法国	加拿大	英国
22	3	3	1	1

表 9–1 和表 9–2 表明，美国创业者比其他国家创业者有更多机会成为亿万富翁。

另一个有意思的发现是在这项以财富总量作为成功指数的排名中，英国创业者的最高排名是第 107 位。最后，研究需要的中国创业者信息仍很难找到，这一方面因为这些网站通常都是中文版，另一方面也因为这些网

① 于 2008 年 9 月在 http：//canentrepreneur.blogspot.com/ 网站检索得到。

② 于 2008 年 8 月在 http://www.westmount.ci.yrdsb.edu.on.ca/entrepreneurs.html. 网站检索得到。

③ 于 2008 年 8 月在 http：//www.ic.gc.ca/epic/site/crghpm– gcrpfhp.nsf/en/h_at01212e.html. 网站检索得到。

④ 于 2008 年 8 月在 http：//www.thecanadianencyclopedia.com. 网站检索得到。

站的设计和安排不是非常标准。

C. 本研究中对创业者的分类

在附录中，本文根据一套特定分类方法对创业者下定义。“创始人”指那些创立一家公司的创业者；“继承人”则是那些继承一家公司的创业者；“收购人”则指收购一家公司的创业者。根据奥利维尔·巴索（Olivier Basso）的定义，“继承人”和“收购人”必须是“推动公司发展的人”，这样他们才能成为“公司内部的创新者”[①]以帮助公司蓬勃发展。

（二）结果

本章结尾的附录提供研究结果，表 9–3 同样展示这些结果并会帮助我们做进一步分析。

表 9–3　关于创业者培训背景的综合调查结果

	总计	无查询结果		中学教育		大学教育		工程学院或商学院		其他	
法国	58	3	5%	12	21%	21	36%	18	31%	4	7%
英国	62	5	8%	28	45%	24	39%	1	2%	4	6%
美国	64	0	0	14	21%	50	78%	1	1%	0	0
加拿大	51	2	4%	9	17%	31	61%	2	4%	7	14%
中国	52	21	40%	4	8%	20	38%	2	4%	5	10%

数据来源：作者自己的计算结果，也可参考科隆（Coron，2008b）。

研究结果中最令人意外的是绝大部分美国创业者上过大学，其比例高达 78%。此外，因为他们当中没有人属于表格中“查找不到”和“其他”这两个类别，所以他们教育和培训经历一目了然。加拿大是唯一可在这一项上与美国相提并论的国家，61% 的创业者都上过大学。法国、英国和中国则被远远甩在后面，比例分别为 36%、39% 和 38%，在高等教育对创业的重视方面这三个国家同样都处于落后地位。这一结果令人感到十分意外，因为从这种情况看，各国不同的教育系统组织方式似乎并不会对其促进创

① 参见巴索（Basso，2006，2007）。

业发展有什么影响，特别是法国和英国。法国大学的高入学门槛和英国大学的严格筛选条件对创业都会起到阻碍作用，特别是和美国、加拿大高等教育体系相比时，这种阻碍作用体现得更加明显。对于这一现象，我们能够想到的解释是相对于本研究中其他国家，美国和加拿大大学的学术课程大纲对创业更加重视。

调查结果中第二个值得注意的地方是绝大多数成功的英国创业者和中国创业者都是“自我教育型”创业者，其中45%的英国创业者只有中学文化水平，而40%的中国创业者则属于“无从考证”类型。由此可看出，英、中两国的创业者似乎并不认为有必要在各自国家的大学教育体系中对人力资本进行投资。但在法国情况却完全相反，以“工程学院和商学院”为例，有高达67%的创业者都具备高等教育学历，与加拿大和美国情况类似。但由于自身所具有的双重性特点，法国高等教育体系又与其他几个国家完全不同。因此，我们没有办法将这几个国家的教育体系与创业有关的话题进行同类比较，并且如果不对法国双重教育体系的各个方面做出更为仔细的考察，我们也很难对其和英美两国教育体系进行比较分析。

三、释义

（一）关于“无查询结果”类别

显然，有些功成名就的创业者不想公布自己的教育履历，但我最终还是决定将这类创业者保留在此次研究中，因为我觉得在这种刻意隐藏中也折射出一些潜在信息。鉴于除中国创业者以外绝大部分创业者的教育信息都是公开透明的，我将那些不愿公开教育履历的创业者们一律归到自我教育类型里。在中国，这类创业者所占比例最高，他们的教育信息仍是最难查到的，有一家中国企业甚至没有自己的网站。

（二）创业教育与少数群体

马克·卡森也曾这样写道：“成功创业者身上最有意思的一个共同特点是他们大部分出身于社会少数群体，这类群体往往会找到其他渠道以提升自己的社会地位。”[①] 研究结果还显示，创业背景与高等教育体系的结合可能会帮助来自少数群体的成员提升他们的社会地位。在英国，出身别国的创业者比例占 7%，远远低于法国的 15% 和美国的 16%。在中国，除去那些我们之后会讨论的移居香港的创业者，52 人中有一人是外国出身，加拿大则为 27%。因而，在加拿大、美国和法国，出身别国的成员有更便利的创业条件。

（三）高等教育系统的创业取向

本研究还考察不同培训体系对创业的影响并试图解答不同国家大学是否准备将学生培养成“创业者”的问题。我们发现一个有趣现象，2008 年福布斯排行榜上前 20 位的美国创业者中有 40% 为中学学历，远高于排名前 50 位美国创业者中的 21%。这些结果有可能颠覆研究的所有发现。因此，我们或许需要考察并重新定义“成功”或“相对成功”创业者的概念来解释这一矛盾。初步来看，在美国创立“成功企业”所需的一些品质和技能似乎并不能通过上大学获得，在这里“成功企业”这个概念通过创建企业所获得的个人收益来衡量，就如同福布斯排行榜一样。在美国，成为一个更加“卓越”的创业者所需的品质和技能并不仅仅通过美国高等教育体系就能完全获得，所以这些品质和技能的本质以及教授它们的方法仍有待探究。

紧跟其他研究，例如彼得曼（Peterman）和肯尼迪（Kennedy）在 2003 年的研究，莫罗（Moro）、波利（Poli）和伯纳迪（Bernardi）在 2004 年的研究，还有希蒂（Hytti）和库珀斯贾维（Kuopusjärvi）在 2004 年的研究，阿兰 · 法约尔在 2005 年对创业教育的作用提出质疑。本次实证研究试图测量并界定创业教育的作用，也许我们可了解各国创业者在接受创业教育后取得创业成功的比例并评论不同国家高等教育体系和分析它们之间的主要差异会对完成本次研究任务提供帮助。首先要提到的是，在法国要想进入大多数工程学院和商学院，学生需要参加一次选拔性考试，但如果只是要

① 参见卡森（Casson，1982：11）。

上普通大学则不需要参加考试。这也是我们认为法国教育体系具有双重性的原因。但在英国和美国，考取好大学时需要经过选拔。中国大学教育体系的难题在于供不应求，由于学生数量太过庞大，[①]并不是所有中国学生都能接受大学教育。我们还注意到，英国和中国的创业者并不会因没有学位而对创业畏手畏脚，但法国创业者会觉得拥有一个有力的教育培训背景创业才会更有把握。本研究中涉及的那些规模最小的公司就是这种情况。本研究还发现，对于没有相关培训背景的创业者，英国和中国的商业环境还是比较有利的，但在法国、加拿大和美国，情况则并不如此。而中、英两国文化背景又不相同，所以我们要考虑造成这一现象的原因，在中国会不会是因为高等教育供不应求，而在英国会不会是因为教育体系的选拔条件。创业者应采取措施来应对这两个障碍。

在加拿大和法国等国家，创业者们一般只负责创建公司，其后的管理和操作都交给其他专家，但在美国、英国和中国，公司创始人一般仍是公司负责人。因此，在福布斯排行榜上有很多美国和中国的亿万富翁创业者，但法国和加拿大的创业者则很少上榜。至于英国的情况，即使我们在榜单上找不到英国身家亿万的创业者，通过研究公司管理团队和董事会的组成也能清楚地看出，英国公司创业者也在公司中担任领导职位，这在加拿大和法国很少见。在为这种"文化"差异寻找解释时，我们也许需要在高等教育组织的研究中寻找答案并格外仔细考察各国教授商业知识的方法。再次重申，对本研究结果的分析可帮助我们根据各国不同文化背景总结出各国创业者们的教育历程趋势。不过，更深入地分析各国高等教育体系培养的特定品质与技能或许是未来研究很有意思的一个角度。这样看来，我们似乎确实需要弄清各国高等教育的特点以确定我们是否能在该领域进行对比研究。

（四）高等教育背景与创业活动

这一研究还揭示了高等教育对创业的帮助。通过仔细观察接受过大学

① 见科隆（Coron，2008a）。

教育的创业者，我们可以探索他们选择的课程是否真的与他们参与的活动相匹配。在法国，在上过大学、商学院或工程学院的学生中仅有 36% 的人的学历是和他们从事的职业紧密相关的，许多工程师从事的领域与他们在学校的培训并不相关。高等教育与创业活动的匹配度在英国为 48%，美国为 67% 且大多数学生都拿到工商管理硕士文凭，中国为 64%，加拿大为 58%。因此，这项指标在各国都有提升空间，尤其是法国，因为法国高等教育对创业的重视程度还是远远低于其他国家。

（五）高等教育环境与人脉网络的重要性

本研究还帮助我们衡量大学人脉网络在创业活动中的作用。我们考察加拿大的两种大学人脉网络。首先，"斯平玛斯特有限责任公司（Spin Master Ltd）可追溯至 1994 年，由三名大学好友共同创建，起始资金为 10000 美元"。

在美国，成功企业的创始阶段一般都是由几名大学好友组成团队共同完成，这些资料都可在福布斯网站上查到。例如，乔治·罗伯茨（George Roberts）和约翰·萨尔（John Sall）"在北卡罗来纳州遇到当时是研究生的詹姆斯·古德奈特（James Goodnight），后者成为他们的合作伙伴并于 1976 年共同创立赛仕软件研究所（SAS Institute）"。理查德·德沃斯（Richard DeVos）则和他高中好友杰·凡·安德罗（Jay Van Andelto）一起创立安利公司（Amway），它成为化妆品和营养品供货直销商巨头。比尔·盖茨（Bill Gates）和保罗·艾伦（Paul Allen）在大学相识，并共同辍学创立微软公司。伦纳德·布拉瓦尼克（Leonard Blavatnik）在从苏联来到美国后与他当年的哈佛校友、如今的亿万富翁维克托·斐克塞伯格（Victor Vekselberg）搭档。还有"谢尔盖·布林（Sergey Brin）和他的搭档拉里·佩奇（Larry Page）是在斯坦福大学计算机科学博士项目中认识的"。

在中国，郭广昌与他的复旦研究生伙伴们于 1992 年共同创立复星集团（Fosun）。在研究加拿大普莱特姆电脑公司（platform computing）时我们甚至遇到一个有着跨文化背景的案例，这家公司由三名中国学生周松年、王敬文和吴冰于 1992 年共同创建，此后周松年去了伯克利大学，王敬文则被中国西北工业大学计算机科学系录取，继续攻读博士，其后成为普渡大学计算机科学系博士后。

因此我们可发现，有一些国家的社会文化和高等教育背景要比其他国家更有利于创业人脉网络的发展。例如在探讨中国背景时，我们也许会提及“家庭”的重要性，而对它的理解需要基于“关系”这一概念。[①] 在美国，大学人脉网络同样对创业发展有很重要的作用，美国大学人脉网络在文化和社会方面的作用似乎比其他国家还要更强。

四、结论

本研究显示，加拿大、美国和法国的创业导向更有利于出身别国的个人。英国和中国的“自我教育”型创业者数量最多。美国创业者中接受过大学教育的人数最多，因而美国创业者也可说是受教育程度最高的创业者群体，紧随其后的是法国和加拿大的创业者。最后，从创业教育角度看，最为相似的国家（地区）是英国与中国香港（其中 35% 的中国创业者来自香港地区）以及美国与加拿大。法国创业教育体系与其他几个国家的都很不同，它的双重性导致在本研究范围内我们无法将它和其他任何一国教育体系进行有意义的对比。为进行一个完整的分析，我们还有必要进行更加细致的研究，以了解各国不同教育体系培养出来的不同创业品质和能力。这些后续研究可帮助我们区分不同创业能力，尤其是在某一特定教育、社会和文化背景下的能力。

当我们考察大学教育体系对创业的重视程度时，研究结果显示本研究中所有国家在这方面都有进步空间，特别是在创业领域远远落后于其他国家的法国。在英国和美国，大学毕业生身份意味着你也许会有机会接触社会关系网进而为今后创业提供助力，法国工程学院和商学院的毕业生也是如此，但普通大学毕业生却不一定。在中国和加拿大，大学毕业生这一身

① “关系”一词通常被译为“relationship”（关系），但该词在一个社会结构由强弱社会关系构成的社会中，蕴含许多微妙的意义。见费等（Fei *et al.*，1947:22），汉密尔顿和舒（Hamilton and Shu，1992：95—12）。

份对创业的推进作用就更弱。

总体来说，本研究发现，虽然美国和英国有相同的语言背景，但二者的高等教育体系对创业的重视程度仍有许多差异。不同国家在该领域都有各自的特点。

从创业教育角度看，本研究表明，如果我们同意本章先前所述的“成功创业者”定义，那么美国高等教育体系可能要比英国的更高效。本研究还提出法国教育体系的双重性问题。但在此处还要再强调一遍，为给这一研究问题提供更多资料，有必要进行更为深入的研究，尤其是对各国学术课程大纲的对比研究。

从理论角度说，或许我们最终还是同意马克·卡森的观点，即“人力资本”内部劳动者才能是有差异的，特别是就“创业能力”而言。但创业者似乎不再被人们看作是“可从白手起家到权势熏天的”“资本主义文化英雄”，尤其是当我们考察美国、加拿大和法国的创业者类型时。我们更应遵照阿兰·法约尔和路易－雅克·菲利安的“普通”创业者理论，把创业看作一种真正的职业。根据这一理论，我们每个人都天生具备创业的能力，为成为真正的创业者，需要对这些能力进行后天发掘。① 如果我们在这一点上达成共识，接下来需要解决的问题首先就是这些创业能力的本质，其次是培养和教授这些能力的方法。我们要记住卡罗琳·韦扎特（Caroline Verzat）最近提出的这句话，“创业型大学并不是一个自相矛盾的说法”。②

参考文献

Atamer, T. and O. Torres (2007), “Modèles d’entrepreneuriat et mondialisation”, *Les Echos,* Supplément *L’art d’entreprendre*, 31 May, pp. 7–8.

Basso, O. (2006), *“Le Manager Entrepreneur”: entre discours et réalité, diriger en entrepreneur,* London: Pearson Education.

Basso, O. (2007), “Le manager-entrepreneur: une contradiction dans les termes?”, *Les*

① 参见法约尔和菲利翁（Fayolle and Fillion，2006）。

② 参见韦扎特（Verzat，2009：27）。

Echos, Supplément *L'art d'entreprendre,* 21 June, pp. 2–3.

Casson, M. (1982), *The Entrepreneur: An Economic Theory, Aldershot*, UK and Brookfield, VT, USA: Edward Elgar.

Coron, C. (2008a), "The economic impact of Chinese students' circular migration in the UK", presentation at Joint CAS-CEFC-CERVEPAS Workshop cum The Fourth Chinese Business History Forum on "Economic dynamism in the Sinospheres and Anglospheres: identities, integration and competition"in Hong Kong in September (article to be published).

Coron, C. (2008b), "The impact of education and training systems on entrepreneurship: a comparative approach between the United Kingdom and France", *Journal of Asia Entrepreneurship and Sustainability*, 4 (2), 4–39, available at: http://www.asiaentrepreneurshipjournal.com/AJESIV2008aberdeen.pdf (accessed May 2009).

Fayolle, A. (2000), "Processus entrepreneurial et recherche en entrepreuneuriat: les apports d'une approche perceptuelle et empirique du domaine", presentation to CIFPME 2000 Conference, Lille, 25–27 October.

Fayolle, A. (2005), "Evaluation of entrepreneurship education: behaviour performing or intention increasing?", *International Journal of Entrepreneurship and Small Business*, 2 (1), 89–98.

Fayolle, A. (2007), "L'entrepreneur, ferment de l'économie et de la société", *Les Echos, Supplément L'art d'entreprendre*, 31 May, pp. 2–3.

Fayolle, A. and L.J. Filion (2006), *Devenir Entrepreneur*, Paris: Pearson Education France.

Fayolle, A. and B. Surlemont (2009), "Le mythe de l'entrepreneur rationnel", *L'Expansion Entrepreneuriat*, (1),pp. 6–13.

Fei, X., G.G. Hamilton and Z. Wang (1947), *From the Soil, the Foundations of Chinese Society, Berkeley*, CA:University of California Press.

Gélinier, O. (1976), *Stratégie sociale de l'entreprise*, Paris: Hommes et Techniques.

Hamilton, G. and K.S. Shu (1992), "The institutional foundations of Chinese business: the family farm in Taiwan", *Comparative Social Research*, 12, 95–112.

Hytti, U. and P. Kuopusjärvi (2004), "Evaluating and measuring entrepreneurship and enterprise education:methods, tools and practices", available at: www.entreva.net (accessed 20 July 2008).

Moro, D., A. Poli and C. Bernardi (2004), "Training the future entrepreneur", *International Journal Of Entrepreneurship and Small Business*, 1 (1/2), 192–205.

Peterman, N.E. and J. Kennedy (2003), "Enterprise education: influencing students' perceptions of entrepre-neurship", *Entrepreneurship Theory and Practice*, 28 (2), 129–144.

Schumpeter, J. (1935), *Théorie de l'évolution économique*, Paris: Dalloz.

Verzat, C. (2009), "Université entrepreneuriale n'est pas un oxymoron", *L'Expansion Entrepreneuriat*, (1),27–34.

网址

http：//www.forbes.com

美国

http：//www.blackstone.com/team/pdfs/schwarzman_stephen.pdf

http：//www.usnews.com/usnews/biztech/articles/040216/16eeupdate.htm

http：//www.zoetrope.com/index.cgi

中国

http：//www.ckh.com.hk/eng/about/about_chairman.htm

http：//projetscours.fsa.ulaval.ca/gie- 64375/Chinois- riches/quisontils.html

http：//www.chine- informations.com/actualite/les- hommes- les- plus- riches-de- chine_7877.html

http：//www.chine- informations.com/guide/chine- panshiyi_1870.html

http：//www.chineseestates.com/

http：//www.fubon.com/eng/group/overview.htm

http：//chinaentrepreneur.blogspot.com/2008/06/lu- zhiqiang- oceanwide- group-part- 3.html

http：//www.gome.com.hk/eng/

http：//www.sohochina.com/en/about/index.asp

http：//www.chinavitae.com/biography/Liu_Yonghao%7C513

http：//www.ldksolar.com/Board%20of%20Directors.html

http：//www.fosun- international.com/en/company/leadership.asp

http：//investing.businessweek.com/research/stocks/private/snapshot.asp?privcapId=34902484

http：//ir.baidu.com/phoenix.zhtml?c=188488&p=irol- govBio&ID=143589

http：//www.fosun.com/en/company/history.asp

http：//www.agile.com.cn/yw/EGyyjl/EFzlc/Index.html

http：//www.wanxiang.com/wallstreet.html

http：//global.midea.com.cn/midea/about/aboutMidea_GroupProfi le.jsp

加拿大

http：//www.britannica.com/

http：//www.thecanadianencyclopedia.com/

http：//www.weston.ca/en/abt_corprof.html

http：//www.biographi.ca

http：//www.jimpattison.com/

http：//www.performancebourse.com/biographie/paul- desmarais，21.html

http：//www.lepoint.fr/actualites-economie/une-legende-du-monde-des-affaires-parle/916/0/255995

http：//www.bombardier.com

http：//www.platform.com

http：//bilan.usherbrooke.ca

http：//www.participantmedia.com

http：//www.sleepcountry.ca

http：//www.cineplex.com

http：//www.imax.com

http：//agora.qc.ca

http：//www.timhortons.com

http：//www.lindalundstrom.com/llinda/designer.html

http：//www.lickshomeburgers.com

http：//www.slice.ca

http：//www.chapters.indigo.ca

http：//www.cbc.ca

http：//www.citylifemagazine.ca/sucessstory_joe.php

http：//smithsonianchips.si.edu/ice/cd/PROF97/NORTHAM.pdf

http：//www.nytimes.com

http：//www.magna.com/magna/en/about/founder/default.aspx

http：//www.bwalk.com

http：//www.businessedge.ca/article.cfm/newsID/3355.cfm

http：//www.sierrawireless.com

http：//www.gennum.com

http：//www.fundinguniverse.com

http：//www.mosaid.com/corporate/about/profi le.php

http：//www.spinmaster.com/

http：//www.opentext.com

http：//history.siam.org/oralhistories/gonnet.htm

附录

表 9A–1　美国、中国和加拿大创业者教育和培训经历对比调查

美国创业者	人名/行业/分类方法	教育	国籍
1	沃伦·巴菲特（Warren Buffet） 金融投资 伯克希尔·哈撒韦（Berkshire Hathaway） 操盘手和开发者	内布拉斯加大学林肯分校，文/理学学士 哥伦比亚大学，理学硕士	美国
2	比尔·盖茨（Bill Gates） 软件 共同创立微软公司（Microsoft） 创始人	哈佛大学辍学学生	美国
3	谢尔登·埃德森（Sheldon Adelson） 赌博/休闲 拉斯维加斯金沙集团（Las Vegas Sands） 创始人和开发商	纽约城市学院辍学学生	美国
4	劳伦斯·埃里森（Lawrence Ellison） 软件 甲骨文公司（Oracle） 商人和开发商	伊利诺伊大学辍学学生	美国
5	谢尔盖·布林（Sergey Brin） 技术 与拉里·佩奇（Larry Page）共同创立 谷歌公司（Google） 创始人	马里兰大学，文/理学学士 斯坦福大学，理学硕士	美国（俄罗斯裔）
6	拉里·佩奇（Larry Page） 技术 与谢尔盖·布林（Sergey Brin）共同创立 谷歌公司（Google） 创始人	密歇根大学，文/理学学士 斯坦福大学，理学硕士	美国
7	弗雷德·科赫（Fred C. Koch） 石油/天然气 发明从重油中精炼得汽油的方法 于 1943 年创建科氏工业集团（Koch Industries） 创始人	麻省理工学院	美国

续表

美国创业者	人名/行业/分类方法	教育	国籍
8	查尔斯·科赫（Charles Koch） 石油 / 天然气 弗雷德·科赫之子 继承人和开发商	麻省理工学院，文 / 理学学士 麻省理工学院，理学硕士	美国
9	大卫·科赫（David Koch） 制造业 弗雷德·科赫之子 继承人和开发商	麻省理工学院，文 / 理学学士 麻省理工学，院理学硕士	美国
10	迈克尔·戴尔（Michael Dell） 技术 创建戴尔公司（Dell） 创始人	得克萨斯大学奥斯汀分校辍学学生	美国
11	保罗·艾伦（Paul Allen） 软件 共同创立微软公司（Microsoft） 创始人	华盛顿州立大学辍学学生	美国
12	柯克·科克莱恩（Kirk Kerkorian） 投资 商人	高中学历 八年级时辍学	美国，亚美尼亚移民之子
13	史蒂文·巴姆勒（Steven Ballmer） 软件 商人	哈佛大学，文学学士 斯坦福大学，工商管理学硕士	美国
14	卡尔·伊坎（Carl Icahn） 投资 商人	普林斯顿大学，文 / 理学学士（哲学） 纽约大学辍学学生	美国
15	杰克·泰勒（Jack Taylor） 服务业 创建汽车租赁公司（Rent-A-Car） 创始人	华盛顿大学辍学学生	美国
16	唐纳德·布伦（Donald Bren） 房地产 商人和开发商	华盛顿大学，文 / 理学学士	美国
17	迈克尔·彭博（Michael Bloomberg） 传媒 于 1987 年创建彭博通讯社（Bloomberg） 创始人	约翰霍普金斯大学，文 / 理学学士 哈佛大学，工商管理学硕士	美国

续表

美国创业者	人名/行业/分类方法	教育	国籍
18	乔治·凯泽（George Kaiser） 石油 / 天然气 继承人和开发商	哈佛大学，文 / 理学学士 哈佛大学，工商管理学硕士	美国，与家人于1938年逃离纳粹
19	菲利普·奈特（Philip Knight） 服饰 于1964年创建耐克（Nike） 创始人	俄勒冈大学，文 / 理学学士 斯坦福大学，工商管理学硕士	美国
20	爱德华·约翰逊三世（Edward Johnson III） 金融 富达基金（Fidelity） 继承人和开发商	哈佛大学，文 / 理学学士	美国
21	查尔斯·厄根（Charles Ergen） 传媒 / 娱乐 创建艾科斯达公司（EchoStar） 创始人	田纳西大学，文 / 理学学士 维克森林大学，工商管理学硕士	美国
22	约翰·克鲁格（John Kluge） 传媒 / 娱乐 美国媒体国际集团公司（Metromedia） 商人	哥伦比亚大学，文 / 理学学士	美国，德国移民
23	罗纳德·佩雷尔曼（Ronald Perelman） 投资 杠杆收购（Leveraged buyouts） 商人	宾夕法尼亚大学，文 / 理学学士 宾夕法尼亚沃顿商学院，工商管理学硕士	美国
24	乔治·索罗斯（George Soros） 金融 对冲基金 商人	伦敦经济学院，文 / 理学学士	美国，出生于布达佩斯，与家人从纳粹占领匈牙利中存活下来
25	詹姆斯·古德纳特（James Goodnight） 技术 于1976年共同创建赛仕软件研究所（SAS Institute） 创始人	北卡罗来纳州立大学，文 / 理学学士 北卡罗来纳州立大学，博士学位	美国

续表

美国创业者	人名/行业/分类方法	教育	国籍
26	鲁伯特·默多克（Rupert Murdoch） 传媒/娱乐 新闻集团（New Corp） 商人	牛津大学，文/理学学士 牛津大学，文学硕士	美国，出生于澳大利亚
27	杰夫·贝佐斯（Jeffrey Bezos） 技术 创建亚马逊（Amazon） 创始人	普林斯顿大学，文/理学学士	美国
28	伦纳德·布拉瓦尼克（Leonard Blavatnik） 石油/天然气 于1986年创建通路实业（Access Industries） 创始人	莫斯科国立大学，文/理学学士 哈佛大学，工商管理学硕士	美国，于1978年从俄罗斯移民至美国
29	丹·邓肯（Dan Duncan） 石油/天然气 于1968年创建“企业产品伙伴”公司（Enterprise Products Partner） 创始人	梅西商业学院	美国
30	皮埃尔·奥米迪亚（Pierre Omidyar） 技术 易贝（eBay）（1995） 创始人	塔夫斯大学，文/理学学士	美国，生于法国
31	菲利浦·安舒茨（Philip Anschutz） 投资 继承人和商人	堪萨斯大学，文/理学学士	美国
32	小约翰·梅纳德（John Menard Jr） 零售业 与1972年创建五金连锁店梅纳兹（Menard’s） 创始人	威斯康星大学，文/理学学士	美国
33	哈罗德·西蒙斯（Harold Simmons） 投资 商人	得克萨斯大学奥斯汀分校，文/理学学士 得克萨斯大学奥斯汀分校，理学硕士	美国

续表

美国创业者	人名/行业/分类方法	教育	国籍
34	史蒂文・科恩（Steven Cohen） 投资 对冲基金 于 1992 年创建对冲基金赛克资本公司（SAC Capital） 创始人	宾夕法尼亚沃顿商学院，文 / 理学学士	美国
35	萨莫・雷石东（Summer Redstone） 传媒 / 娱乐 维亚康姆（Viacom） 继承人和开发商	哈佛大学，文 / 理学学士 哈佛大学，法理学博士	美国
36	艾利・布罗德（Eli Broad） 房地产 共同创建考夫曼与布罗德公司（Kaufman and Broad） 创始人	密歇根州立大学，文 / 理学学士 密歇根州立大学	美国，立陶宛移民之子
37	史蒂夫・施瓦茨曼（Stephen Schwarzman） 金融 于 1985 年共同创建黑石集团（Blackstone Group Management） 创始人	耶鲁大学，文 / 理学学士	美国
38	大卫・格芬（David Geffen） 传媒 / 娱乐 于 1995 年共同创建梦工厂（DreamWorks） 创始人	得克萨斯大学奥斯汀分校辍学学生	美国
39	塞缪尔・泽尔（Samuel Zell） 房地产 商人	密歇根大学，文 / 理学学士 密歇根大学，法理学博士	美国，纳粹入侵波兰前几周逃往美国
40	查尔斯・施瓦布（Charles Schwab） 金融 于 1971 年创建查尔斯・施瓦布折扣经纪公司（Charles Schwab discount brokerage firm） 创始人	斯坦福大学，文 / 理学学士 斯坦福大学，工商管理学硕士	美国
41	亨利・克拉维斯（Henry Kravis） 金融 于 1976 年共同创建杠杆收购公司科尔伯格・克拉维斯集团（Kohlberg Kravis Roberts） 创始人	克莱蒙特麦肯纳学院，文 / 理学学士 哥伦比亚大学，工商管理学硕士	美国

续表

美国创业者	人名/行业/分类方法	教育	国籍
42	乔治·罗伯茨（George Roberts） 金融 杠杆收购 于1976年共同创建杠杆收购公司科尔伯格·克拉维斯集团 创始人	克莱蒙特麦肯纳学院，文/理学学士 加州大学黑斯廷斯分校，法理学博士	美国
43	詹姆斯·西蒙斯（James Simons） 投资 对冲基金 于1982年创建文艺复兴科技公司（Renaissance Technologies） 创始人	麻省理工学院，文/理学学士 加州大学伯克利分校，博士学位	美国
44	史蒂夫·乔布斯（Steven Jobs） 技术 于1976年共同创建苹果公司（Apple）	瑞德大学辍学学生	美国
45	罗伯特·霍尔丁（Robert Holding） 石油/天然气 商人和开发商	犹他大学，文/理学学士	美国
46	帕特里克·麦戈文（Patrick McGovern） 传媒/娱乐 于1964年创建美国国际数据集团（International Data Group） 创始人	麻省理工学院，文/理学学士	美国
47	大卫·默多克（David Murdock） 投资 商人	高中辍学	美国
48	威廉·库克（William Cook） 医疗 于1963年创建库克集团（Cook Group） 创始人	西北大学，文/理学学士	美国
49	查尔斯·约翰逊（Charles Johnson） 金融 富兰克林资源公司（Franklin Resources） 继承者和开发商	耶鲁大学，文/理学学士	美国

续表

美国创业者	人名/行业/分类方法	教育	国籍
50	保罗・米尔斯坦（Paul Milstein） 房地产 继承者和开发商	纽约大学辍学学生	美国
51	斯蒂芬・罗斯（Stephen Ross） 房地产 于1972年创建瑞联集团 （Related Companies） 创始人	密歇根大学，文/理学学士 韦恩州立大学，法理学博士	美国
52	哈罗德・汉姆（Harold Hamm） 石油/天然气 于1966年创建哈罗德哈姆卡车运油服务公司 （Harold Hamm Tank Truck Service） 创始人	菲利普斯学院，文/理学学士 西北俄克拉何马州立大学，文学硕士	美国
53	约翰・萨尔（John Sall） 技术 于1976年共同创建赛仕软件研究所 （SAS Institute） 创始人	贝洛伊特学院，文/理学学士 北伊利诺伊大学，工商管理学硕士	美国
54	亨利・罗斯・佩罗（Henry Ross Perot） 投资 于1962年创建电子数据系统 （Electronic Data Systems） 创始人	美国海军学院，文/理学学士	美国
55	拉夫・劳伦（Ralph Lauren） 时尚 于1967年创建保罗（Polo） 创始人	高中学历	美国，俄罗斯移民之子
56	泰・沃纳（Ty Warner） （玩具）生产商 于1986年成立泰股份有限公司（Ty Inc.） 创始人	卡拉马祖学院，文/理学学士	美国
57	利昂・布莱克（Leon Black） 金融 杠杆收购 于1990年创建阿波罗投资管理有限公司 （Apollo Management） 创始人	达特茅斯学院，文/理学学士	美国

续表

美国创业者	人名/行业/分类方法	教育	国籍
58	雷·达里奥（Ray Dalio） 投资 对冲基金 于1975年创立桥水公司 （Bridgewater Associates） 创始人	长岛大学，文/理学学士 哈佛大学，工商管理学硕士	美国
59	乔治·卢卡斯（George Lucas） 传媒/娱乐 于1969年共同创建美洲西洋镜公司 （American Zoetrope） 创始人	南加州大学，文/理学学士	美国
60	斯蒂芬·韦恩（Stephen Wynn） 赌博 休闲 商人	宾夕法尼亚大学，文/理学学士	美国
61	约翰·辛普劳（John Simplot） 食品 于1945年创建辛普劳食品加工有限公司 （J R Simplot Company） 创始人	高中辍学学生	美国
62	理查德·狄维士（Richard DeVos） 服务业 于1959年共同创建安利（Amway） （今安达高）公司 创始人	卡尔文学院	美国
63	戈登·摩尔（Gordon Moore） 技术 于1968年共同创建英特尔（Inter） 创始人	加州大学伯克利分校，文/理学学士 美国加州理工学院，博士学位	美国
64	斯蒂文·乌德华·哈泽 （Steven Udvar-Hazy） 服务业 于1973年共同创建国际租赁金融公司 （International lease Finance） 创始人	加州大学洛杉矶分校，文/理学学士	美国，出生于布达佩斯

中国创业者	人名/行业/分类方法	教育	国籍
1	李嘉诚 多元化 长江实业集团有限公司 于 1950 创建长江实业 创始人	高中辍学学生	中国 香港
2	郭炳湘 房地产 创建新鸿基集团 创始人	伦敦大学，理学硕士 香港大学，工程师学位	中国 香港
3	李兆基 房地产 创建恒基兆业发展 有限公司 创始人	无	中国 香港
4	何鸿燊 博彩 / 休闲 澳门博彩控股有限公司 创始人	香港大学辍学学生 学习英语、日语和葡萄 牙语	中国 香港
5	郑裕彤 房地产 于 1970 年创建香港新世界发展有限公司 创始人	珠宝发家	中国 香港
6	杨国强 房地产 于 1995 年创建碧桂园 创始人	农民和工人	中国
7	郭台铭 技术 于 1974 年在台湾创建鸿海精密集团 创始人	无	中国 台湾
8	王永庆、王永在 化学药品 于 1954 年创建台湾塑胶工业股份有限公司 创始人	学校教育	中国 台湾

续表

中国创业者	人名/行业/分类方法	教育	国籍
9	张近东 制造业 于 1990 年创建苏宁电器 创始人	南京师范大学，文 / 理学学士	中国
10	吴光正 房地产 继承者和开发商	辛辛那提大学（物理和数学） 哥伦比亚大学（工商管理学硕士）	中国 香港
11	刘銮雄 房地产 于 1978 年创建房地产华人置业集团有限公司 创始人	加拿大温莎大学，理学学士	中国 香港
12	蔡万才 金融 银行业 于 1961 年创建富邦金融集团 创始人	台湾大学	中国 台湾
13	卢志强 建筑业 创建中国泛海控股集团有限公司 创始人	复旦大学，理学硕士	中国
14	黄光裕 零售业 于 1987 年创建国美电器 创始人	出生于广东一个贫苦的农民家庭，于 1986 年与其兄进军电器零售业，买入价值五百美元的手表盒收音机后将其销往内蒙古（http://www.asiasocietysocal.org/index.php?id=170）	中国 广东
15	陈廷骅 纺织业 房地产 于 1954 年创建南丰集团 继承者和开发商	无	中国 香港

续表

中国创业者	人名/行业/分类方法	教育	国籍
16	黄伟 房地产 商人	无	中国
17	邢李原 服饰 思捷 商人	无	中国 香港
18	张力 房地产 于创始人 1994 年共同创建广州富力地产股份有限公司	无	中国 广州
19	梁稳根 机械制造业 于 1989 年共同创建三一重工股份有限公司 创始人	中南大学，文 / 理学学士	中国 长沙
20	张欣 房地产 于 1995 年共同创建 SOHO 中国有限公司 创始人	苏塞克斯大学，文 / 理学学士 剑桥大学，文学硕士	中国 北京
21	李思廉 房地产 共同创建广州富力地产股份有限公司 创始人	香港大学	中国 香港
22	施正荣 太阳能 于 2001 年创建尚德电力控股有限公司 为中国太阳能电池板生产光电池 创始人	吉林大学，文 / 理学学士 澳大利亚新南威尔士大学，博士学位	澳大利亚公民，生于、居住于中国无锡
23	史玉柱 在线赌博 于 1991 年创建珠海巨人高科技集团公司 创始人	浙江大学，理学学士（数学）	中国 上海
24	冯国纶 分销 服饰 利丰集团 继承者和开发商	普林斯顿大学，文 / 理学学士 哈佛大学，工商管理学硕士	中国 香港

续表

中国创业者	人名/行业/分类方法	教育	国籍
25	刘永好 农业 于 1982 年共同创建希望集团有限公司 创始人	四川工程职业技术学院	中国 成都
26	曹德旺 制造业 商人	无	中国 香港
27	彭小峰 太阳能 于 2005 年创建赛维集团 创始人	江西省外贸学校 北京大学，工商管理学硕士	中国 新余
28	邓耀 鞋类零售 于 1991 年共同创建百丽国际 创始人	无	中国 香港
29	郭广昌 于 1992 年共同创建复星集团 创始人	复旦大学，哲学文学学士 工商管理学硕士	中国 上海
30	张茵 于 1995 年共同创建造纸厂玖龙纸业 创始人	无	中国 香港
31	朱孟依 于 1992 年创建合生创展集团有限公司 创始人	先前为政府官员	中国 广州
32	陈发树 采矿业 创建紫金矿业 创始人	无	中国 福州
33	孔健岷 共同创建合景泰富地产 创始人	计算机科学专业	中国 广州
34	刘永行 农业（动物饲料） 与其三兄弟共同创建东方希望集团 创始人	无	中国 成都

续表

中国创业者	人名/行业/分类方法	教育	国籍
35	李彦宏 技术 创建百度公司 中国最大的互联网搜索引擎 创始人	纽约州立大学布法罗州立学院，计算机科学理学硕士 北京大学，信息管理理学学士	中国 北京
36	张成飞 共同创建造纸厂玖龙纸业 创始人	无	中国 东莞
37	林立 保险 平安保险 商人	无	中国 深圳
38	陈卓林 房地产 于 1985 年创建雅居乐地产控股有限公司 创始人	无	中国 香港
39	张松桥 中渝置地 （无可靠信息）	无	中国 香港
40	刘沧龙 化工产品 四川宏达集团 （无可靠信息）	无	中国 成都
41	张桂平 苏宁环球股份有限公司 （无可靠信息）	无	中国 南京
42	朱林瑶 华宝国际集团 （无可靠信息）	无	中国 香港
43	苗连生 太阳能 于 1998 年创建英利新能源有限公司 创始人	北京经济学院，商业管理学学士 北京大学	中国 保定

续表

中国创业者	人名/行业/分类方法	教育	国籍
44	梁信军 制药 于 1992 年创建复星国际有限公司 创始人	复旦大学	中国 上海
45	鲜扬 煤炭 于 2000 年创建恒鼎实业国际发展有限公司 创始人	四川人民警察学校 曾任海关人员	中国 攀枝花
46	鲁冠球 汽车配件 于 20 世纪 60 年代创建万向集团	从一家修自行车的小铺子开始发展	中国 杭州
47	何享健 于 1968 年创建美的集团 创始人	无	中国 佛山
48	高德康 服饰 于 1975 年创建波司登集团 创始人	无	中国 上海
49	李新炎 于 1993 年创建中国工程机械制造公司 创始人	无	中国 上海
50	潘石屹 房地产 于 1995 年与其妻子共同创建 SOHO 中国有限公司 创始人	兰州工程学校，工程师学位 在大学一个职业项目中进行专门研究后赢得奖学金	中国 北京
51	荣智健 技术 软件 于 1978 年共同创建爱卡电子厂 于 1982 年在加利福尼亚创建自动设计有限责任公司 创始人	天津大学	中国 香港

续表

中国创业者	人名/行业/分类方法	教育	国籍
52	丁磊 技术 于 1997 年 26 岁时创建网易 创始人	电子科技大学	中国

加拿大创业者	人名/行业/分类方法	教育	国籍
1	肯尼斯·罗伊·汤姆森（Kenneth Roy Thomson） 传媒 / 娱乐 于 1976 年成为汤姆森集团（Thompson Corp.）的负责人 继承者和开发商	英国剑桥大学圣约翰学院 法律硕士学位	安大略
2	乔治·威斯顿（George Weston） 食品加工和分销 于 1882 年创建乔治威斯顿公司（George Weston Ltd） 创始人	12 年级时离开高中	多伦多
3	肯尼斯·科林·欧文（Kenneth Colin Irving） 木业和造纸工业 传媒 于 1924 年创建欧文石油有限公司（Irving Oil Co.） 于 1951 年创建欧文纸浆和造纸有限公司（Irving Pulp and Paper Ltd） 创始人	"一战"期间前往英国参加皇家陆军航空队之前，在戴尔豪西大学和阿卡迪亚大学短暂学习	新不伦瑞克省圣约翰
4	吉姆·帕蒂森（Jim Pattison） 多元化 于 1961 年创建帕蒂森集团（Pattison Group） 创始人	英属哥伦比亚大学	温哥华
5	保罗·迪马雷斯（Paul Desmarais） 金融 创建鲍尔集团（Power Corporation） 创始人	渥太华大学，文 / 理学学士	蒙特利尔

续表

加拿大创业者	人名/行业/分类方法	教育	国籍
6	迈克·拉扎里迪斯（Mike Lazaridis） 技术 创建黑莓行动研究公司（Blackberry Research Maker in Motion） 创始人	滑铁卢大学，文/理学学士	滑铁卢，出生于土耳其，父母为希腊人
7	杰弗里·斯克尔（Jeffrey Skoll） 电影业 于2004年创建独立电影制作公司“参与者制片公司”（Participant Productions） 创始人	多伦多大学，文/理学学士 斯坦福大学，工商管理学硕士	加拿大，居住在美国
8	詹姆斯·巴尔西利（James Balsillie） 技术 黑莓行动研究公司（Blackberry Research Maker in Motion） 联合首席执行官 商人	多伦多大学，文/理学学士 哈佛大学，工商管理学硕士	滑铁卢
9	伯纳德·谢尔曼（Bernard Sherman） 制药业 于1974年创建奥贝泰克制药有限公司（Apotex） 创始人	多伦多大学，文/理学学士 麻省理工学院，博士学位	多伦多
10	罗伯特·米勒（Robert Miller） 技术 于1968年创建富昌电子有限公司（Future Electronics） 创始人	莱德大学，文/理学学士	蒙特利尔
11	斯蒂芬·加里斯洛夫斯基（Stephen Jarilowsky） 金融 资产管理 于1954年创建加里斯洛夫斯基－弗雷泽公司（Jarislowsky Fraser） 创始人	康奈尔大学，文/理学学士 哈佛大学，工商管理学硕士	蒙特利尔，出生于柏林

续表

加拿大创业者	人名/行业/分类方法	教育	国籍
12	约瑟夫－阿曼达·庞巴迪（Joseph-Amand Bombardier） 航空航天和国防 庞巴迪 于 1942 年创建庞巴迪宇航公司（L'Auto-Neige Bombardier Limitée） 创始人	自我教育	魁北克
13	周松年 技术 于 1992 年共同创建平台计算公司（Platform Computing Inc.） 创始人	在美国加州大学伯克利分校发表博士论文《分布式的计算系统中共享的动态负载》	安大略省马卡姆，出生于中国
14	王敬文 技术 于 1992 共同创建平台计算公司（Platform Computing Inc.） 创始人	中国西北工业大学，计算机科学博士学位 普渡大学计算机科学学院，博士后	安大略省马卡姆，出生于中国
15	塞缪尔·布朗夫曼（Samuel Bronfman） 蒸馏 于 1924 年创建蒸馏器有限公司（Distillers Corporation Ltd） 创始人	自我教育	蒙特利尔
16	罗伯·甘皮奥（Robert Campeau） 房地产开发商 于 1953 年创建甘皮奥建设有限责任公司（Campeau Construction Co. Ltd） 创始人	14 岁 8 年级时离开学校	渥太华
17	加思·霍德华·德拉宾斯基（Garth Howard Drabinsky） 电影业 于 1979 年创建 电影院剧场公司（Cineplex Odeon Corp.） 创始人	于 1973 年毕业于多伦多大学，获得法律学士学位	多伦多

续表

加拿大创业者	人名/行业/分类方法	教育	国籍
18	格雷姆·弗格森（Graeme Ferguson） 电影业 于 1967 年共同创建 Imax 公司 创始人	多伦多大学，文学学士	多伦多
19	格拉蒂安·热利纳（Gratien Gélinas） 戏剧 于 1957 年创建 加拿大喜剧演员协会（La Comédie Canadienne） 于 1960 年创建加拿大国家戏剧学院 创始人	曾在商学院就读，后因 1929 年经济危机辍学	蒙特利尔
20	蒂姆·霍顿（Tim Horton） 咖啡店 于 1964 年创建蒂姆霍顿连锁店（Tim Hortons Chains） 创始人	冰球球员	安大略省汉密尔顿
21	罗恩·乔伊斯（Ron Joyce） 咖啡店 共同创建蒂姆霍顿连锁店（Tim Hortons Chains） 创始人	加拿大皇家海军	安大略省汉密尔顿
22	艾扎克·沃尔顿·基拉姆（Izaak Walton Killam） 金融 于 1919 年买下艾特肯（Aitken）全部产权并完全掌控该公司 商人和开发商	几乎没有接受过正规教育	蒙特利尔
23	罗伯特·兰托斯（Robert Lantos） 电影制作人 于 1972 年共同创建 Vivafilm 于 1975 共同创建 RSL 娱乐公司 和联盟通信公司 创始人	麦吉尔大学 1970 年文学专业文学学士 1972 年文学硕士	蒙特利尔，出生于匈牙利

续表

加拿大创业者	人名/行业/分类方法	教育	国籍
24	杰奎琳·列米欧－洛佩斯（Jacqueline Lemieux-Lopes） 艺术 于 1975 年创建室内芭蕾公司 Entre–Six 创始人	皇家舞蹈学院（RAD），高级教师证书 有英国皇家舞蹈协会（ISTD）颁发的民族舞蹈高级文凭	蒙特利尔
25	琳达·隆德斯特罗姆（Linda Lundström） 服饰 于 1974 年创建琳达·隆德斯特罗姆（Linda Lundström） 创始人	在位于安大略奥克维尔的雪尔顿学院攻读服装设计，后在欧洲一家顶尖时装商店做学徒	多伦多
26	哈维·雷金纳德·麦克米伦（Harvey Reginald MacMillan） 木业 于 1919 年创建 H. R. 麦克米伦出口公司（H. R. MacMillan Export Company） 创始人	安大略省农业学院 耶鲁大学林业学院	安大略
27	克莉丝汀·玛吉（Christine Magee） 零售业 于 1994 年共同创建加拿大床具连锁商“睡梦之乡”（Sleep Country Canada） 创始人	毕业于位于安大略省伦敦的加拿大西安大略大学毅伟商学院，荣誉工商管理	安大略
28	史蒂文·K. 甘恩（Steven K. Gunn） 零售业 于 1994 年共同创建加拿大床具连锁商“睡梦之乡”（Sleep Country Canada） 创始人	皇后大学电机工程荣誉学士学位 西安大略大学，工商管理学硕士	安大略
29	戈登·朗斯（Gordon Lownds） 零售业 于 1994 年共同创建加拿大床具连锁商“睡梦之乡”（Sleep Country Canada） 于 2000 年创建红苹果娱乐公司（Rad Apple Entertainment） 于 2003 年创建“听！加拿大”公司（Listen up! Canada） 创始人	约克大学，哲学专业文学学士 多伦多大学，工商管理学硕士	安大略

续表

加拿大创业者	人名/行业/分类方法	教育	国籍
30	哈里森·麦凯恩（Harrison McCain） 食品 于1957年共同创建麦凯恩食品有限责任公司（Mc Cain's Food Ltd） 继承者和开发商	阿卡迪亚大学	新不伦瑞克省弗洛伦斯维尔
31	华莱士·麦凯恩（Wallace McCain） 食品 于1957年共同创建麦凯恩食品有限责任公司（Mc Cain's Food Ltd） 继承者和开发商	阿卡迪亚大学	新不伦瑞克省弗洛伦斯维尔
32	丹尼斯·米汉（Denise Meehan） 餐饮业 于1980年创建J.P. Licks 创始人	高中学历	多伦多
33	约瑟夫·曼朗（Joseph Mimran） 服饰/生活家居产品 于1984年创建摩纳哥会馆（Club Monaco） 于1995年创建卡班（Caban） 于2000年创建米姆兰俱乐部（Joseph Mimran and Associates） 创始人	约克大学，文学学士 温莎大学，商科学士	多伦多
34	保罗·里奇曼（Paul Reichmann） 建筑业和房地产开发 于1964年共同创建奥林匹亚约克（Dlympia & York） 创始人	英国塔木德学院	多伦多，出生于奥地利
35	艾伯特·里奇曼（Albert Reichmann） 建筑业和房地产开发 于1964年共同创建奥林匹亚约克（Dlympia & York） 创始人	无	多伦多

续表

加拿大创业者	人名/行业/分类方法	教育	国籍
36	希瑟·瑞斯曼 零售业 于 1979 年共同创建范式咨询（Paradigm Consulting） 于 1996 创建英迪格图书和音乐公司（Indigo Books & Music Inc.） 创始人	麦吉尔大学	多伦多
37	山姆·斯莱德曼（Sam Sniderman） 零售业 于 1937 年创建山姆唱片公司（Sam Kecord Man） 创始人	16 岁时从高中辍学	多伦多
38	弗兰克·斯特罗纳克（Franck Stronach） 汽车 于 1957 年创建动力投资有限公司（Multimatic Investments Ltd） 创始人	曾是一名工具和模具学徒工，1954 年只带着一张单程船票和 40 美元离开饱受战争蹂躏的奥地利	安大略省奥罗拉，出生于奥地利
39	山姆·科利亚斯（Sam Kolias） 房地产 于 1984 年共同创建木板路地产投资基金公司（Boardwalk Rental Communities） 创始人	卡尔加里大学（工程专业）	有希腊血统
40	范·科利亚斯（Van Kolias） 房地产 于 1984 年共同创建木板路地产投资基金公司（Boardwalk Rental Communities） 创始人	无	有希腊血统
41	格里高利·D. 奥森（Gregory D. Aasen） 技术 创建博安思通信科技（上海）有限公司（PMC Sierra） 创始人	于 1979 年毕业于英属哥伦比亚大学，电机工程学士学位	英属哥伦比亚省本拿比

续表

加拿大创业者	人名/行业/分类方法	教育	国籍
42	查尔斯·莱文（Charles Levine） 通信设备 于 1993 年创建司亚乐无线通讯（Sierra Wireless） 创始人	以优秀学生身份毕业于美国三一学院，经济学学士 以优等生身份毕业于西北大学凯洛格管理研究所，工商管理硕士	里士满，原先来自俄亥俄州哥伦布市
43	H·帕特里克·索德（H. Patrick Thode） 技术 于 1973 年创建 Gennum 公司（Gennum Corporation） 创始人	麦克马斯特大学，经济学 / 文学学士 在安大略获得注册会计师称号	安大略省伯灵顿
44	迈克·考普兰德（Michael Cowpland） 技术 于 1971 年共同创建敏迪公司（Mitel Corporation） 创始人	1964 前往加拿大之前，在伦敦帝国学院工程学获得商学士 1964 年获渥太华卡尔顿大学硕士学位 1973 年获渥太华卡尔顿大学博士学位	安大略省卡纳塔，出生于英国
45	特伦斯·马修斯（Terence Matthews） 技术 于 1971 年共同创建敏迪公司（Mitel Corporation） 创始人	曾在玛特哈姆希斯的英国电信公司的研究实验室做学徒	安大略省，出生于英国
46	理查德·L. 福斯（Richard L Foss） 技术 于 1975 年共同创建 Mosaid 科技公司（Mosaid Technologies） 创始人	美国伦斯勒理工学院，化学商学士 美国伦斯勒理工学院工商管理学硕士	安大略省渥太华
47	罗内恩·哈拉里（Ronnen Harary） 玩具 于 1994 年创建斯平玛斯特有限责任公司（Spin Master Ltd） 创始人	1994 年毕业于西安大略大学政治学，文学学士	安大略省多伦多

续表

加拿大创业者	人名/行业/分类方法	教育	国籍
48	安托・拉比（Anton Rabie） 玩具 于1994年创建斯平玛斯特有限责任公司（Spin Master Ltd） 创始人	1994年毕业于加拿大西安大略大学毅伟商学院，荣誉文学学士	安大略省多伦多，出生于南非
49	本・瓦拉迪（Ben Varadi） 玩具 于1994年创建斯平玛斯特有限责任公司（Spin Master Ltd） 创始人	1994年毕业于加拿大西安大略大学毅伟商学院	安大略省多伦多
50	蒂姆・布雷（Tim Bray） 技术 于1991年共同创建开放文本公司（Open Text Corp.） 创始人	于1981年毕业于安大略省圭尔夫大学，理学学士（数学和计算机科学双学位）	安大略省滑铁卢，在黎巴嫩贝鲁特长大
51	加斯顿・H. 贡内特（Gaston H. Gonnet） 技术 于1991年共同创建开放文本公司（Open Text Corp.） 计算机科学博士 创始人	滑铁卢大学，理科硕士	安大略省滑铁卢，有乌拉圭血统，在苏黎世教学

第三部分

如何从少数群体中学习？

第十章　创业教育中的性别问题

特雷萨·尼尔森和苏珊·戴妃

（Teresa Nelson and Susan Duffy）

当我们对女性创业者进行讨论时，只有将她与非女性创业者就彼此被赋予内涵时的相同和差异之处进行比较，才能真正理解其内在意蕴。[①]

引言

如今创业教育领域有趣的研究方向越来越多，比如应该成为什么样的创业教育、创业教育应该服务于谁以及创业教育应遵循什么原则。全球化、技术、政治组织、人口迁移和社会观点变迁带来的教育与培训方面的机遇与挑战已让人们对重要事物和应该关注的点有了全新的理解，比如我们注意到人们日益关注政策与创业之间的交集，具体表现在人们对社会性和发展性创业以及将制度性创业推动作为移民社会稳定的工具的兴趣迅速增长，并且越来越注重通过促进创新性创业来保护和提升国家与经济的竞争力。人们关注政策与创业交集的表现远不止于此，比如：创业让人心潮澎湃并且意义重大。大家都普遍认同尽管学者和人们没有办法让所有人都成为创业者，但我们可以借助工具、技能习得和创意帮助那些对创业感兴趣的人成为创业者。

世界各地商学院的课堂上，全体教员们会在学生们成为创业者（当下

① 参见阿尔（Ahl，2002：83）。

或未来）的过程中与他们一同努力，他们会用到复杂精密的科技产品和以实践为本的课程。除了中小型企业，他们更加注重对增长速度快、影响力大的企业的研究。在教学过程中，不论是学者还是教师都会在每学期开始前和研究每个项目时面临这样的任务：确定值得关注的话题，在教学和学问方面他们可以做出的贡献以及应该用什么样的观点去教授学生和进行研究。

教员们有时可以自主决定优先教授哪些课程，但有时不能，这很大程度取决于该门课程所采用的教材。当使用某一本教材时我们也在采用它的观点和它给定的话题。当然，可以对教材进行拓展，但学生还是会把注意力的重心放在教材上。教材编写者们也一样，他们都基于自己对该领域的理解做出相关选择，还要依赖自己和别人的研究经验。在编写教材过程中，他们需要设计和进行学术研究以探索与阐释概念性观点。与教学原则相连接的研究构成一部教材的核心，教材从教材编写者角度极好地反映当前知识的发展状况。

除了这些新发展领域，我们也同样鼓励评价体系的发展：对过去教学活动做出评价以帮助我们未来进行其他研究。结合上文对未来创业发展的展望，发展评价体系这一任务是本章的重心。我们的关注点在于社会对人们生理性别和社会性别的意义建构以及这种建构与创业教育的关联性。身为学者和教师，我们已对过去十年这一主题的讨论和报道进行审视，现在是时候做出梳理了。我们想要回答这样两个问题：一是为什么需要对以生理和社会性别为基础开展的女性和男性创业教育进行重新审视教育，二是为什么这个问题这么重要。下文我们将分享我们的研究议程，希望这会帮助各位对这一话题有新的理解。

我们相信，在上述领域我们已有足够的数据和想法对过去陈旧且不充足的方法进行替换、扩充甚至重新设计，抑或至少让我们在讨论女性、生理性别、社会性别与创业教育方面的教学决定时有更清晰的目标，进行更深入的思考。要注意的一点是：我们所关注的创业必定是一种选择而非一种谋生手段。本研究也只针对北美 / 欧洲地区的情况，对于其他地区本研究并没有什么发言权。

一、男性和女性间的差异：从性别角度看相关性

如果说我们的教学是建立在我们自身知识和认识的基础上的话，我们就必须从关于女性和创业的研究现状入手。根据20多年的研究，总的来说：

① 女性创业者和男性创业者有很多相似点，性别内部差异要比性别间差异更有研究意义。[①]

② 就一些新创企业和在早期阶段就已迅速发展的企业而言，有证据表明公司领导者（男性或女性）和其他一些相关变量，比如企业创建、所有权和公司发展具有相关性。这些证据包括：拥有自己企业的男性比女性多；男性领导的企业和女性领导的企业在各行业的分布比例不均衡，女性领导的企业更多的是在服务领域；女性领导的企业能争取到的风险投资基金要少于男性领导的企业。

除去关于男性和女性在创业方面实际异同的新兴辩证法，还有一种未经理论证实却普遍存在的现象持续影响着创业研究和教育，这一现象被杜·里茨（Du Rietz）和亨雷克松（Henrekson）[②]简洁地称为"女性表现不佳的假说"。阿尔（Ahl）[③]这样描述这一现象：女性欠缺创业和/或发展自己企业的动力，她们缺乏创业渴望、自信和前期教育，反感冒险；她们倾向于用不完善的女性管理方式来管理企业；她们会缺乏理性地向并不专业的家庭成员求助，也不以最佳方式建立人际社交网。我们和其他研究者都认为，这种对女性创业者和接受创业教育的学生的概括并不是基于科学事实而是基于观念、社会建构和研究过程。

简言之，造成这种信息错误的原因之一是不完善的研究设计以及个人和集体对关于实践影响研究发现的错误解读。例如，几乎不涉及研究结果

---

① 综述部分请见阿尔（Ahl，2002）。

② 参见杜·里茨和亨雷克松（Du Rietz and Henrekson，2000）。

③ 参见阿尔（Ahl，2002：603）。

的发现会扩大所发现的细微差别；关于平均值差异的研究结果，虽在统计上是显著的，但夸大其实际影响；和/或一小组样本测验（例如，本科接受创业教育的学生或小型企业的女性领导人）被推断为在推动全球女性创建新企业方面毫无价值。这些问题都表明，我们应该以科学的态度研究这一话题，不断改进和完善共同的研究过程。

第二个问题是关于认识论：是什么区分真理和谬误。受理性主义的影响，创业领域植根于这样一个基本思想：男性创业者才是理想的创业者，他们果断、野心勃勃、勇敢无畏、敢于冒险。这样的观念一旦形成，女性创业者甚至很多男性创业者都显然不够理想。考虑到这点，我们就意识到创业教育要关注的不仅仅是成功创业，也不仅仅是男性和女性创业者与他们企业之间的差异问题，还要关注人们对这些差异的看法及引导研究、评价所得结果的价值观。

我们现在再回头看以有意义的方式将女性领导的企业与男性领导的企业区分开的事实。我们该如何阐述它们？女性主义者为审视这些差异，在她们的分析中提出一种自由主义加社会性的意义建构模型。依据这一模型，男性和女性之间几乎可以说没有差异。在前一种情况下，男性和女性地位平等，但有一些阻碍因素让女性无法充分表达。在后一种情况下，人类的行为和观念都受到社会影响：我们通过习俗和社会经验创造“真理”；我们借助制度力量来行动以维系传统观念。

关于女性创业的现象为何与实证发现有差异，社会构建观点为这种差异做出解释。这一观点也为女性创业者和男性创业者在行为和与公司有关的事实方面的差异做出解释。比如说，或许制造公司不是很好的创业选择（一种价值观念），在这种情况下，女性创办的制造公司少而服务性公司多的事实就不需担心（一个问题）。或许如果女性没有被社会赋予主要照顾者的角色（父母、家庭、孩子），从事兼职工作的女性就会更少。重点是我们做出的假设及其所含价值都会影响我们对所得结果的解读。这一推理思路也在其他管理领域（例如，领导力、谈判能力）得到大力提倡，许多研究都在这些领域内将男性和女性做比较。情况类似的是，这些研究结果相互矛盾且毫无新意。

当我们追问男性和女性在创业行为上的差异时，我们就已假定性别（男性特征和女性特征）是人类的稳定属性，可直接用来区别男性和女性以及这一差异存在于生物学和社会学的解释。[①] 女性主义理论越来越不将性别看作是个体间差异而是开始思考社会制度是如何被性别化的。阿克（Acker）（在社会机构情境下）把社会制度的性别化定义为“由于男性和女性、男性特征和女性特征间的差异所形成的优势与劣势、剥削和控制、行为和情感、意义和身份认同”[②]。

换句话说，我们认为社会性别并非个体与生俱来，而是通过社会制度起作用的方式建构而成。最近这一视角被称为“次生性别问题”研究，即分析制度性实践及其过程对女性和男性群体（在我们研究中特指创业者）到底有何种不同程度的影响。[③] 次生性别问题从表面上看并没有很严重的性别偏见，但它们会为男性和女性带来不同的体验并会造成对男性和女性不同的对待方式。[④] 和带有故意偏见行为的原生性别歧视不同，孤立地看次生性别问题似乎是平等对待两性，但其实它们主要反映的是男性主义价值观和在公共工作领域中占主导地位的男性生活状态。[⑤]

格林（Greene）、卡特和布拉什（Carter and Brush）、伯德和布拉什（Bird and Brush）、希尔等（Hill *et al.*）、马洛和巴顿（Marlow and Patton）[⑥] 等学者提出要将研究的焦点从男性和女性的比较转移到催生这些差异和差异感知的制度环境上来。卡勒贝里（Kalleberg）和莱希特（Leicht）认为：“有必要解决充斥这类研究的各种问题，包括无视性别差异、性别偏见、男性中心主义和性别极端主义。”[⑦]

---

① 参见埃利和帕得维克（Ely and Padavic，2007）。

② 参见阿克（Acker，1990：146）。

③ 参见阿克（Acker，1990），纳尔逊等（Nelson *et al.*，2009）和斯特姆（Sturm，2001）。

④ 参见斯特姆（Sturm，2001）。

⑤ 参见弗拉克斯（Flax，1990），弗莱彻（Fletcher，1999）。

⑥ 参见格林（Greene，2003），卡特和布拉什（Carter and Brush，2004），伯德和布拉什（Bird and Brush，2002），希尔等（Hill *et al.*，2006），马洛和巴顿（Marlow and Patton，2005）。

⑦ 参见卡勒贝里和莱希特（Kalleberg and Leicht，1991：160）。

二、女性（和男性）的创业教育

如果将创业教学建立在科学研究、综合理论和清晰的观点上，那么我们对女性创业教育提出以下一些建议：

① 女性和男性都应该学习同样的创业知识和创业技能。

② 女性和男性都应该被告知当前性别化现状、男性主义和女性主义的规则要求及其影响。[①]

③ 商学院和其他学习环境都应该在仔细分析的基础上确定性别化制度是如何对女性的创业准备和创业活动产生影响的。

④ 关于男性和女性创业者在决策、行为和结果差异方面及其企业差异方面的研究结果应该引起人们深思并以一种新颖方式呈现，从而改变过去的成见。

⑤ 对性别化现状下的女性体验进行新的研究。

⑥ 由于女性在职场上都处于制度“底层”，她们尤其应该接受教育、获得帮助以使其能够制定战略应对她们日后作为创业者会面临的性别化状况。

对创业教学感兴趣的研究者们应该用一种开放和周密的思维关注女性创业问题的呈现方式、探讨方式与参与方式。对创业教学的兴趣也会激发出关于女性创业体验的新研究计划。本研究接下来的部分是关于这些话题的探讨。

（一）理解创业研究与教学的性别化现状

社会学家琼·阿克（Joan Acker）[②] 指出，现代西方社会男性负责生产，女性负责再生产。阿克的这句话就道出了生活中人们对男性和女性预期地位的社会建构。当女性“跨进”生产领域时，她们就与社会规范下她们本

---

① 马洛敏锐地察觉到社会对创业和创业者的建构不仅仅影响女性创业者：“无论男性还是女性，只要他们身上存在女性化特点，就都会受到性别成见的损害。”详见马洛（Marlow，2005：720）。阿尔提到贝姆（Bem）的《女性化特质量表》，其中包括：感性、忠诚、富有同情心、温和。详见阿尔（Ahl，2002：51）。

② 参见琼·阿克（Joan Acker，1990）。

应承担的角色产生冲突，这种跨越或多或少都不被社会所期待。我们应当知道，当今时代生理性别和社会性别的社会建构影响巨大，因为它会让我们想当然地把男性和女性当成具有某种特定意蕴的行为人。就创业而言，这个社会性世界更欣赏男性特征。虽然这种影响很强大，但大多数人并没有意识到它的产生、更新和/或发挥。社会建构并非一成不变的过程。但是，尽管被社会建构成什么可以改变，制度及其力量却使得社会建构永恒存在。[①]这就意味着通过揭示当前社会建构的运作方式和规则要求并逐渐渗透新的思想观念，随着时间的推移，我们能改变当前社会的性别化现状和人们的性别成见。

接下来我们会分享我们关于两类创业教育一手资料的研究，这两类一手资料为教材和研究论文，这二者是向师生们传达人们对男性和女性创业者看法的主要媒介。我们还会概述一项新的研究项目，这项研究可以帮助我们更好更充分地了解社会性别化现状是如何影响女性创业的，最后我们会对未来研究给出建议。

（二）创业教育教材综述

为了解女性创业教育这一主题是如何呈现给学生和教师的，我们查阅了市面上流行的16本英文创业教育综合教材，[②]美国和其他国家的很多大学和学院都会使用这些书。这些教材都是1999—2008年间出版的，每本大约550页，在这些书中平均每本有3.3页写到有关女性与创业的话题（1—7页不等）。

基于男性和女性都应该学习同样的创业核心内容的这一逻辑，我们高兴地发现，市面上并没有专为女性创业者设计的主要教材，而且教材中也

① 参见伯杰和卢克曼（Berger and Luckmann，1966）。

② 参见艾伦（Allen，2006），巴龙和沙恩（Baron and Shane，2004），博耶特和博耶特（Boyett and Boyett，2000），拜格雷夫和扎哈拉基斯（Bygrave and Zacharakis，2004），多林格（Dollinger，2008），冈德里和齐库尔（Gundry and Kickul，2007），赫里斯等（Hisrich *et al.*，2008），卡茨和格林（Katz and Green，2007），诺特（Knott，2008），库拉特科和韦尔奇（Kuratko and Welch，2004），莫里斯（Morris，1998），萨尔汉姆等（Salham *et al.*，1999），蒂蒙斯和斯皮内利（Timmons and Spinelli，2007），维斯珀（Vesper，1996），齐默等（Zimmer *et al.*，2008），齐默等（Zimmer *et al.*，2009）。

没有某些单元认为女性的企业或创业方法无论在理论上还是在实际中都不同于男性。但另一方面，这些教材都提出女性创业面临的问题，因此引导我们应该深思男性创业问题。

我们对这些与女性、生理性别和社会性别有关的教材内容进行主题分析。在这 16 本教材中，有 11 本包含一个特定讨论女性与创业的单元，7 本将这部分内容与少数群体创业和不同种族创业研究放在同一单元或相邻单元，6 本则阐明女性作为创业者遭受歧视。这个主题分析的结果验证了自由女性主义的观点，即认为女性（和其他弱势群体）要想与男性在创业方面达到相同标准，可谓困难重重。这也就解释了为什么会将女性和少数群体联系在一起和白人男性做对比。关于女性具有差异性的原因，多个教材都给出解释：6 本教材认为女性创办的企业规模更小，且更多的是面向服务业；4 本教材认为女性是出于对自己原先工作的不满才转而创业；还有 4 本认为女性很难为其企业找到资金支持。

这些教材还在专门的单元里用一到三句话给出对女性创业者的建议。最常被提及的建议（有 8 本教材都提到）是围绕如何得到资金这个问题展开，其中提到小企业管理局的项目。在给出建议的 11 本教材中只有 2 本对除了获得资金以外的话题提供具体指导。卡茨（Katz）和格林[①]提到创业者建立多元人际关系网的必要性。冈德里（Gundry）和齐库尔（Kickul）[②]则引用纳尔逊的研究案例，该案例是“根据性别对创业成功与否的影响对面向女性的创业教育项目进行检测”。

我们的目的是通过对这些教材进行分析，了解当一名女性本科生或研究生注册一门创业教育学院的课程并打开她的课本时会得到什么样的信息和指导。从社会建构主义方法来看，教材中重要的东西不仅仅是它提到的内容，也包含它没有提到的内容；大体陈述、所做推测和所举例子都很重要。在这些书中讨论女性与创业的专门章节里，令人惊讶的一点是它们全部采取将男性和女性对立起来的态度。更有甚者，在对这些教材进行基本

① 参见卡茨和格林（Katz and Green，2007）。
② 参见冈德里和齐库尔（Gundry and Kickul，2007：347）。

分析后我们发现，这些探讨女性创业的教材竟没有一本向读者明确阐明男女性别差异的发现是如何反映平均值差异的。这无疑表明男性和女性之间的确存在平均差异，但事实上大多数情况下男性和女性在创业并获得成功方面的表现是相似的。

这里，我们举一本由赫里斯等（Hisrich *et al.*）[①] 编写的教材为例来阐释这些观点。在美国，这本教材是用来给本科生和研究生授课的。选择这本书是因为整体来说这是一本非常好的教材，在美国课堂十分受欢迎，因此它产生了巨大影响。在这本书中，“男性创业者与女性创业者的对比”这一单元从第 64 页开始，其后是“少数群体创业”单元，从第 67 页开始。这一单元大部分内容探讨男性与女性创业者的特征对比，其中包括一页表格“男性创业者与女性创业者的对比”（第 65 页）。在表格两大表头“男性创业者”（左侧）和“女性创业者”（右侧）下面，编写者列出如下特征：动机、起始点、资金来源、职业背景、个性特点、背景、支持团队和创建企业的类型。接着，教材用将近一页纸转载刊登在《创业杂志》（*Entrepreneur Magazine*）上的一篇文章（第 66 页），开头第一行是：“成为一家获得认证的女性企业（WBE）真的会有益处吗？”文章结论部分提出下列暗指女性企业可能会成为女性不公平优势的问题并寻求建议：

> 我的企业是否应该认证为“女性企业”？值得花时间填好所有的认证表吗？如果通过被认证为“女性企业”我能增加得到政府项目合同的机会，这公平吗？或者我应该把它视为一种竞争优势，因为每一名创业者都在最大限度地寻求他们的竞争优势以获得更大利益。

该单元三页内容所引用的创业文献对如下观点进行了佐证：“在男性和女性创业者的创业初始阶段会对他们造成影响的因素也是不同的，特别是在扶持体系、资金来源和面临的问题这些方面。”[②] 唯一的数据引用是 23 年前出版的：1986 年由位于马萨诸塞州莱克星顿的莱克星顿出版社出版，由 R. 赫里斯（R. Hisrich）和 C. 布拉什（C. Brush）编写的《女性创业者：创

① 参见赫里斯等（Hisrich *et al.*，2008）。

② 参见赫里斯等（Hisrich *et al.*，2008：64）。

建、投资与管理一家成功的新企业》。

这一单元还讲述一名女性创业者（Kimberly Porrazzo）的真实例子："她在产后计划继续从事她原来的工作，但苦于迟迟找不到一个好保姆，于是她决定出版《保姆指南》（*The Nanny Kit*）一书并同时创建南加州保姆中心来提供咨询建议方面的资源，包括由波拉佐（Porrazzo）负责维护和更新的信息数据库。"①

我们认为，这些内容从整体上看就生理性别和社会性别在创业中的影响这一话题上为男性和女性读者带来很不愉快的阅读体验。它对男性和女性创业者的比较区分非常粗浅，没有对现有关于生理性别、社会性别与创业的研究进行很好的整合与提升，没能就帮助女性了解生理性别、社会性别与企业发展的关联以及如何有效应对提供有益建议。其比较分析依赖于那些已不再被作为比较生理性别和社会性别差异的有效路径的陈旧研究（特质理论），助长关于女性感兴趣的商业领域的刻板印象，重点关注那些关于什么是可能行不通的内容但又给不出实质性证据。

我们还认为这些内容向读者（不论是男性读者还是女性读者）暗指，正如女性创业者不同于男性创业者一样，女性创业也和男性创业存在差别。我们相信这些内容会使女性学生和男性学生形成一种"错误观念"，认为女性创业者的创业条件比不上男性创业者的创业条件，获得成功的概率也更低。该书总体论调就是女性无法获得完备条件进行创业，书中这样描述女性：她们"通常只能依靠个人财产或储蓄"②来进行创业起步阶段的资金准备，在其职业方面"拥有的管理经验通常限于中层管理经验且往往是在与服务相关的行业中"。③与之对比，男性则"通常拥有投资者银行贷款、个人贷款、个人基金等资源作为创业资本"，④并且"在大多数情况下有制造业、金融业或技术行业的从业经验"。⑤其他教材也都会引导读者形成这

---

① 参见赫里斯等（Hisrich *et al.*，2008：64）。
② 同上。
③ 同上。
④ 同上。
⑤ 同上。

样的印象。

对创业教材的回顾让我们认识到，我们有机会在创业研究领域探讨女性创业研究现状，看看有哪些发现与学习创业的男性和女性学生有关并能帮到他们。我们认为需要仔细分析我们已知的情况并把事实清楚客观地表述出来。在分支学科的研究中，研究成果和元分析在很多情况下只能得到小范围的讨论，在对学科的重大探讨中通常涉及不到这些成果。但至少在创业教育这一研究主题下，我们有很多理由证明我们的研究结果很有必要，特别是为那些在本科和研究生阶段学习创业的女性，她们十分需要我们的专业知识和指导。

（三）基于当前有关女性和创业的研究对教学的一些建议

教材和当前研究的联系促使我们调查分析一些最新且广受好评的有关女性和创业的出版物。我们的目标是探究在这些出版物与教学之间可以建立怎样的联系。为此，我们建立了一个数据库，其中收录 2002—2008 年间 9 本期刊上发表的文章。这 9 本期刊都是创业领域的主要期刊和 / 或重点关注创业与女性的期刊。这一调查是基于先前对包括阿尔和盖特伍德等（Gatewood *et al.*）[①] 的文献所进行的回顾。

这些期刊包括《创业理论与实践》《企业创业》《小企业管理》《创业与地区发展》《发展性创业》《国际小企业》和《小企业经济学》，还有另外两本涵盖女性与创业话题的期刊:《商业伦理》和《商业伦理季刊》。我们还以“女人、（生理意义的）女性、（社会意义的）女性和（社会意义的）性别”作为关键词，检索文章关键词或文章摘要。通过检索，我们共确定 104 篇文章作为分析对象。为了和之前的教材综述相联系，我们没有考虑那些研究北美以外地区创业情况的文章，也淘汰了那些没有提供原始实证性或概念性内容、只对特定问题进行阐述的文章，还排除了重点并不在女性或性别上的文章。最终我们选定 45 篇文章进行探索研究。[②]

---

① 参见阿尔（Ahl，2002），盖特伍德等（Gatewood *et al.*，2003）。

② 见本书第 226 页表 10-1。

表 10–1 近期有关女性与创业文章的数据来源

期刊	原创数量	最终采纳数量
《创业理论与实践》	25	12
《企业创业》	10	8
《小企业管理》	14	6
《创业与地区发展》	7	0
《发展性创业》	26	13
《国际小企业》	5	0
《小企业经济学》	14	5
《商业伦理》	2	1
《商业伦理季刊》	1	0
总计	104	45

我们对每一篇文章做出内容综述，目的是看看这些文章在未来研究方向、研究启示、讨论及其他结论部分是否涉及以及涉及多少对创业教学的启示。每篇文章都由一位创业专业研究生归为一、二、三类，然后由一位拥有创业博士学历的教员对其分类进行检验（二者观点百分之百统一）。类别一规定不管涉及的部分有多少，只要文章提到教学方面的应用或是研究目的就可以被归入其中。类别二规定文章至少要对与学生共享创业实践或创业概念的现有研究的一种直接应用进行中肯的分析。类别三则要求文章涉及大量对现有研究在教学或课堂实践上的应用分析。

结果：22% 即 10 篇文章提到创业研究在教学方面的影响（78% 即 35 篇文章未提及）。在有所提及的这些文章中，7 篇（15%）文章被归入类别一，对教学无甚帮助。一篇文章被归入类别二，对教学有一定程度的帮助。还有两篇文章则被归入类别三，它们对创业研究在教学方面的应用做出大量分析。本章结尾会给出所有入选文章的信息。

综述发现，总体来说女性与创业研究领域的学者们在其专题研究中并未考虑创业研究对创业教学的影响，即使其文章涉及这方面内容也对课堂应用无实际价值。我们认为这种研究详情的缺失和教材内容有关。因此，我们建议该领域研究者在他们的研究成果中展现出有关性别与创业的最新信息。

三、展望未来：从社会建构角度对创业研究提出建议

有关女性创业认识现状的探究调查反映出在学者、教师和学生之间存在着知识脱节。我们发现大学课堂很少涉及在创业教育、性别和女性的交集方面最新且有用的知识。造成这种情况的部分原因是没有将创业教学方面的研究成果与主流课堂教材真正融合，而另一部分原因则是我们很难确定社会建构视角下创业与社会意义的性别是如何影响人们对其的感知与解读的。我们很难从社会习俗也就是从大多数人都乐于选择的着眼点上寻找答案。因此，我们建议对女性创业教育采用一个全新的研究计划。

在项目初始阶段，我们可从以下方面着手：① 对偏见和传统观念进行仔细辨识后的知识现状；② 女性在创业过程中对性别化现状的看法以及她们应对这些差异的经历。图 10–1 是一种研究设计方案。

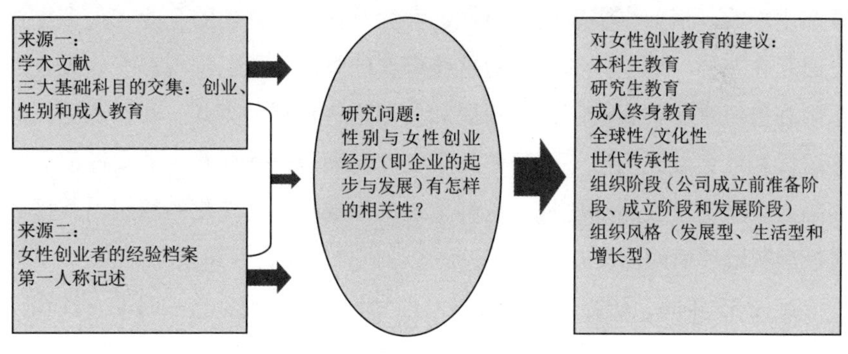

图 10-1　建议研究模型

本研究将成功女性创业者的心声更好地反映到创业教育项目发展的现有知识体系中，进而指导大学创业教育的规划设计。该研究模型建立在对两个领域探究的基础上：

① 我们应当如何利用性别在实践、研究和教学方面的影响为初期创业

者设计一个教育项目，以帮助他们了解创业时可能会遇到的挑战并提升能力和增加成功的信心。

② 这种创业教育项目对学生会产生什么影响？学生们在完成该项目后会发生怎样的变化？他们的行为、活动和选择会发生变化吗？

该研究的一个明确目标是创造出可用于创业教育的教学手段，从而在三方面上区别于现有的创业教育项目。① 学生的学习内容和学习过程都有创业教育方面的学术研究和创业者的实践经验做指导。② 项目设计照顾到教学的方方面面，注重学生的输出；详细的教学设计将把学习目标、教学过程、教学成果和对学生的影响全部联系在一起。③ 性别影响将贯彻男性和女性学生学习体验的各个方面。

四、结论

对男性、女性和创业规范与观念建构的社会性导致男性和女性创业过程的差异性认识，这些都对我们如何研究、思考和教授企业创建与企业发展产生影响。当前事实表明，男性、女性及他们所创建的企业在很多重要方面存在差异。通过仔细分析对这些事实的解读，我们发现有一些先验的原则和价值观影响我们解读、拓展和使用这些数据的方式。我们认为，这些解读和社会性建构形势本身使处于创业初期阶段和实践中的女性创业者们陷入不断走下坡路的境地，这种境地的形成与对男性化的臆想以及据此对标准制定环境的创设有关，这些臆想也同样影响男性和整个社会。

过去35年间，研究领域出现对女性和创业的研究，这一时期女性在创业和社会中的角色也发生改变。通过回顾女性创业研究的发展，明尼蒂等（Minnitiet *et al.*）[①] 指出：

> 仅仅通过研究很难及时对存在差异的领域进行探究（从1976年就已存在的男性、女性创业差异）。因此，研究者们只出版了一批描述性著作，仅仅阐述女性创业现状，指出需要解决的关键问题。有些

① 参见明尼蒂等（Minniti *et al.*，2006）。

研究提出并检测假说，指出该领域研究发展面临的一些重大挑战或障碍并提出一些指导性建议。但这些研究的关注点仍在相似性上，并且它的两个基本假设限制我们对女性和创业的整体理解。其基本假设为：① 男性创业者和女性创业者并无不同；② 有一种全能模型可以解释所有的创业行为。[①]

20 世纪 80 年代的研究将性别看作一种可分析变量并研究女性创业者及其创建的企业与男性创业者及其创建的企业的相似和不同。从这种角度出发，生理性别和社会性别成为一种分析结果。另一方面，到 20 世纪 90 年代有新兴理论表明背景和视角对研究十分重要，由此性别成为一种研究视角。这些基于性别或女性主义的理论对阐释、检验和解读女性的创业行为都很有帮助。[②]

研究女性与创业的方法不断进步，它引领和丰富我们开发有效教学手段的能力，从而得以促使女性在创业和企业发展方面获得成功。在考虑造成男女性别之间相同与不同因素的情境下，对这些相同与不同的理解有助于这一领域的发展。本章我们阐释在社会建构理论下人们对性别和创业的看法是如何影响我们以及我们的教学尤其是关于女性和新企业创建方面的教学，这一探究结果是我们提出一种新研究议程，以求为女性提供更实用、更相关的创业教育。

参考文献

Acker, J. (1990), “Hierarchies, jobs, bodies: a theory of gendered organizations”, *Gender & Society*, 4 (2), 139–158.

Ahl, H. (2002), *The Making of the Female Entrepreneur*, Jonkoping: Jonkoping International Business School.

Allen, K.R. (2006), *Launching a New Venture: An Entrepreneurial Approach*, 3rd edn, Boston, MA: Houghton Mifflin.

---

① 参见明尼蒂（Minniti，2006：182）。

② 参见明尼蒂（Minniti，2006：193）。

Baron, R.A. and S.A. Shane (2004), *Entrepreneurship: A Process Perspective*, Mason, OH: Thomson Higher Education.

Berger, P. and T. Luckmann (1966), *The Social Construction of Reality*, Garden City, NY: Anchor Books.

Bird, B. and C. Brush (2002), "A gendered perspective on organizational creation", *Entrepreneurship: Theory & Practice*, 26 (3), 41–65.

Boyett, J.H. and J.T. Boyett (2000), *The Guru Guide to Entrepreneurship*, Hoboken, NJ: John Wiley and Sons.

Bygrave, W.D and A. Zacharakis (2004), *The Portable MBA in Entrepreneurship*, Hoboken, NJ: John Wiley and Sons.

Carter, N. and C. Brush (2004), "Gender", in W.B. Gartner, K.G. Shaver, N.M. Carter and P.D. Reynolds(eds), *Handbook of Entrepreneurial Dynamics: The Process of Business Creation*, Thousand Oaks, CA: Sage Publications.

Dollinger, M.J. (2008), *Entrepreneurship: Strategic Resources*, 4th edn, Lombard, IL: Marsh Publications.

Du Rietz, A. and M. Henrekson (2000), "Testing the female underperformance hypothesis", *Small Business Economics*, (14), 1–10.

Ely, R. and I. Padavic (2007), "A feminist analysis of micro research on gender in organizations: suggestions for advancing the field", *Academy of Management Review*, (32), 1121–1180.

Flax, J. (1990), *Thinking Fragments: Psychoanalysis, Feminisms, and Postmoderism in the Contemporary West*, Berkeley, CA: University of California Press.

Fletcher, J. (1999), *Disappearing Acts*, Cambridge, MA: MIT Press.

Gatewood, E., N. Carter, C. Brush, P. Greene and M. Hart (2003), *Women Entrepreneurs, their Ventures, and the Venture Capital Industry*, Stockholm: ESBRI.

Greene, P., M. Hart, E. Gatewood, C. Brush and N. Carter (2003), "Women entrepreneurs: moving front and center", available at: http://www.usasbe.org/knowledge/whitepapers/greene2003.pdf (accessed February 2009).

Gundry, L. and J. Kickul (2007), *Entrepreneurship Strategy: Changing Patterns in New Venture Creation,Growth and Reinvention*, Thousand Oaks, CA: Sage.

Hill, F., C. Leitch and R. Harrison (2006), "Desperately Seeking Finance? The demand for finance by women-owned and led businesses", *Venture Capital*, 8 (2), 59–182.

Hisrich, R. and C. Brush (1986), *The Women Entrepreneur: Starting, Financing and Managing a Successful New Venture*, Lexington, MA: Lexington Books.

Hisrich, R.D., M.P. Peters and D.A. Shepherd (2008), *Entrepreneurship*, 7th edn, New York: McGraw Hill.

Kalleberg, A. and K. Leicht (1991), "Gender and organizational performance: Determinants of small business survival and success", *Academy of Management Journal*, 34 (1), 136–161.

Katz, J.A. and R.P. Green (2007), *Entrepreneurial Small Business*, New York: McGraw Hill.

Knott, M.A. (2008), *Venture Design*, 2nd edn, Los Angeles, CA: Sage Publications.

Kuratko, D.F. and H.P. Welch (2004), *Strategic Entrepreneurship Growth*, 2nd edn, Mason, OH: Thomson-South-Western.

Marlow, S. and D. Patton (2005), "All credit to men, entrepreneurship, finance and gender", *Entrepreneurship:Theory & Practice*, 29 (6), 699–716.

Minniti, M., A. Zachavakis, S. Spinelli, M. Rice and T. Habbershon (2006), *Entrepreneurship: The Engine of Growth*, Santa Barbara, CA: Praeger.

Morris, M.H. (1998), *Entrepreneurship Intensity: Sustainable Advantages for Individuals, Organizations, and Societies*, Westport, CT: Quorum Books.

Nelson, T., S. Maxfield and D. Kolb (2009), "Women entrepreneurs and venture capital: managing the shadow negotiation", *International Journal of Gender and Entrepreneurship*, 1 (1), 57–76.

Salham, W.A., H.H.Stevenson, M.J. Roberts and A.V. Bhinde (eds) (1999), *The Entrepreneurship Venture*, 2nd edn, Cambridge, MA: Harvard Business School Press.

Sturm, S. (2001), "Second generation employment discrimination: a structural approach",

Columbia Law Review, (101), 458–568.

Timmons, J.A. and S. Spinelli Jr (2007), *New Venture Creation: Entrepreneurship for the 21st Century*, 7th edn,New York: McGraw Hill.

Vesper, K.H. (1996), *New Venture Creation*, Seattle, WA: Vector Books.

Zimmer, T.W., N.M. Scarborough and D. Wilson (2008), *Essentials of Entrepreneurship and Small Business Management*, 5th edn, Upper Saddle River, NJ: Pearson Prentice Hall.

Zimmer, T.W., N.M. Scarborough and D. Wilson (2009), *Effective Small Business Management*, Upper Saddle River, NJ: Pearson Prentice Hall.

附录 10–1　关于教学意义综述的文章列表

《创业理论与实践》

Bird, B., and C. Brush (2002), "A gendered perspective on organizational creation", *Entrepreneurship: Theory & Practice*, 26 (3), 41–65.

De Bruin, A., C. Brush and F. Welter (2007), "Advancing a framework for coherent research on women's entrepreneurship", *Entrepreneurship: Theory & Practice*, 31 (3), 323–339.

Marlow, S., and D. Patton (2005), "All credit to men? Entrepreneurship, finance, and gender", *Entrepreneurship: Theory & Practice*, 29 (6), 717–735.

Gatewood, E., K. Shaver, J. Powers and W. Gartner (2002), "Entrepreneurial expectancy, task effort, and performance", *Entrepreneurship: Theory & Practice*, 27 (2), 187.

Godwin, L., C. Stevens and N. Brenner (2006), "Forced to play by the rules? Theorizing how mixed-sex founding teams benefit women entrepreneurs in male-dominated contexts", *Entrepreneurship: Theory & Practice*,30 (5), 623–642.

Wilson, F., J. Kickul and D. Marlino (2007), "Gender, entrepreneurial self-efficacy, and entrepreneurial career intentions: implications for entrepreneurship education", *Entrepreneurship: Theory & Practice*, 31 (3),387–406.

De Bruin, A., C. Brush and F. Welter (2006), "Introduction to the special issue: towards building cumulative knowledge on women's entrepreneurship", *Entrepreneurship: Theory & Practice*, 30 (5), 585–593.

Greve, A. and J. Salaff (2003), "Social networks and entrepreneurship", *Entrepreneurship: Theory & Practice*, 28 (1), 1–22.

DeTienne, D. and G. Chandler (2007), "The role of gender in opportunity identification", *Entrepreneurship:Theory & Practice*, 31 (3), 365–386.

Nelson, T. and L. Levesque (2007), "The status of women in corporate governance in high-growth, highpotential firms", *Entrepreneurship: Theory & Practice*, 31 (2), 209–232.

Ahl, H. (2006), "Why research on women entrepreneurs needs new directions", *Entrepreneurship: Theory &Practice*, 30 (5), 595–621.

Orser, B., A. Riding and K. Manley (2006), "Women entrepreneurs and financial capital", *Entrepreneurship:Theory & Practice*, 30 (5), 643–665.

《企业创业》

Verheul, I., L. Uhlaner and R. Thurik (2005), "Business accomplishments, gender and entrepreneurial selfimage", *Journal of Business Venturing*, 20 (4), 483–518.

Chowdhury, S. (2005), "Demographic diversity for building an effective entrepreneurial team: is it important?", *Journal of Business Venturing*, 20 (6), 727–746.

DeMartino, R. and R. Barbato (2003), "Differences between women and men MBA entrepreneurs: exploring family flexibility and wealth creation as career motivators", *Journal of Business Venturing*, 18 (6), 815.

Becker-Blease, J. and J. Sohl (2007), "Do women-owned businesses have equal access to angel capital?", *Journal of Business Venturing*, 22 (4), 503–521.

Bates, T. (2002), "Restricted access to markets characterizes women-owned businesses", *Journal of Business Venturing*, 17 (4), 313.

Ahl, H. (2007), "Sex business in the toy store: a narrative analysis of a teaching case", *Journal of Business Venturing*, 22 (5), 673–693.

Carter, N., W. Gartner, K. Shaver and E. Gatewood (2003), "The career reasons of nascent entrepreneurs", *Journal of Business Venturing*, 18 (1), 13.

Eddleston, K. and G. Powell (2008), "The role of gender identity in explaining sex differences in business owners' career satisfier preferences", *Journal of Business Venturing*, 23 (2), 244–256.

《小企业管理》

Jones, K. and R. Tullous (2002), "Behaviors of pre-venture entrepreneurs and perceptions of their financial needs", *Journal of Small Business Management*, 40 (3), 233–249.

DeMartino, R., Barbato and P. Jacques (2006), "Exploring the career/achievement and personal life orientation differences between entrepreneurs and nonentrepreneurs: the impact of sex and dependents", *Journal of Small Business Management*, 44 (3), 350–368.

Shelton, L. (2006), "Female entrepreneurs, work-family conflict, and venture performance: new insights into the work-family interface", *Journal of Small Business Management*, 44 (2), 285–297.

Collins-Dodd, C., I. Gordon and C. Smart (2004), "Further evidence on the role of gender in financial performance", *Journal of Small Business Management*, 42 (4), 395–417.

Dolinsky, A. and R. Caputo (2003), "Health and female self-employment", *Journal of Small Business Management*, 41 (3), 233–241.

Morris, M., N. Miyasaki, C. Watters and S. Coombes (2006), "The dilemma of growth: understanding venture size choices of women entrepreneurs", *Journal of Small Business Management*, 44 (2), 221–244.

Coleman, S. (2007), "The role of human and financial capital in the profitability and growth of women-owned small firms", *Journal of Small Business Management*, 45 (3), 303–319.

《发展性创业》

Perry, S. (2002), "A comparison of failed and non-failed small business in the united states: do men and women use different planning and decision making strategies?", *Journal of Developmental Entrepreneurship*, 7 (4),415.

Coleman, S. (2004), "Access to debt capital for women-and minority-owned small firms: does educational attainment have an impact?", *Journal of Developmental Entrepreneurship*, 9 (2), 127–143.

Rasheed, H. (2004), "Capital access barriers to government procurement performance: moderating effects of ethnicity, gender and education", *Journal of Developmental Entrepreneurship*, 9 (2), 109–126.

Coleman, S. (2002), "Constraints faced by women small business owners: evidence from the data", *Journal of Developmental Entrepreneurship*, 7 (2), 151.

Swinney, J., R. Runyan and P. Huddleston (2006), "Differences in reported firm performance by gender: does industry matter?", *Journal of Developmental Entrepreneurship*, 11 (2), 99–115.

Shields, J. (2005), "Does rural location matter? The significance of a rural setting for small businesses", *Journal of Developmental Entrepreneurship*, 10 (1), 49–63.

Robb, A. (2002), "Entrepreneurial performance by women and minorities: the case of new firms", *Journal of Developmental Entrepreneurship*, 7 (4), 383.

Menzies, T., M. Diochon and Y. Gasse (2004), Examining venture-related myths concerning women entrepreneurs", *Journal of Developmental Entrepreneurship*, 9 (2), 89–107.

Mueller, S. and M. Dato-On (2008), "Gender-role orientation as a determinant of entrepreneurial self-efficacy", *Journal of Developmental Entrepreneurship*, 13 (1), 3–20.

Dorado, S. (2006), "Social entrepreneurial ventures: different values so different process of creation, no?", *Journal of Developmental Entrepreneurship*, 11 (4), 319–343.

Knotts, T., S. Jones and K. Brown (2008), "The effect of strategic orientation and gender on survival: a study of potential mass merchandising suppliers", *Journal of Developmental Entrepreneurship*, 13 (1), 99–113.

Singh, G. and A. DeNoble (2003), "Views on self-employment and personality: an exploratory study", *Journal of Developmental Entrepreneurship*, 8 (3), 265–281.

Litz, R. and C. Folker (2002), "When he and she sell seashells: exploring the relationship between management team gender-balance and small firm performance", *Journal of Developmental Entrepreneurship*, 7 (4), 341.

《小企业经济学》

Muse, L., M. Rutherford, S. Oswald and J. Raymond (2005), "Commitment to employees: does it help or hinder small business performance?", *Small Business Economics*, 24 (2), 97–111.

Mukhtar, S. (2002), "Differences in male and female management characteristics: a study of owner-manager businesses", *Small Business Economics*, 18 (4), 289.

Kim, G. (2006), "Do equally owned small businesses have equal access to credit?", *Small Business Economics*, 27 (4/5), 369–386.

Fairlie, R. (2005), "Entrepreneurship and earnings among young adults from disadvantaged families", *Small Business Economics*, 25 (3), 223–236.

Reynolds, P., N. Carter, W. Gartner and P. Greene (2004), "The prevalence of nascent entrepreneurs in the United States: evidence from the panel study of entrepreneurial dynamics", *Small Business Economics*, 23(4), 263–284.

《商业伦理季刊》

Dienhart, J. (2003), "Who are our hairdressers? A plea for institutions and action", *Business Ethics Quarterly*,13 (3), 391–401.

第十一章　创业教育与少数族裔

——法国北非裔创业者的案例研究

哈迪·尼卡和阿兰·法约尔
（Hadj Nekka and Alain Fayolle）

引言

对创业教育的质疑不仅代表对其自身利益的关注，而且也可用于修正大众教育的某些不足。事实上，现在的学习已与实际应用相分离，[①]学生在限定的指导体系内成长，这就导致一旦他们发现自己处在一个任何事物都没有明确定义的体系中就会变得焦虑不安。现在尽管创业领域的理论还谈不上成熟定型，但人们已经开始努力寻找符合该领域理论与实际需求的教育方法和内容。[②]不过关于特定人群创业特殊性的研究仍不多见。在这一背景下，对特定群体创业教育问题的研究可以帮助我们反思既往研究成果并可能提出创业教育教学的创新建议。本研究的目的是要通过对法国北非裔创业者这一少数族裔的研究推动创业教育发展。由于人们不确定对少数族裔进行创业教育是一条死胡同还是理智的机会主义，所以我们的这个目标可谓野心勃勃。本章包括三部分内容：首先强调把创业教育和创业扶持联结在一起的理论价值；其次开展文献综述以使对创业教育的质疑更好地适应创业领域的需要；最后在文章第三部分呈现多种创业教育方法的实验研

① 参见菲利翁（Filion，1996）。
② 参见法约尔（Fayolle，2000，2007a），法约尔和加伊（Fayolle and Gailly，2008）。

究结果并对北非创业者划分类型。

一、对北非创业者是培训[①]还是扶持[②]？

我们既不想将创业局限在新企业的创建上也不想用创业扶持代替创业培训，反之亦然。然而，我们觉得对创业教育与创业扶持的可能互补性的考察不仅是创业型社会[③]一种潜在、富有成效的研究路径，也是一种更好了解特定人群（这里指在法国的北非创业者）特质的恰当方式。选择研究为想要成为创业者的北非人群设计创业培训让我们得以考察并讨论两种经历的好处，从而找到一种对所有学习者都有益的教育内容。即使扶持过程并不总符合与民族起源相关的特殊性，但这一路径还是很有前景。[④⑤]对创业培训项目的研究已显示和当地社会互动的重要性以及对国土资源利用的重要性。[⑥]我们通过假设少数族裔中潜在创业者比其他人更常认为自己身处逆境，从而强化创业培训和扶持间的关联。正如马切斯娜依（Marchesnay）强调的，[⑦]尽管这种逆境可通过获得某种社会地位（比如一个学位）而减少，但在高等教育机构中创业课程的发展问题不仅在这个案例中被提及，其他地方也常常被广泛讨论。

（一）培训和扶持：就学习而言的互补概念

创业培训和创业扶持这两个概念的联系一方面要求对扶持有精确定义，另一方面要求对创业教学有一个开放观点。关于创业扶持，我们认为为创业者提供的协助应该突破仅建立于获得信息和标准化培训课程这样的逻辑，

① 在本章中，创业教育是一个广义的概念，建立在欧洲委员会创业教育专家组所使用的一个定义基础之上。参见欧盟委员会（Commission Européenne，2002）。

② 关于创业扶持，参见法约尔和库辛（Fayolle and Cuzin，2005）。

③ 创业社会需要当地社会和小型企业之间的紧密联系，还需要专业人士和实践者们之间的合作伙伴关系，目的是在简单易于理解的和重复的模型基础上提供结构化培训课程。参见菲利翁（Filion，1999）。

④ 参见利维－塔基尼（Levy-Tadjine *et al.*，2005）。

⑤ 这些作者对影响扶持关系的跨文化因素很感兴趣。对他们来说，扶持机构代表一个有利的环境来研究移民创业者扶持的可能特殊性。

⑥ 参见伯查德（Béchard，1999）。

⑦ 参见马切斯娜依（Marchesnay，1999）。

相关扶持应是扶持者与被扶持者之间的一种长期和共生的关系。[①]至于创业培训，我们应既不“限定”于对创业教育课程的一种特定观点，也不对它存在的独有形式进行辩解，哪怕这种形式是由一所较有声望的大学所创造。我们必须把快速发展的创业形式和实践考虑进来。为解释扶持对教育的好处及教育对扶持的好处，我们参考了两个例子。第一，扶持和教育经历的结合在法国背景下十分有用。法国和美国不同的是它并没有创业文化。在有创业文化的美国，人们认为失败是一种丰富的学习经历。由于之前失败的创业者们一般不会轻易对外界透露这方面的情况，如果想把一个失败案例转化为真正的学习机会和教学的创新来源，从创业扶持中获得的经验是宝贵的财富。[②]由于失败是多种因素积累和相互作用的结果，因此很难找出失败的原因，而这种创业培训与扶持的结合可为这一领域[③]所做的调查提供宝贵参考并有助于提高创业的教学效率。第二，瓦洛（Valéau）就很好地阐释过教育和扶持的结合。[④]因此，我们知道创业培训不仅使扶持的团队和未来创业者更多地意识到对扶持者在创业者项目中进行干涉所带来的风险，[⑤]且创业培训为他们提供一种方法来应对扶持者——创业者关系的复杂性。这种阐释似乎是原创的，因为它并没考虑到一些典型情境，借助这些情境，教育被视为扶持活动教学方法的一种来源。[⑥]

（二）创业扶持：教学效率的丰富知识来源

如果传统创业扶持倾向于把未来的创业者当作是在创业初期寻求服务或帮助的人，那么它也可以展现一个比较非典型的关系。例如，这个过程可反过来并构成交易关系使扶持者和创业者都能从协作中受益。[⑦]扶持应

---

① 参见奥代特等（Audet *et al.*，2004），萨马特（Sammut，2003）。

② 参见谢泼德（Shepherd，2004）。

③ 参见萨马特（Sammut，1998）。

④ 参见瓦洛（Valéau，2005）。

⑤ 韦斯特拉特坚持尊重创业者的必要性，并鼓励扶持者考虑他的认知内容和他认为于成功而言最重要的因素。参见韦斯特拉特（Verstraete，1997）。

⑥ 这里我们可以提到由施米特等人提出的“Idéo”方法。参见施米特等（Schmitt *et al.*，2007）。

⑦ 参见若昂等（Jaouen *et al.*，2005）。

让创业者能理解和处理创业过程中的复杂性，换句话说就是帮助他们把战略转化为每日的管理活动。[①] 扶持提供行动思路让创业者能通过获取信息和知识来完善项目。促进个体创业能力意味着引导他或她来为他们自己的构想进行定义。[②] 的确，高质量的扶持对创业者的战略方法大有裨益。[③] 把民族起源考虑进去会使创业教育课程的内容得以丰富。[④] 因此，扶持经历的丰富程度和多样化就可为实现教学目标构建有用材料，尤其是因为关于公司创建前创业学习的研究还处于早期发展阶段。的确，如果公司成立时就对创业者的学习和适应能力进行广泛研究，[⑤] 那么我们在学习和创业过程的相互作用中的知识和理解就属于在创业调查领域中最少的部分。[⑥] 在这一领域的探究倾向于背离基于创业者个人和心理上的特点而采取的方法，它更强调创业者活动的重要性，尤其是他或她的思维方法。因此，由加特纳（Gartner）提出的行为主义方法应运而生。[⑦] 这个方法的主要贡献是把创业视为一种自然进化，从而否定创业行为的稳定性这一概念。因此创业被视为一个动态的学习过程，[⑧] 借此个体不断获得在创业过程中要取得成功的必要技能和知识。[⑨] 人们认为这个在 20 世纪 80 年代占主流地位的个人主义方法是研究创业技能的主要障碍。[⑩] 这个指导理论框架应能指引我们进一步探索让谁去教授创业更适合。研究者和实践者的组合也许是一种可行方法，这样既可确保概念性或抽象性要素的教学也可确保与实践性要素的结合。

---

① 参见萨马特（Sammut，2003），韦斯特拉特（Verstraete，1997）。

② 参见萨波塔和韦斯特拉特（Saporta and Verstraete，2000），韦斯特拉特（Verstraete，1997）。

③ 参见埃尔南德斯（Hernandez，1999）。

④ 我们发现在几篇论文中对此的解释很有趣。参见巴雷斯和马勒（Bares and Muller，2002），布鲁亚特（Bruyat，1993），法约尔（Fayolle，2007b），埃尔南德斯（Hernandez，1999）。

⑤ 参见科普（Cope，2005）。

⑥ 参见迪金斯和佛瑞尔（Deakins and Freel，1998）。

⑦ 参见加特纳（Gartner，1988）。

⑧ 明尼蒂和拜格雷夫描述这个学习过程的具体细节。参见明尼蒂和拜格雷夫（Miniti and Bygrave，2001）。

⑨ 参见科普（Cope，2005）。

⑩ 参见奥尼和叙勒蒙（Aouni and Surlemont，2007）。

（三）认知心理学：整合经验与教学目标的激励理论

根据对北非创业者的实证研究，我们可以理解对创业者行为进行研究的重要性，尤其是他们在创业过程中发挥实际作用的活动研究。[①]这个理论框架让我们能认识到一方面要注意在创业过程中成功地引导创业者而建立所谓的孵化活动的必要性，[②]同时也要牢记过分关注这些孵化活动的潜在危机。[③]从这一角度来说，我们希望强调创业者与他们所处创业环境的相互作用。由于认知心理学的方法旨在理解创业者的思维方式和所做行为的原因，所以它可提供一个合适的指导理论模型。[④]此外，从这个角度出发所做的研究让人们既能识别创业过程中可获得的知识、态度和技能，也让人们知道这些技能只针对于创业者这一角色而不像其他更为普通的技能那样可供很多角色（尤其是经理）使用。[⑤]我们想在这里指出，创业者和创业技能可根据不同情况或不同创业阶段而有所差别，因此根据创业者想要创建的公司或组织的类型、项目复杂程度或该领域的具体情况，所需技能的类型和级别也不同。鉴于此，在培训和扶持实体之间建立一个可持续的桥梁将十分有益。因为创业学习可被描述为一个持续的过程，该过程能促进创建新企业所需知识和技能的发展且被描述为一个积累的过程，所以这两个领域应互相帮助。[⑥]其他人赞同并强调在创业过程中每个阶段不同却互补的知识、态度和技能的重要性。[⑦]除了把个体因素对创业技能的影响考虑到创业学习理论中，促进和协助认知技能获取的因素也在项目构思与知识转换中起关

---

① 参见阿尔索斯和科尔沃雷德（Alsos and Kolvereid，1998），卡特等（Carter *et al.*，1996）。

② 如何草拟商业计划、计算财务预测、筹集资金等。

③ 这个风险在于消除我们对创业者在这些孵化活动中的角色理解的主要顾虑。参见舒克等（Shook *et al.*，2003）。

④ 参见米切尔等（Mitchell *et al.*，2002）。

⑤ 从这层意义上说，他们考虑到背景情况，因为他们由创业者必须承担的角色所决定，或由他或她必须解决的问题所决定。参见奥尼和叙勒蒙（Aouni and Surlemont，2007）。

⑥ 参见波利蒂斯（Politis，2005）。

⑦ 参见舒克等（Shook *et al.*，2003）。

键作用。这就是通过实践而学习[①②]或通过直接观察而学习。[③]

二、关于创业教学内容（再）构建的建议

毫无疑问，创业在教育项目中成为合法的教学科目。的确，如萨波塔（Saporta）和韦斯特拉特（Verstraete）所问：若不理解促使企业产生的现象又如何理解一个企业呢？[④⑤]创业在过去几十年间有极大发展，[⑥]因此创业教育是丰富且对人有启发的。[⑦]然而事实并非如此，我们不仅缺乏能表明创业领域已完整建立的可靠数据，且很多认识论、理论性、教学性和实践性的质疑仍有待回应。[⑧]

有关创业教育的内容

1. 定义创业教育内容的几个前提

在展示和讨论优质创业培训的合适教学内容前，无论是整体的每个学习者还是特指一个北非学习者，我们都觉得在这一领域指出几个前提很重要。即使我们意识到创业和管理之间的必要互补性[⑨]，创业教育也必须和传统管理教育区分开。这个区别在要求更多的领导才能而非管理技能这一背景下显得尤为重要。[⑩]如果我们把创业看作是三个价值体系的结合而这些价值体系符合我们在此目标上的期待，那么关于学科边界的辩论应弱化到这一背景中：[⑪]创业教育（发展一个促进学生和老师创新精神的开放教学法）、企业教育（把学生推荐给公司并不仅仅是新创业公司）及亲身实践

① 参见科尔布（Kolb，1984）。

② 根据作者，体验式学习有两个维度，即经验的获得和转化，并导向四个学习和创造知识模型的区分。

③ 参见明尼蒂和拜格雷夫（Minniti and Bygrave，2001）。

④ 参见萨波塔和韦斯特拉特（Saporta and Verstraete，2000）。

⑤ 即使有些特殊情况会促使公司的产生，但大部分都来自于创业者的主观能动性。

⑥ 参见库拉特科（Kuratko，2005）。

⑦ 参见法约尔和加伊（Fayolle and Gailly，2008）。

⑧ 同上。

⑨ 参见菲利翁（Filion，1999）。

⑩ 参见本尼斯和纳努斯（Bennis and Nanus，1985）。

⑪ 参见贝沙尔和格雷古瓦（Béchard and Grégoire，2007）。

的创业教育（领导力、授权、信任、团队精神）。首先，对于创业培训内容有两个问题需要强调。第一个问题涉及塑造创业现象的需要，第二个问题涉及需要超出技术范围的教学。[①] 其次，上述内容启发我们考虑在某种程度上创业教育的未来与我们的教学创新能力相关。如果这样的教学方法的进步十分重要[②]，那么我们对目标学习者本质（和结果）、培训课程内容及其结果的认识仍是专家们有争议的问题。[③] 因此，目标学习者的特点和它的异质性可能会给培训者和项目带头人带来更多棘手的问题。最终，尽管创业教育对学生有不可否认的好处[④]，我们仍然必须承认创业教育还需展示其影响和用处。[⑤] 例如，只有在构想和初建阶段中更好地理解具体的管理问题，创业培训才有助于避免最基本的陷阱和错误并可能减少早期夭折率。然而，仍有几个众所周知的因素，培训对其影响甚微。比如一是创业者性格，二是他或她的家庭背景。[⑥] 最后，创业培训需要一个全局观来对每个项目进行管理并需要创建者在其创建阶段全身心地投入且进行大量追溯调整。

2. 与认识论之争相一致的教学概念

在盎格鲁—撒克逊（Anglo-Saxon）的商业学校和其他地方，创业和小企业管理课程十分受欢迎。尽管这些主题是相关的，但我们仍缺乏重大理论上的进步，哪怕是创业理论领域的稳定。[⑦] 在认识论、理论和方法论层面，创业仍是一个较新的学科，但也正逐渐站稳脚步。阿鲁鲁（Aloulou）和法约尔指出，我们对这一领域现有知识的掌握还不足以找到能保证创业

① 参见萨波塔和韦斯特拉特（Saporta and Verstraete，2000）。

② 主流教学方法在于让学习者通过发展的多个层次定义并构建情境。因此学生能准备得更充分，去扮演创业者角色，在整个教育过程中他们应和社会创业者定期联系，在教学过程中应使情境化学习尽可能地贴近现实。参见菲利翁（Filion，1999），霍尼格（Honig，2004）。

③ 参见法约尔和加伊（Fayolle and Gailly，2008），萨波塔和韦斯特拉特（Saporta and Verstraete，2000）。

④ 埃尔南德斯只进行创建新企业的培训，他提到例如公司体系、对实用主义的考虑、中小型企业的重要性及交流技巧等的优势。参见埃尔南德斯（Hernandez，1999）。

⑤ 菲利翁具体说明区分不同课程的重要性（包括提高意识、学习贸易、与创建新企业相关及管理方面相关的课程）。参见菲利翁（Filion，1999）。

⑥ 参见埃尔南德斯（Hernandez，1999）。

⑦ 参见阿鲁鲁和法约尔（Aloulou and Fayolle，2007）。

成功的培训模式。[①] 虽然创业文献已经表明创业者的极端多样性（没有单独的心理特性且创业情境多样），但我们仍在想是否能把成功创业的经验复制到下一代身上。[②] 与创业者独特性相关的创业有其艺术性一面。某种程度上正是由于这种内在艺术性的存在才使得创业教学遇到很多问题。因此创业既是科学也是艺术。[③] 它的科学性使知识传递成为可能，这些知识（概念上的、技术上的和工具性的知识）为分析创业情境所需，而艺术性则引导培训向更实用的技能方向发展（专业知识和人际交往技巧）。我们注意到认识论角度不仅让我们找到所需知识类型也让我们想知道这个课程的起源。如果对某些人来说创业的实质是整合和协调几个功能性科目的能力，[④] 那我们就应只去学习一些必备知识且只需关心那些指导创新性教育教学设计的恰当理论模型。考虑到所需知识的本质，德里（Déry）和图卢兹（Toulouse）提出一个可能的方法，他们探讨行动者、商业项目、过程等概念的重要性[⑤] 且指出创业是一门集中关注两个关键概念的学科：创业者（事实）和创业项目（行动）。[⑥] 最为重要的是界定和理解“项目 – 创建人”这个组合的概念内涵，因为它能帮助我们理解创业者所要经历的难处，即这些来自大学环境的创业者将进入一个不同的世界，在这个世界中如果他们想不被断然拒绝就得接纳这个世界的价值观、习俗与惯例。[⑦] 对用以指导创新性教育教学设计的相关理论模型而言，这一趋势体现在关注创业的横向性特质和从某项行动的系统与过程以及某种特定思维功能中生发出来的横向性。这一观点涵盖了建构主义认识论中现象的复杂性，培训在其中具

---

① 参见阿鲁鲁和法约尔（Aloulou and Fayolle，2007）。

② 参见代斯勒等（Dreisler *et al.*，2003）。

③ 参见阿鲁鲁和法约尔（Aloulou and Fayolle，2007）。

④ 参见谢泼德和道格拉斯（Shepherd and Douglas，1997）。

⑤ 参见德里和图卢兹（Déry and Toulouse，1994）。

⑥ 在这一角度，教学内容必须包括这样的主题，比如对机会的辨识和选择、创业战略发展、新兴项目管理及创业团队管理。我们这里涉及的是法国学校关于创业教育的思考。参见布鲁亚特（Bruyat，1993，1994）。

⑦ 参见埃尔南德斯（Hernandez，1999）。

有非凡的启发性及连贯的逻辑性。[①] 当然，这些领域也与知识的产出以及适应教学的教学法构想有关，两者既相互联系又相辅相成。

3. 与该领域理论知识相一致的教学概念

过去几年间，整合创业不同方面的路途不断增加，这就使对这个由多样性知识构成的领域的阐释成为可能。[②] 这个阐释基于选择性文献述评来完成，被选择的文献不仅关注研究者问题变迁也关注处于现实创业世界核心位置的创业者的重要性。这个阐释是一种朝向对创业现象观点统一化的趋势，它可以通过观察这个既丰富又常受到矛盾观点影响的学术研究领域来实现；它从内容、参与者和行为（创业过程）的角度对创业做出概述；它特别指出这些整合角度可通过创业调查的整体进展进行观察。很明显，一些早期著作也在寻求类似方法，但他们都像夏皮罗（Shapero）的研究一样是孤立的行为。[③] 尽管这个旨在统一创业研究的运动很可能会进一步发展，但为了不抑制知识创造，它不应尝试减少方法的多样性。虽然这些方法为把创业者及其行为纳入同一视域下而超越特质取向和行为主义间的对立，但这些方法似乎有望成功，尤其创业是关于个人实施具体行动的。[④] 尽管这个理论框架似乎支持这样的观点，即创业理论的发展可帮助识别该领域的基础概念并出于教育目的更清晰地定义其界限，但在我们看来也存在其他观点，这些观点可最小化其重要性。我们区别两个观点。第一个是概念上的，它承认概念、观点、定义和方法的多样性并把这种分析视角的多样性看作是对学生和创业教育中其他参与者的理解分析的丰富与深化。根据这一观点，尽管人们对创业的定义没有达成一致，但仍有通过严谨的方法把这些概念的弱点变成长处并使之成为一个崭新的、更成熟的创业教育的可能性。当然，这个是在教学预期、目标、内容和方法都力求以一个连贯整体展现出来为前提的。[⑤] 第二个观点，可看作是政治上的，认为创业的一词

① 参见马切斯娜依（Marchesnay，1999）。
② 参见丹乔（Danjou，2002）。
③ 参见夏皮罗（Shapero，1975）。
④ 参见丹乔（Danjou，2002）。
⑤ 参见法约尔（Fayolle，2005）。

多义性可通过一个特殊方法来把创业纳入教育机构的教学项目中。[①] 从这一角度讲，创业教学项目的概念主要由教育机构目标的特殊性决定。[②] 考虑到这个情况，大家会不断提及这样一个问题：对于一个有如此多定义的课题，人们是否能对其教学方法形成共识?

三、少数族裔和教学方法：有什么特殊性?

本部分我们需明确强调的是对特殊教育目标人群的关注应避免从一般意义上思考创业问题，始终不忘我们本章主题选择的初衷。

（一）实证研究的展示

要研究日常工作环境中的北非创业者，案例研究方法显然最为合适。[③] 我们从 2002 年 2 月到 2003 年 12 月进行了访问和观察。公司的一系列个体访谈和观察让我们能收集七个案例研究中所需的信息。为满足调查要求，我们再次联系七个创业者从而更新一些已采集的数据并于 2008 年 7 到 9 月进行一系列第二次个体访谈。我们这些案例的多样性——只有两个是属于同一“类型”（见本书第 249 页表 11–2），使我们能够一方面讨论创业动机和教学益处（见第二小节第一点）；另一方面讨论创业者类型和教学益处（见第二小节第二点）。

（二）课程教学的田野调查

根据我们的实证数据，我们可讨论与教学法相关的两个问题，一是创业者的动机，二是创业者的分类。

1. 创业动机与教学收益

创业动机的研究一般既与社会融入又与创业逻辑有关。目前这个创业

---

① 参见马切斯娜依（Marchesnay，1999）。

② 在法国，马切斯娜依区分三种变量重要性的合法化逻辑：建立于技术价值之上的工程师逻辑、管理逻辑和于 20 世纪八九十年代崛起的创业逻辑。参见马切斯娜依（Marchesnay，1999）。

③ 这个方法有很多科技优势。它让我们能通过观察和描述来发起和测试一个理论，尤其是当所用理论是相对无定论时。我们用案例研究方法来进行深度分析。这些案例用内部和外部的信息来源进行系统记录，包括逐字记录的采访和直接观察的笔记。

逻辑只被创业者们试探性地表达出来，他们的论述主要关注人才市场的状态，尤其是作为雇员的职业关系。考虑到他们需要一个动机来新建一家企业，他们对此的态度是积极的。因此，创业动机研究似乎没有对创业教育造成很大障碍。考虑到之前提到的逆境，即使在目前大多数案例中都仍有一些这样的案例：创业项目由个人选择决定。所以在这一层面上似乎没有奇特之处且我们坚持认为培训和扶持之间的联系十分重要。我们甚至可指出在某些方面教育没有影响，人们对所遇到的情境也没有意见。例如，在提出创造性架构或选择部门时，社会背景都不是决定性因素。扼要描述的结果应当得到一些教学性建议。我们注意到部门选择是由教育和先前经历所决定的。只有两个创业者强调第三个变量：经济机会。下页表 11–1 呈现所研究创业者的简介。

我们根据大纲做了四个观察。第一个有关创业领域。根据菲利翁的研究，[①] 该领域分为几个子域，[②] 我们注意到所选择案例符合更广范围的创业。我们所研究的案例主要和中小企业及其管理、新企业的创建、收购及企业扶持相关。第二个观察更为宽泛：如果我们相信邦尼特（Bonnet）所做的研究调查，[③] 那么创业者信息的特点可和整体趋势相提并论。第三个观察与新企业创业培训课程相关。我们注意到我们的创业者很少参与这些课程，他们似乎满足于最初教育背景和这方面的知识，唯一接受新企业创建培训课程的创业者是那个没有学位且主要目标是专业整合的人。第四个观察是分析式的，它呈现在我们的实证研究中所强调的是个人性格和在文学作品中所提到的个人性格的细微差别。[④] 我们所得的结果无法探索创业者文化和个性之间的关系。然而，对有利社会地位需求的重要性让我们有兴趣去进

---

① 参见菲利翁（Filion，1999）。

② 中小型企业（SMEs）及其管理、家族企业、独立工作、内部企业家实践、新企业创建、创业扶持等。

③ 参见邦尼特（Bonnet，1998）。

④ 这个女性创业者是一个例外，她也强调她的个性和技能与新企业创建的兼容。似乎三个目标引导她的决定：对自由、独立和良好社会地位的渴望。

一步研究，即专注于使用社会文化变量来解释新企业创建的需要。[①]

表 11–1 七个企业主 – 管理者的简介

公司特点	F1	F2	F3	F4	F5	F6	F7
企业经营领域	液压与气动	市场营销	管道和锅炉制造行业	信息技术	车身制造与涂漆	研磨制品的改造	冶金
员工	25	25	98	60	40	6	10
建立日期（年）	1986	1993	1990	1983	1984	1993	1996
创建企业类型	个体	个体	集团收购和个人收购	仅有伴侣帮助	收购	仅有兄弟帮助	个体
到达法国日期（年）	1954	法国出生	1946	法国出生	1960	1968	1962
创建者年龄（岁）	46	34	41	39	40	33	50
创建者性别	男性	女性	男性	男性	男性	男性	男性
宗教信仰	穆斯林支持者	伊斯兰教	伊斯兰教支持者	无宗教信仰	无宗教信仰	伊斯兰教支持者	伊斯兰教
教育级别	大学生	学士学位	甲级考试	大学生	大学生	大学生	无
教育类型	机械制造	生物化学	锅炉工业技术	针织品和纺织品	技术	机械制造	无
管理学习	否	是	是	否	否	是	否
社会背景	蓝领工人之子	蓝领工人之女	矿工之子	蓝领工人之子	蓝领工人之子	蓝领工人之子	无业
关于新企业创建培训	无	无	无	无	无	无	一些

① 参见夏皮罗和索科尔（Shapero and Sokol，1982）。

表 11-2　被研究创业者的分类

社会学视角 \ 策略方法	防守者	探索者	分析者
孤立型		F7	
显著型			
游牧型	F4 F6	F3	
进取型	F2	F1	F5

2. 创业者类型和教学收益

为使用收集到的数据，我们决定运用原有分类理论。我们发现马切斯娜依（Marchesnay）关于创业者特殊兴趣的分类方法在领域维度方面很特别，[①] 同时我们也看到迈尔斯（Miles）和斯诺（Snow）的创业者分类方法的可借鉴性（源于对管理与创业活动差异性的区分）。[②] 表 11-2 是我们分析的小结。

在科学总结之外，结合之前的因素我们可利用较宽泛的分类从而能对教法研究提出一些假设。的确，该分类提出管理实务和管理价值的特征差异。[③] 在教学方面，我们通过分析网格列出创业的多个方面，对六种典型概况进行区分和讨论，同时指出他们在教学中的优缺点。[④] 这种方法对相应教学内容进行深入研究使之能适应不同类型。之后我们会对教学方式进行讨论以完成分析。

（1）教学内容

下面展示出根据研究的创业类型和创业范式我们在教学内容上的进展：

① 适合新企业创建类型的教学。此处分析者 - 进取型创业者是我们关注的重点。首先，他的经验让他有能力在困难时期接管公司，这也是不要把知识限制在创建新企业的原因。其次，他的动机和身处情境对他人来

① 参见马切斯娜依（Marchesnay，1998）。

② 参见迈尔斯和斯诺（Miles and Snow，1978）。

③ 参见马切斯娜依（Marchesnay，1997）。

④ 见本书第 260 页附录表 11A-1。

说是丰富且宝贵的经验。一方面，他认为公司成功与否完全取决于他的能力和在与周围环境维持良好关系的同时掌控一切（他认为很好地融入了环境）；另一方面，他的主要问题是在运行缓慢的经济部门采取行动。这是一个丰富的经历，因为尽管接管公司对公司发展而言是一个比较微妙的阶段，但这样的改变可给公司带来新的发展动力。[①]

② 适合小企业类型的教学。考虑到人们不愿把创业和小企业相提并论，这种孤立型－探索者创业者显得非常有代表性。他的动机和创业精神是另一个值得学习的方面。事实上，雇员这一身份让他很失望，而新企业的创建让他能接受挑战。他将自己定位到一个更广的市场范围，并声称他愿意抓住所有机会。他意欲征服阿尔及利亚的市场但又忠于他所建立企业的地区。他在管理每日活动时经历重重困难。有趣的是他仍是一个创业者，但他需要是一个管理者。

③ 适合创新类型的教学。防守者－进取型创业者是我们可使用的一个有趣案例——尤其是在教学方式方面。事实上，这里所说的常见弊端是相互抵消平衡的。[②]这类创业者是一个“打小就能承担某个项目并在其能力所及范围内转化为现实”的个体。对她来说，成功需要好的管理技术和能给外界营造一个可信任的形象。需要能控制一切并受人崇拜。她只专注她的工作，哪怕她明知这个方法有风险。她认为她的出身对她的企业而言是极大优势。我们观察到在这个特殊案例中，为了生存，多数的创新障碍成为创新动力。

④ 适合创业精神类型的教学。探索者－进取型创业者与那些试图通过在性格上做文章来逐渐灌输创业精神的教学选择形成鲜明对比。在这种情况下，我们的评估十分明确：“他常常有一种感觉，认为他的出身不利于他作为雇员的职业生涯发展。但从事工薪工作是有必要的，仅仅为学习贸易和获得经验这一目的。他相信可通过自己的优势提高竞争力。据他所

---

① 这似乎由两点证实，一是新企业的存活率要比那些从接管中受益的公司低，二是创业者通常会选择进入一个和他之前工作的领域相同的领域。参见博诺（Bonneau，1997）。

② 见本书第 260 页附录表 11A–1。

说，困难来自于缺少合格的工人和运筹不当。他在他的环境中发展良好并在需要时会毫不犹豫地请求内部及外部技术支持。他希望能通过把每日任务托付给一个管理者来把时间投入到创业责任中去。他对自己和同事都要求很高。他把他的身份当作是在他的环境中塑造自我的好方法。”这个定位因防守者–游牧型创业者而得以巩固，这些创业者旨在进行社会融合而创建新企业，但在一个领域中这却意味着机会。据他而言，成功需要的能力是满足客户需求并能应对要打造高质量商品所面临的压力。他所经历的困难来自公司扩张。他必须面对竞争并在公司的不断发展中管理好公司。最初环境为未来发展（包括在国外的发展）提供起点。他能很好地适应本地和文化的特殊性并努力分配尽可能多的管理任务。最后一个案例，是探索者–流浪型创业者，他似乎揭露出一些其他人所避免的事情。这个与附表11A–1中关于创业精神的部分一致：“他通过创业的成功给自己树立了专业形象并使得他的技能被充分利用。对他而言，一个公司的成功取决于好的管理技巧及获得领土合法性的能力。他认为北非的出身对他没有帮助，但他相信通过证明自我能克服这个困难。他十分痴迷他的能力并抓住所有机会，包括融入到一个社会和经济有利的环境中去。”

我们的方法让我们能超越关于创业的狭隘观点。诚然最常见的情形不仅与创建新企业有关，也与创业精神有关。① 这种精神存在于商业活动中，就如同存在于所有人类活动中一样地存在于发现机会并收集多种必要资源以创造满足需求的价值之中。② 创业更相当于一种思维方式而非一种结果：创建新企业。

（2）教学方式

接下来我们能毫不犹豫地强调项目管理对创业培训的好处。这个方法有几个好处。③ 项目化教学方式的确可对创业教育做出不容否认的贡献。它不仅能把概念（conception）和实现（realization）联系起来，还可解决在

① 参见伯查德和图卢兹（Béchard and Toulouse，1995）。

② 参见艾伯特和玛丽昂（Albert and Marion，1998）。

③ 参见巴亚德等（Bayad *et al.*，2002）。

创业和职业现实中的复杂性。创业和项目这两个概念的大众化推动了原创与创新教学的发展。教学创新能力源于教学项目与其他适用于传统范式的方法不同，这些传统范式把概念和实现区分开。从事创业项目不仅使同学们成为高等教育体系的参与者，还向他们展示创业可成为另一种潜在的职业选择。创业项目为规划未来理想状态的相关问题提供背景与设想。这个设想使创建一个包含营销、金融、组织、人、技术等方面的完整方案成为可能。考虑到大多数创业者所经历的困难与情境建构而不是解决问题更为相关，[①] 这种教学组织方式的主要兴趣不仅仅局限于构建一个作为问题解决手段的商业计划。从这个角度看，培训课程应致力于为项目概念化进行简要说明并为问题解决做一个商业计划。通常情况下精确的算术计算是标准，而学生应发展与通常情况截然相反的评估技巧。换言之就是学生们应在建构主义认识论理论框架下而不是他们更习惯的实证主义者理论框架下发展。项目化教学方式的主要困难是在当前高等教育体系中找到它自己的位置。古耶特（Goujet）强调一个核心思想，[②] 即全面公正地看待教育工程。换句话说，不只关注教学内容和学习的创新还关注具体的尤其是持续的、实施的可行性，这十分重要。毫无疑问，创业教育是教育学概念和理论的试验田。[③] 因此，尽管在教学方法上教学创新方法已经清晰，然而一个看似十分合适的特殊方法却似乎早已受到人们的青睐，该方法由克莱里特（Clenet）制定："一旦把受训者放在通过提供更适合、合理并能更好地被他们理解的课程内容以增加他们改造自身的知识、欲望和能力的情境中，受训者的投入和培训效果通常会有所提升。"[④] 菲利翁支持这一观点，他认为最高效的创业教育体系是那些在学习过程中为学习者提供最广范围的自我管理的教育体系。[⑤]

---

① 参见施米特等（Schmitt *et al.*，2002）。

② 参见古耶特（Goujet，2005）。

③ 参见法约尔和加伊（Fayolle and Gailly，2008）。

④ 参见克莱内（Clenet，2007：11）。

⑤ 参见菲利翁（Filion，1999）。

四、结论

本研究依据一个合适的视角审视创业教育问题并基于重要社会问题识别它应走的方向和路径。在理论层面上，本章指出创业扶持作为一个丰富的来源可能用于教学目的。考虑到创业过程中每个阶段必要技能的多样性，认知心理学流派鼓励在创业扶持和创业教育之间建立强有力的联结。然后问题在于塑造创业现象的重要性以及超越它的技术维度来尝试规划教学内容的重要性。在这一阶段，我们注意到创业教育的未来完全取决于我们的教学创新能力且这个创新必须利用该领域的多学科特点。由于它能识别所需知识类型和它们的学科起源，所以认识论路径鼓励我们走这条路。最后，有的观点融合创业的不同方面，这一事实引导我们采取两种方法（理论的和政治的）与这样一个观点相匹配，即这个领域的异质性可使之发展出一个高质量的教学提议。尽管实证工作应基于更广的观察，但已做出的实证工作似乎鼓励我们继续在这个方向上前进。这项工作发现了一些能强调创业教育教学和特定人群学习者之间联系的变量。因此，我们能用例如动力、创业者简历和在更宽泛层面上的北非创业者分类这样的概念来讨论初步结果。通过观察这个领域的多种范式来审视分类构成可能有助于促进形成合适的教学内容概念。这一方法促使我们回想创业教育的进展过程以讨论并充分论证所选课题的相关性，同时也基于所开展的独特实证研究来推动它所植根的知识基础的发展。为得到应用于那些未来很可能成为潜在创业者的教学知识，我们对那些已开办自己企业的北非创业者进行了研究。如果能把研究扩展到那些在法国接受创业培训课程的人并把结果与那些在其他欧美国家接受创业培训课程的人相比将是十分理想的。

参考文献

Albert, P. and S. Marion (1998), “Ouvrir l’enseignement à l’esprit d’entreprendre”, *L’art d’Entreprendre*, Paris: Village Mondial, pp. 28–30.

Aloulou, W., and A. Fayolle (2007), “L’enseignement de l’entrepreneuriat à l’Université:

enjeux, légitimité et pédagogie", in R. Zghal, *L'entrepreneuriat: théories, acteurs, pratiques*, Tunisia: Sanabil Med SA, pp. 197–234.

Alsos, G.A. and L. Kolvereid (1998), "The business gestation process of novice, serial and parallel business founders", *Entrepreneurship: Theory and Practice*, 22 (4), 101–114.

Aouni, Z. and B. Surlemont (2007), "Le processus d'acquisition des compétences entrepreneuriales: une approche cognitive", Congrès de l'Académie de l'Entrepreneuriat, Sherbrooke.

Audet, J., P. Couteret and G. Avenet (2004), "Les facteurs de succès d'une intervention de coaching auprès d'entrepreneurs: une étude exploratorie", Fèrne Congrès International Francophone Entrepreneuriat et PME, 27–29 October, Montpellier, France.

Bares, F. and R. Muller (2002), "Dépasser les freins au soutien entrepreneurial ? Présence ou absence du don dans un réseau d'aide à la création d'entreprise", Congrès Internationalde l'Académie de L'Entrepreneuriat, Bordeaux, pp. 40–55.

Bayad, M., C. Schmitt and J.P. Grandhaye (2002), "Pédagogie par projet et enseignement de l'entrepreneuriat: réflexions autour d'une démarche et de différentes experiences", Congrès de l'Académie de l'Entrepreneuriat, Bordeaux, pp. 23–38.

Béchard, J.-P. (1999), "Implantation d'un programme de formation en entrepreneurship et ressources inter organisationnelles régionales: le cas du Québec", *Revue Internationale P.M.E.*, 11 (4).

Béchard, J.-P. and D. Grégoire (2007), "Archetypes of pedagogical innovation for entrepreneurship in higher education: model and illustrations", in A. Fayolle (ed.), *Handbook of Research in Entrepreneurship Education, Volume 1,* Cheltenham, UK and Northampton, MA, USA: Edward Elgar, pp. 261–284.

Béchard, J-.P. and J.M. Toulouse (1995), "Essai de clari fcation des programmes de formation à l'entrepreneurship", *Cahier de Recherche 92-09-01*, Chaire d'Entrepreneurship Maclean Hunter, HEC Montréal.

Bennis, W. and B. Nanus (1985), *Diriger: les secrets des meilleurs leaders*, Paris: InterEditions.

Bonneau, J. (1997), "Les repreneurs d'entreprises", *Problèmes Economiques* (2531), 15–18.

Bonnet, J. (1998), "Le renouvellement du tissue productif à travers la création d'entreprise en France", *Revue Internationale P.M.E.*, 11(1), 9–40.

Bruyat, C. (1993), "Création d'entreprise: contribution épistémologique et modélisation", *doctoral thesis in management science*, Université Pierre Mendès France, Grenoble, France.

Bruyat, C. (1994), "Contributions épistémologiques au domaine de l'entrepreneuriat", *Revue Française de Gestion*, November–December, 87–99.

Busenitz, L.W. and C. Lau (1996), "A cross-cultural cognitive model of new venture creation", *Entrepreneurship: Theory and Practice*, 20 (4), 25–39.

Carter, N.M., W.B. Gartner and P.D. Reynolds, (1996), "Exploring start-up event sequences", *Journal of Business Venturing*, 11 (3), 151–166.

Clenet, J. (2007), "La production des competences: paradoxes et complexité des actions humaines", in A. Lelou,H. Nekka, K. Tahari and Z. Yanat (eds), *Réflexions sur la formation professionnelle et la gestion des compétences: un état des lieux interdisciplinaire*, Algeria: Editions Dar El Gharb, pp. 9–24.

Commission Européenne (2002), *Making Progress in Promoting Entrepreneurial Attitudes and Skills through Primary and Secondary Education*, report from the expert group on entrepreneurship education, available at: http://ec.europa.eu/enterprise/newsroom/cf/itemshortdetail.cfm?item_id=3367.

Cope, J. (2005), "Toward a dynamic learning perspective of entrepreneurship", *Entrepreneurship: Theory and Practice*, 29 (4), 373–397.

Danjou, I. (2002), "L'entrepreneuriat: un champ fertile à la recherche de son unite", *Revue Française de Gestion*, (138), 109–125.

Deakins, D. and M. Freel (1998), "Entrepreneurial learning and growth process in SMEs", *The Learning Organization*, 5 (3), 144–155.

Déry, R. and J.-M. Toulouse (1994), "La structuration sociale du champ de l'entrepreneurship, lecas du *Journal of Business Venturing*", *Cahier de Recherche 94-06-02*, Chaire d'Entrepreneurship, HEC Montréal.

Dreisler, P., J. Kjedsen, H. Meiborn and P. Blenker (2003), "How do we reformulate the question of how to learn and teach entrepreneurship?", paper presented at the Internationalising Entrepreneurship Education and Training Conference (IntEnt 2003), 5–7 September, Grenoble, France.

Fayolle, A. (2000), "Setting up a favorable environmental framework to promote and develop entrepreneurship education", *ICSB* (International Council for Small Business), Australia.

Fayolle, A. (2005), "Evaluation of entrepreneurship education: behaviour performing or intension increasing?", *International Journal of Entrepreneurship and Small Business*, 2(1), 89–98.

Fayolle, A. (2007a), "De l'artisanat à la science: modèles d'enseignement et processus d'apprentissage dans les enseignements en entrepreneuriat", 4ème Congrès de l'Académie de l'Entrepreneuriat, Sherbrooke.

Fayolle, A. (2007b), *Entrepreneurship and New Value Creation – The Dynamic of the Entrepreneurial Process*, Cambridge: Cambridge University Press.

Fayolle, A. and R. Cuzin (2005), "Les dimensions structurantes de l'accompagnement en création d'entreprise", La Revue des Sciences de Gestion, (210), 77–88.

Fayolle, A. and B. Gailly (2008), "From craft to science: teaching models and learning processes in entrepreneurship education", *Journal of European Industrial Training*, 32 (6 and 7), 569–593.

Filion, L.-J. (1996), "Entrepreneurship and managing: differing but complementary processes", *Proceedings of the Internationalising Entrepreneurship Education and Training Conference (IntEnt 96)*, 5–8 July, Arnhem-Nijmegen, the Netherlands.

Filion, L.-J. (1999), *Tintin, Minville, L'entrepreneur et la potion magique*, Montreal: Fides.

Gartner, W.B. (1988), "Who is an entrepreneur? Is the wrong question", *American Journal of Small Business*, 12 (4), 11–32.

Goujet, R. (2005), "L'enseignement de l'entrepreneuriat en formation initiale: Les épreuves d'un doute", 4ème Congrès de l'Académie de l'Entrepreneuriat, Paris.

Hernandez, E.-M. (1999), "Enseigner l'entrepreneuriat à une population étudiante: possibilités et limites", *ler Congrès de l'Académie de l'Entrepreneuriat*, Lille, 256–274.

Honig, B. (2004), "Entrepreneurship education: toward a model of contingency-based business planning", *Academy of Management Learning & Education*, 3 (3), 258–273.

Jaouen A., S. Loup and S. Sammut, (2005), "L'accompagnement par les pairs: du transfertde connaissances à l'apprentissage conjoint", 4ème Congrès de l'Académie de l'Entrepreneuriat, Paris.

Kolb, D.A. (1984), *Experiential Learning*, Englewood Cli s, NJ: Prentice Hall.

Kolb, D.A., R.E. Boyatzis and C. Mainemelis (2000), "Experiential learning theory: previous research and new directions", in R.J. Sternberg and L.F. Zhang (eds), *Perspectives on Cognitive, Learning and Thinking Styles*, pp.227–247, available at: http://www.learningfromexperience.com/images/uploads/experiential-learning-theory.pdf.

Kuratko, D.F. (2005), "Entrepreneurship education: development, trends, and challenges", *Entrepreneurship: Theory and Practice*, 29 (5), 577–598.

Levy-Tadjine, T., L.M. Barnier and R. Nkakleu (2005), "L'entrepreneuriat immigré nécessite-t-il un accompagnement spéci que?" 4ème Congrès de l'Académie de l'Entrepreneuriat, Paris.

Marchesnay, M. (1997), "Petite entreprise et entrepreneur", in Y. Simon and P. Jore, *Encyclopédie de gestion*, Paris: Economica, pp. 2209–2219.

Marchesnay, M. (1998), "Confiance et logiques entrepreneuriales", *Economie et société*, Sciences de Gestion, Series SG, nos 8–9, pp. 99–117.

Marchesnay, M. (1999), "Diversité des pédagogies de l'entrepreneuriat: l'exemple de Montpellier", *Congrès de l'Académie de l'entrepreneuriat*, Lille, pp. 275–320.

McGrath, R.C., I.C. McMillan, E.A. Yang and W. Tsai (1992), "Does culture endure, or is it malleable? Issues for entrepreneurial economic development", *Journal of Business Venturing*, 7, 441–458.

Miles, R.E. and C.C. Snow (1978), *Organizational Strategy, Structural and Process*, New York: McGraw Hill Book Co.

Minniti, M. and W. Bygrave (2001), "A dynamic model of entrepreneurial learning", *Entrepreneurship: Theory and Practice*, 25, 5–16.

Mitchell, R., L. Busenitz, T. Lant, P. Mcdougall, E. Morse and E. Smith (2002), "Toward a theory of entrepreneurial cognition: rethinking the people side of entrepreneurship research", *Entrepreneurship: Theory and Practice*, Winter, 93–104.

Mitchell., R.K., J.B. Smith, K.W. Seawright and E.A. Morse (2000), "Cross-cultural-cognitions and the venture creation decision", *Academy of Management Journal*, 43, 974–993.

Mueller, S.L. and A.S. Thomas (2000), "Culture and entrepreneurial potential. A nine country study of locus of control and innovativeness", *Journal of Business Venturing*, 16, 51–75.

Politis, D. (2005), "The process of entrepreneurial learning: a conceptual framework", *Entrepreneurship: Theory and Practice*, 29 (4), 399–424.

Sammut, S. (1998), "Comment aider les petites enterprises jeunes", *Revue Française de Gestion* (121), 28–41.

Sammut, S. (2003), "L'accompagnement des petites entreprises en creation: entre autonomie, improvisation et créativité", in S. Marion, X. Noel, S. Sammut and P. Senicourt (eds), *Réflexions sur les outils et les méthodes à usage du créateur d'entreprise*, Les Editions deL'ADREG, http://asso.nordnet.fr/adreg/entrepreneuriat_édi-tions_adreg.htm.

Saporta, B. and T. Verstraete, (2000), "Réflexions pour une pédagogie de l'entrepreneuriat dans les composantes en sciences de gestion des Universités françaises", *Gestion 2000*, 3, (mai–juin),97–121.

Schmitt, C., M. Fick and F. Laurent (2007), "La nécessité de problématiser: présentation d'une expérience de formation en entrepreneuriat dans une école d'ingénieurs", Congrès de l'Académie et l'Entrepreneuriat, Sherbrooke.

Schmitt, C., P.-A. Julien and R. Lachance (2002), "Pour une lecture des problèmes complexes en PME: approche conceptuelle et experimentation", *Revue Internationale PME*, 15 (2), 35–62.

Shapero, A. (1975), "The displaced, uncomfortable entrepreneur", *Psychology Today*, 9 (6), 83–88.

Shapero, A. and L. Sokol (1982), "The social dimensions of entrepreneurship", in *Encyclopedia of Entrepreneurship*, Englewood Cli s, NJ: Prentice Hall, pp. 72–90.

Shepherd, D.A. (2004), "Educating entrepreneurship students about emotion and learning from failure", *Academy of Management Learning & Education*, 3 (3), 274–288.

Shepherd, D.A. and E. Douglas (1997), "Is management education developing, or killing the entrepreneurial spirit?", World Conference ICSB, 21–24 June, San Francisco.

Shook, C.L., R.L. Priem and J.E. Mcgee (2003), "Venture creation and the enterprising individual: a review and synthesis", *Journal of Management*, 29 (3), 379–399.

Valéau, P. (2005), "L'accompagnement des entrepreneurs durant les périodes de doute", 4ème Congrès del'Académie de l'Entrepreneuriat, Paris.

Verstraete, T. (1997), "Les dimensions cognitive, praxéologique et structurale de l'organisation entrepreneuriale", VI ème Conference de L'Association Internationale de Management Stratégique, June, Montréal.

附录

表 11A–1

创业的几个方面	教学收益方面的长处和短处
创业等于创业者	短处：这导致对创业教育的错误解读。风险是针对中小企业的教学问题，以及通过与商业组织无关的项目来找到创业逻辑。
创业等于创建新企业和创建者	长处：思考“正确的创建者概貌”和聚焦于新企业创建阶段。 短处：因为这只与一小部分有意向在学习后建立企业的学生相关，所以可能会缩小创业领域。也不包括在现有企业、收购公司或独立单位（项目发展）中创业精神的发展问题。
创业等于创新	短处：因为各种原因（影响）很少有学生在创业项目上有很强的风险承担倾向。科学方法是有逻辑的，而战略方法是系统性且具有启发性的。此外，目标人群没有方法也没有能让创业决定（智力）“合理化”的个人技能。学工程的学生更关心活动的技术表现，例如对盈利能力及学习多个方面（效果）的损害。
创业等于小企业	短处：单纯地把创业精神和小企业相提并论是危险且有害的。加上之前提到的常见的原有项目，与这方面相关的职业课程很多。可用不同方式来管理小企业，有具体管理方式的创业类型是一个特例。
创业等于创业精神	长处：学习是一个反复试验而不是知识习得的过程。 短处：我们是否应通过对性格特征的塑造来逐渐灌输创业精神呢？或者质疑性格特征或特定团体、领域或部门更容易被创业精神所接受。但我们也可能面对一个相反假设，即更倾向于个人性情或对环境背景的反应。一个发展中的理论认为，创新领域倾向于追求一个特定的创新逻辑，从而阻止“不标准的”或是非传统的创新。创业精神从而可以跨界。迁移到另一领域的创业可从新市场的创新动机中受益。

来源：改编自马切斯娜依。①

① 参见马切斯娜依（Marchesnay，1999）。

第十二章　艺术家和科学家作为创业者

——对创业教育新研究计划的呼吁

菲利普·司博坦和皮埃尔·司博坦
（Philippe Silberzahn and Pierre Silberzahn）

引言

艺术家、科学家和创业者：常识之外

乍看起来，艺术家、科学家和创业者并没有多少共同之处，他们通常被看作是完全不同的角色。艺术家是有创意的人，学习人文科学课程，不附属于任何机构，常常独自工作、无拘无束。而科学家则正相反，他们是穿着白色外套的男男女女，凡事以理性思维为基础，他们常常归属于大型组织，对事实和实证感兴趣。

然而，艺术家和科学家的共同之处在于即便他们不是社会异类也是受社会排斥的人。每当想起这些不幸的人就会想起凡·高、阿兰·图灵和范·莫里森这些人。他们之间的共同之处是他们都从事“无偿的”非商业活动且鲜有人理解他们所做的事情。艺术家大都会经历上述事情，当然科学家也会如此。有多少人可以理解这样一个从物理杂志上随意选取的标题“非局部限制核对磁性手征冷凝物的影响”（The effect of honlocal confining kernels on magnetic chiral condensates）？最近以来，两者的相似性越来越受到重视，尤其是在文艺复兴的黄金时期科学家通常也是艺术家。达·芬奇是最为著名的例子，他因他的艺术和科学成就为人们所熟知。

人们还通常沿袭认为二者分属于沉思者与世俗阶层的老旧观念，把艺术家、科学家和商人当作三种不同类型的群体。沉思者不受突发事件干扰，潜心追求知识和智慧；而世俗阶层则相反，他们参与到世俗活动中并亲力亲为。一个典型的世俗阶层创业者被人们描述成金钱至上、以事业为导向、有着创造财富的目标、很少有时间去沉思的形象。就这一点而言，如果再问艺术家和科学家是否为创业者就显得奇怪。

但这都取决于定义。如果不考虑人们的普遍观点，那么区别就不明显。在他们对实验室生活的研究中，拉图尔（Latour）和伍尔加（Woolgar）[①] 指出：科学家们用类经济术语描述他们的活动比较常见，尤其是年轻科学家们。他们注意到常见的概念引用，如“投资”、“有益研究”和“激动人心的机遇”。显然，对这些科学家而言，科学是一个创业行业。

一、创业

尽管对创业者的定义通常显现出一种英雄主义观，但对创业的定义通常都是根据经济概念，对创业者的定义与新组织创建相关，而更常见的是与机遇追求相关。比如说，沙恩[②]把创业定义为“一个通过前所未有的努力引进新的产品、服务、组织方式、市场、工艺和原料从而对机遇进行发现、评估和开发的活动”。

在商业背景下，根据创业者所做的事来对他们进行定义是有效的，但当人们试图找到创业者和做其他活动的人们的共同之处时就不是那么有效。这样的定义有局限性。麦克莱兰（McClelland）[③] 对地位（作为一名创业者）与角色（以创业方式表现）进行了区分。当德鲁克（Drucker）评价说创业是一种行为而非个人品质时[④]采用了同样的方法。据此我们主要的兴趣是把创业角色行为看作是理想型或分析型。创业从更广泛的意义上是指一套

① 参见拉图尔和伍尔加（Latour and Woolgar，1986：190）。
② 参见沙恩（Shane，2003：4）。
③ 参见麦克莱兰（McClelland，1961）。
④ 参见德鲁克（Drucker，1985：26）。

态度、技能和能力，这些能应用在生活和工作的任何领域，而不仅仅是商业领域。[①]麦克莱兰也指出“处于其他地位的个人也可能有创业行为（……）因此，一个政治家、物理学家、大学教授或是一个挖沟者都有可能展现出一个创业角色行为，哪怕他们并不是创业者”[②]。

德鲁克对创业的定义虽然十分宽泛但重点还是聚焦于创新：“创业者创新也”，并说“创业的特有手段是有目的的创新”。[③]创业者是带着目的去创新的人，他能把一个想法转化成一个社会产品。[④]艺术和科学是创新起关键作用的领域的两个例子。因此德鲁克的定义[⑤]让我们去研究在这些领域中创业行为的概念延伸。

因此，我们在本章当中提出三个观点。第一，艺术家和科学家的行为在本质上是创业行为，这是因为他们有目的地通过创造新的领域和模式来进行创新，他们创造产品并把产品引进市场，然后他们在需要承担个人风险和在辨别风险的强竞争性环境中工作。第二，科学家和艺术家只不过是我们所说的一系列基于“创业性自我”活动（其中自我定义的焦点是自我）的两个范例而已。第三，“创业性自我”这一概念要求我们用一种新的创业教育方法来满足非商业创业者的需求。

在本章中，我们对艺术家和科学家所进行的商业创业并不感兴趣，比如说当一个科学家离开学术界而开始创业，因此本章并不教授非商业学生如何创业。[⑥]我们的兴趣在于研究艺术家和科学家的行为在哪种程度上展示出创业的本质以及创业教育如何促进这一活动的成功。

在本手册（《创业教育研究手册》）的第一卷前言中，卡茨[⑦]曾经评论说，所有文章的作者都来自商学院并希望在随后几册中能拓宽作者的履历

---

① 参见叙勒蒙（Surlemont，2007）。

② 参见麦克莱兰（McClelland，1961：207）。

③ 参见德鲁克（Drucker，1985：30）。

④ 参见莎拉斯瓦蒂等（Sarasvathy *et al.*，2003）。

⑤ 参见德鲁克（Drucker，1985）。

⑥ 参见布兰德等（Brand *et al.*，2007）。

⑦ 参见卡茨（Katz，2007）。

范围。他进一步补充道："《创业教育研究手册》的下一卷将由更多类型的作者来贡献智慧，这样就会有更大的可能来维持双回路学习角度。"[①] 这篇文章就响应这一呼吁。它由两个从未研究过也从未写过创业教育的作者完成，但他们又有多年作为创业者、科学家、艺术家、艺术评论家、教师和管理学者这样的多样经验。因此，本章没有提出详细的教育项目。相反，这是从业者对学术界的呼吁，呼吁人们对新研究领域进行探究并把创业研究扩展到那些尽管形式上不是创业但本质上是创业的活动中去。

关于定义：我们通常说的艺术家是视觉艺术家，比如说画家和雕刻家，尽管我们的分析与更大范围的艺术家有关，但我们对这些视觉艺术家最为熟悉。同样，我们用"科学家"这个术语来指研究"硬"科学的研究者，这些"硬"科学是指如医药、生物、物理和化学等，尽管在此处商业学者或经济学家也可能适用。

本章结构如下：首先我们指出艺术家和科学家在所做事情上和创业者相似。然后我们讨论创业领域这个概念的含义。基于我们所发现的相似之处，我们随后提出几个创建创业教育项目的发展方向。

二、艺术家和科学家：本质上是创业活动

（一）创新

和新创企业类似，艺术家和科学家的工作环境也可以被形容为十分混乱且不断更新，在这一环境中创新是主要驱动力。

艺术在理论、话语、技法和概念方面不断更新。艺术可以在几个层面上进行创新：主题的选择（对印象派作家而言的农村）、处理主题的方式、支架选择、绘画材料选择、作品基本概念（单色画、抽象艺术）、风格和理论选择（表现想法 vs. 写实）。

在 15 世纪前，画家作为手艺人为订单而工作。[②] 个人主义的兴起、贵族和教派的没落以及中产阶级的崛起促成肖像市场的发展，这时画得相似

① 参见卡茨（Katz，2007：13）。
② 参见巴克森德尔（Baxandal，1972）。

度高成为他们的关键技术并且艺术成为他们的日常工作，19 世纪末摄影的发明和迅速普及毁掉了这一技能，[①] 使得画家不得不退出市场。他们突然间不得不寻求新理由来展示和出售他们的作品，这也意味着他们的作品必须和别人有所区别。他们被迫创新并成为创业者。他们需要展示和销售作品，从而创造了画廊，这是一个全新的销售渠道和商业模型。这促使艺术商的产生，他们提前购买作品并在艺术家和公众之间扮演中介角色。对创新的需求促使多种学派、群体和风格的激增。每场运动都声称开辟出新天地并暂时代表前沿，直至被另一场运动接管，在现代艺术世界中创造性破坏展露无遗，[②] 正如在创业世界中一样。

> 艺术家们为在艺术创新中走在前沿所承受的压力是真实的。评论家威廉·塞茨（William Seitz）在 1963 年评论道："艺术家在每个新的季节都要创造新东西来摒弃去年的想法，甚至在他们完全整合和完善那些想法之前，由此产生的持续压力所带来的风险还没有很好地评估出来。这种加速发展的创新既悲哀又存在很多问题。无论人们用什么方式去看待它，这种集体性神经官能症都是痛苦、沮丧和不满的源泉。"40 多年后，这种压力只增不减。[③]

对过去成果还存在永久性挑战的同时又不断有新成果出现，这种接连不断的交替构成科学的核心：新颖性和科学研究是同质的。总有这样一段时间让新知识替代旧知识。因此，如果一个科学结果不是新的，那么它就不是结果，而且一个人不能随意发表一个已经发表过的结果。科学的目的是发现知识并把它带入"市场"，也即带入到一个社会建构中。因此创新是科学家的手段。科学家们在不同层面上进行创新：想法、项目、方法，有时甚至是对一个已知事实的新解释或是对已知事实的新试验方法。这些产品并不总是全新的。大多数科学家（和艺术家）只能逐渐地增加创新。很少有人会彻底地创新。每一个发明现代物理的"爱因斯坦"身边，都有

---

① 参见塔什曼和安德森（Tushman and Anderson，1986）。

② 参见熊彼特（Schumpeter，1942）。

③ 参见克利尔沃特（Clearwater，1984：58）。

成千上万不知名的物理学家只能期盼对原来颠覆性的大师作品进行渐进式的改进，而有时却是徒劳的。

（二）全新的世界

创业者、艺术家和科学家都是创造者。他们的专长从本质上讲是创造性的专长。换句话说，创建一个公司或市场——商业创业的目的——是创新这个较大现象中的一个子集，[①] 创作艺术作品或其他科学研究是另外的子集。

和创业者一样，艺术家和科学家创造新事物、新概念和看待世界的新方法（Weltanschauung）并去解释它。他们缩小我们所看世界的限制。他们由此创造新词汇。维特根斯坦（Wittgenstein）在《逻辑哲学论》中总结道："语言限制就是我的世界的限制"，[②③] "对于我们所不能讨论的，我们必须保持沉默"。和科学家与创业者一样，艺术家在语言限制之外创造新世界。[④] "艺术的作用不是去了解这个世界而是创造补充这个世界的东西：艺术为现存事物增加自主形式，它们通过这些形式来掌控它们自己及其生活。"[⑤] 对维特根斯坦来说，在我们语言所及之外是神秘而未知的世界，因而也是无法形容的。这里所说的就是艺术家、科学家和创业者所共处并忙于创造的新世界。当谷歌创造一个新搜索引擎时，它成为一个动词"我谷歌它并发现十分有趣的事情"。汽车是第一个"不用马拉的车"。它把我们的语言整合起来并扩大我们的世界。天文学家们在他们发现行星前就为行星命名。科学和艺术不断创造新词汇来表达新的观点和概念，就像创业者创造全新的市场和产品一样。转基因生物、干细胞、播客（podcasts）、众包（crowdsourcing）、博客和人体艺术不仅在前沿的科学、工业和艺术领域引起反响，最终也在新泽西州皮奥里亚（Peoria，New Jersey）引起反响。

（三）新产品

就像创业者一样，艺术家和科学家创造能体现他们工作成果的新产品。

---

① 参见莎拉斯瓦蒂和西蒙（Sarasvathy and Simon，2000）。

② 作者已将非英语的引用内容译为英语。

③ 参见维特根斯坦（Wittgenstein，1922：7）。

④ 参见古德曼（Goodman，1978）。

⑤ 参见艾柯（Ecco，1968：28）。

然而无论他们的作品多么富有智慧，最终都会变成产品并被引入市场中。

艺术家创造艺术品。当一个作品被艺术家称为艺术时才是艺术品。要想成为被人认可的艺术家，就要创造出能展览并出售的作品。

这一循环定义隐藏一个事实，即在艺术领域中，重要的是被同行和合法机构（评论家、展览会和记者等）所认可。杜尚（Duchamp）曾能利用他的“现成品”，只因为他已经是一个公认的艺术家，而且只有当这些现成作品被第一次拒绝后才能利用。对一个艺术家来说，被人认可就意味着要面对那些机构、进入市场并被评级，也意味着去展览和销售他的作品。

科学家也创造产品。研究也许是一种激情，但科学家的真正工作并不是做研究或为科学进步做贡献，而是在最高水平上、在最好的杂志上与最好的合著者一起对当前最好的话题发表成果，而且成果还要在别人之前发表。科学家的产品是出版物，是期刊论文。[①]

对科学家而言，出版是绝对必要的，因为这是第二年获得预算、研究补助、实验室、博士生、助理以及被人认可的关键。“要么出版，要么毁灭”，这不是虚构。出版需要是如此重要以至于研究通常都是为某一期刊而专门进行，而不是反过来。

处在成果和出版之间的是期刊。期刊是科学家们的销售网，正如画廊对艺术家来说一样。汤姆森科技（Thomson Scientific）是文献计量学方面的权威，它计量超过 11000 个科技期刊，覆盖 22 个主要领域。每年都有近 100 万篇论文会发表。依据这些数据可以说要发表论文很简单，但要想发表在好杂志上就不容易，而发表到好杂志上才最重要。比如说，《新英格兰医学杂志》是医药领域的主要刊物，每年会有 4000 多份投稿，而且其中每一份都必须由五名专家来检查和修改。最终只有 6% 的投稿会发表。

（四）市场与竞争

21 世纪到来的时候艺术家不得不成为对自己作品更加积极的营销人员。这一改变使艺术界呈现出新的景象：由法国“美术学院”所管理的旧

① 参见拉图尔和伍尔加（Latour and Woolgar，1986）。

体系被由经销商和画廊构成的新体系所替代，从而确保了他们所控制的艺术市场的兴起。“二战”以后，经销商－画廊体系自20世纪50年代就超越了馆长－画廊体系，然而它几乎又被当代的经销商－艺术家组合所取代。新的会展专员是一个多样化角色，他们既是收藏者也是赞助者和商人，能汇聚所有必要资源来增加新创造。

艺术家可以在很多地方展览他们的作品，但画廊仍是必不可少的平台。画廊所有者对“编辑评论”的定义更多并不是基于作品的内在价值而是基于市场价值的预期。就像科学杂志一样，画廊的质量也参差不齐。这不仅和有什么画廊选择它有关，也和是否在某种分类中有顶级画廊选择它有关。画廊是诞生新艺术家的地方，正如独立录音棚之于音乐或是企业孵化器之于新创企业一样。他们为上述那些替代颠覆提供动力，引进全新艺术家就像风险投资者支持引进全新产品和新创企业一样。而拍卖行则相反，他们更倾向于在成名艺术家的主流市场上工作并不断发展。

艺术界的竞争绝不逊色于科学界或者商业领域的竞争。但与科学界竞争不同的是，艺术界竞争的性能标准更模糊，也常常是隐性规则，使新来的竞争者更难掌握这个游戏。“如今，如果一个艺术家的作品在三年内没有达到一万到十万美元，那么就没人会去注意他”，日内瓦一个著名代理商马塞尔·布隆多（Marcel Blondeau）近期这样说到。

在科学世界中，研究在研究员、团队、大学和国家间的竞争环境中进行，而学术期刊则是这场竞争的战场。这不仅因为在一个好期刊中发表论文很难，而且因为出版既要求合理的策略也要求完美的执行。首先，科学家必须选择正确的出版物。对每一个课题来说都可能有各种各样的相关期刊资源，包括从本地的业余出版物到顶级的国际期刊。合适的期刊未必是顶级的：这只关乎于目标足够高以确保人们能读到它并承认它，但也不要把目标定得过高，避免被拒。在文章提交后，杂志在做出是否出版的决定前可能有几个月的时间，而在这段时间里文章不能被提交到其他任何地方。这一“锁定”意味着如果所设定的目标是错误的则机会成本很高，而且没有采取防备措施的可能。如果杂志要求进行额外研究来巩固文章内容，那么就可能要花上数月甚至数年时间，在这一时间内有可能会有其他团队发表这些成果。科学家们永远都处在这样的恐惧中，即竞争团队比自己提前发表成果。普通科学家和顶级科学家的区别就在于，顶级科学家能在对的时间内瞄准对的市场并找到对的出版社，即正确掌握市场动态。

正如全世界的公司都能根据如收益、盈利能力或市场价值这样多的标准来评级一样，艺术家和科学家也根据硬性标准来排名。再也不会有人像几个世纪以来人们所做的方式，即根据优秀艺术作品来对他们排名。唯一经得起时间检验的是市场价值。"艺术 – 价格"[①]是一个网站，上面根据艺术家们的年收入和他们价格最高的一个作品对他们进行排名。在 2007 年，沃霍尔（Warhol）在年收入排名中名列第一，而杰夫·孔斯（Jeff Koons）则在拍卖排名中名列第一。大约十年后流行艺术大师沃霍尔超越了现代艺术之翘楚——毕加索。在 2006 年排名第二的沃霍尔在 2007 年成为全球市场的领导者（拍卖销售额：42 亿美元，最高拍卖价：6400 万美元）。

科学家根据他们出版物的数量和质量来进行排名。"引文索引"根据科学家们被引用的次数进行排名，该排名会根据他们发表刊物的重要性来进行衡量。

（五）风险

艺术家和科学家都要承担个人风险。正如大多数新创企业在刚开始几年的失败一样，大多数艺术家都要通过另一份工作来谋生，很少的艺术家会靠艺术来谋生。艺术是一种像娱乐业或体育业一样常常被提起却很少被选择的活动。正如著名收藏家萨奇（Saatchi）最近指出的那样："当代艺术市场只关注大约 100 个艺术家。"艺术家冒着不被认可、最终一事无成的风险，舍弃稳定的低收入工作去博取小概率的巨大成功。当然，他们的赌注并不高，因为艺术通常不需要投入很多资本，艺术家们只消耗一些机会成本而已。与科学不同的是，艺术可以是一份兼职工作，而且事实上大多数艺术家都会在另一个常规活动中谋取生计。

---

① www.artprice.com。

科学也是一个有风险的行业，但却是另外一种形式。科学家通常通过读博士、靠补助和福利来开始他们的职业生涯。和艺术不同的是，科学必须是一份全职工作，而它也是一份人们会去说却不会选择的工作。一个没有工作的博士并不罕见。科学家也许想获得免费的研究课题，但事实是当今的科学是商业。

大多数科学家的工资也不高。在欧洲，他们大部分都工作在政府或半政府的组织，在这里他们用低收入换来工作的安全感。因此，通常一个科学家比一个中型企业的私人助理挣得工资少。在美国，多数科学家在他们获得终生职位之前工资低且没有工作安全感。科学家接受这种低工资和低工作安全感的限制，因为他们可以受到人们的认可，这一认可让他们所有的牺牲都变得值得。这和那些有志向的创业者一样，他们花费大量时间，希望有朝一日新股上市（IPO）会回报他们。

顶端科学家的人事变动率很高：一项职业都只维持在拨款周期内。尤其是在竞争激烈的美国市场上，科学家不论其资历，只要出版或研究成果落后就会被他们的机构辞退。[①] 市场很广阔但有选择性。艺术家大部分都是从别的工作中获得收入，和艺术家不同的是，科学家为了他们的“理想追求”并且由于所需投入量大不能独自工作，他们只能选择全职工作。

一旦被初步认可，比如可能通过读博最后一年在学术会议上的良好交流，科学家们必须展现真正的创业素质，从而随着时间增加他们的社会资本并很好地利用它们。一般来说，科学家会寻求资助，从而启动研究项目、得到研究成果、产生新出版物和提升他们的知名度等。经过一定时间，成功的科学家就可以设定一个活动的“信用周期”，[②] 从而创建并发展一个完整的研究团队，维持稳定的经费水平直至冲击诺贝尔奖。成功科学家的一生以一个创业者的身份开始，随后成为一个真正的创业者，然后是品牌管理者；不成功的科学家最后就只能在二流大学里教一教低年级的学生了。

① 参见维索茨基（Wysocki，2006）。

② 参见拉图尔和伍尔加（Latour and Woolgar，1986：201）。

三、对艺术家、科学家和创业者的培养：一种交叉繁育

如果艺术家和科学家的活动与创业者类似，那么创业教育就与他们有关。如果人们能摒弃科学家们被雇来为科学进步免费做贡献而艺术家只能饿着肚子保持创意这样的天真想法，那么他们就可以通过将创业概念引入研究活动而受益。社会上有艺术理论和科学理论，却不存在商业艺术理论或商业科学理论。总的来说，真正重要的是为艺术家和科学家提供一种他们真正需要的行动理论，这也是创业教育可以做的。

（一）教育的含义和研究计划

和科学家不同的是，有的艺术家已慢慢放弃那天真的想法并在他们经历的创业活动中做出改变。杰夫·孔斯和达米安·赫斯特（Damien Hirst）就是使用这种新艺术方法的典型例子。他们是当今市场上最贵且最有名的艺术家。他们上过头条新闻且都十分有争议，并在2008年打破了销售记录。他们两个都了解金融和通讯。他们强调，在一个全球化且不断增长的市场中，金融危机似乎不会在近期就停止。过去的25年间他们开了100多家重要的博物馆，每家博物馆都拥有至少2000件作品，这比富有的收藏家拥有的数量超出20倍。孔斯和赫斯特是纯粹的"熊彼特式"创业者，他们对自己的市场有很深的了解，他们推动国际战略、发明新产品并找到新方法来推广这些产品，同时破坏着传统工业结构。

尤其是赫斯特，他丝毫没有掩饰他破坏当前艺术市场的目的：

> 当我走进艺术世界时就有意识地想要改变它。我觉得这很讨厌，因为它像一个俱乐部，人们低价卖给投资者并从中挣钱。收藏家买走艺术作品，因为他们加入得早，只给艺术家一点钱，而当艺术作品经过倒卖后，收藏家就会从二级市场中赚大钱。我一直觉得这是十分错误的。我是一个在初级市场发展的艺术家，我希望从初级市场里赚钱。①

---

① 来源：在 http://www.artnet.com/magazineus/features/laplaca/laplaca6-12-07.asp 上对乔·拉·普拉恰（Joe La Placa）的采访。

对这个说法，莫迪利亚尼（Modigliani）和成千上万直到去世都还贫困潦倒的艺术家都可能会表示同意。

的确，当今社会中的艺术创业者并不是艺术家而是市场中的其他参与者，比如评论家、代理商、商人、基金会和博物馆，正是他们利用之前所提到的艺术家的天真想法并获得大笔财富。艺术家只是相对便宜的产品供应商，赫斯特对此十分清楚。

赫斯特实现了他的承诺并在 2008 年 9 月 15 日创造了历史。尽管画廊迄今都还是新作品投入市场的唯一方法，但他绕过画廊让苏富比拍卖行拍卖 223 件他的作品，销售总额超过 11 亿英镑，向怀疑他的人表明他们的看法都是错误的。这位艺术家通过直接销售成为了自己的经理，提升了自己的市场支配力并改变了商业艺术的面貌。

正如《经济学家》（*The Economist*）中所指出的：

> 与多伊格（Doig）先生这样一位每年出产 6—8 件作品的主流艺术家形成鲜明对比的是，赫斯特先生每年能产出 223 件作品，由此他不得不接受这样的现实，即他已不再是一位传统意义上的艺术家，而是一位快速出售工厂化生产的高认知度产品的国际品牌领导者。[①]

孔斯和赫斯特是艺术界的新面孔，他们揭去了艺术的浪漫概念，正如一家高科技新创企业的街边小店。毫无疑问，如果能像赫斯特所做得那样，从创业角度看待自己的活动从而对创业概念有更好的理解的话，将会帮助艺术家们重新获得他们在销售网中所丢失的市场支配力。

（二）教艺术家和科学家创业

那么应该教给艺术家和科学家一些什么呢？尽管大部分艺术家和科学家坚持认为他们从事的是浪漫活动，但创业教育目标是要把他们培养成像达米安·赫斯特而不是莫迪利亚尼那样的商业模式的“增长型艺术家”和“增长型科学家”。他们将从以下领域的教育中受益。

① 机会发现的概念：艺术家和科学家必须学会对他们所处的环境进

---

① 《经济学家》“鲨鱼的最后一步”，2008 年 9 月 11 日。

行机会评价，也就是说了解在供求间的缺口，他们要理解市场想要和不想要的或者去预测市场在未来想要什么和不想要什么。正如韦恩·格雷茨基（Wayne Gretzky）所说的那样，他们必须能够“滑向冰球要去的，而不是冰球正在的地方”。

② 作为机构的市场：艺术家和科学家必须学会理解环境的动态本性并学会在构成市场的各种成员间周旋，这些成员对艺术家而言是指评论家、画廊和买家；对科学家而言包括政府、研究基金、期刊和大学。

③ 创新的理论：艺术家和科学家必须对主导设计、破坏性创新以及创新模式这些与创新有关的理论有所了解。

④ 营销和品牌管理：与创业本身概念一致，艺术家和科学家必须学会考虑他们自己的品牌，就像达米安·赫斯特所做的一样。有些人可能已经无意识地这么做了那也必须要学会有意识地进行品牌管理。

⑤ 金融：艺术家不会集资，但他们会向基金会和政府机构申请补助。随着他们的发展，他们会管理预算、赞助，以及收益和利润。同样，科学家必须为有高失败率风险的不确定项目筹钱，这和创业者很像。他们必须把项目卖给利益相关者和投资者并定期向他们报告。他们需要学习如何制定商业计划进行金融预算和利益相关者管理。

⑥ 组织管理：杰夫·孔斯管理一个 80 人的团队，他每天早上八点都会去他的“办公室”。增长型艺术家会创建组织、雇佣、管理或解雇员工，因此团队管理、人力资源和保障这些概念是他们感兴趣的。当科学家在既有的机构中工作时，他们事实上在事业早期就已经开始管理人员和预算了。

（三）教创业者艺术和科学

前面我们说过了教艺术家和科学家创业是有益的。让我们用反过来的建议做结尾：怎么教创业者艺术和科学呢？

创业是一门和人力或人为相关的科学。[①] 创建一个公司或市场——商业

---

① 参见莎拉斯瓦蒂（Sarasvathy，2003）。

创业的目的——是创新这个较大现象中的组成部分，[①] 也即它是一种创造性活动。创业要求使用右脑资源——想象力和直觉——来发展能力。[②] 一般来说，创业者不仅创造公司和市场，还创造产品、词汇和概念。对社会运行，艺术是一扇揭示市场发展趋势、市场瓦解和商机资源的独特而敞开的大门。当诺基亚想找到 1990 年上半年兴起的手机市场走向时，该公司并没有委托他人进行市场研究而是由它的高管人员去地球上有着最为前沿的时尚和生活方式的地方进行实地考察：加州的威尼斯海滩、东京的夜总会和伦敦的皇家大道，去见那些塑造未来趋势的人并和他们相处。[③] 教育项目可以包括以下的话题：

① 讲授艺术——艺术历史和艺术运动等；

② 讲授创造力、想象力和创新；

③ 帮助创业者理解和弄清他们的环境并期待它的发展。

环境中持续的技术进步是创业机会的重要来源之一。因此了解科技和科学家是如何工作以及科学是如何运作的对创业者来说很有必要。也许有些人对技术比较熟悉，但很少有人了解科学。他们活动的共同创业本质是基于创业教育能帮助科学家了解创业以及帮助创业者了解科学。具体来说，教育项目包含以下几个话题：

① 讲授在生物技术和再生能源等几乎所有的科学领域中的科学发展，因为它们对商业都有影响；

② 解释科学机构：它们是什么、如何工作以及如何与它们共事；

③ 让科学家和创业者去见识并影响真实的项目，从而帮助他们彼此了解和互相合作。

---

① 参见莎拉斯瓦蒂和西蒙（Sarasvathy and Simon，2000）。

② 参见菲利翁和多拉贝拉（Filion and Dolabela，2007）。

③ 来源：http：//www.strategos.com/index.cfm?target=ResultsOfOurWork&subtarget=casestudies&case=nokia。

四、结论

与普遍观点相反的是，我们已经证明尽管艺术家和科学家初看起来与创业者十分不同，但他们所进行的活动在本质上都是创业活动。他们的工作要不断创新和创造新词汇和新产品，都是在竞争性非常强的环境中进行。他们的个人参与度很高且都冒有风险，尽管这些风险不同：大多数艺术家从他们的工作中分文不挣，但科学家通常都有研究组织为他们开工资。

我们提出针对艺术家和科学家教育项目的几个发展方向。我们也指出商业创业者会在艺术和科学教育中受益。我们邀请学者来进一步调查这个问题，从而更好地从创业角度理解艺术家和科学家作品的特殊性，设计有关教育项目。更广泛地讲，是为了更好地理解艺术、科学以及创业是如何互相促进的。

参考文献

Baxandal, M. (1972), *Painting and Experiences in Fifteenth Century in Italy*, Oxford: Oxford University Press.

Brand, M., I. Wakkee and M. v. d. Veen (2007), “Teaching entrepreneurship to non-business students: insights from two Dutch universities”, in A. Fayolle (ed.), *Handbook of Research in Entrepreneurship Education, Volume 2– Contextual Perspectives*, Cheltenham, UK and Northampton, MA, USA: Edward Elgar.

Clearwater, B. (1984), Mark Rothko: Works on Paper, Manchester, VT: Hudson Hills Press. Drucker, P.F. (1985), Innovation and Entrepreneurship, New York: HarperBusiness.

Ecco, U. (1968), L’œuvre ouverte, Paris: Seuil. Published in English as *The Open Work*, Harvard University Press, 1989.

Filion, L.J. and F. Dolabela (2007), “The making of a revolution in Brazil: the introduction of entrepreneurial pedagogy in the early stages of education”, in A. Fayolle (ed.), *Handbook of Research in Entrepreneurship Education, Volume 2– Contextual*

Perspectives, Cheltenham, UK and Northampton, MA, USA: Edward Elgar.

Goodman, N. (1978), *Ways of Worldmaking*, Indianapolis, IN: Hackett.

Katz, J. A. (2007), "Foreword: the third wave of entrepreneurship education and the importance of fun inlearning", in A. Fayolle (ed.), *Handbook of Research in Entrepreneurship Education, Volume 1 – A General Perspective*, Cheltenham, UK and Northampton, MA, USA: Edward Elgar.

Latour, B. and S. Woolgar, (1986) *Laboratory Life*, Princeton, NJ: Princeton University Press.

McClelland, D.C. (1961), "Characteristics of the entrepreneur", in D.C. McClelland, *The Achieving Society*, Princeton, NJ: Van Nostrand.

Sarasvathy, S. and H.A. Simon, (2000), "Effectuation, near-decomposability, and the creation and growth of entrepreneurial rms", paper presented at First Annual Research Policy Technology Entrepreneurship Conference, University of Maryland.

Sarasvathy, S.D. (2003), "Entrepreneurship as a science of the artificial", *Journal of Economic Psychology*, 24, 203–220.

Sarasvathy, S.D., N. Dew, S. Read, and R. Wiltbank, (2003), "Accounting for the future: psychological elements of effectual entrepreneurship", *Journal of Applied Psychology*, (under review).

Schumpeter, J.A. (1942), *Capitalism, Socialism and Democracy*, New York: Harper & Row.

Shane, S. (2003), *A General Theory of Entrepreneurship: The Individual–Opportunity Nexus*, Cheltenham, UK and Northampton, MA, USA: Edward Elagar.

Surlemont, B. (2007), "Promoting enterprising: a strategic move to get schools' cooperation in the promotion of entrepreneurship", in A. Fayolle (ed.), *Handbook of Research in Entrepreneurship Education, Volume 2 –Contextual Perspectives*, Cheltenham, UK and Northampton, MA, USA: Edward Elgar.

Tushman, M.L. and P. Anderson (1986), "Technological discontinuities and organizational environments", *Administrative Science Quarterly*, 31 (3), 439–465.

Wittgenstein, L. (1922), *Tractatus Logico-philosophicus*, London: International Library of Psychology, Philosophy and scientic methods.

Wysocki, B. (2006), "Ivory power: once collegial, research schools now mean business", *Wall Street Journal*, 4 May, p. A1.

第十三章　本科阶段的创业和创新教育应强调哪些创业能力?

埃德加·伊思奎尔多和德克·德舒密斯特
（Edgar Izquierdo and Dirk Deschoolmeester）

引言

过去十年间学界对能力本位教育给予了极大关注，[①] 这种教育方式与大学阶段创业教育、培训以及其他培训机构的关联也日益显现。[②] 这种教育方式的变化有一个基本认识前提，即基于能力培养的教育能促进学生在复杂且瞬息万变的社会中的学习。之所以能起到促进学习的作用是因为我们把精力集中在我们想培养的学生能力上。这便意味着能力本位教育不必将课程内容作为课程设计的出发点，而要考虑学生成功完成某个特定任务或工作所需的相关能力并以这些能力作为出发点。能力被视为人们在某个工作场景中表现出的人格特质，这些人格特质可让人们在该项工作中卓有成效和/或成绩显著。[③] 这些人格特质包括：动机和品质、社会角色和自我意识、知识和技巧。[④] 对创业者来说，他们没有传统意义上的工作岗位，然而在发展和运营新企业时他们确实有工作或任务。[⑤]

① 参见斯图夫（Stoof，2005）。
② 参见伯德（Bird，2002）。
③ 参见博亚齐斯（Boyatzis，1982）。
④ 参见博亚齐斯（Boyatzis，1982），斯宾塞和斯宾塞（Spencer and Spencer，1993）。
⑤ 参见伯德（Bird，2002）。

阶段，教育应注重满足那些想成为创业者的个体的需求，通过鼓励他们开始创业、经营自己的企业、保证企业壮大与未来发展而实现自主创业。

创业能力水平

个体的某个动作或某个具体行为通过其能力表现出来，这些能力是个人身上某个或多个人格特质的表现。[①] 对创业者来说，那些创建企业或在现有机构中带来变革以及通过把握机遇、付出努力来提高附加值的人都展现出不同水平的创业能力。[②]

在动机和品质层面，创业者的常见特质包括模糊容忍性、控制点、风险承担倾向、成就动机和任务驱动。[③] 然而伯德指出上述研究标准并不统一，若将成功标准纳入考虑该问题就更加明显。[④] 比如，爱好冒险的特质与创业的努力和结果并没有必然联系，因为没有确凿的研究结果支持该观点。熊彼特（Schumpeter）认为爱冒险是占有行为的内在特质[⑤]而不是创业行为的内在特质，因此爱冒险这个特质并不能作为创业行为的区别性特征。[⑥] 成功的创业者不是赌徒，他们更倾向于承担适度的风险而不是一味追求高风险，因为他们一般都会仔细评估和计算风险。[⑦] 如自信、毅力和正直等其他品质也被视为创业者展现出的能力，然而伯德强调并没有明确的证据可区分成功的创业者和不那么成功的创业者。[⑧]

在社会角色和自我认知层面，伯德指出几乎没有关于这方面的正式研究。[⑨] 这个层面上的区别性能力包括：对商业环境下各种关系的相关性具有

---

① 参见博亚齐斯（Boyatzis，1982）。
② 参见伯德（Bird，1995）。
③ 参见科赫（Koh，1996），迈纳等（Miner *et al.*，1989），潘迪和特维里（Pandey and Tewary，1979）。
④ 参见伯德（Bird，1995）。
⑤ 参见熊彼特（Schumpeter，1934）。
⑥ 参见布罗克豪斯（Brockhaus，1980）。
⑦ 参见坎宁安和利兹彻伦（Cunningham and Lischeron，1991），曼库索（Mancuso，1975）。
⑧ 参见伯德（Bird，1995）。
⑨ 同上。

辨别力；关注高质量的工作；有魄力、有自信和有克服困难的行动力。[①]此外，关于角色层面上的能力，先前的研究强调创业者角色对商业成功至关重要。[②]该角色指的是与搜索机会、选择那些有前景的机会、制定策略以利用那些机会相关的行为。

在知识和技能层面，如金融或资金管理、工程、会计、营销和销售等方面的能力通常被认为是取得商业成功的重要因素，[③]因为这些能力可帮助创业型企业发挥效能。不仅如此，领导力、沟通能力和人际交往能力也被视为取得商业成功的关键技能。这些能力对创业而言非常重要，因为创业者必须能说服各种利益相关者并能与他们商讨问题，这些利益相关者包括顾客、客户、供应商、竞争者、服务提供商，等等。[④]

创业者面临的诸多挑战之一是时刻保持创新力，创新力是他们从每天的活动中不断学习的动力。这是个体创新能力取得商业成功的关键原因[⑤]，也是一个区分创业者和非创业者的区别性标准。[⑥]与创新力相关的一个能力是创造力，它是创新过程中一个必不可少的能力。[⑦]创造力要求个体与众不同、有好奇心、有毅力，这些特质能让个体产生出新颖的想法。

还有一些其他能力也是取得商业成功的关键，如辨别机会的能力和风险评估的能力、职业评估的能力、达成协议的能力、构建社交网络的能力、形成压力应对机制的能力、直觉思维的能力、从不同角度审视市场的能力、识别和解决问题的能力，等等。[⑧]构建社交网络的能力和组建团队的能力一

---

① 参见麦克伯（McBer，1983），麦克莱兰（McClelland，1987），斯宾塞和斯宾塞（Spencer and Spencer，1993）。

② 参见钱德勒和汉克斯（Chandler and Hanks，1994），钱德勒和詹森（Chandler and Jansen，1992）。

③ 参见胡德和扬（Hood and Young，1993）。

④ 参见昂斯坦科（Onstenk，2003）。

⑤ 参见沃克等（Walker *et al.*，2007）。

⑥ 参见凯兰德等（Carland *et al.*，1984）。

⑦ 参见库拉特科和霍杰茨（Kuratko and Hodgetts，2004），龙施塔特（Ronstad，1985）。

⑧ 参见德蒂安和钱德勒（DeTienne and Chandler，2004），贾若万和Ó. 西奈德（Garavan and O’Cinnéide，1994），琳赛和克雷格（Lindsay and Craig，2002），曼和劳（Man and Lau，2000），伦斯特（Ronstad，1985），沙恩（Shane，2000）。

直是重点强调的技能，因为有证据显示有这些技能的创业者比没有这些技能的创业者更成功。[①]

除了上述能力，现有文献还强调决策力的重要性，因为决策力会产生很多影响且本身也包含很多问题。[②]为取得成功，创业者时刻要求自己快速做出决定。计算机产业更是如此，因为该产业面临需求、竞争、技术方面的加速转变。[③]

现有文献还展现一些其他能力，如应对挫折的能力、对高质量工作的关注、激发他人积极性的能力等，这些能力都没有在上述讨论中被提及。上文已经讨论过的能力对本研究来说是一个很好的总结，因为我们力求形成一份基本的创业能力集合以便用于能力本位教育。创业者一般都会运用这些能力以在创建和经营企业的过程中取得成功。

三、研究方法

本研究旨在为教育者提供信息以确定学生通过创业教育应获得 / 发展哪些能力。本研究的方法是对创业领域的创业者和学者发放问卷并分析其回答。问卷要求创业者和学者写出在他们看来参与到创业型企业中所需的关键能力。为得到一份精简列表，能力按照平均分从高到低的方式排序。然后，我们以四分为分界点来筛选能力，低于该值的能力将被排除出最终列表。之所以用四分为分界点，是因为分值四和分值五在量表中代表“很重要”和“极其重要”。

（一）样本

参加问卷调查的创业者群体由将近 1870 家中小企业的创始人组成。该列表来自瓜亚基尔商会（Chamber of Commerce in Guayaquil），瓜亚基尔是厄瓜多尔工业化和商业化程度最高的城市之一。该样本特意从中选择 60 位

① 参见伯德（Bird，1998）。

② 参见布森尼兹和巴尼（Busenitz and Barney，1997），艾森哈特（Eisenhardt，1989），史密斯等（Smith *et al.*，1988）。

③ 参见艾森哈特（Eisenhardt，1989）。

厄瓜多尔的创业者，调查者所在的公司需满足以下两个基本要求：① 由于我们关注的是较新成立的公司，所以公司历史不得超过六年；② 公司所在领域必须是制造业或服务业。也就是说，这项研究排除了主要活动是从其他公司转售货物的公司。根据此方法，挑选后的样本包括以下行业的公司：软件产品开发、农产品生产、食品生产、电子机械产品生产、计算机科学服务、管理及相关领域的咨询服务以及机械和电气服务。本研究通过电话联系创业者并邀请其参与调查。40 位创业者同意参与调查并回答问卷，问卷回收率为 66.7%。85% 的创业者为男性，平均年龄为 40 岁，大多数学历至少为本科。

该样本还特意选择 53 位学者。这些专家主要从 2004 年某次重要的欧洲创业论坛与会者中选取。问卷附带说明信以解释研究目的和范围，并通过网络发送给学者。43 位学者回答了问卷，其中 30 位来自以下的国家：奥地利、澳大利亚、比利时、加拿大、芬兰、法国、德国、匈牙利、意大利、新西兰、新加坡、瑞典、瑞士、英国和美国。其他 13 位学术专家均来自厄瓜多尔，问卷回收率为 81.1%。

（二）调查工具

基于现有文献设计出两份调查问卷并发给调查对象，一份给创业者，另一份给学者。通过回顾以下学者的研究写出一份创业能力列表：博亚齐斯（1982）；钱德勒和詹森（1992）；胡德和扬（Hood and Young）（1993）；斯宾塞和斯宾塞（Spencer and Spencer）（1993）；钱德勒和汉克斯（Chandler and Hanks）（1994）；格拉瓦尼和Ó. 西奈德（1994）；伯德（1988；1995；2002）；沙恩（2000）；琳赛和克雷格（Lindsay and Craig）（2002）；曼和劳（Man and Lau）（2000）；昂斯坦科（Onstenk）（2003）；德蒂安和钱德勒（DeTienne and Chandler）（2004）；霍尼格（2004）；以及斯图夫（Stoof）（2005）。用于调查创业者的工具旨在从以下两个主要方面收集信息：① 人口统计学特征；② 调查对象如何看待在创建和运营新企业过程中具备和展现创业能力的重要性。另一份调查问卷旨在收集学者的看法。创业者的问卷采取面对面采访、网络或电话填写的方式，而学者的问卷采取网络填写的方式。变量采用李克特五点量表测量，分值 1 表示“极其不重要”，分值 5 为“非常重要”。

四、结果

本研究要求创业者和学者表明自己如何看待参与到创业型企业中的能力的重要性。表 13–1 和表 13–2 显示研究中相关变量之间的关系。

根据本研究中每个创业能力所得平均分的大小将创业者和学者的回答进行排列。[①]

研究结果表明创业者和学者的意见之间存在相对差异。一方面，在开始创业和经营创业型企业的过程中，创业者频繁选择决策力，认为其很重要；而学术专家则偏向识别商业机会的能力，因为该能力与创新更紧密相关。大多数调查对象（87.5% 的创业者）表示决策力是非常重要的能力，是创业者在创业过程中必须展现出的能力。决策力的平均得分为 4.88 分（5 分为最高分）。此外，接下来得分最高的是创新思维、识别和解决问题的能力及从不同角度审视市场的能力。另一方面，72.1% 的学者认为识别商业机会的能力（平均分 4.67）对商业成功来说非常重要。评估商机的能力、决策力和构建社交网络的能力是接下来被学者视为创业中非常重要的三个能力。

创业教育中需重视的能力

本研究的主要目的是总结出一份精简的能力列表以辅助本科生创业教育的教学方法设计。假定本科生只是创业的初学者是有道理的，正因如此我们一般认为他们处在创业发展的早期阶段，所以本研究旨在确定一个能力集合以明确个体在成功创业之路上需具备哪些能力。据此，列表选取所得平均分等于或大于四分的能力，也即被创业者和学者视为创业中很重要的和极其重要的能力。[②]

正如我们在表 13–5 中所看到的那样，最终所得列表包括八种能力，这

---

① 见本书第 287—288 页表 13–3 和表 13–4。

② 见本书第 289 页表 13–5。

些能力获得两队调查对象的普遍认同且其所得平均分等于或大于四分。最终得到的能力为：决策力、创新思维、识别和解决问题的能力、识别商业机会的能力、评估商业机会的能力、沟通能力、达成协议和协商的能力以及构建社交网络的能力。

表 13–1　研究变量的零阶相关系数——创业者意见

	1.DM	2.TB	3.OI	4.CWS	5.CWU	6.INNT	7.INTT	8.DVM	9.DM	10.OE	11.ISP	12.NW	13.TCR	14.TW	15.COM
1.DM	–														
2.TB	.086	–													
3.OI	.165	.007	–												
4.CWS	.062	.036	.242	–											
5.CWU	.161	–.141	.570**	.321*	–										
6.INNT	.409**	.091	.094	.066	.276	–									
7.INTT	.266	.185	.165	.272	.328*	.231	–								
8.DVM	.146	.314*	.352*	.350*	.458**	.363*	.488**	–							
9.DM	–.085	–.250	.237	.263	.401*	.178*	–0.53	.338*	–						
10.OE	–.114	.352*	.148	.014	.188	.000	.189	.146	.214	–					
11.ISP	.018	.403**	–.051	.028	.033	.111	.251	.212	.123	.565**	–				
12.NW	.152	.126	.262	.261	.201	.376*	.038	.345*	.380*	.262	.157	–			
13.TCR	.024	–.121	.324*	.234	.497**	.205	.245	.326*	.458**	.447**	.163	.413**	–		
14.TW	.183	.532**	–.019	.060	.072	.117	.424**	.312	–.045	.445**	.340*	.163	.120	–	
15.COM	–.055	.025	.139	.176	.212	.006	.228	.280	.235	.409**	.278	.359*	.359*	.450**	–

备注：

N = 40

** $p < 0.01$；* $p < 0.05$

克朗巴哈系数 =0.74

DM：决策力；TB：组建团队的能力；OI：识别商业机会的能力；CWS：应对压力的能力；CWU：应对不确定性的能力；INNT：创新思维；INTT：直觉思维；DVM：从不同角度审视市场的能力；DM：达成协议的能力；OE：评估机会的能力；ISP：识别和解决问题的能力；NW：构建社交网络的能力；TCR：承担预期风险的能力；TW：团队合作的能力；COM：沟通的能力。

表 13–2　研究变量的零阶相关系数——学者意见

	1.DM	2.TB	3.OI	4.CWS	5.CWU	6.INNT	7.INTT	8.DVM	9.DM	10.OE	11.ISP	12.NW	13.TCR	14.TW	15.COM
1.DM	–														
2.TB	.298	–													
3.OI	.186	.124	–												
4.CWS	–.038	–.236	–.277	–											
5.CWU	.136	.262	–.020	.339*	–										
6.INNT	.015	.117	.403*	–.291	.023	–									
7.INTT	.133	.045	.166	.170	.183	.329*	–								
8.DVM	.018	.039	.210	.021	–.024	.215	.255	–							
9.DM	.066	.158	.065	–.097	.265	.137	.006	–.047	–						
10.OE	.146	.003	–.071	–.078	–.051	.193	–.199	–.018	.155	–					
11.ISP	.205	–.026	.264	.086	.092	.125	.193	.118	.342*	.163	–				
12.NW	.066	.483**	.037	–.170	.139	.143	.073	.135	.151	.016	.125	–			
13.TCR	.214	.042	.101	.083	.028	.043	–.025	.322*	.074	.469**	.125	.094	–		
14.TW	.220	.551**	–.037	–.230	.104	.396**	.177	.135	.219	.433**	.010	.272	.263	–	
15.COM	.144	.242	–.103	–.147	–.166	.280	.105	.311*	.067	.186	.080	.230	.373*	.450**	–

备注：

N = 43

** $p < 0.01$；* $p < 0.05$

克朗巴哈系数 =0.7

DM：决策力；TB：组建团队的能力；OI：识别商业机会的能力；CWS：应对压力的能力；CWU：应对不确定性的能力；INNT：创新思维；INTT：直觉思维；DVM：从不同角度审视市场的能力；DM：达成协议的能力；OE：评估机会的能力；ISP：识别和解决问题的能力；NW：构建社交网络的能力；TCR：承担预期风险的能力；TW：团队合作的能力；COM：沟通的能力。

表 13–3　创业能力评分——创业者意见

创业能力	M（平均值）	SD（标准偏差）
决策力	4.88	0.34
创新思维	4.63	0.59
识别和解决问题的能力	4.63	0.54
从不同角度审视市场的能力	4.50	0.78

续表

创业能力	M（平均值）	SD（标准偏差）
沟通的能力	4.48	0.88
达成协议和协商的能力	4.45	0.68
识别商机的能力	4.40	0.93
评估商机的能力	4.40	0.67
构建社交网络的能力	4.30	0.76
团队合作的能力	4.23	0.89
组建团队的能力	4.18	0.78
直觉思维	4.08	0.97
应对不确定性的能力	3.98	0.89
应对压力的能力	3.98	1.07
承担预期风险的能力	3.85	0.80

备注：

N = 40

M：平均值；SD：标准偏差。

表 13–4　创业能力评分——学者意见

创业能力	M（平均值）	SD（标准偏差）
识别商机的能力	4.67	.61
评估商机的能力	4.51	.67
决策力	4.51	.67
构建社交网络的能力	4.35	.72
创新思维	4.26	.37
识别和解决问题的能力	4.19	.85
应对不确定性的能力	4.19	.76
沟通的能力	4.07	.86
达成协议和协商的能力	4.02	.80
应对压力的能力	3.91	.90
承担预期风险的能力	3.91	.84

续表

创业能力	M（平均值）	SD（标准偏差）
组建团队的能力	3.86	.97
直觉思维	3.79	.97
从不同角度审视市场的能力	3.60	1.0
团队合作的能力	3.58	1.0

备注：

N = 43

M：平均值；SD：标准偏差。

表 13–5　入选创业教育的创业能力

决策力	创新思维
识别和解决问题的能力	识别商机的能力
评估商机的能力	沟通的能力
达成协议和协商的能力	构建社交网络的能力

五、讨论与启示

创业者和学者之间意见的相对差异看起来似乎是因为双方态度立场不同。一方面，学者的态度似乎不够实际，他们考虑的是在创业文献中被视为关键的能力。[①]因此，我们认为学者可能不太关注创业者在真实生活中经营公司时真正展现出和经常运用到的能力。现有文献假定创业关键是创业机会的识别和开发，这更加证明了我们的观点。[②]

另一方面，对于已明确创业机遇的创业者而言，他们似乎已进入到机会识别之后的阶段并主要关注以下这些核心任务：接触庞大顾客群的渠道、保证后续资金、与供应商协商、发展并有效利用人际关系网络、理解并控

① 参见伯德（Bird，1995）。

② 参见沙恩和文卡塔拉曼（Shane and Venkataraman，2000），文卡塔拉曼（Venkataraman，1997）。

制企业整体、理解并熟练地在行业中运作、接纳他人的能力、寻求特殊技术以在市场中赢得竞争力、保持战略重点及处理不确定性。[①]然而，必须要注意到，这些能力可能会随着特定企业（如：处于发展初期的企业和正在发展壮大的企业）的发展而变化，也会随着企业所在的行业（高科技行业和快速发展的消费品行业）而变化，还会随着促使创业者开始创业的环境而变化。[②]此外，展现出的能力水平会决定创业者具备的能力是入门水平还是成功水平。[③]前者被理解为成功创业所需的能力，后者指成功经营企业所需的能力。[④]明确这些复杂性后还可进一步对创业型企业的特殊性进行分析，但本研究并未涵盖这部分的分析。

（一）研究启示

教育学生在以创业为主的事业中开发自己的能力已成为创业教育的一个主要动力。在这个大方向下，我们认为创业教育应把注意力放在发展能力上，因此能力的概念有助于创业教育教学方法的设计和实施。能力的概念还可帮助我们明确需培养哪些能力以及学生应达到一个什么样的能力水平以让他们更好地为未来创业生涯做准备。通过认识哪些创业能力有利于商业成功，教育者可在自己的课程中融入课内外活动以帮助学生形成发展合适能力的想法。

我们主张学生参与的活动应设计成与现实相仿的情境。比如，让学生在教育干预课程中创建自己的企业，这种做法有利于让他们体验各种复杂的情境，如缺少信息、具有不确定性、发展和使用人脉、向专家咨询意见等。这种体验可让学生置身于与现实相仿的环境中，让他们意识到创业的艰辛和克服资源短缺的困难，而这些都是创业者经常会碰到的事情。[⑤]还要

① 参见巴龙和马尔克曼（Baron and Markman，2003），伯德（Bird，1988，1995），杜比尼和奥德里奇（Dubini and Aldrich，1991），赫伦和鲁宾逊（Herron and Robinson，1993），米顿（Mitton，1989），威特（Witt，2004）。

② 参见杜比尼（Dubini，1988），盖特伍德等（Gatewood *et al.*，1995），库里尔斯基和沃尔斯塔德（Kourilsky and Walstad，2002）。

③ 参见伯德（Bird，2002）。

④ 参见伯德（Bird，1995）。

⑤ 参见赫里斯和彼得斯（Hisrich and Peters，2002）。

鼓励学生进行创新性思考从而带着创新性产品或服务进入市场以保持竞争力。[①]此外，学生在创业起步阶段和经营企业的其他阶段能有机会感受拥有和发展人脉网的需要。[②]另一个好处是它可能会让学生认识到掌握良好沟通技能的重要性，沟通技能也被视为发展创业的关键因素。[③]还有一个潜在好处是让学生有机会把特殊技术和之前设计特殊产品或服务的经验落到实处并接受他人的能力及组建适宜团队。

（二）对未来研究的建议

我们已形成一份可行的能力列表，这些能力应在创业教育中加以重视，然而本研究仅参考厄瓜多尔创业者的意见，这是本研究的局限之一。另一个局限源于我们选择创业者时使用的方法，也即我们没有根据公司业绩来选择创业者，因为本研究不调查创业者有多成功，比如，我们不关心其企业的销售或净利润的增长。因此，未来研究的一个重要方向是探索其他国家的创业者是否也有相似看法，这部分研究将为我们对创业教育应强调哪些能力的思考提供更深刻的见解。换句话说，如果不同国家的创业者之间存在不同意见，未来的调查需研究环境因素是否可以解释这些不同。还有非常重要的一点是，应有更多的研究将成功创业者的意见和不那么成功的创业者的意见进行对比以验证或驳斥本研究的发现。

虽然本研究所呈现的结论需要进一步证实，但这些发现对创业教育中应重视哪些能力的思考提供了深刻的见解。最后，我们想强调，通过帮助学生形成发展创业能力的想法至少可以鼓励他们更具创业精神。

参考文献

Baron, R.A. and G.D.Markman (2003), “Beyond social capital: the role of entrepreneurs’ social competence in their financial success”, *Journal of Business Venturing*, 18, 41–

---

① 参见凯兰德等（Carland *et al.*，1984），伦普金和迪斯（Lumpkin and Dess，1996）。

② 参见格雷夫和萨拉夫（Greve and Salaff，2003），威特（Witt，2004）。

③ 参见胡德和扬（Hood and Young，1993）。

60.

Bird, B.(1988), "Implementing entrepreneurial ideas: the case for intention", *Academy of Management Review*, 13, 442–453.

Bird, B.(1995), "Toward a theory of entrepreneurial competency", *Advances in Entrepreneurship, Firm Emergence, and Growth*, 2, 51–72.

Bird, B.(2002), "Learning entrepreneurship competencies: the self-directed learning pproach", *International Journal of Entrepreneurship Education*, 1, 203–227.

Boyatzis, R.E.(1982), *The Competent Manager:A Model for Effective Performance*, New York:Wiley.Brockhaus, R.H.(1980), "Risk taking propensity of entrepreneurs", *Academy of Management Journal*, 23, 509–520.

Busenitz, L.W. and J.B.Barney (1997), "Differences between entrepreneurs and managers in large organizations: biases and heuristics in strategic decision making", *Journal of Business Venturing*, 12, 9–30.

Carland, J.W., F. Hoy, W.R.Boulton and J.C. Carland (1984), "Differentiating entrepreneurs from small business owners: a conceptualization", *Academy of Management Review,* 9, 354–359.

Chandler, G.N. and S.H.Hanks (1994), "Founder competence, the environment, and venture performance", *Entrepreneurship Theory and Practice*, 18, 77–89.

Chandler G.N.and E. Jansen (1992), "The founder's self-assessed competence and venture performance", *Journal of Business Venturing*, 7, 223–236.

Cox, L.W.(1996), "The goals and impact of educational interventions in the early stages of entrepreneur career development", paper presented at the Internationalizing Entrepreneurship Education and Training Conference (IntEnt 96), 24–26 June, Arnhem and Nijmegen, the Netherlands.

Cunningham, B. and J. Lischeron (1991), "Defining entrepreneurship", *Journal of Small Business Management*, 29, 45–61.

DeTienne, D.R. and G.N.Chandler (2004), "Opportunity identification and its role in the entrepreneurial classroom: a pedagogical approach and empirical test", *Academy of*

Management Learning and Education, 3, 242–257.

Dubini, P. (1988), “Motivations and environment on business start-ups: some hints for public policies”, *Journal of Business Venturing,* 1, 11–26.

Dubini, P. and H. Aldrich (1991), “Personal extended networks are central to the entrepreneurial process”, *Journal of Business Venturing,* 6, 305-313.

Eisenhardt, K.M.(1989), “Making fast strategic decisions in high-velocity environments”, *Academy of Management Journal*, 32, 543–576.

Garavan, T.N. and B. O’Cinneide (1994), “Entrepreneurship education and training programmes: a review and evaluation – part 2”, *Journal of European Industrial Training*, 18, 13–21.

Gatewood, E.J., K.G.Shaver and W.B.Gartner (1995), “A longitudinal study of cognitive factors influencing start-up behaviors and success at venture creation”, *Journal of Business Venturing,* 10, 371–391.

Greve, A. and J.W.Salaff (2003), “Social networks and entrepreneurship”, *Entrepreneurship Theory and Practice*, 28, 1–22.

Henry, C., F. Hill and C. Leitch (2005a), “Entrepreneurship education and training:Can entrepreneurship be taught? Part I”, *Education and Training*, 47, 98–111.

Henry, C., F. Hill and C. Leitch (2005b), “Entrepreneurship education and training:Can entrepreneurship be taught? Part II”, *Education and Training*, 47, 158–169.

Herron, L. and R. Robinson (1993), “The entrepreneur and venture performance”, *Academy of Management Proceedings*, 75–79.

Hisrich, R. and M. Peters (2002), *Entrepreneurship*, 5th edn, Boston, MA:McGraw Hill.

Honig, B. (2004), “Entrepreneurship education:toward a model of contingency-based business planning”, *Academy of Management Learning and Education*, 3, 258–273.

Hood, J.N. and J.E.Young (1993), “Entrepreneurship’s requisite areas of development: a survey of top executives in successful entrepreneurial firms”, *Journal of Business Venturing*, 8, 115–135.

Jamieson, I. (1984), “Schools and enterprise”, in A.G.Watts and P. Moran (eds), *Education for Enterprise*, Cambridge:CRAC.

Koh, H.C.(1996), "Testing hypotheses of entrepreneurial characteristics: a study of Hong Kong MBA students", *Journal of Managerial Psychology,* 11, 12–25.

Kourilsky, M.L. and W. Walstad (2002), "The early environment and schooling of high-technology entrepreneurs: insights for entrepreneurship education", *International Journal of Entrepreneurship Education*, 1, 87–106.

Kuratko, D.F. and R.M.Hodgetts (2004), *Entrepreneurship:Theory, Process, and Practice*, 6th edn, Cincinnati, OH:Thomson, South-Western.

Lindsay, N.J. and J. Craig (2002), "A framework for understanding opportunity recognition: entrepreneurs versus private equity financiers", *The Journal of Private Equity,* 6, 13–24.

Lumpkin, G.T. and G.G.Dess (1996), "Clarifying the entrepreneurial orientation construct and linking it to performance", *Academy of Management Review*, 21, 135–172.

Man T.W.Y. and T. Lau (2000), "Entrepreneurial competencies of SME owner/manager in the Hong Kong services sector: a qualitative analysis", *Journal of Enterprising Culture*, 8, 235–254.

Mancuso, J.R.(1975), "The entrepreneurs" quiz. in C.M.Baumback and J.R.Mancuso (eds), *Entrepreneurship and Venture Management*, Englewood, NJ; Van Nostrand.

Mansfield, R.S., D.C. McClelland, L.M.Spencer and J. Santiago (1987), "The identification and assessment of competencies and other personal characteristics of entrepreneurs in developing countries", Final Report:Project No. 936-5314, *Entrepreneurship and Small Enterprise Development*, Contract No. DAN-5314-C-00-3065-00, Washington, DC:United States Agency for International Development; Boston, MA:McBer.

McBer (1983), *Entrepreneurship and Small Enterprise Development:Technical Proposa*l, Boston, MA:McBer and Company.

McBer (1986), *Entrepreneurship and Small Enterprise Development:Second Annual Report*, report submitted to the United States Agency for International Development, Boston, MA; McBer and Company.

McClelland, D.C. (1987), *Human Motivation*, Cambridge:Cambridge University Press.

Miner, J.B., N.R.Smith and J.S.Bracker (1989), "Role of entrepreneurial task motivation in the growth of technologically innovative firms", *Journal of Applied Psychology*, 74, 554–560.

Mitton, D.G.(1989), "The compleat entrepreneur", *Entrepreneurship Theory and Practice*, 13, 9–19.

Onstenk, J. (2003), "Entrepreneurship and vocational education", *European Educational Research Journal,* 2, 74–89.

Pandey, J. and N.B. Tewary (1979), "Locus of control and achievement values of entrepreneurs", *Journal of Occupational Psychology*, 52, 107–111.

Ronstad, R. (1985), "The educated entrepreneurs:a new era of entrepreneurial education is beginning", *American Journal of Small Business*, 10, 7–23.

Schumpeter, J.A.(1934), *The Theory of Economic Development*, Cambridge, MA:Harvard University Press.Shane, S. (2000), "Prior knowledge and the discovery of entrepreneurial opportunities", *Organization Science*, 11, 448–469.

Shane, S. and S. Venkataraman (2000), "The promise of entrepreneurship as a field of research", *Academy of Management Review*, 25, 217–226.

Smith, K., M. Gannon, C. Grimm and T. Mitchell (1988), "Decision making behavior in smaller entrepreneurial and larger professionally managed firms", *Journal of Business Venturing*, 3, 223–232.

Spencer, L.M. and S.M.Spencer (1993), *Competence at Work:Models for Superior Performance*, New York: John Wiley.

Stoof, A. (2005), "Tools for the identification and description of competencies", thesis dissertation, Open University of Nederland.

Venkataraman, S. (1997), "The distinctive domain of entrepreneurship research: an editor's perspective", in J. Katz and R. Brockhaus (eds), *Advances in Entrepreneurship, Firm Emergence, and Growth*, 3, 119–138.

Walker, R.M., F. Damanpour and C.N.Avellaneda (2007), "Combinative effects of innovation types on performance: a longitudinal study of public services", *Academy of Management Proceedings*, 46, 1–6.

Witt, P. (2004), "Entrepreneurs' networks and the success of start-ups", *Entrepreneurship & Regional Development*, 16, 391–412.

第四部分

如何从制度文化中学习？

第十四章　从新兴经济体到发达经济体的国际创业

——中国创业教育新理论

蒋红玲和卞东（Hongling Jiang and Dong Bian）

引言

过去20年间，国际创业研究与教育[①]经历了前所未有的发展。然而我们发现致力于研究和教授公司怎样从发达经济体（Developed Economics，DE）跨越到新兴经济体（Emerging Economics，EE）去开展创业活动的人越来越多，关于兴起于新兴经济体中的企业如何在发达经济体市场中成立颇具竞争力的公司的理论探索与教学研究却很少见。尤其在中国高增长行业中成长起来的公司很少去西方发达国家同行业但增速缓慢且经济-社会-政治环境复杂的领域投资。与西方国家相比，中国的商业环境在文化、社会和政治等维度都有所不同。两方的工业化过程也展现出各具特色的道路。这些都表明对于打算进军国际市场的中国公司和大学来说，完全依赖西方国家发展出的理论和教育模式可能不是一个明智的选择。相反，中国公司和大学必须在国际创业管理和教学中发挥创新意识。尝试将现有知识和其环境特点相结合以找到自己的发展方式，这才是明智之举。

① 参见麦克杜格尔和奥维亚特（McDougall and Oviatt，2000），奥维亚特和麦克杜格尔（Oviatt and McDougall，1994）。

中国作为新兴国家正在经历一次根本性改革。过去30年间一些产业飞速发展，这些产业环境的先进程度已远远超过发达经济体。本章中我们向学者和实践者提出以下研究问题：中国公司是如何从这样一个产业环境中发家并在发达国家成长为颇具竞争力的公司的？中国国际创业教育的现状是怎样的？如何发展国际创业教育系统才能应对中国公司当前面临的挑战？首先，我们回顾国际创业文献，揭示从发达经济体到新兴经济体的国际创业研究和从新兴经济体到发达经济体的国际创业研究之间的不平衡。其次，通过调查从高增长的中国商业环境走向发达经济体增速缓慢且复杂的商业环境的公司，讨论在国际创业领域中探索理论新见解的必要性。再次，我们提出理论框架，从而在这一领域为研究者拉开研究序幕并为将来的理论发展奠定基础。结合对中国创业教育市场的分析，我们强调中国不仅在国际创业领域缺少理论而且国际创业教育方面也比较薄弱。从某种程度上说，缺少国际创业教育可能极大地阻碍中国公司的国际化进程。为不断改善中国国际创业教育的局面，大学里的研究与科学的学术课程设计应交互式发展：中国教育体制必须积极吸取中国公司成功的国际创业故事，把它们融入到不断丰富的理论框架中；研究出的理论反过来指导创业活动，完成学习循环。最后，我们实验性地提出本研究发展和课程设计的一个路线图。

我们认为本章可做出以下三项贡献。第一，广泛讨论公司应对稳定商业环境的理论（比如：间断平衡论[①]）和应对动荡商业环境的理论（比如：连续变化论[②]）。然而，关于已经在新兴经济体高增长行业中获得连续发展能力的公司如何适应发达经济体增速缓慢且复杂的商业环境并取得可持续竞争优势的理论却很少研究。所以，集中研究这一领域可能极大地促进国际创业领域的发展。第二，基于以上发现，我们提出一个可作为研究路线图的理论框架以填补这一部分的学术空白。该路线图将同时适用于理论发展和中国创业教育系统的改善。第三，当前理论发展阶段和对应用理论持续增长的需求之间的差距表明当前国际创业教育仍有提升空间。通过参考理论框架和对中国国

① 参见塔什曼和罗马内利（Tushman and Romanelli，1985）。

② 参见布朗和艾森哈特（Brown and Eisenhardt，1997）。

际创业教育现状的实证研究，我们提出一个方案来说明中国教育体制应包括哪些方面以及这些教学材料或课程设计如何有助于管理实践。

一、新兴经济体国际创业研究和从新兴经济体进军发达经济体的国际化理论发展需求

（一）关于发达经济体公司进军新兴经济体的研究

对新兴经济体的国际创业研究[①]可分为三类：发达经济体公司进军新兴经济体的研究；新兴经济体公司进军其他新兴经济体的研究；新兴经济体公司进军发达经济体的研究。由于发达地区和发展中地区的直接对外投资额（Outward Foreign Direct Investment，OFDI）不平衡，对发达经济体公司进军新兴经济体的研究需求极大，这就使得发达经济体公司进军新兴经济体的研究成为该领域的主流。发达经济体公司进军新兴经济体的理论演变主要有三种主题：① 发达经济体的跨国企业（Modes of Multinational Enterprises，MNEs）进军新兴经济体的市场进入模式；② 市场进入后的组织领导；③ 知识转移和反向学习（发达经济体公司将它在新兴经济体中的经营所学应用回发达经济体）。在跨国企业和创业领域市场进入模式的研究已是老传统，然而当前研究局面却有些复杂。比如，沙恩[②]认为信任的文化差异可能与交易成本呈正相关。进入国外市场最好的办法是成立独资公司以避免因母国和所在国之间存在文化差距而产生成本。另一方面，科格特（Kogut）和辛格（Singh）[③]表明正是由于文化差距，才应该成立合资公司而不是独资公司以帮助缩小文化差距。这说明合资公司事实上可能在国际化进程中减少交易成本总额。他们发现虽在短期内文化交流和国际化会增加成本，但从长远看却可以促进公司发展。

综合考虑上述看似矛盾的结果，布朗鲁斯（Brouthers）和布朗鲁斯

① 参见赖特等（Wright *et al.*，2005），山川等（Yamakawa *et al.*，2008）。

② 参见沙恩（Shane，1994）。

③ 参见科格特和辛格（Kogut and Singh，1988）。

（Brouthers）[①] 调查在中欧和西欧投资的西方公司并得出结论，即选择何种国际市场进入模式由投资风险等级决定。就进入市场后的组织领导而言，罗（Luo）和彭（Peng）[②] 通过对 108 个在中国经营的发达经济体跨国企业子公司的调查揭示其在所在国的经历强度和丰富度跟子公司业绩之间的显著相关性。结果很直观：在新兴经济体有更多环境动态、复杂性和敌对状态方面经历的发达经济体跨国企业会胜过那些经历较少的发达经济体跨国企业。同样，矶部等（Isobe *et al.*）[③] 在报告中提到，投入资源以支持技术转让和提早进入市场对发达经济体公司在新兴经济体的业绩有积极影响。德里奥斯（Delios）和亨尼兹（Henisz）[④] 调查了新兴经济体中 660 家日本发达经济体的跨国公司子公司，意在揭示组织能力和征用风险对所有权的影响。乌伦布鲁克（Uhlenbruck）和德·卡斯特罗（De Castro）[⑤] 将针对外商直接投资（Foreign Direct Investment，FDI）的所在国政府和某国家专属风险等外部因素作为决定是否在中东欧（Central and East Europe，CEE）进行收购的参考。他们进一步指出，企业收购后的业绩表现可能和之前感知的中东欧国有企业（State-owned Enterprise，SOE）与西方收购者之间的适合度并不对等。事实上，这种适合度的感知偏差可能导致很多兼并与收购（Merger and Acquisition，M&A）的失败。从知识和学习的角度来说，希特等（Hitt *et al.*）[⑥] 调查国际多样性和市场进入的跨国模式对技术学习的影响、知识整合在技术学习和国际扩张之间的关系上的作用以及技术学习对新创企业业绩的影响。巴特利特（Bartlett）和戈沙尔（Ghoshal）[⑦] 的研究突破常规，他们从“跨国管理”的角度调查在新兴经济体经营的发达经济体公司，发现发达经济体公司从新兴经济体的市场运作中学习，将从新兴经济体学

① 参见布朗鲁斯和布朗鲁斯（Brouthers and Brouthers，2001）。
② 参见罗和彭（Luo and Peng，1999）。
③ 参见矶部等（Isobe *et al.*，2000）。
④ 参见德里奥斯和亨尼兹（Delios and Henisz，2000）。
⑤ 参见乌伦布鲁克和德·卡斯特罗（Uhlenbruc and De Castro，2000）。
⑥ 参见希特等（Hitt *et al.*，2000）。
⑦ 参见巴特利特和戈沙尔（Bartlett and Ghoshal，1989）。

到的新知识转移回母国。换句话说，公司从发达经济体到新兴经济体的国际化也帮助发达经济体国内市场的增长。

（二）关于新兴经济体公司进军发达经济体的研究

通过与发达经济体公司进军新兴经济体研究的对比，我们发现对其他两个分类的研究不仅数量少而且很少遵循上述研究路径。关于新兴经济体公司进军发达经济体的研究[①]更是如此，因为新兴经济体公司在进军发达经济体时可能处于竞争劣势，[②]有能力在海外投资的新兴经济体公司可能最先选择其他新兴经济体国家作为投资目的地。此外，很少有从新兴经济体发家的公司能像发达经济体公司进军新兴经济体一样真正有能力把业务推广到国际市场上。虽然很多学者注意到理解新兴经济体公司如何进军其他新兴经济体或发达经济体的重要性，[③]但由于在新兴经济体公司进军发达经济体的研究中样本数量过小且案例研究有限，这方面的实证研究面临很多挑战。[④]研究发现，某种程度上新兴经济体公司在其他新兴经济体取得多大的成功，取决于这些公司是否可以将资源和自身能力转移到所在国以及母国和投资国制度环境的相似性。[⑤]这就是为什么大多数公司的国际化最先起于邻国，因为邻国的文化和企业情况与自己国家很相似，所以转移前也更容易学到能力，而当公司从新兴经济体拓展到发达经济体的跨国业务时可能会发现母国和所在国的制度存在非常大的差别，这就使资源和能力很难直接转移到所在国。在这种情况下，学者从研究市场进入模式、进入市场后的领导层和技术学习转向去理解什么是合适的组织形式。事实上，合适的组织形式设计可能会促进公司进入市场的过程和组织学习，有利于公司在新环境中获得可持续的竞争优势。比如，凯斯特（Keister）、常（Chang）和洪（Hong）[⑥]发现能熟练地处理集权与分权的矛盾和集团企业多样性与相

---

① 比如山川等（Yamakawa *et al.*，2008）。

② 参见胡（Hu，1995）。

③ 比如霍斯金森等（Hoskisson *et al.*，2000），莱特等（Wright *et al.*，2005）。

④ 参见萨皮恩扎等（Sapienza *et al.*，2006），周等（Zhou *et al.*，2006）。

⑤ 参见罗和彭（Luo and Peng，1999）。

⑥ 参见凯斯特（Keister，1998），常和洪（Chang and Hong，2000）。

互依存的矛盾的新兴经济体公司比那些增加无关产品种类的公司更有竞争力。[①]同时，以下公司的国际化进程也证明这一点：韩国公司、[②]泰国公司[③]和其他发展中国家的公司，如中国、[④]巴西、智利和墨西哥。[⑤]

理解新兴经济体公司如何进军发达经济体对该领域发展至关重要。制度的不同[⑥]决定公司在新兴经济体形成的能力和生产力仅适用于新兴经济体的环境而不完全适用于发达经济体。新兴经济体公司进军其他新兴经济体时可以充分利用现有能力来获得竞争优势，因为两国有着相同的环境。相反，进军发达经济体的新兴经济体公司可能不得不开发新的资源和能力[⑦]以应对不熟悉的、复杂的商业环境。因此，如何转化在新兴经济体已具备的能力并将新转化而来的能力有效运用在发达经济体中成为关键问题。这将为现有的以发达经济体公司进军新兴经济体研究为主导的现有文献提供有力补充。梅等（May *et al.*）[⑧]的研究恰好反映出我们的上述观点。通过俄罗斯环境调查，他们指出"在限制众多的、处于过渡环境的国家中，实证测试公司与环境之间关系的西式模式对理论和实践的发展来说都是非常重要的一步"。此外，从发达经济体吸收的知识不仅有助于在发达经济体的能力转化[⑨]，也有助于保持那些公司在母国的竞争力。[⑩]即一方面，能力的适应性对辅助新兴经济体公司在进军发达经济体的过程中获得持续的竞争优势，对与发达经济体现任行业领导者的竞争具有非常重要的作用；另一方面，在发达经济体的学习过程有利于公司在两国的发展并使他们有能力处理各种程度和特点的不同商业环境。很显然，获取新能力和在不同环

---

① 参见姚等（Yiu *et al.*，2004）。
② 参见常和洪（Chang and Hong，2000），李和比米什（Lee and Beamish，1995）。
③ 参见帕纳农得和蔡特哈姆尔（Pananond and Zeithaml，1998）。
④ 参见巴克利等（Buckley *et al.*，2007）。
⑤ 参见奥拉克（Aulakh *et al.*，2000）。
⑥ 参见斯科特（Scott，1995）。
⑦ 参见坎特韦尔（Cantwell，1992），霍斯金森等（Hoskisson *et al.*，2004）。
⑧ 参见梅等（May *et al.*，2000）。
⑨ 参见弗罗斯特等（Frost *et al.*，2002）。
⑩ 参见达瓦尔和弗罗斯特（Dawar and Frost，1999）。

境中灵活运用一整套的能力不同于吸收能力[①]或动态能力[②]，前者指不同环境下伴随行业变迁而进行的能力更新。新兴经济体公司进军发达经济体的国际创业也许要求公司具备另外的组织能力。

（三）关于从新兴经济体中高增长行业走向发达经济体中增速缓慢行业的组织适应性研究

企业战略性组织变革的文献展示两个有趣的领域：稳定商业环境中的组织适应性和高增长商业环境中的组织适应性。当环境变化得没有那么快时，公司没必要频繁做出改变。频繁的改变会增加交易成本，而定期性的整顿会让公司业务匹配行业环境并使公司更顺利地适应环境变化，这就是所谓的"间断平衡"。[③]当环境动荡、变化频繁且迅速，以致定期整顿无法使公司与行业环境的节奏"共舞"，这时间断平衡可能已经无法奏效。公司应该不断更新能力（动态能力），[④]建立有效机制以吸收外部知识而后转化为自己的知识并将这些知识具体化成商业成果（吸收能力），[⑤]使公司组织结构保持半稳定状态并真正准备好做出小动作的改变（连续变化）。[⑥]然而仔细回顾文献后我们发现，研究中一个重要的部分被忽略，那就是成长于高增长商业环境的公司是如何在同一行业中适应一个不熟悉且增速缓慢的商业环境的，而这正是中国商业的情况。随着越来越多的公司在中国国内市场获得竞争力，这些公司很有可能依靠中国业务拓展海外市场。除了研究其他新兴经济体的国际化，研究如何进入西方国家同样增速缓慢的行业也很有学术意义和管理学意义。

通常来说，在国际创业文献中，学者更关注发达经济体公司进军新兴经济体的研究和新兴经济体公司进军其他新兴经济体的研究，而不是关于新兴经济体公司进军发达经济体的研究。所以，新兴经济体公司在发达经

---

① 参见科恩和利文索尔（Cohen and Levinthal，1990）。
② 参见蒂斯和皮萨诺（Teece and Pisano，1994）。
③ 如塔什曼和罗马内利（Tushman and Romanelli，1985）。
④ 如蒂斯和皮萨诺（Teece and Pisano，1994）。
⑤ 如科恩和利文索尔（Cohen and Levinthal，1990）。
⑥ 如布朗和艾森哈特（Brown and Eseinhardt，1997）。

济体的国际化研究中非常有意义，能极大推进该领域的发展。这为我们看待战略的制定和实施、能力获得和投资组合管理提供新视角。这方面的研究刚好满足一些学生对在新兴经济体中国际创业的兴趣，所以我们认为这个研究方向很有吸引力。具备发达经济体公司在新兴经济体进行国际创业的知识，探索新兴经济体公司进军发达经济体时如何在发达经济体获得能力，研究公司如何适应当地市场以及获得和维持竞争优势，这些可帮助我们勾画出一个国际创业研究的整体状况。

（四）从新兴经济体到发达经济体国际创业的理论框架以及对未来研究的启示

通过文献综述可知，关于发达经济体公司进军新兴经济体的国际创业理论已经非常成熟。换句话说，公司更容易利用学术研究和经验资源在新兴经济体中进行商业活动，而从相反方向经商就困难得多。发达经济体中有竞争力和经验的公司比在新兴经济体多。由于探索发达经济体市场的新兴经济体公司数量有限且很少有学者真正专注于这个领域的研究，导致新兴经济体的创业者们没什么知识可以分享。新兴经济体公司为在发达经济体取得可持续的竞争优势时，必须应付不同的“游戏规则”并注意采取合适的发展速度。从长远来说，走发达经济体公司的道路可能会让新兴经济体公司的发展滞后于发达经济体公司。从高增长的新兴经济体中成长起来的公司，若想在增速缓慢且不熟悉的发达经济体市场中探寻商机，必须具有创新精神。因为新兴经济体公司有太多不熟悉的知识，公司必须寻找知识并高效地吸收知识以与现有对手竞争，所以公司还必须形成新的知识搜索机制并吸收大量陌生信息和新组织形式来快速促进新知识的习得、吸收及具体化成商业成果的过程。

桑田（Kuwada）[①] 把知识分成两类：商业层面的知识和公司层面的知识。商业层面的知识指的是专有技术，“有关产品的技术知识、制造过程、如何打败竞争对手或与竞争对手共存和共赢的知识，对顾客行为模式和变化趋势的信心以及获得重要资源的知识”。[②] 公司层面的知识更加隐性且非

① 参见桑田（Kuwada，1998）。

② 参见桑田（Kuwada，1998：720）。

技术性，它与操作流程规范和潜在的基本设想相关。因此，公司不仅必须寻找并改变自己以适应来自新环境的知识，还必须熟练地应对被吸收的不同种类知识。首先，对于从高增长新兴经济体中成长起来而后进军增速缓慢的新兴经济体的公司，不管这些公司是打算体验自然成长还是企业并购，他们必须面对这样一项挑战，即如何转化自己在国内获得的现有能力，在新环境中形成特有能力并将这些能力融入公司的能力体系（商业层面）中。其次，必须不断改变核心操作流程、隐性规则和基本假设，公司必须有能力进行高效的制度化操作，包括在新环境中的日常整顿、权力再分配和文化融合，以帮助吸收商业层面的知识。

一般来说，我们认为对那些成长于高增长新兴经济体商业环境而去开发增速缓慢发达经济体市场的公司而言，知识搜索机制与破坏性市场重构、公司能力体系管理和高效制度化是在发达经济体中形成持续竞争优势的三个关键要素。[①] 知识搜索机制和破坏性市场重构属于新的组织形式，它虽然与整体公司绩效没有直接关系却是吸收商业层面知识和公司层面知识的前提。它们作为激励，可以鼓励代理人之间的互动，在转化商业层面知识和公司层面知识的过程中都会起作用，知识结构、内容、评估系统以及知识的习得、吸收和实体化规范都会相应地发展，最终体现在公司整体绩效上。

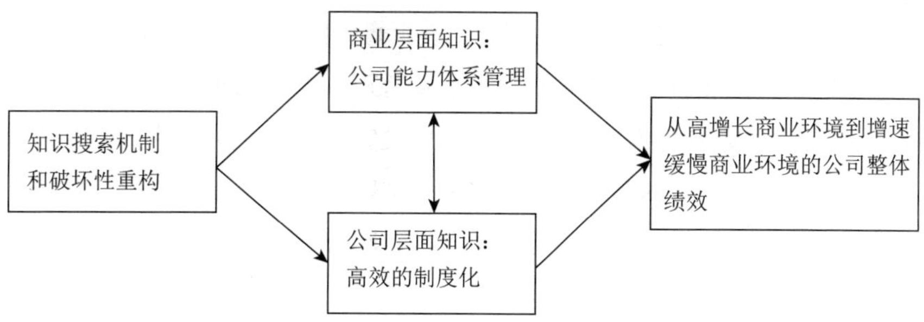

图 14-1　形成可持续竞争优势的三个关键要素——新兴经济体公司进军发达经济体的国际创业

① 见本页图 14-1。

二、中国创业教育和国际创业教育

（一）中国中小企业走向世界和创业教育

我们发现过去 30 年间中国有越来越多的小企业在做跨国业务，越来越多的中小企业打算把商品销售到海外市场。由于中国中小企业占据中国公司总数的 90% 以上，所以中小企业在中国经济中起着不可小视的作用。

早在 1978 年，中国国内生产总值（GDP）就达到每年 8%—10 % 的增长速度，1980—2002 年间增长速度超过了世界上大多数经济体。在累积率方面，中国国内生产总值在此期间翻了 12 倍还多。更为了不起的是，1999 年中国有 3300 多万家注册的中小企业，占据所有经济活动单位的 99%。中小企业由集体企业、合作企业、独资企业、私营企业和中外合资企业组成，引领中国经济的增长。[①] 有证据表明，20 世纪 90 年代中小企业贡献了 76.6% 的额外国内生产总值，出口额达 1500 亿美元，占总出口额的 60%。中小企业为大学生提供大量的就业机会。在 1996—1999 年间，私营企业净增长数量为 130 万家，累计创造 520 万个新工作岗位。此外，中小企业不仅在使中国经济保持市场竞争力、创造就业机会、提高财政收入、促进科技创新和商业化及继续创业方面意义重大，也是中国“走向世界”策略的主力军。

为满足中国公司走向世界的需要，教育机构应该发挥重要作用。[②] 学界似乎普遍认为创业教育与培训在培养创业态度、能力和相关技能方面应发挥主要作用。[③] 来自各方的证据似乎表明创业课程对加强大学生的创业倾向有积极作用。[④] 自从 1947 年哈佛大学首次教授创业课程以来，教育机构所提供的不同水平的创业培训项目已经增加 1500 多个。然而，人们大多把中

---

① 参见吉布和李（Gibb and Li，2003），李（Li，2002）。

② 参见克拉克（Clarke，1999）。

③ 参见欧洲委员会（European Commission，2002）。

④ 参见卡特和柯林森（Carter and Collinson，1999），加洛韦和布朗（Galloway and Brown，2002），易卜拉欣和索法尼（Ibrahim and Soufani，2002），克劳法斯滕（Klofsten，2000），科尔沃雷德和摩恩（Kolvereid and Moen，1997）。

国经济过去20年的成就归功于中国释放创业精神的做法和创业奋斗，在中国取得如此令人惊叹的增长时，创业教育还一直处在它的成长成型阶段。[①]在中国，创业教育对教育机构来说是一个相对较新的概念。但是不管怎样，过去几年间这个概念已被大众广泛接受。一开始，人们对创业教育的兴趣源于一小部分有创新意识的大学的学生商业计划大赛。而后这种兴趣以研讨会的形式发生演变，研讨会所选的专题有新创企业管理和创业融资等。2001年，教育部宣布中国将选取一些大学允许其在本科阶段设计和教授创业课程，这说明官方认可创业是中国教育体制中较有价值的课程。

（二）商业计划和创业教育试点

与将就业教育引进中国教育体制不同的是，创业教育作为传播知识和商业创新技能的新方法可以真正有利于提高学生素质。创业教育为学生和经验丰富的商人都提供学习与交流的平台。北京的清华大学是首个举办学生创业大赛的大学，而后该竞赛变成中国同类竞赛中规模最大的一个。1998年以来，该竞赛已引起众多大学生和当地企业的兴趣。这一阶段的主要目标是聚拢学生并鼓励他们创业，或经营自己的研发（R&D）项目。

创业大赛作为中国大学创业教育的有效手段，与旧教育体制中坐听教授的方式相比，更是一种获得实用知识的新路径。学生通常对这种新式教学抱有极大热情。上海的复旦大学一项调查显示，在500名回答问卷的学生中，有65%认为通过运营他们自己的公司可以学到很多。[②]由于新教育方式广受好评，全国范围内的大学毕业生商业计划大赛于2000年开始举行。全中国共有244个大学参与，提交542个商业计划书，[③]6位成功入围的决赛选手赢得来自大公司和风险投资家超过7000万美元的风险投资。

随着对创业教育中新风险投资模式需求的增长，教育部决定在中国选取十所大学作为试点以鼓励本科阶段的创业教育。所选大学包括清华大学、上海交通大学、中国人民大学、北京航空航天大学、黑龙江大学、南京大

① 参见李（Li，2002）。

② 来源：上海促进大学毕业生就业协会。

③ 来源：教育部。

学、南京财经大学、武汉大学、西安交通大学和西北工业大学。试点计划被视为中国高等教育系统根本性改革的象征和标志，改革的目的是将创业技能引入个体求职和创建企业能力的概念。渐渐地，创业教育被学生和大学视为能力和技能提高过程不可或缺的一部分。比如，中国人民大学将发展个人素质的方式作为其创业教育模型；北京航空航天大学将创业教育作为培养企业风险投资能力的方式；上海交通大学选择提高意识和培养技能的方式。

在试点高校中，上海交通大学已经在 150 多年中逐步建立起科学与技术学科方面的优势。基于其明显的竞争优势，上海交通大学通过以下方式引进创业教育：教授如何写出专业的商业计划、融资和开展研发项目以及通过商业化研发成果提升自我创业意识并把自我创业当作未来选择之一。上海交通大学还组织学生创业大赛、设立创新基金以支持学生的企业风险投资活动。

同时，该校为本科学生开展三学分的“创业和创新”课程，该课程在中国教育体制中极富创业精神。课程持续 20 周。学生小组暂时组成公司在安泰经济与管理学院 30 多位教授的监督下以撰写商业计划书的方式开始课程。著名创业者、顾问和教授选取个别话题开展讲座并参与到各种论坛以分享他们的真实创业故事。每年有 800 多位本科生参与此课程。两个小组的商业计划共获得了 60 万人民币（约 6 万欧元）的资金支持，他们将以此作为一期投资开始创业。

鉴于试点开展得非常成功，创业教育有希望被正式推出并得到更广泛的宣传。2006 年以来，中共中央组织部、中共中央宣传部、教育部与其他 14 个中央部门联合出台政策，要求地方政府给自主创业的毕业生提供各种支持。优惠政策包括提供小额贷款、减税、免税、特殊金融支持、开展创业服务和创业教育等。上海作为中国最大的经济中心，拥有 60 多所公立和私立的学院和大学，引领着中国创业教育的推广。2006 年以来，上海市政府每年拨款人民币 1 亿元（10 万欧元）用于设立上海市大学生科技创业基金以支持学生创业，2007 年，在基金（上海高校毕业生就业促进会）的帮助下大学生成立了 132 家创业公司。

越来越多的学生得到优惠政策和金融支持的鼓励，带着持续高涨的热情参与到创业教育之中。

（三）中国国际创业教育的挑战

国际创业教育作为创业教育的一部分旨在提高学生的创造能力，使他们更善于在国际环境中识别商机。与发达经济体的创业教育相比，中国国际创业教育正面临来自内部与外部的双重挑战。

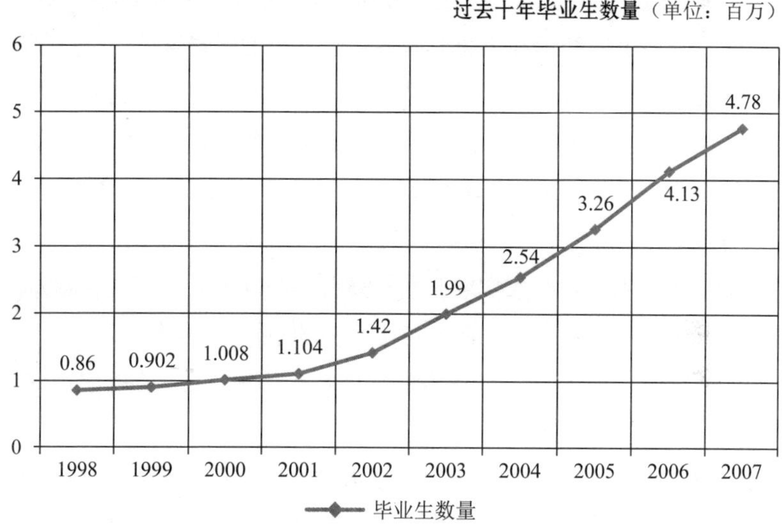

来源：中华人民共和国教育部。

图 14-2　1998—2007 年中国不断增长的高校毕业生数量

1. 内部挑战：就业压力

大学的迅速扩张增加了毕业生数量。每年有 1000 万毕业生进入劳动力市场寻求就业岗位。[①] 结果是，一方面市场上时刻存在训练有素的人力资源，形成有利环境，这种环境可保持国家经济的快速增长；然而，另一方面大量毕业生注入就业市场也会造成很多压力和社会问题。2003 年以来，

① 见本页图 14-2。

毕业生在热门职业领域的竞争开始变得激烈。

2004 年，280 万学生从高等院校毕业，其中 73% 的学生未能于当年找到工作。2005 年，毕业生数量增长 21%，为劳动力市场输送 340 万新毕业生。2006 年，413 万学生从大学和学院毕业，其中 30% 的学生于当年没找到工作。2007 年，120 万学生毕业后没找到工作，同年又有 495 万学生将于 2007 年毕业，所以 2007 年共有 600 万学生进入劳动力市场寻找工作。进入劳动力市场的毕业生数量不断增加不仅对解决数量庞大的未就业和失业人群是巨大挑战，对吸收新人进入劳动力市场也是巨大挑战。

因此，现在个体经营和小企业的宣传已被提上国家议程，以期创造其他就业渠道。一项调查显示，中小企业已成为毕业生的主要就业渠道，过半毕业生就职于中小企业和私营企业。[①] 自 2005 年 3 月以来，国家发展和改革委员会（National Development and Reform Commission，NDRC）和教育部联合为大学毕业生举办网络招聘会，帮助他们在中小企业寻找工作，同时也希望毕业生可以在大学毕业前提高自己的技术能力和管理能力，学生一旦毕业便可立即运用这些能力贡献于中小企业的商业发展。

2. 外部挑战：随着新兴经济体中中小企业进军发达经济体走向世界，市场上出现了学习创业能力的需求

过去 30 年间，位于浙江、江苏、上海、安徽及其他东部沿海省份和地区的私营企业和中小企业飞速发展。越来越多的公司通过进出口、原始设备制造（Original Equipment Manufacturing，OEM）等形式加入国际商业之中。一些公司甚至试图在欧洲或美国成立海外代表处、分公司或工厂以宣传自己的品牌。就对外直接投资来说，这些组织对中国商业的重要性日益增强。因此，明确中国中小企业发展国际市场的方式对中国未来至关重要。除提供充足的资金和政策支持以外，人口素质绝对也是核心问题。中国必须对国际创业教育制定策略。由于中国商业是通过建立国内市场来探索外部商业机会，所以我们发现国际发展需求巨大而有国际运营经验的相关人

① 来源：教育部。

才极其稀少，二者之间存在较大差距。吸收商业知识和技能、识别机会和从新兴经济体到发达经济体创造商业组织的创业能力，在很大程度上依赖于有效的教育体制。

中国教育机构不仅在国际创业理论发展方面很薄弱，在科学地设计课程以帮助学生在国际创业教育中习得显性知识和隐性知识方面也很欠缺。马丁·卡诺伊（Martin Carnoy）[①]指出，全球化是以思潮形式走入教育行业，对教育产生的影响主要来自于金融主导的自由市场理念而不是明确的教育提升观念。虽然中国尝试通过创业大赛和试点计划的方式推进创业教育，但这些方式与系统的教育设计相差甚远。在这些教育活动中，教育体制对国家经济增长的重要性并没有完全体现。创业教育亟待转变角色以适应中国社会经济环境快速改变的需要。

三、为适应中国中小企业从新兴经济体进军发达经济体需要的国际创业课程设计

与不断增长的国际创业能力形成鲜明反差的是，现有的创业课程远没有满足维持中小企业的可持续发展需要。有关国际创业的课程少之又少。即便有些大学开设了相关课程，其内容也仅包括国际商务、国际贸易和国际金融等知识，而且课上教授的通常是从发达经济体到新兴经济体的国际扩张理论和案例，然而在新兴市场做生意与在发达经济体市场做生意显著不同。

此外，中国行政管理教育偶尔会加入一些创业课程，主要聚焦于在两国市场进行企业风险投资的技能和知识。比如，上海交通大学工商管理硕士（MBA）和高级工商管理硕士（EMBA）的创业课程由教授、经济学家和企业家的讲座组成，并不算学分。在中欧管理学院（China Europe International Business School，CEIBS），国内经济学家和海外教授每个学年会为高级工商管理硕士专业组织为期两天的创业选修课，课上使用百森商学院（Babson College）开发的商业模拟软件。越来越多的教育机构意识

① 参见马丁·卡诺伊（Martin Carnoy，2000）。

到，缺少创业教育的管理，教育可能会瓦解，但这些机构并没有在中国学位教育系统里设立创业教育课程。

一般来说，中国创业教育既没有被并入课程也不属于任何一个明晰的框架体系。创业课程的开展通常是个别机构的孤立行为。创业多被视为单独的学科或被视为课外活动。[①]

新兴经济体公司在发达经济体新市场中开展有竞争力的国际创业活动并非易事。中国中小企业需要提升转化在新兴经济体市场上发展出的现有能力的水平，在新兴经济体和发达经济体两方同时进行能力体系管理和探寻商机，以与两个地区的对手竞争。能力的转化和形成反过来要求公司长期致力于积累相关知识和具有“从做中学”（Learn from doing）的能力。因此，科学的课程设计应该关注三种要素（组织设计、隐性知识管理和显性知识转移），并创造性地找到将这些不同种类知识转化给学生的高效教学手段。

（一）组织设计

公司从高增长的商业环境换到增速缓慢的商业环境，其组织形式会有所不同。因此，中国公司如何成功或不成功地调整组织结构以适应外部市场信息并有效地利用信息改变操作流程的相关案例都是非常宝贵的资料。具体案例包括：公司利用现有组织结构发展欧洲和（或）美国市场；公司改变现有组织结构以适应当地市场；以及公司采取新的组织结构以应对新环境的挑战。通过对比可以把每种结构的优缺点教给学生，引导学生讨论公司从高增长的商业环境换到增速缓慢且不熟悉的复杂市场时应如何设计组织结构。

（二）隐性知识管理

知识可被分为隐性知识和显性知识。跟之前我们提到的公司层面的知识相似的是，隐性知识是一种无法在创业教育中被直接教授的知识，所以在这部分教育中设计者应给学生提供一个实践平台，与创业者互动、在真实的商业环境中实习、模拟、撰写和实施商业计划以及参与试点项目，可

① 参见李等（Li *et al.*，2003）。

以让他们有机会启动解码过程。通过这些活动，学生可以学到基本假设、隐性行为和“游戏规则”，获得这种知识并学习如何高效地将它们运用到新环境中，将使学生更容易理解如何在不同的市场里设计一个组织并吸收显性知识。

（三）显性知识传递

显性知识是指知识当中可被教授或传递的那个部分。一方面，我们要保证课程的教学质量；另一方面，由于这种知识对所有参与项目的人或没有参与项目的创业者和管理者来说都是显性的，所以课程不应该只是聚焦于内容，还应关注知识如何组织的问题，也就是说，如何获取知识并将它用于商业很重要。所以，在课程的这个部分中，不断提供真实的商业案例和模拟对训练学生找到相关知识并组织所学以迅速且成功地应对市场环境来说至关重要。

总之，基于对中国创业教育市场的分析和已提出的理论框架，我们尝试性和“创业性”地提出有关如何在中国战略性地设计国际创业课程的几点建议。我们更愿意把这个课程设计视为谦虚的建议而不是非常科学的计划，文中谈到的几点内容就是希望为将来这方面的研究开个头。

四、讨论和结论

中国国际创业研究和教育是个非常有意思的话题。不仅是因为这个学术领域相对来说比较新，还因为那些关于在迅速发展的商业环境中起步的公司如何在一个增速缓慢且不熟悉的环境中进行市场开拓的研究可以极大地推动这一学术领域的发展。随着越来越多的新兴国家，如中国、印度、巴西和俄罗斯在国际市场上发挥出非常重要的作用，明确这一点对管理和学术都非常有意义：成长于这些发展迅速的国家的公司如何在发展相对缓慢的发达国家探寻商机并保持竞争优势。对中国来说更是如此。中国公司如何进入欧洲市场并获得竞争优势、国际创业教育现状怎样以及如何进行研究并开展课程来维持中国国际创业活动和教育，对中国经济来说都极其重要。

在本章当中，我们通过回顾国际创业文献开启话题。我们发现越来越多的学者将研究集中在从发达经济体到新兴经济体的国际创业研究上，但另一个方向，即从新兴经济体到发达经济体的国际创业研究却很少有人关注。此外，当公司适应一个发展相对较慢的商业环境时通常会进行定期整顿（本质上是间断平衡）。当行业环境变得动荡或发展迅速时形成动态能力、不断做出改变及增强吸收能力可让公司获得可持续的竞争力优势。然而对那些成长于发展迅速的环境而后在增速缓慢的商业环境中发展业务的公司却缺乏调查研究。研究这一领域无疑将完善现有的知识系统，有助于勾画出研究的整体状况。不仅如此，根据这一领域特点，我们提出一个理论框架。我们认为公司应在新环境中注重发展三种能力（知识搜索机制与破坏性重构、公司能力体系管理和高效制度化）。从发展迅速的新兴经济体转换到增速缓慢的发达经济体的国际创业需要经历革命性发展而不是渐进性发展，这就要求公司在新环境中培养新能力。

在中国，创业教育的其他学术领域相对更新。随着国内市场涌现出越来越多的公司，整个创业教育体系似乎无法在维持这些公司发展中发挥很大作用。对创业教育的需求巨大，然而各个项目中教授的课程内容陈旧，无法满足管理实践的要求。此外，大多数的理论和案例都是关于西方公司如何发展国内市场或进军其他发达经济体或新兴经济体国家。很多学生质疑这些内容，询问这些教育对他们未来的商业实践是否真的有价值或有帮助。国际创业教育在这一领域中很少见。很少有中国公司凭借创业精神进军那些增速缓慢的发达国家，也很少有学者真正关注这一学术领域，所以分享知识就更加困难。

我们提出理论框架来指导和研究国际创业课程设计。这一领域的学生不应只关注如何学习知识搜索机制与破坏性重构、公司能力体系管理和高效制度化能力发展，还需理解获取隐性知识、利用显性知识去高效地形成公司竞争优势和制定合适的公司组织结构的方法。国际创业课程本身是一种实验。学习课程设计的基本假设可帮助学生在参与中获益。

本章做出以下三项贡献。第一，我们揭示了一个欠开发的学术领域，即从发展迅速的新兴经济体到增速缓慢的发达经济体的国际创业。我们对公司如何从发展迅速的新兴经济体成长而后在增速缓慢的发达经济体获得可持续的竞争优势进行研究，以补充现有的文献缺失，这也可能极大推进国际创业领域的发展。第二，我们强调在这种情况下的公司应在发达经济体中注重发展三种能力（知识搜索机制与破坏性重构、公司能力体系管理、高效制度化）。该理论框架可作为研究路线图填充学术空白，也可以指导国际创业教育的发展。第三，通过参考理论框架和对中国国际创业教育现状的实证研究，我们提出一个方案以说明中国创业教育体制应包括哪些方面以及相关教学材料或课程设计应如何贡献于管理实践。显然，这对中国国际创业教育课程的设计和改善非常重要。

参考文献

Aulakh, P., M. Kotabe and H. Teegen (2000), “Export strategies and performance of firms from emerging economies: evidence from Brazil, Chile, and Mexico”, *Academy of Management Journal*, 43, 342–361.

Bartlett, C. and S. Ghoshal (1989), *Managing Across Borders:The Translational Solution*. Boston, MA: Harvard Business School Press.

Brouthers, K.D. and L.E.Brouthers (2001), “Explaining the national distance paradox”, *Journal of International Business Studies*, 32, 177–189.

Brown, S.L. and K.M.Eisenhardt (1997), “The art of continuous change: linking complexity theory and time-paced evolution in relentlessly shifting organizations”, *Administrative Science Quarterly*, 42, 1–34.

Buckley, P.J., L.J.Clegg, A.R. Cross, X. Liu H. Voss and P. Zheng (2007), “The determinants of Chinese outward foreign direct investment”, *Journal of International Business Studies*, 38 (4), 499.

Cantwell, J. (1992), “The theory of technological competence and its application to international production”, in D. McFeteridge (ed.), *Foreign Investment, Technology and Economic Growth*, Calgary:University of Calgary Press, pp. 33–67.

Carnoy, M. (2000), *Sustaining the New Economy in the Information Age:Reflections on our Changing World*, University Park, PA:Pennsylvania State University Press.

Carter, S. and E. Collinson (1999), “Entrepreneurial education: alumni perception of the role of higher education institutions”, *Journal of Small Business and Enterprise Development*, 6 (3), 229–239.

Chang, S.and J.Hong (2000), “Economic performance of group-affiliated companies in Korea: intragroup resources sharing and internal business transaction”, *Academy of Management Journal*, 43, 429–448.

Clarke, T. (1999), “Economic growth, institutional development and personal freedom: the educational needs of China”, *Education + Training*, 41 (6/7), 336–343.

Cohen, W. and D.A.Levinthal (1990), “Absorptive capacity: a new perspective on learning and participation”, *Administrative Science Quarterly*, 35, 128–152.

Dawar, N. and T. Frost (1999), “Competing with giants: survival strategies for local companies in emerging markets”, *Harvard Business Review*, March–April, 119–129.

Delios, A. and W. Henisz (2000), “Japanese firms’ investment strategies in emerging economies”, *Academy of Management Journal*, 43, 305–323.

European Commission (2002), Education and Training for Entrepreneurship, Brussels:European Commission.Frost, T.S., J. Birkinshaw and P. Ensign (2002), “Centers of excellence in multinational corporations”, *Strategic Management Journal*, 23, 997–1018.

Galloway, L. and W. Brown (2002), “Entrepreneurship education at university: a driver in the creation of high growth firms?”, *Education + Training*, 44 (8/9), 398–405.

Gibb, A. and J. Li (2003), “Organising for enterprise in China: what can be learned from the Chinese micro, small and medium enterprise development experience?”, *Future*, 35, 403–421.

Hitt, M., M.T.Dacin, E. Levitas, J.-L. Arregle, and A. Borza (2000), “Partner selection in emerging and developed market contexts, resource-based and organizational learning perspectives”, *Academy of Management Journal*, 43, 449–467.

Hoskisson, R.E., L. Eden, C.M.Lau and M. Wright (2000), “Strategy in emerging economies", *Academy of Management Journal*, 43 (3), 249–267.

Hoskisson, R.E., H. Kim, R.E.White and L.Tihanyi (2004), "A framework for understanding international diversification by business groups from emerging economies", in M.A. Hitt and J.L.C.Cheng (eds), *Theories of the Multinational Enterprise:Diversity, Complexity, and Relevance*, Advances in International Management, vol. 16, Oxford:Elsevier/JAI Press, pp. 137–163.

Hu, Y.-S. (1995), "The international transferability of the firm's advantages", *California Management Review*, 37 (4), 73–88.

Ibrahim, A.B., and K. Soufani (2002), "Entrepreneurship education and training in Canada: a critical assessment", *Education + Training*, 44 (8/9), 421–430.

Isobe, T., S. Makino and D.B.Montgomery (2000), "Resource commitment, entry timing, and market performance of foreign direct investments in emerging economies: the case of Japanese international joint ventures in China", *Academy of Management Journal*, 43, 468–484.

Keister, L. (1998), "Social ties and the formation of Chinese business groups", *Sociological Analysis*, 1 (2), 99–117.

Klofsten, M. (2000), "Training entrepreneurship at universities: a Swedish case", *Journal of European Industrial Training*, 24 (6), 337–344.

Kogut, B. and H. Singh (1988), "The effect of national culture on the choice of entry mode", *Journal of International Business Studies*, 19 (3), 411–432.

Kolvereid,L.and Ø.Moen (1997), "Entrepreneurship among business graduates: does a major in entrepreneurship make a difference?", *Journal of European Industrial Training*, 21 (4), 154–160.

Kuwada, K. (1998), "Strategic learning: the continuous side of discontinuous strategic change", *Organization Science*, 6, 719–736.

Lee, C. and P. Beamish (1995), "The characteristics and performance of Korean joint ventures in LDCs", *Journal of International Business Studies*, 26, 637–654.

Li, J. (2002), *Financing China's Rural Enterprises*, London and New York:

RoutledgeCurzon.

Li, J., Y.L.Zhang and H. Matlay (2003), "Entrepreneurship in China", *Education + Training*, 45 (8/9), 495–505.

Luo, Y. and M. Peng (1999), "Learning to compete in a transitional economy: experience, environment and performance", *Journal of International Business Studies*, 30, 269–295.

May, R.C., W.H.Stewart Jr and R.Sweo (2000), "Environment scanning behaviour in a transnational economy: evidence from Russia", *Academy of Management Journal*, 45 (3), 403–427.

McDougall, P.P. and B.M.Oviatt (2000), "International entrepreneurship:The intersection of two research paths", *Academy of Management Journal*, 43 (5), 909–924.

Oviatt, B.M. and P.P.McDougall (1994), "Toward a theory of international new ventures", *Journal of International Business Studies*, 25 (1), 45–64.

Pananond, P. and C.P.Zeithaml (1998), "The international expansion process of MNEs from developing countries: a case study of Thailand's CP Group", *Asia Pacific Journal of Management*, 15, 163–184.

Sapienza H.J., E. Autio, G. George and S.A. Zahra (2006), "A capabilities perspective on the effects of early internationalization on firm survival and growth", *Academy of Management Review*, 31 (4), 914–933.

Scott, W.R.(1995), *Institutions and Organizations*, Thousand Oaks, CA:Sage.

Shane, S.C.(1994), "The effect of national culture on the choice between licensing and direct foreign investment", *Strategic Management Journal*, 15, 627–642.

Teece, D. and G. Pisano (1994), "The dynamic capabilities firms: an introduction", *Industrial and Corporation Change*, 3, 537–555.

Tushman, M.L. and E. Romanelli (1985), "Organizational evolution:A metamorphosis model of convergence and reorientation", in L.L.Cummings and B.M.Staw (eds), *Research in Organizational Behavior*, vol. 7, Greenwich, CT:JAI Press, pp. 171–222.

Uhlenbruck, K. and J. De Castro (2000), "Foreign acquisitions in Central and Eastern

Europe: outcomes of privatization in transitional economies", *Academy of Management Journal*, 43, 381–402.

Wei, D. (2001), "The development of SMEs in the new century", in N. Chen (ed.), *SMEs in China:Development and Projection*, Beijing:Mingzhu he Jiangshe Publisher (in Chinese).

Wright, M., I. Filatotcher, R. Hoskisson and M. Peng (2005), "Strategy research in emerging economies: challenging the conventional wisdom", *Journal of Management Studies*, 1, 1–33.

Yamakawa, Y., M.W.Peng and D.L.Deeds (2008), "What drives new ventures to internationalize from emerging to developed economies?", *Entrepreneurship Theory and Practice*, 32, 59–82.

Yiu, D., R.E.Hoskisson and Y. Lu (2004), "Corporate entrepreneurial intensity of Chinese firms: institutional effects of business groups' social capital and control mechanisms and government legacy and policy", *working paper*, Chinese University of Hong Kong.

Zhou, K.Z., D.K.Tse and J.J.Li (2006), "Organizational changes in emerging economies: drivers and consequences", *Journal of International Business Studies*, 37, 248–263.

第十五章　爱尔兰创业教育：环境、机遇与挑战

托马斯·贾若万、内奥米·博斯泰尔、巴拉·Ó. 西奈德和克里斯·柯雷特（Thomas Garavan，Naomi Birdthistle，Barra Ó Cinnéide and Chris Collet）

创业是经济发展的核心和就业、创新、产品、服务质量、竞争及经济弹性的主要来源。2007 年全球创业观察报告（GEM）将创业描述为“一种呈上升态势的全球现象”，[①] 21 世纪这一代人被称为“创业的一代”，是自工业革命以来最具创业精神的一代。[②] 这方面爱尔兰亦是如此。全球创业观察报告指出，爱尔兰 8.2% 的成年人属于初期创业者，9% 的成年人属于存续 42 个月以上的创业企业所有者。2007 年，大约 30.6 万人涉足初期创业活动。[③]2006 年全球创业观察年度报告显示，爱尔兰的初期创业在 22 个经合组织（OECD）成员国中位列第七，其总体创业活动在欧盟成员国中位列第三。[④] 尽管许多报告认为爱尔兰的中等和高等教育并未有助于学生创业精神和技能的发展，但爱尔兰创业活动依然态势强劲。

创业教育是社会变革的重要因素。并非每个人都会成为创业者，但社会的全部成员都需要富有创业精神。爱芮德（Iredale）也认同这一观点：

---

① 参见雷诺兹等（Reynolds *et al.*，2004）。

② 参见库拉特科（Kuratko，2005）。

③ 参见菲茨西蒙斯和奥戈曼（Fitzsimons and O’Gorman，2008）。

④ 参见菲茨西蒙斯和奥戈曼（Fitzsimons and O’Gorman，2007）。

“并非每个人都会成为创业者，但每个人都能有创业精神。”[①] 爱尔兰有众多高校创业教育项目，但其中多数是最近十年才开始实施的。设计这些项目是为了实现以下重要目标：强化创业活动及思维方式；建立自信、自我效能感和领导力；增强创造力、创新能力；培养“走出思维定势”去解决问题的能力以及解决复杂问题和不可预测事件的技巧。

爱尔兰创业教育折射出爱尔兰独特的文化、社会、政治及制度历史背景，它诞生于复杂多样的环境，包含政治文化特征、企业文化、经济发展历程、国家的企业与创业政策，以及初中、高等教育机构（HEIs）的特征与结构。爱尔兰的中小学情况明显不容乐观，它们普遍缺少持续稳定地提高创业能力的方法。但其中也有极少数学校在以持续系统的方式教授创业方面取得了突出成绩。

十年间，高等教育中创业和企业方面的专门学位及研究生项目数量有所增长。非商业高等教育项目中包含的创业和企业专业模块数目也呈现递增趋势。贾若万等（Garavan *et al.*）指出，爱尔兰大学创业教育鼓励更多毕业生重视把握设立公司的机会。[②] 早在 1973 年，人们就认识到发展创业的需求。在爱尔兰创业的一项经典研究中，福格蒂（Fogarty）发现被试者对创业教育与培训的热情超过了基础教育。[③] 截至 2009 年，爱尔兰已拥有 14 个专门的研究生创业教育项目，这一数字在 1995 年是 3。研究生创业教育项目数量的激增也表明创业的某些方面是可教的。[④] 现有的各个创业教育项目在侧重点和教学方面都表现出差异，使用的术语包括“国际创业”“社会创业”“自主创业”“公司创建”“小企业管理”“就业能力”等。博斯泰尔（Birdthistle）建议爱尔兰高等教育项目应融合课堂教学、经验教学及咨询方法等。[⑤] 这种多样性可能源于教育机构所用措施、教育哲学及教学假设

---

① 参见爱芮德（Iredale，2002）。
② 参见贾若万等（Garavan *et al.*，1997a）。
③ 参见福格蒂（Fogarty，1973）。
④ 参见费尔德曼（Feldman，2001），马奥尼等（Mahoney *et al.*，2002）。
⑤ 参见博斯泰尔（Birdthistle，2008）。

的差异。[①]

本章对爱尔兰创业教育进行研究。爱尔兰创业体系可被称为一种合作体制，其中国家在制定企业与创业政策、影响创业教育项目设计与实现方面发挥着重要作用，这一作用的发挥通过各种拨款项目和政策法案来实现。环境至关重要，因为它有助于推动创业教育的发展进程。爱尔兰创业教育环境丰富多样并且可以有多种不同的理解，它有时作为创业教育的力量之源为创业教育提供帮助。特定历史事件和政策选择使创业教育意识不断增强。最后，环境为全面理解创业教育的发展和壮大提供了坚实基础。

本章着重探讨五个维度的环境问题。首先，我们研究爱尔兰创业行为的社会与文化环境以及其如何塑造对待创业与企业教育项目和模块内容的态度。其次，我们分析经济环境尤其是经济政策对创业活动的影响。再次，我们探讨国家政策环境，对国家政策、发展部门政策、创业者动机的角色及国家创业教育政策战略进行分析。第四，我们探究大学和高等教育的环境，其中包括教育机构在鼓励创业中担任的角色、研究和技术的商业化以及教育机构和企业之间的相互作用。最后，我们讨论高等教育的项目环境。这一点尤为重要，因为在中小学教育中鲜有正规的创业教育体系。这个层级的环境强调创业教育项目的教学和哲学特征、理论与实践的角色、学生倾向和能力问题以及在教授创业教育时的学习策略。此外还从毕业生就业能力和毕业生创业的角度讨论创业教育的产出。

一、爱尔兰的社会和文化环境

通过对爱尔兰创业教育的通盘理解可以看到，其创业教育手段深受爱尔兰社会大环境及其独特的文化和价值观的影响。有评论家指出，随着全球化现象的兴起，国家文化在解释创业方面的重要性有所减弱；[②]另外还有观点指出国家间的创业文化差异显著；[③]同时也有人强调一个国家内部的创

---

① 参见贾若万和 Ó. 西奈德（Garavan and Ó Cinnéide，1994），韦弗（Weaver，1999）。

② 参见斯蒂姆斯玛等（Steemsma *et al.*，2000）。

③ 参见卡尔和哈里斯（Carr and Harris，2004）。

业文化差异。然而这些差异对爱尔兰这样一个人口稀少、地域并不辽阔的国家的影响并不显著，社会文化价值观被认为是影响创业教育活动和创业教育本质的关键环境变量。

爱尔兰创业的社会与文化环境可追溯到爱尔兰大饥荒时期。发生于1845年至1849年间的马铃薯饥荒是爱尔兰历史和文化上的重大事件，爱尔兰花了相当长一段时间才得以重振旗鼓。有证据表明，直到20世纪最后20年，爱尔兰才完全复苏。在大饥荒的那些年，爱尔兰人口从800万减少到不足500万，有300万人饿死或移民到美国、加拿大、英国、澳大利亚和新西兰。在饥荒刚过去的年代中，盖尔语（Gaelic）仍是爱尔兰多数人使用的语言，后来英语的地位逐渐上升并广为接受。美裔爱尔兰人被当作西方美国人看待，这作为那次大移民的后果开始显现其突出影响，从20世纪60年代爱尔兰重新开放外商直接投资（FDI）的时候情况尤其如此。

1922年，爱尔兰岛南北分裂，《爱尔兰自治法案》（*Home Rule*）在南北两部分别实行。工业化的东北部地区仍归属于英国，使得爱尔兰出现两大派系，一派支持签署《英爱条约》（*Treaty*），使32个郡中的26个郡受制于《爱尔兰自治法案》；另一派则坚持除非将爱尔兰全部领土归还到爱尔兰人手中，否则将反对一切条约。两派之争最终引发激烈内战，迫使无数人手足相残。

1922年建立的新盖尔政府没有资格改变新成立的自治政府的政策导向，分裂造成爱尔兰工业最发达的东北部地区经济命脉被切断，然而爱尔兰共和国多年来并未意识到这一事实的严峻性。在新半自治地区多至半数的劳动力被用于发展农业，在接下来30年间，农业相关产业的就业率急剧下滑，然而，爱尔兰仍秉持从英国继承的放任政策。

20世纪三四十年代间爱尔兰对农业的依赖可以帮助理解其创业鲜明特征的根源——在乡村地区和农耕家庭，孩子小小年纪就随父母一起农作，他们亲历行业的沉浮。在农耕家庭常常会听说关于价格的讨论及收支平衡的必要性，他们对市场中牛羊价格的走向有切身体验，能将国家市场的成本和定价与他们当地村庄或城镇的价格进行比较。因此，他们作为农耕家庭的一分子创造了创业的沃土也就不足为奇了。事实上，农业背景的影响在许多当代爱尔兰创业者身上仍然清晰可见，比如肖恩·奎因（Seán Quinn）（Quinn Group，奎因集团）、马丁·诺顿（Martin Naughton）（Glen Dimplex，格伦·汀普莱斯集团）、飞利浦·林奇（Philip Lynch）（IAWS，国际木材科学学会）、丹尼斯·布鲁斯南（Denis Brosnan）（Kerry Group，凯瑞集团）、布莱恩·麦卡锡（Brian McCarthy）（Fexco，菲斯科公司）和拉里·固德曼（Larry Goodman）（beef industry magnate，牛肉产业巨头）。

在理解创业精神方面，爱尔兰历史和文化的另一个方面并不总是得到承认，这与宗教机构的作用有关。19 世纪末和 20 世纪初在人们越来越把创业者和有钱人（通常是男性）视为等同的时候，由于宗教在爱尔兰社会中扮演着重要角色，修会产生了至关重要的影响。爱尔兰家庭中，父母为家里有牧师或修女深感自豪。由于大饥荒后爱尔兰的突出特点是人们生活贫困，居住环境艰苦，修会就显得尤为重要。大多数知名修会都建立于 19 世纪的爱尔兰，包括施善修女会（the Sisters of Charity）、洛雷托修女会（Loretto Sisters）、慈善修女会（Sisters of Mercy）以及爱尔兰基督教兄弟会（Irish Christian Brothers）。乐迪（Luddy）强调，天主教修女在建立学校、养老院、工业技术学校、孤儿院及创立企业方面发挥着主要作用。[①]1890 年，圣母玛利亚供奉修女会（Presentation Sisters）在约尔（Youghal）经营的纺织学校雇佣 120 个女孩；1891 年，玛丽·艾格尼丝·莫拉格·伯纳德修女（Sister Mary Agnes Moragh-Bernard）在福克斯福德（Foxford）建立了纺织厂，直到 1988 年该厂还属于私人经营。

20 世纪末期出现的许多爱尔兰宗教创业者都来自于农村地区。在 20 世纪 80 年代，詹姆斯·霍兰阁下（Monsignor James Horan，1911—1985）于 1982 年建立了诺克（Knock）机场。人们认为他是个想在沼泽中建机场的“疯子”，但他仍坚持己见，最终于 1985 年实现了首次飞行，2009 年该机场的客流量已接近 100 万。

① 参见乐迪（Luddy，1995）。

另外还有一些宗教创业者，如建立“赛芬价值主导社会改造中心”（Centre for Values-led Change）的哈利·博安（Harry Bohan）及在都柏林为无家可归的青少年建宿舍的皮特·麦克弗里（Peter McVerry）。1985 年，为给无家可归的人提供住处、饮食、建议和支持，斯坦尼斯劳斯·肯尼迪修女（Stanislaus Kenned）创建“聚焦爱尔兰”（Focus Ireland）；1996 年，玛格达莱妮·福格蒂修女（Magdalene Fogarty）成立社会投资基金“柯南信条”（Clann Credo），促进社会创业企业的创建。

所谓的“经济奇迹”也就是众所周知的“凯尔特之虎”（Celtic Tiger）经历了相当长的酝酿期。它是由多种因素共同作用的结果，包括社会和政治事件、农村创业和宗教机构的影响、意志力、国家主义与运气。因此，爱尔兰社会中创业的地位不是奇迹，而是一个年轻独立的民族受制于几百年政治控制后找到自己道路的结果。

菲茨西蒙斯等（Fitzsimons *et al.*）认为创业在爱尔兰极为普遍。[①]“凯尔特之虎”的出现使人们把创业者看作“本土英雄”。[②]历史上情况远非如此，卡蒂和厄佛仙（Cuddy and Evertsen）认为爱尔兰人习惯将失败视为无能的表现，爱尔兰文化的特点是保守而反对冒险。[③]赫里斯和 Ó. 西奈德发现，在 20 世纪 80 年代爱尔兰缺失对创业的尊重。[④]传统观念以消极观点看待创业成功。[⑤]在传统上，爱尔兰文化认为人们在面对成功时很难保持冷静，成功往往招致嫉妒和怨恨，现在这些消极态度已有所减弱。2008 年全球创业观察年度报告显示，同其他很多包括美国在内的发达国家相比，当前创业在爱尔兰社会上的地位更高。[⑥]

爱尔兰关于创业的社会价值观也有所转变，过去 20 年间和创业者相关联的英雄概念在某些方面发生了变化。历史上人们关注个人成就，而蕙兰

---

① 参见菲茨西蒙斯等（Fitzsimons *et al.*，2004）。
② 参见古德巴迪（Goodbody，2002）。
③ 参见卡蒂和厄佛仙（Cuddy and Evertsen，2004）。
④ 参见赫里斯和 Ó. 西奈德（Hisrich and Ó Cinnéide，1986）。
⑤ 参见阿德（Ardagh，1997），德菲利斯和里尔登（de Pillis and Reardon，2007）。
⑥ 参见菲茨西蒙斯和奥戈曼（Fitzsimons and O'Gorman，2008）。

和奥戈曼（Whelan and O'Gorman）发现，现在人们的团队意识越来越强，[①]更多人认为创业是个体创新行为的组合，需要同他人的合作才能实现商业目标。越来越多的人认为只要有决心且足够专注，创业就是任何人都可追求的事业。比如菲茨西蒙斯和奥戈曼（Fitzsimons and O'Gorman）发现，越来越多的人认为创业是一种高效的职业选择，成功的创业者广受尊重，媒体也经常报道成功创业者的事迹。[②]拜恩和布德拉利（Byrne and Bradley）发现，爱尔兰成功的创业者乐于改变，而不太成功的创业者则是高度“保守”的。[③]一般来说，爱尔兰管理者比创业者更保守。

在爱尔兰文化中，性别也对创业有着重要影响，决定成为创业者的女性明显比男性少很多。[④]男性更愿意去认识新近出现的创业者，也相信他们自身具备创业所需的才能和知识。那些相信自身具有创业必备能力的男性更可能成为初期创业者，女性则更易止步于“惧怕失败”的结果，自然是更不可能去创业。在企业创建方面，男性和女性之间的差别十分显著，但在教育成就方面，二者却极为相似。在创业过程中，男女的商业偏好不同。[⑤]2006 年和 2007 年全球创业观察年度报告显示，女性多任职于服务部门，而男性则通常创建制造业公司且多任职于制造和技术部门。

表 15–1 总结了与一般模式相比更有意思的爱尔兰文化、经济和社会环境特征。

霍夫斯塔德（Hofstede）对爱尔兰民族文化差异的研究强调，爱尔兰的民族文化特点在阐释爱尔兰创业行为方面至关重要。[⑥]在权力距离方面爱尔兰排名中游，该特点可解释创业行为上的变化。据米切尔等（Mitchell *et al.*）推测，大的权力距离对创业来说是消极特点，社会经济地位较低的

① 参见蕙兰和奥戈曼（Whelan and O'Gorman，2007）。

② 参见菲茨西蒙斯和奥戈曼（Fitzsimons and O'Gorman，2007）。

③ 参见拜恩和布德拉利（Byrne and Bradley，2007）。

④ 参见菲茨西蒙斯和奥戈曼（Fitzsimons and O'Gorman，2007）。

⑤ 参见菲茨西蒙斯和奥戈曼（Fitzsimons and O'Gorman，2007），奥戈曼和泰吉珊（O'Gorman and Terjesen，2006）。

⑥ 参见霍夫斯塔德（Hofstede，2001）。

个体认为只有精英才会从事创业活动，[①]他们认为富裕的个体有更多资源和经验。相比之下，阿迪克维利和盖斯·帕里什维利（Ardichvili and Gas Parishville）发现大的权力距离往往与更多的创业活动相联系。[②]对权力距离的研究表明爱尔兰应有更少的创业活动。

表 15-1　爱尔兰创业教育的特点：文化、经济和社会环境

特点	爱尔兰	一般模式
人口数量	多数年轻人加上少量其他人，年轻人对创业兴趣浓厚	有朝气、有活力、有创业的愿望
教育过程	1. 中小学学校系统不支持“为自己工作”的理念 2. 创业项目局限于高等教育领域 3. 在中等教育和高等教育中创业项目都比较零散 4. 目前正在追赶更发达的国家	1. 多种方法融合发展技术专长和创业 2. 各层级教育体系中均重视创业教育
社会政治环境	1. 受地理位置影响的强大文化环境，比如地方企业和修会 2. 创业者被视为英雄和重要的人 3. 强调个人主义和权力距离要适度的文化特质。过去男性文化比较突出但也正在改变 4. 不太回避不确定性 5. 自由政治思潮、现代民主 6. 强大的民主制度	1. 强大的自由政治体系，注重多样性，愿意承担风险 2. 强调高度个人主义的文化环境，低不确定性回避，大男子主义价值观更加支持创业 3. 大的权力距离可能促进创业 4. 政治体系强调民主
创业文化	1. 爱尔兰经济越来越突出知识基础 2. 涌现出强增长潜力的本土企业 3. 技术型公司出现 4. 商业环境的重大转变 5. 国家重点支持新创业实体的持续创造	1. 高度重视创业 2. 认为承担风险是好事 3. 大量的新企业创建 4. 教育系统重视提高创业能力 5. 设计多种政治举措来促进创业活动

---

① 参见米切尔等（Mitchell *et al.*，2000）。

② 参见阿迪克维利和盖斯·帕里什维利（Ardichvili and Gas Parishville，2003）。

续表

特点	爱尔兰	一般模式
家庭支持与积蓄	1. 家庭一般都支持创业 2. 许多家庭仍然注重工作稳定性 3. 母亲在职业与教育决策中发挥主要影响 4. 不强调储蓄，不过传统上并非如此，偶尔以家庭资助作为新创企业资金来源	1. 全方位的家庭支持 2. 创业者在家庭中颇受重视 3. 父母双方都为个体职业发展提供支持 4. 十分重视积蓄，很容易得到存款的支持
资金可获得性	获得商业信贷的可能性有限，政府出台一些措施以增加向小企业的信贷支持	1. 对小企业的特殊资助模式 2. 银行系统愿意借钱给小企业和新创企业
行业 / 企业结构	1. 小微企业和中小企业比重大，跨国企业（MNC）多 2. 过去十年间爱尔兰跨国企业不断涌现 3. 服务企业数量多	1. 高度重视私营企业 2. 本土企业与跨国企业保持良好平衡
劳资关系体系	1. 重视社会伙伴关系 2. 包括工会、政府和雇主的社会伙伴管控着劳资关系（IR）体系，社会伙伴关系面临威胁与挑战	1. 共识的雇佣关系管理方式 2. 对雇佣关系的关键领域进行法律约束
总体商业环境	1. 越来越利于创业 2. 未来发展越来越降低对跨国合作的依赖 3. 主要受欧盟的影响	1. 高度重视竞争力与全球化 2. 自然比较优势和竞争优势的融合

爱尔兰在个人主义文化特质方面排名靠前，这和英国与加拿大情况类似。个体创业活动与个人主义文化密切相关，而团队创业则与集体主义文化关系密切。① 这表明爱尔兰有着更大的个人行动自由度和更高的自主性与成就动机。戴维森和韦克伦德（Davidson and Wiklund）认为个人主义文化更可能鼓励创业，因为个体会表现出更多自信、进取精神和勇气。② 在男权主义文化背景下，教育引导人们推崇强势和独立的英雄人物。③ 男权

① 参见吉森（Tiessen，1997）。

② 参见戴维森和韦克伦德（Davidson and Wiklund，1997）。

③ 参见斯蒂姆斯玛等（Steemsma *et al.*，2000）。

主义文化还鼓励人们自信和接受失败。阿迪克维利和盖斯·帕里什维利（Ardichvili and Gas Parishville）发现在程度适中的男权主义社会中创业行为更为常见。[①] 爱尔兰应在创业活动方面表现更为突出。

爱尔兰具有低不确定性特色。爱尔兰文化注重做事新方法的探索。创业者在信息不足的情况下有更强的决策能力。[②] 低不确定性回避文化中成长起来的创业者更可能去冒险并发掘商业环境中的可能机遇。全球研究发现了爱尔兰的一些解释创业行为的文化特质。[③] 爱尔兰是盎格鲁族群的一部分，这个族群的领导特性包括励志性、预见性、果断性、参与性、注重团队协作和绩效导向性等。

二、爱尔兰创业教育的经济环境

爱尔兰的经济转型之路漫长且艰难。奥戈曼和库尼（O'Gorman and Cooney）指出传统上爱尔兰的商业由涉农行业尤其是家族企业组成。[④] 斯皮兰等（Spillane *et al.*）认为两代以上的家族企业都是自 1922 年爱尔兰自由邦成立以来建立的。[⑤]1922 年之前爱尔兰还是大英帝国的一部分，于是大部分爱尔兰产品都出口到英国，因此该时期爱尔兰没有贸易和企业所有权的意识。爱尔兰自由邦出现后其经济政策开始对创业和企业产生影响。独立后的十年间自由贸易政策得以广泛实施。1932 年政府实行贸易保护主义并成为之后约 30 年经济政策的基调。贸易保护主义不利于创业和中小企业的诞生与发展。加尔文认为贸易保护主义导致了经济畸变且并未促进独立后创业活动的发生。[⑥] 实际上当时爱尔兰把外企视为英国对自己的控制，直到 20 世纪 60 年代爱尔兰才开始鼓励建立外企。20 世纪 60 年代后期，爱尔兰政府开始致力于促进外商直接投资并将其作为经济政策的核心内容。

---

① 参见阿迪克维利和盖斯·帕里什维利（Ardichvili and Gas Parishville，2003）。
② 参见布森尼兹和巴尼（Busenitz and Barney，1997）。
③ 参见布罗德贝克等（Brodbeck *et al.*，2000）。
④ 参见奥戈曼和库尼（O'Gorman and Cooney，2007）。
⑤ 参见斯皮兰等（Spillane *et al.*，2006）。
⑥ 参见加尔文（Garvin，2004）。

这种政策的转变使制造业在之后20多年里迅猛发展。外商直接投资水平的提高帮助爱尔兰从英国市场中独立出来。斯威尼（Sweeney）认为1994年爱尔兰工业发展局（Industrial Development Authority，IDA）的建立对将经济发展方式从农业转为工业发挥了重要作用。①

着重发展外商直接投资的负面影响主要是中小企业创建速度缓慢以及对本土企业关注度的提升。对创建企业感兴趣的人必须移民到国外才能获得帮助。②当爱尔兰政府意识到外商直接投资并不安全可靠的时候便开始改变政策立场。③20世纪80年代以来，爱尔兰政府日渐重视中小企业发展并将其作为经济政策的核心。1980年至2000年间爱尔兰的经济转型在世界上最为突出。截至2000年，爱尔兰经济维持了14年的持续增长。据伯纳姆（Burnham）报导，爱尔兰经济在1993年至2001年间的年增长率已达8%，从一个高负债且失业率高的国家转变为一个低负债且全民就业的经济体。④这种转变引发学者和政策制定者之间的讨论：这种经济增长何以产生？这似乎得益于很多因素的相互作用，包括经济政策、房地产市场发展及良好的国际经济环境。

人口统计因素在解释爱尔兰经济转型方面尤为重要。据伯纳姆统计，1990年至1995年间，人口因素占人均国民生产总值（GNP）增长的33%，而1995年至2000年间，人口因素占人均国民生产总值增长的50%。⑤该时期人口增长率位列发展中国家最高人口增长率行列。爱尔兰人口结构较为独特，20世纪六七十年代的高出生率产生了一批劳动适龄人口，而自20世纪80年代以来出生率的降低又导致了低抚养率。爱尔兰在20世纪90年代前经历了大规模移民，导致在经合组织其他国家面临人口老龄化问题时，爱尔兰此种状况并不严重。2000年以来，爱尔兰又发生了大批工人从东欧、非洲及其他发展中国家涌入的现象。

① 参见斯威尼（Sweeney，1999）。
② 参见商业2000（Business 2000，2000）。
③ 参见巴里（Barry，2004）。
④ 参见伯纳姆（Burnham，2003）。
⑤ 同上。

充足和优质的劳动力供应在爱尔兰国际贸易发展、出口量增加和就业水平的提高中发挥了重要作用。1990 年至 2000 年间劳动力就业率急剧上升且一直持续到 2007 年。据巴里（Barry）报道，2000 年人口就业率达 56.4%，失业率从 1986 年的 17% 降到 2001 年的 4% 以下。[①] 失业率降低的部分原因是企业创建和自主创业。2000 年至 2007 年间爱尔兰持续快速发展，特别是这一期间政府经济政策的重心在于将爱尔兰推向价值链的顶端并向知识型经济转变。

1990 年以来，爱尔兰小企业为国家和区域的经济发展做出了巨大贡献。小企业论坛（The Small Business Forum）表明，在 2005 年有近 25 万个小企业从事生产和服务活动，这些公司几乎占爱尔兰企业总量的 99%，贡献了 68% 的非公就业岗位。[②]1995 年至 2005 年，小企业就业率增加到 79%。2007 年以来的经济衰退使爱尔兰重视创业和发展本土公司以刺激经济发展。爱尔兰多数业主经理人接受过某种形式的高等教育，获得博士学位的女性创业者比男性创业者多。爱尔兰成年人口中业主经理人比重达到近 10.1%，高于英国（8.2%），与美国（10.3%）基本持平。爱尔兰早期创业活动（包括创业启动期和新创企业的创业者的创业活动），约占爱尔兰全部创业活动的 8%。大约有 25 万 18—64 岁的个体积极投身于创建新企业或在三四年前就已经建立了新企业。爱尔兰经济发展或所谓的“凯尔特之虎”促进了爱尔兰创业活动。

三、爱尔兰的企业和创业教育政策

为促进创业教育而设计的企业政策和专门政策法案多少有些各自为政。同样，企业和创业政策也不应该被孤立于广义的经济政策之外。[③] 在概念范畴方面，路德斯乔姆和史蒂文森（Lundström and Stevenson）建议创业政策应聚焦于创造有益于新创业者、企业创立和新公司早期发展的环境和支撑体

---

① 参见巴里（Barry，2004）。

② 参见小企业论坛（2006）。

③ 参见本书第 334 页表 15–2。

系。[①] 库尼和基德尼（Cooney and Kidney）认为爱尔兰在创业方面没有明确的国家政策，有的只是大体上侧重于外商直接投资的企业政策。[②]20 世纪 50 年代早期，爱尔兰企业政策主要关注地区发展。工业发展局（The Irish Industrial Development Authority）对指定区域和非指定区域进行区分，指定区域通常工业化程度低、人口少、更边缘化。当务之急是避免城乡差距且减少指定地区的跨国公司密度。企业政策法案会在关注地区发展与吸引外商直接投资之间寻求平衡。20 世纪八九十年代间，本土企业发展处于从属地位。1992 年卡利顿报告（the Culliton Report）批判了企业政策，建议爱尔兰政府重点发展工业。[③] 爱尔兰设立了一家对创业政策与发展负总责的国家机构——爱尔兰国家商贸、科技与创新咨询委员会[④]（Forfás），同时设立了负责爱尔兰本土企业的政府机构，即爱尔兰企业署（Enterprise Ireland）。1993 年政府建立了城乡企业管委会（City and Country Enterprise Boards，CEBs），这标志着政策转向微型企业的创建与发展以及对服务行业的突出关注。城乡企业管委会的创立导致决定权移交给了代表企业、党派、地方政府及社会合伙人利益的管委会。

表 15–2　爱尔兰企业政策的演变

20世纪30年代—50年代	20世纪60年代—80年代	20世纪80年代—21世纪
1932——大幅度增加多种进口商品的税收	1961——申请加入欧共体（EEC）	1986——工业发展法案为企业提供新法律框架
1932—1943——制造商操控法案，限制爱尔兰新工厂的外资拥有权	1963——在英国和欧共体的谈话瓦解后撤回欧共体申请	1987——金融服务法案设立国际金融服务中心（IFSC），该中心的合规活动收益在 2005 年前可享受 10% 的税率
1933——建立工业贷款公司组织为本地工业提供资助	1965——盎格鲁－爱尔兰自由贸易协定要求在十年内逐步淘汰多数英国商品关税	1987——在政府和社会伙伴间协定全国复苏项目

① 参见路德斯乔姆和史蒂文森（Lundström and Stevenson，2005）。
② 参见库尼和基德尼（Cooney and Kidney，2008）。
③ 参见奥马利（O'Malley，2003）。
④ 参见巴里（Barry，2004）。

续表

20世纪30年代—50年代	20世纪60年代—80年代	20世纪80年代—21世纪
1950——建立工业发展局来促进工业发展	1960——工业发展法案合并工业发展局和工业基金会	1987——认命首任国家科技部部长并颁布科技发展纲要
1953——建立工业基金会，给予国内欠发达地区公司100%的土地和建筑费用及50%的机器费用	1969——出口利润税减免持续至1990年	1989——第一个欧盟资助的工业运营项目启动
1956——工业拨款法案为全国各地的新行业提供多达三分之二的土地和建筑费用	1973——爱尔兰加入欧共体，所有从欧共体成员国进口的工业品关税取消五年	1992——发布卡利顿报告
1956——财政法案减免50%出口利润税。1958年财政法案增加出口税减免至100% 1960年财政法案将出口税减免延长20年，在后五年的经济发展中减免逐渐减少	1981——工业发展（二号）法案同意为国际贸易服务拨款 工业发展局建立国际服务项目	1993——商品、服务、资本和劳动力的单一市场在欧盟发挥作用 建立城乡企业管委会
1958——“迟早会进行保护，自由贸易的挑战会被接受”	1981——出口税收减免被制造部门10%利润的税收取代，但直到1990年仍对有资格的公司具有效力	1993——工业发展法案设立三个代理部门：爱尔兰工业发展局负责海外工业、爱尔兰企业局负责本土工业、国家商贸、科技与创新咨询委员会负责建议和协调
1958——减弱1932年和1934年的制造商操控法案，对工业外资拥有权的限制 1964年该法案被撤销	1982——镭驰工业政策回顾批判对国外工业的过度依赖。建议减少对外国公司的援助且重点创立强大的本土企业	1994——“小企业工作组”报告发布
1959——建立香农自由机场发展公司以促进香农地区工业发展	1984——工业政策白皮书建议更加注重发展本土工业	1998——与欧洲委员会达成协议，从2003年起征收12%标准税率的企业增值税 1998——工业发展法设立爱尔兰企业署，作为新发展机构以整合创业发展局 国家商贸、科技与创新政策咨询委员会、爱尔兰贸易委员会和就业局的某些活动促进本土工业发展

续表

20世纪30年代—50年代	20世纪60年代—80年代	20世纪80年代—21世纪
1959——建立香农自由机场发展公司以促进香农地区工业发展	1984——工业政策白皮书建议更加注重发展本土工业	1999——创立经济暨货币联盟与欧元，计划于2002年2月前将货币全部转换成欧元 2000——政府批准6.46亿欧元的技术展望基金并设立爱尔兰科学基金会对其进行管理 2000——创建“爱尔兰国际贸易局”以促进全岛贸易和企业发展 2004——发布企业战略集团“拐点前”报告 2005——创建“小企业论坛” 2006——“小企业论坛”发布报告“小企业大商机”

来源：改自企业贸易与就业部。[①]

《国家发展计划2007》（The 2007 National Development Plan）聚焦于知识经济的发展。爱尔兰《科技创新战略（2006—2013）》承诺投入18.8亿欧元研发基金。该研究主要致力于高等教育基础设施建设，尤其是科研成果转化。设立高等教育研究基金的这一政策转变发端于2000—2006年的国家发展计划中。成立于2001年的爱尔兰科学基金会（The Science Foundation Ireland，SFI）承担并支持在信息与通信技术和生物技术职业领域的战略研究。2001年至2007年间，爱尔兰科学基金会颁发了1600项奖项。1998年高等教育机构研究项目（Programme for Research in Third Level Institutions，PRTLI）设立，它在高教局的管理下聚焦于研究基础设施建设及顶级爱尔兰研究者的培养。据乔丹和奥利里（Jordan and O’Leary）估计，1997年至2006年间爱尔兰用于研发的总支出每年增长7.6%。[②]在爱尔兰国家科学基金中用于高等教育机构研究和发展的公共资金比例从1996年的

① 改自企业贸易与就业部（2003）。
② 参见乔丹和奥利里（Jordan and O’Leary，2007）。

占总消费的 20% 达到 2006 年的 26%。国家商贸、科技与创新咨询委员会指出，在国际范围内爱尔兰在研发方面的支出仍属落后。①

有关创业的全面国家政策的缺乏是爱尔兰主要的缺陷。商贸与就业部（The Department of Enterprise，Trade and Employment，DETE）目前负责国家创业政策的协调和制定。政府已经准备出台这一政策，其宏观目标将侧重于刺激创业潜能、强化创业教育体系、丰富爱尔兰创业文化。②汉利和奥戈曼（Hanley and O'Gorman）强调传统企业和创业政策注重对创业人才的储备，尤其是注重潜在创业者的数量和类型。另外影响创业技能和投入的政策也已经实行。2004 年至 2007 年的政策法案更注重发展那些希望成为创业者的个体的态度和价值观。《"拐点前"报告》（*Ahead of the Curve*）便反映政策对态度和价值观的重视。③该报告认为教育应满足社会、文化和经济需求，教育体系要足够灵活以适应经济与社会的变化并确保技能培养适应经济的高速运行。所强调的关键领域包括对高等教育创造专业知识和培养支撑知识经济的毕业生的需要；提升现有劳动力技能的措施；刺激劳动者提升技术水平以满足经济发展要求的更高教育水平。这些举措的总体目标是刺激本土经济的"企业或活力"。

众多国际报告和研究都对爱尔兰创业活动促进法案的出台表示不满意。尤其是全球创业观察爱尔兰报告（The GEM Irish Report）对爱尔兰在这一领域的表现进行了批评，强调有必要在社会的各个层面发起全国性的创业促进活动。④爱尔兰在创业政策监管和弱势群体扶持专项法案出台方面表现欠佳。政府政策和法案之间有所重叠。库尼和基德尼指出，爱尔兰采取的措施可说是在与社会嵌入性因素较力。⑤爱尔兰已经实施了一些协调研究者与企业关系的全国性法案，以提高研发方面的国家资助水平。

① 参见国家商贸、科技与创新咨询委员会（Forfás，2007）。
② 参见小企业论坛（Small Business Forum，2006）。
③ 参见企业战略集团（Enterprise Strategy Group，2004）。
④ 参见菲茨西蒙斯和奥戈曼（Fitzsimons and O'Gorman，2005）。
⑤ 参见库尼和基德尼（Cooney and Kidney，2008）。

四、爱尔兰创业教育的教育机构和项目环境

2000 年以来爱尔兰创业教育供应急剧增长，这一增长主要发生在高等教育系统中。创业教育在中小学教育中不是教育进程的一部分而是外在施加的附属品。在这个层次的教育中已经进行了发展学生创业性思维和行动的系统尝试，但是还没有创业教育项目被正式整合进中小学教育中来。一些高等教育机构已经开发出了创业专门项目或是把创业专门模块整合到其他学习项目之中。当前这些项目和模块的内容及教育哲学受大学和项目的背景影响。大学和高等教育环境突出强调的地方包括制度治理、领导力、[①]组织文化、策略和目的[②]以及研究成果和技术商业化的方法。[③]这种复杂环境用以说明如何在特定制度中理解创业，创业教育设计方法以及参与实施这些项目的人员类型。高等教育的主要环境因素之一在于机构和企业之间的关系，尤其是学生和企业之间的互动、支持学术创业的文化以及企业在设计这些项目时的角色。

20 世纪 90 年代以来，爱尔兰大学和高等教育机构开始为企业和创业做出卓越贡献。德菲欧伊特等（De Faoite *et al.*）称，传统上大学和技术学院在经济发展中的角色定位不清晰。[④]20 世纪 80 年代晚期人们才开始正视大学角色，1992 年才开始正视技术学院在经济发展中的角色。2007 年国家商贸、科技与创新咨询委员会的一份报告对技术学院的作用给予了肯定，但同时指出现在仍缺少总体性政策框架。全球创业观察报告也指出了类似的问题。[⑤]该报告发现在整个教育体系中都缺乏创业的相关内容，各个教育层级上都需要将创业视为职业选择的一种类型，高等教育机构需要集中关注创业文化的转变，整个教育体系要更加优先培育创造与创业。人们认识

---

① 参见索泰拉库（Sotirakou，2004）。

② 参见普尔和罗伯森（Poole and Robertson，2003）。

③ 参见埃兹科维茨（Etzkowitz，2003）。

④ 参见德菲欧伊特（De Faoite *et al.*，2003）。

⑤ 参见菲茨西蒙斯和奥戈曼（Fitzsimons and O'Gorman，2005）。

到，中等教育中的国家课程应有更明确的创业教育目标。[①]

问题是大学和技术学院能否具备创业精神。目前政策要求高等教育机构在创新中扮演主要角色，它们应该走创业之路并鼓励其他机构也这样做。乔丹和奥利里（Jordan and O'Leary）发现，与高等教育机构的互动越频繁，企业产品与生产过程的创新机率反而越低。[②]他们也发现高等教育机构的确具有间接的积极影响，这些积极影响来自于与供应商和配套机构互动产生的互补性。之所以会出现上述那种负相关现象，可能是因为向高等教育机构求助的企业并没有找到问题解决的方案。商业与学术在实践操作上的差异也会阻碍新产品和新工艺的商业发展。有人担心，如果大学和中高等教育机构基于治理、领导和管理来进行建设，他们将无法识别创业活动并对创业活动反应迟缓。爱尔兰在学术创业、商业战略及与商业界关系方面的讨论还远远不够。

爱尔兰企业与高等教育机构的关系时断时续。爱尔兰大学内部结构并未充分回应国家商业创新的需求。雅各布等（Jacob *et al.*）认为创业教育可用于改变制度文化、创造更多有利于催生商业化和学术创业的条件。[③]此外，教师队伍缺少创业经验，教师在高等教育机构和企业之间的流动问题尤其突出。[④]海因斯和理查德森（Hynes and Richardson）认为爱尔兰大学历来就重视学生而忽略创业者和小企业的业主经理人。[⑤]国家商贸、科技与创新咨询委员会发现爱尔兰高等教育与产业界的合作水平很低，促进二者开展合作的措施也不成功。[⑥]教育机构不足以提供小企业所需的应用研究能力。爱尔兰在技术转移，产品 / 工艺发展、研发，软件创新以及商业领域的金融、市场、日常管理和人力资源管理技能等方面缺口巨大。2008 年欧盟委员会的一项报告显示，爱尔兰禁止讲师参加校外商业活动，因此学

① 参见欧洲委员会（European Commission，2008）。
② 参见乔丹和奥利里（Jordan and O'Leary，2007）。
③ 参见雅各布等（Jacob *et al.*，2003）。
④ 参见欧盟委员会（European Commission，2008）。
⑤ 参见海因斯和理查德森（Hynes and Richardson，2007）。
⑥ 参见国家商贸、科技与创新咨询委员会（Forfás，2007）。

者没有在商业环境中工作的动力。高等教育机构难以将创业经历作为教授/教学岗位的评价指标。

爱尔兰的部分大学和技术学院开始采取一些措施促进学生与创业者的互动，包括网络辅导、学生咨询项目、实习和就业安置以及创设新企业创建环境。这些互动对学生、创业者和教育机构都大有裨益。学生是新企业创建环境的重要资源，这些举措有益于提高学生的创业意识，强化其体验性学习，对促进学生和创业者的观念改变都有帮助。① 爱尔兰高等教育机构所提供的创业教育对提高学生创业意识和观念有重要影响。博斯泰尔等发现让学生参与社会现实生活体验会增加学生选择创业的机会，有时还会促进学生做出创业行为或选择创业生涯。② 参与高等教育创业项目的学生对他们的技能更加自信。

在创业是否可教、理论与实际的作用、创业项目内容、商学院角色以及大学里创业学习的场所等方面，人们仍然争论不休。不同项目中教授创业的方法大不相同，但许多相对成功的项目一般都会综合运用多种方法，包括行为学习、模拟创业、技术模仿、创业实操、角色扮演录像、体验学习、指导与培训等。大部分创业模块都可在商业课程中找到。

表 15-3 列举了爱尔兰创业教育的特征。

表 15-3 总结：爱尔兰创业教育特征

问题	特点及举措
教什么	小学： 1. 对肯定每个孩子全部才华和抱负的关注不够 2. 更需要基于儿童天生好奇心的创造力培养和行动学习 3. 目前举措包括青年成就奖（Junior Achievement）、小学创业教育（Bí Gnóthach）和总统成就奖（Gaisce Awards） 中学： 1. 对经商和服务他人的乐趣以及同情与商务基础的关注有限 2. 教师对经商风险以及如何发展创业思维和行为并不是都很清楚 3. 爱尔兰中学创业教育主要是左脑教育，尤其对商学院学生来说更是这样

① 参见赫加蒂（Hegarty，2006），希尔等（Hill *et al.*，2003），海因斯（Hynes，1996）。

② 参见博斯泰尔等（Birtdhistle *et al.*，2009）。

续表

问题	特点及举措
教什么	4. 各个创业和企业项目采用的教学方法不一致 5. 有关企业的话题被包含在商业学习课程和毕业证书申请项目之中 6. 举措包括青年创业者计划（Young Entrepreneurs Scheme，YES）、青年爱尔兰创业项目、邂逅创业项目和学生创业奖 高等教育： 1. 大量计划和模块但高度分散、缺乏目标和方向 2. 十分重视理论和书本知识，缺乏行动学习、咨询和业务活动 3. 专门的创业项目和纳入通才计划中的企业与创业模块相结合 4. 鲜有跨学科或多学科方法来教授创业教育 5. 与职场、国际创业以及跨越国家、宗教与伦理界限的问题接触不足 6. 举措包括爱尔兰企业局学生企业奖、106 新闻频道奖和学会商业计划大赛
谁来提供创业项目	1. 主要由大学和技术学院提供 2. 目前有 18 个研究生项目和大量硕士项目 3. 高等教育机构中的 16 个创业 / 创新中心 4. 有企业和创业专门模块的本科生项目数量增长迅猛 5. 很少有证据显示高等教育创业和企业与中学相关项目合作 6. 鲜有证据表明有外部和社会力量来开设创业项目 7. 由单独的高等教育机构提供而不是由全国高校联合提供
谁来教	1. 爱尔兰教育对创业教师和教授重视不够 2. 创业学术界的研究和出版物水平低下，国际声誉也很有限 3. 高等教育机构的奖励体系无法充分肯定与商界存在互动的教师和学者 4. 很少有学者曾是创业者，很少有创业者对教学感兴趣 5. 对造就有效和理想的创业教师与学者的因素理解有限 6. 在项目执行过程中与创业者交流不足，创业者没有完全融入项目的设计阶段
怎么教	1. 十分重视传统教学法，较少注重实践性、以项目为基础以及多学科交叉的方法 2. 越来越多的创新项目综合运用多种教学方法，如模拟和游戏、互动团队—行为学习项目、实地考察、学生经营企业以及商业计划大赛等其他竞赛项目 3. 很多指导都在教室内进行，灵活授课方式受限，志愿顾问、导师和教练的使用有限 4. 使用一些数码工具，如电子游戏、模拟、动画、电影等，使用以技术为导向的“商业培训营”项目——碧兹训练营（Biz Camps） 5. 广泛使用有经验的创业者来评估商业计划书、提供点评并熟悉竞赛项目。在“龙穴”（Dragon’s Den）这类事件中，商业计划会通过一系列陈述的方式展示给一组商界人士以争取投资

当前实施的创业教育项目突出呈现出以下趋势：创业与管理内容严重重复；越来越重视公司创业和内创业的作用；创业项目集中关注创业风险、创业者类型以及创业成功的方法。相比之下，很少有项目关注创业伦理道德问题。企业融资和新企业创建问题是所有项目共同关注的主题，就像创业特质界定、早期创业风险、不确定性容忍、创意保护，以及包括谈判、领导力、新产品开发、创新思维和技术革新在内的综合技能一样。

商学院可能不是发展这些项目最合适的地点，因为创意和点子通常出现在科学、技术、信息技术及工程等领域。迄今鲜有迹象表明在面向全体学生的创业教育中以及由各商业学科学生组成的团队建设中运用跨学科方法。

参加创业教育项目的爱尔兰学生特点并不鲜明，其外部表现大多涉及学生的人格特征和人力资本特征。[①] 毕业生的人格特征倾向于与自我雇佣态度以及自主创业意向相关。创业意向也受可获得的帮扶影响。由于商业知识薄弱、风险评估能力弱，学生不太参与创业，性别、家庭创业经历、教育水平和年龄也是重要的影响因素。爱尔兰大多数创业者都是男性，年轻且来自于具有经商传统的家庭。趋于外向型的爱尔兰学生通常情绪稳定、富有创造力和想象力且头脑发达。

五、爱尔兰的创业教育成果有哪些?

爱尔兰创业教育形式多样，包括学术项目、创业培训以及个人或团体培训。创业教育的目的在于提高毕业生的就业能力以及促进新企业创建。

毕业生创业者需具备多项技能。经验丰富、动机强、专心致志的创业者同样可能遭遇失败。教育具备优化创业技能以确保创业者不会成为错误受害者的潜力决策。爱尔兰很多创业教育项目都强调社交能力，如社会适应能力、社会洞察力、印象管理以及说服和影响他人的能力。学生们还需要获取资金和人力资源的能力。爱尔兰在毕业生教育和培养毕业生创业者

① 参见弗莱明（Fleming，1996），洛（Low，2005）。

方面成绩斐然，其取得大学学历的年轻人比例位列欧盟（EU）前列，其中60%学习工程、科学和商业专业。高科技创业者并非来自创业或有商业传统的家庭。爱尔兰毕业生创业者确实获得父母资金支持。[①]技术水平高的创业者多是科学或工程硕士，也都是初次创业。因此他们都很年轻、已婚且获得配偶的支持。弗莱明（Fleming）发现爱尔兰毕业生创业者能抓住电子、软件和金融服务领域的商机，平均每人有九位雇员。[②]毕业生创业者多为男性并且28岁开始创业。他们的创业动机源于某个可行商机、找到合适商业伙伴以及可能获得重大经济回报。洛（Low）发现爱尔兰创建企业的毕业生都于自己创建企业前在其他企业工作过。[③]大学教育对自主创业和职业选择有重要影响，其他影响因素则包括父母榜样示范、工作热情和自我感知。

毕业生创业的新企业创建问题是一个颇有争议的话题。有迹象表明毕业创业会带来更多的新企业创建并且有更大可能性取得成功。特拉弗斯（Travers）发现爱尔兰创业者具备三个鲜明特征：能力、想象力和热情，这些特点都和个人成就相关。[④]爱尔兰创业毕业生具有强烈的创业意向，这就使得他们能将创建新企业的过程坚持到底。这种现象往往深深根植于社会文化，并受创业障碍的感知与真实存在的影响。创业教育可以有效影响个体的文化感知和文化态度，但在克服经济、法律和官僚障碍方面却收效甚微。

六、结论

爱尔兰商业教育者和政策制定者打破了“创业者乃先天生就而非后天练成”这一神话。由于爱尔兰的主要经济增长部分来源于新企业创建，创业是否可教这一问题已经过时。现在的问题应该是创业教什么、怎样组织

① 参见贾若万等（Garavan *et al.*，1997a，1997b）。
② 参见弗莱明（Fleming，1996）。
③ 参见洛（Low，2005）。
④ 参见特拉弗斯（Travers，2001）。

创业项目以保证创业人才的充分供给以及怎样促进创业思维的发展。

爱尔兰创业教育历史较短，这是由其复杂的文化、经济、政治和政策历史导致的。爱尔兰在独立以来的相当长一段时间内都注重外商直接投资而忽视小企业的创建。由于爱尔兰向知识经济转型，本土企业对国家财富的贡献越来越大。爱尔兰并未对其创业和创新政策进行明确界定，这两个争议领域被带入到其他的政策框架中，导致创业教育重点不明确、定义不清晰。

总体来说，爱尔兰的教育体系并没能实现培养创业者和学生创业思维的目标。中小学阶段迫切需要重新设计课程体系并把企业与创业课程整合进大的课程体系中来。爱尔兰高等教育机构因脱离现实、与商界接触不足而广受批评。迄今为止，高等教育机构对爱尔兰创新成果的获得并未产生足够的积极影响。

目前爱尔兰创业教育项目多数由高等教育机构提供，且多以结构化学术项目和创业融入商业与科技项目的形式出现。发展的典型路线是将创业作为商业教育的附加物——起初是作为选修课，然后作为本科生课程，最后成为研究生创业专门项目。由于传统上企业和创业包含在商学院内，所以“企业”这个主题不被包含在科技项目之中。这方面详细情况请参见下页表 15–1。

众多商业领域都需要创业技能。当下爱尔兰政策要求发展创业思维与知识经济和日趋全球化所需的技能。有效创新源于一个完整的要素系统。创新和创业源于科学与技术的学科交叉以及商科和人文学科提供的软性知识。许多创业项目就设在那些阻碍这种多学科交叉的高等教育机构里。爱尔兰许多高等教育机构有向内聚焦的传统，每个学科领域都有自己独特的文化和语言。当开始尝试与产业接触时这种效应的影响会被放大。爱尔兰高等教育机构在发展多学科研究和与外部互动方面具有广阔的前景。澳大利亚可以作为一个很好的范例。

爱尔兰创业教育采用单一而非多学科的教学方法，然而多学科路径对实现创新来说至关重要。应依据希望提高的具有环境依赖性的技能来对创业教育进行定义。创业教育中一般性方法很难奏效，除非将其置于包含文化、经济和政策环境的实证创业过程之中。创业教育必须开始兼顾和满足多种个体和组织的需求。创业环境的动态本质要求创业教学采取创新性和挑战性的方法。

表 15–1　向别国学习：澳大利亚的经验

澳大利亚生物技术行业在创新和创业方面享有盛誉。昆士兰科技大学（QUT）率先成功提供生物技术创新学士学位。这提供了可填补理论 / 应用科学与知识产权商业化之间缺口的毕业生，是一个独特之举。 本文一位作者在昆士兰科技大学开发了一个非常成功的本科生项目，毕业生可获得生物技术创新学士学位（BBI），同时该作者还明确认识到在研究生阶段提供同等“生物工程”方法和实践的必要性。昆士兰科技大学的创新学士学位模型已非常成功，主修该学位的毕业生比拥有科学 / 技术博士学位的专家和拥有工商管理硕士学位的高管更早获得行业的就业机会。显而易见，在全球范围内，有必要让毕业生跨越学科界限。在欧洲和全球范围内，各国政府非常重视教育部门采取创新手段来适应生物科技这类竞争激烈行业发展的需求。因此，我们应当重视澳大利亚政府取得的以下学术成就。 昆士兰科技大学生物技术创业硕士项目的特点包括以下独特方面： 1. 与海外大学和产业间建立并维持稳固的关系； 2. 以坚实的科学为基础； 3. 为科学 / 技术类的学生提供独特的“创业”体验； 4. 尤其注意满足中小企业需求。 过去十年间，通过创设“生物创业”文化 BBI 项目成功地为学生提供了产业“创业”体验。这个新计划中基于产业的项目的成功有赖于“产业聚焦”。产业合作伙伴会提名项目并给以公司为单位的学生团队提供指导。与基于科技的传统项目涉及严格监管不同的是，基于商务的产业项目围绕基于问题解决的学生学习活动来展开运行。这种方式为学生获取产业可能接受或适应的成果创造了机会。

来源：柯雷特和怀亚特。[①]

参考文献

Ardagh, J. (1997), *Ireland and the Irish. Portrait of a Changing Society*, New York: Penguin.

Ardichvili, A. and A. Gas Parishville (2003), “Russian and Georgian entrepreneurs and non-entrepreneurs: a study of value differences”, *Organisation Studies*, 24, 29–46.

Barry, F. (2004), “Export-platform FDI: the Irish experience”, *European Investment Bank*,

① 参见柯雷特和怀亚特（Collet and Wyatt，2005）。

9 (2), 8–37.

Birdthistle, N. (2006), "Profiling the entrepreneur: an examination of entrepreneurs in the mid-west region of Ireland", *Journal of Economic and Organisation of Enterprise*, 7 (678), 74–83.

Birdthistle, N. (2008), "An examination of tertiary students desire to find an enterprise", *Journal of Education and Training*, 59 (7), 552–567.

Birdthistle, N., B. Hynes, M. O'Dwyer and Y. Costine (2009), *Electronic Journal of Family Business Studies*, 1 (3), 4–29.

Brodbeck, F.C., M. Frese, S. Akerblom, G. Audia, G. Bakacsi, H. Bendova, D. Bodega, M. Bodur, S. Booth, K. Brenk, P. Castel, D. Den Hartog, G. Donnelly-Cox, M.V. Gratchev, I. Holmberg, S. Jarmuz, J.C. Jesuino, R. Jorbenadse, H. Kabasakal and M. Keating (2000), "Cultural variation of leadership prototypes across 22 European countries", *Journal of Occupational and Organisational Psychology*, 73 (1), 1–29.

Burnham, J.B. (2003), "Why Ireland boomed", *The Independent Review*, 8 (4), 537–556.

Busenitz, L.W. and J.B. Barney (1997), "Differences between entrepreneurs and managers in large organisations: biases and heuristics in strategic decision making", *Journal of Business Venturing*, 12, 9–30.

Business 2000 (2000), AIB enterprise and entrepreneurship, available at: http://www.business2000.ie/images/pdfs/aib_6th_ed_pdf (accessed 10 August 2007).

Byrne, C.J. and F. Bradley (2007), "Culture's influence on leadership efficiency: how personal and national cultures affect leadership style", *Journal of Business Research*, 60, 168–175.

Carr, C. and S. Harris (2004), "The impact of diverse national values on strategic investment decisions in the context of globalisation", *International Journal of Cross Cultural Management*, 4, 77–99.

Collet, C. and D. Wyatt (2005), "Bioneering – teaching biotechnology entrepreneurship at the undergraduate level", *Education and Training*, 47 (6), 408–421.

Cooney, T.M. and E. Kidney (2008), *Entrepreneurship and Innovation Policy in European*

Countries: A Mapping of Measures in Ireland, Dublin: Dublin Institute of Technology.

Cuddy, J. and J. Evertsen (2004), “Building an innovative climate”, *Innovation and Technology Transfer*, 2/04, March, 10–13.

Culliton Report (1992), *A Time for Change: Industrial Policy for the 1990s. Report of the Industrial View Group*, Dublin: Stationery Office.

Davidson, P. and J. Wiklund (1997), “Values, beliefs and regional variations in new firm formation rates”, *Journal of Economics Psychology*, 18, 197–199.

De Faoite, D., C. Henry, K. Johnson and P. Van der Sujde (2003), “Education and training for entrepreneurs: a consideration of initiatives in Ireland and the Netherlands”, *Education and Training*, 45 (9), 430–438.

Department of Enterprise Trade and Employment (2003), *Review of Industrial Performance and Policy*, Dublin: Stationery Office Government Publications.

De Pillis, E. and K.K. Reardon (2007), “The influence of personality traits and persuasive messages on entrepreneurial intention: a cross-cultural comparison”, *Career Development International*, 12 (4), 382–396.

Enterprise Strategy Group (2004), “Ahead of the curve: Ireland’s place in the global economy”, available at: www.forfas.ie/esg (accessed 20 September 2008).

Etzkowitz, H. (2003), “Research groups as quasi-firms: the invention of the entrepreneurial university”, *Research Policy*, 32 (1), 109–121.

European Commission (2008), *Entrepreneurship in Higher Education Especially within Non-Business Studies*, Brussels: European Commission.

Feldman, J.M. (2001), “Towards the post-university centres of higher learning and creative spaces as economic development and social change agents”, *Economic and Industrial Democracy*, 22 (1), 99–142.

Fitzsimons, P. and C. O’Gorman (2005), *The Global Entrepreneurship Monitor 2005: The Irish Report*, Dublin: Cahill Printers.

Fitzsimons, P. and C. O’Gorman, (2007), *The Global Entrepreneurship Monitor (GEM) 2006. The Irish Report*, Dublin: Dublin City University Business School.

Fitzsimons, P. and C. O'Gorman (2008), *Entrepreneurship in Ireland 2007*: Dublin: Dublin City University Business School.

Fitzsimons, P., C. O'Gorman, M. Harte and E. McGloin (2004), *Entrepreneurship on the Island of Ireland*, Dundalk: InterTrade Ireland.

Fleming, P. (1996), "Entrepreneurship education in Ireland: a longitudinal study", *Academy of Entrepreneurship Journal*, 2 (1), 94–118.

Fogarty, M. (1973), *Irish Entrepreneurs Speak for Themselves*, Dublin: The Economic and Social Research Institute.

Forfás (2007), *Forfás Annual Report 2006i*, Dublin: Forfás.

Garavan, T., P. Fleming and B. ó Cinnéide (1997a), *Entrepreneurship and Business Start-Ups in Ireland*, Dublin: Oak Tree Press.

Garavan, T., B. Ó Cinnéide, M. Garavan, B. Hynes and F. Walsh (1997b), *Entrepreneurship and Business Start-Ups in Ireland: Volume 2, Cases*, Dublin: Oak Tree Press.

Garavan, T.N. and B. Ó Cinnéide (1994), "Entrepreneurship education and training programme: a review and evaluation", *Journal of European Industrial Training*, 18 (8), 3–12.

Garvin, T. (2004), *Preventing the Future: Why was Ireland so Poor for so Long?* Dublin: Gill and Macmillan.

Goodbody (2002), *Entrepreneurship in Ireland*, Dublin: Goodbody Economic Consultants.

Hanley, M. and B. O'Gorman (2004), "Local interpretation of national micro-enterprise policy: to what extent has it impacted on local enterprise development", *International Journal of Entrepreneurial Behaviour and Research*, 10 (5), 305–324.

Hegarty, C. (2006), "It is not an exact science: teaching entrepreneurs in Northern Ireland", *Education and Training*, 48 (5), 322–335.

Hill, S., B. Ó Cinnéide, and F. Kiesner, (2003), Graduate entrepreneurship education: an international 'consumer' guide, Proceedings of the ICSB 48th World Conference Belfast, 15–18 June.

Hisrich, R.D. and B. Ó Cinnéide (1986), "The Irish entrepreneur: characteristics, problems and future success", in R. Ronstadt, J.A. Hornaday, R. Peterson and K.H. Vesper (eds), *Frontiers of Entrepreneurship Research*, Wellesley, MA: Babson College, pp. 66–81.

Hofstede, G. (2001), *Culture's Consequences: Comparing Values, Behaviours, Institutions and Organisations across Nations*, Newbury Park, CA: Sage Publications.

Hynes, B. (1996), "Entrepreneurship education and training: introducing entrepreneurship into non-business disciplines", *Journal of European Industrial Training*, 20 (8), 10–17.

Hynes, B. and I. Richardson (2007), "Entrepreneurship education: a mechanism for engaging and exchanging with the small business sector", *Education and Training*, 49 (8–9), 732–44.

Iredale, N. (2002), "Enterprise education", University of Durham briefing paper, Foundation for Small and Medium Enterprise Development.

Jacob, M., M. Lundquist and H. Hells Mark (2003), "Entrepreneurial transformations in the Swedish university system: the case of Chalmers University of Technology", *Research Policy*, 329, 1555–1568.

Jordan, D. and E. O'Leary (2007), "Is Irish innovation policy working? Evidence from Irish technology businesses", paper presented to a meeting of the Statistical and Social Inquiry Society of Ireland, Dublin, 25 October.

Kuratko, D.F. (2005), "The emergence of entrepreneurship: development, trends and challenges", *Entrepreneurship Theory and Practice*, September, 577–597.

Low, L. (2005), "Entrepreneurship development in Ireland and Singapore", *Journal of the Asia Pacific Economy*, 19 (1), 116–38.

Luddy, M. (1995), *Women in Ireland, 1800–1918*, Cork: Cork University Press.

Lundström, A. and L. Stevenson (2005), *Entrepreneurship Policy – Theory and Practice*, New York: Springer.

Mahoney, J.T., K.M. Eisenhardt and Y.E. Companys (2002), "The entrepreneurship dynamic: origins of entrepreneurship and the evolution of industries", *Academy of Management Review*, 24 (4), 622–624.

Mitchell, R.K., B. Smith, K.W. Seawright and E.A. Morse (2000), "Cross-cultural cognitions and the venture creation decision", *Academy of Management Journal*, 43, 974–993.

O'Gorman, C. and S. Terjesen (2006), "Financing the Celtic tigress: venture financing and informal investment in Ireland", *Venture Capital*, 8 (1), 69–88.

O'Gorman, W. and T.M. Cooney (2007), "An anthology of enterprise policy in Ireland", *Irish Journal of Management*, 28 (2), 1–27.

O'Malley, E. (2003), "The Culliton report", in B. Lalor (ed.), *The Encyclopaedia of Ireland*, Dublin: Gill and Macmillan.

Poole, D. and B. Robertson (2003), "Hunting the shark or leading with purpose? Managing the enterprise university", *Journal of the Australian and New Zealand Academy of Management*, 9 (3), 416–30.

Reynolds, P.D., W.D. Bygrave and E. Autio (2004), *Global Entrepreneurship Monitor 2003 Executive Report*, Babson Park, MA: Babson College.

Small Business Forum (2006) "Small business is big business", available at: http://www.forfas.ie/sbf/indexx.html (accessed 10 August 2007).

Sotirakou, T. (2004), "Coping with conflict within the entrepreneurial university: threat or challenge for heads of departments in the UK higher education context", *International Review of Administrative Science*, 70 (2), 345–72.

Spillane, M., B. O'Gorman and N. Birdthistle (2006), "Family business and family business consultation in Ireland", in F. Kaslow (ed.), *Handbook of Family Business and Family Business Consultation*, Binghampton, NY: Haworth Press.

Steemsma, H.K., L. Marino and K.M. Weaver (2000), "Attitudes towards co-operative strategies: a crosscultural analysis of entrepreneurs", *Journal of International Business Studies*, 31, 591–609.

Sweeney, P. (1999), *The Celtic Tigers: Ireland's Continuing Economic Miracle*, Dublin: Oak Tree Press.

Tiessen, J.H. (1997), "Individualism, collectivism and entrepreneurship: a framework for international comparative research", *Journal of Business Venturing*, 12, 367–384.

Travers, J. (2001), *Driving the Tiger, The Spirit of Irish Enterprise*, Dublin: Gill and Macmillan.

Weaver, R. (1999), "Society, education systems and entrepreneurship", *Higher Education*, December, 376–381.

Whelan, G. and C. O'Gorman (2007), "The Schumpeterian and universal hero myth in stories of Irish entrepreneurs", *Irish Academy of Management*, 28 (2), 79–107.

第十六章　德语国家的高校创业教育

——创业教育“全校性”概念设计的实证和建议[①]

诺伯特·凯勒（Norbert Kailer）

引言：创业教育“全校性”概念的重要性

欧盟想将促进创业作为其转变经济模式、打造未来经济实力和竞争力的策略。欧共体的“里斯本战略”（Lisbon Strategy）旨在在创造更多、更好的工作机会的同时激发经济活力。欧盟许多创业政策着重考虑通过教学培养创业思维、鼓励创办企业以促进创业和支持中小企业在起步与成长阶段的发展。创业被认为是发展、就业和个人自我实现所需的核心竞争力，[②]因而创业教育（EE）也被视为促进创业的重要手段。[③]毕业生希望发现发展势头强劲且能持续成功的企业。[④]“高校创业国际调查”[⑤⑥]及其后续研究——“全球大学创业精神调查”（GUESSS）都强调在校生和毕业生具有

---

① 本章是诺伯特·凯勒（Kailer，2009）发表的一篇文章的修订和更新版本：《创业教育：德语国家大学创业教育理念设计的实证研究结果及建议》，企业文化学报，17（2），1–31。

② 参见欧洲委员会企业总署（EC/Enterprise Directorate–General，2004），欧洲委员会（EC，2006a，2006b）。

③ 参见欧洲委员会创业与工业理事会（EC/Enterprise and Industry Directorate，2008），欧盟创业与工业总署（EU Commission/DG Enterprise and Industry，2008a，2008b，2008c）。

④ 参见乔斯滕等（Josten *et al.*，2008），欧盟（EC，2002a，2002b）。

⑤ 参见高校创业国际调查（ISCE，2006）。

⑥ 参见弗埃格利斯塔勒等（Fueglistaller *et al.*，2006）。

开始创业或成功创业的极大潜能。[①]

创业教育在英美地区已有很长的历史，[②] 由此欧洲各地创业教育活动差异悬殊。不过欧洲创业研究基金会 / 欧洲管理发展基金会（EFER/EFMD）的调查表明，过去五年间欧洲创业教育发展迅猛并将在今后一段时间内保持增长态势。[③] 创业教席的显著增加表明在德语国家情况也是如此。[④] 最近关于欧洲德语国家高等教育现状的一项研究表明，如果将更加广义的创业教育也考虑在内，欧洲德语国家高校创业教育活动远比预想的要多，[⑤] 比如最近一项对德国高校创业教育活动的评估就收录进来 200 多所高校的创业教育活动。[⑥] 欧盟还实施了一项关于非商业教学领域创业教育状况的专门研究[⑦] 和“欧洲高等教育中创业教育状况调查”。[⑧]

很多大学发现致力于建设“创业型大学”[⑨] 的重要性日益凸显。实现这一目标的下级目标包括：

① 将“自主创业”作为培养学生、校友和教职工的教育目标；

② 教授创建新企业或继承企业所需的能力；

③ 为校友的衍生公司和新创企业提供持续的扶持和咨询。[⑩]

德语地区有很多公共津贴项目与完善的创业资助基础条件。[⑪] 例如，在德国有全国性 EXIST 项目（BMWi，n.d.），地方性的有莱比锡（Leipzig）大学 SMILE 项目或奥地利商业计划大赛“i2b”。

---

① 参见弗埃格利斯塔勒等（Fueglistaller *et al.*，2009）。

② 参见科恩（Cone，2005），卡茨（Katz，2004），所罗门等（Solomon *et al.*，2002）。

③ 参见威尔逊（Wilson，2007）。

④ 参见克兰德特等（Klandt *et al.*，2005）。

⑤ 参见阿赫莱特纳等（Achleitner *et al.*，2007）。

⑥ 参见施姆德和休曼（Schmude and Heumann，2007）。

⑦ 参见欧洲委员会创业与工业总署（EC/Enterprise and Industry Directorate-General，2008）。

⑧ 参见欧盟委员会创业与工业总署（EU Commission/DG Enterprise and Industry，2008a，2008b，2008c）。

⑨ 参见巴德尔特（Badelt，2004），欧盟（EC，2006b），吉布（Gibb，2005），特尔弗霍文和威尔逊（Twaalfhoven and Wilson，2004）。

⑩ 参见卡尔森（Carlsson，2005），欧盟（EC，2002b），沙恩（Shane，2005）。

⑪ 参见斯腾伯格等（Sternberg *et al.*，2007），瓦劳（Wallau，2008）。

这些项目将迅速崛起的企业或“瞪羚企业”（gazelles）作为关注重点，因为它们是富于创新力并具有发展潜力的高科技初创企业。[①]因此，支持这些企业和高校孵化园的项目得以建立，奥地利“学术 + 商业”项目和瑞士“新科技创业奖”只是其中的两例。

国际基准研究、最佳实践案例[②]及德国大学排名[③]都表明，和继续教育、咨询、内外部合作和衍生企业相关的大学活动相比，其侧重点大有不同。

在不同大学之间，学生创业态度、所创企业的领域、速度和成功方面存在很大差异，[④]这些差异反映了在各种创业教育中概念不一致带来的问题。

近年来，创业教席、创业项目、商业计划竞赛、新企业中心、继续培训项目及孵化园的数量稳步增长。建立区域合作和个体关系网的需求也日益增加。[⑤]

另外，评估不足的问题也有所显现。[⑥]创业教育项目的效力需要验证，[⑦]这对一些获得捐赠教席的教授来说尤为重要，因为这涉及其任期内内外部资金需求的探讨问题。[⑧]

---

① 参见欧盟（EC，2002a，2008b），埃格尔恩等（Egeln *et al.*，2007），梅卡（Meka，2005），特尔弗霍文（Twaalfhoven，2007）。

② 如欧盟（EC，2002b），穆格（Moog，2005），欧洲工商企业家研究基金会（EFER，2007），欧盟创业与工业总署（EU Commission/DG Enterprise and Industry，2008a）。

③ 参见施姆德和休曼（Schmude and Heumann，2007）。

④ 参见欧盟创业与工业总署（EU Commission/DG Enterprise and Industry，2008a，2008b，2008c），弗埃格利斯塔勒等（Fueglistaller *et al.*，2006，2009），凯勒（Kailer，2007a）。

⑤ 参见欧洲委员会（EC，2006a），欧洲委员会创业与工业总署（EC/Enterprise and Industry Directorate–General，2008）。

⑥ 参见凯勒（Kailer，2007b），斯坦普福和希蒂（Stampfl and Hytti，2002），斯托里（Storey，2000）。

⑦ 参见查尔顿（Charlton，2005），欧洲委员会创业与工业总署（EC/Enterprise and Industry Directorate- General，2008），经济合作和发展组织等（OECD *et al.*，2007），施姆德和休曼（Schmude and Heumann，2007），韦弗等（Weaver *et al.*，2006）。

⑧ 参见克兰德特等（Klandt *et al.*，2005）。

对大学而言，发展广义创业教育理念是一项核心挑战。[①]这一理念的要义在于高效的项目和课程设计。[②]然而，一所大学的创业教育理念（UEC）建立在大学和院系发展的战略决策基础之上，[③]包括中、长期两方面决策。[④]

① 项目愿景及其内在指导思想[⑤]；

② 持续评估和理念发展的承诺[⑥]；

③ 机构内部创业教育负责部门的组织结构[⑦]；

④ 内外部合作伙伴、人际关系网络以及合作政策的识别；

⑤ 企业与高校的人际关系网络和伙伴关系；

⑥ 学术人员的招聘和培养（包括创业者和作为教育者的校友）；

⑦ 框架条件，如发明、专利、额外员工创业活动以及生涯规划；

⑧ 提供的一系列活动，如创业项目、其他“软硬扶持”措施[⑧]和拓展活动；

⑨ 关于战略目标团体及申请和录取程序的决策；

⑩ 资助政策；

⑪ 对子企业的资助与扶持。

需要特别指出的是，拓展活动、扶持措施、外部合作和校友关系网络对创业型大学来说至关重要。[⑨]

下面这个部分对关于“大学创业教育理念”关键设计参数的德语国家

---

① 参见欧洲委员会创业与工业总署（EC/Enterprise and Industry Directorate–General，2008），欧盟委员会创业与工业总署（EU Commission/DG Enterprise and Industry，2008a），加切尔霍夫和凯勒（Gutschelhofer and Kailer，2002），汉农（Hannon，2005），科赫（Koch，2003），穆格（Moog，2005），维卡纳姆（Vyakarnam，2005）。

② 参见亨利等（Henry *et al.*，2003），豪斯（House，1967），库尔茨等（Kurtz *et al.*，1984），缪勒（Müller，2008）。

③ 参见伊斯特比－史密斯和坦顿（Easterby-Smith and Tanton，1988）。

④ 见本书第 356 页表 16–1。

⑤ 参见伯戈因和斯图尔特（Burgoyne and Stuart，1978）。

⑥ 参见伊斯特比－史密斯（Easterby-Smith，1986）。

⑦ 参见特韦和汉农（Pittaway and Hannon，2007）。

⑧ 参见柯比（Kirby，2006）。

⑨ 参见特尔弗霍文（Twaalfhoven，2007）。

实证研究和国际研究进行介绍。再下一部分对“大学创业教育理念”的设计要素及设计建议进行探讨。

一、实证结果

（一）调查

对创业教育文献的批评意见指出，在本领域的研究存在诸多概念性、理念性和背景环境性问题，研究中概念太不统一。除查尼和利贝卡普（Charney and Libecap）、亨利等（Henry *et al.*）、法约尔等学者的研究[①]和维也纳生涯教育项目（Vienna Career Project）[②]以外，创业教育的纵向研究明显不足。[③]

表 16–1　开展几项创业调查的大学和国际创业调查（自 2000 年）

作者及年份	方法	回应（率）	目标群体	大学/院系	主要议题
里克特（2000）	Q	N=469，配额样本	S	U.Linz/ 全部	专业经验、动机、职业规划、阻碍、基础设施、扶持需求、创业活动、能力、研究反馈
艾诺克（2002）	Q	N=368（52%）	S	U.Linz/ 全部	专业经验、动机、职业规划、阻碍、基础设施、扶持需求、能力
欧拉（2004）	Q	N=425（30%）	A（1980–2000）	U.Linz/ 技术	职业规划、PK、研究反馈
利欧多尔特（2005）	Q	N=495（29%）	A（1997–2004）	U.Linz/ 工商管理	专业经验、动机、阻碍、基础设施、扶持需求、与大学的合作、创业活动

① 参见查尼和利贝卡普（Charney and Libecap，2000），亨利等（Henry *et al.*，2003），法约尔等（Fayolle *et al.*，2005）。

② 参见迈霍费尔等（Mayrhofer *et al.*，2005）。

③ 参见凯勒（Kailer，2007b）。

续表

作者及年份	方法	回应（率）	目标群体	大学/院系	主要议题
凯勒（2007a）	OS	N=1.830（16%）	S	U.Linz/ 全部	专业经验、动机、职业规划、阻碍、基础设施、扶持需求、能力、与大学的合作
凯勒等（2010）	OQ	N=2700（25%）	A	U.Linz/ 全部	专业经验、动机、职业规划、阻碍、基础设施、扶持需求、创业活动、与大学的合作、研究反馈
鲍尔斯和凯勒（2003）	Q	N=8.439（9%） N=86	S AS	Tech. U.Graz/ 全部 +14 四所应用科技大学的工程师课程	专业经验、动机、能力、阻碍、基础设施、扶持需求
霍尔泽和亚当麦茨（2003）	Q	N=1924（27%）	A（1990–2003）	Tech. U.Graz/ 全部	职业规划、基础设施、扶持需求、与大学的合作
平克瓦特（2002）	Q	N=869	S	U.Siegen/ 全部	专业经验、动机、能力、阻碍、基础设施、扶持需求
维尔特和海涅曼（2007）	Q	N=1062（8.5%）/37	S AS	U.Siegen/ 全部	专业经验、动机、能力、阻碍、基础设施、扶持需求
IGW–HSG and START（2003）	Q	N=425（9.8%）	S	U.St. Gallen/ 全部	专业经验、动机、职业规划、阻碍、扶持需求、能力
弗埃格利斯塔勒和霍尔特（2006）	OS	N=940（18%）	S	U.St. Gallen/ 全部	专业经验、动机、职业规划、阻碍、基础设施、扶持需求、能力、与大学的合作
施姆德和休曼（2007）		N=67	大学	德国大学排名	创业教育活动、扶持以及人际关系网络

续表

作者及年份	方法	回应（率）	目标群体	大学/院系	主要议题
弗埃格利斯塔勒等（2006）［高校创业国际调查（ISCE）］	OS	N=37.412	S	14 个国家，93 所大学	专业经验、动机、职业规划、阻碍、基础设施、扶持需求、能力、与大学的合作
威尔逊（2004）［欧洲创业研究基金会 / 欧洲管理发展基金会（EFER/EFMD）调查］	OS	N=249	AS 项目经理	商学院 / 大学、25 个欧洲国家 / 北美	欧洲创业教育趋势 AS 培训需求
穆格（2005）	案例	N=20	大学	欧洲和美国的大学	大学的创业教育理念
斯托金（2010）	Delphi	N=86	创业教育专家	技术研究 20 国	议题、框架条件、专业经验、动机、职业规划、阻碍、基础设施、扶持需求、创业活动、能力、与大学的合作
欧盟创业与工业总署（欧盟调查）（2008a，2008b，2008c）	OQ，I	OQ：n=448（25%）；I：37	AS HEI	32 国（欧盟候选人等）	教育、拓展、人力资源、障碍、战略

注：

方　　法：调查问卷（Q）、在线调查问卷（OQ）、访谈（I）

目标群体：学生（S）、校友（A）（毕业年份）、学术人员（AS）

议　　题：专业经验（PE）、动机（M）、职业规划（CP）、阻碍（H）、基础设施（I）、扶持需求（N）、创业活动（ST）、能力（C）、与大学的合作（UC）、研究反馈（FB）

几项国际调查也包含针对德语地区学术机构的研究结果：

①“高校创业国际调查”（ISCE）的重点是创业潜力和学生活动，[①]该研究汇聚了来自德国[②]、瑞士[③]、列支敦士登[④]和奥地利[⑤]的数据。

②“全球创业观察”提供了关于商业环境的信息。[⑥]

③欧洲工商企业家研究基金会和欧洲管理发展基金会进行了一项调查创业活动当前在欧洲和北美商学院中地位的研究。[⑦]

④“高校创业国际调查”的后续研究，即“全球大学创业精神调查”提供了20个国家创业潜力和大学生活动的信息。[⑧]

⑤2008年年末欧盟委员会发布“欧洲高等教育创业调查”报告。[⑨]

德国每年都根据创业教育活动对国内高校进行排名，[⑩]此外乔斯滕等[⑪]则对37所德国大学的知识密集型产业进行调查。

只有一部分大学在学生、校友和学术人员中开展不只一项的研究以分析其活动的影响。表16-1列出了这些大学的概述和国际层面的调查结果（自2000年起）。

基本上，德语地区学术机构采访了三个不同群体。第一个群体由学生组成，由凯利亚和索科（1999）、里克特（2000）、奥腾（2000）、平克瓦特（2002）、弗兰克等（1999，2002）、艾诺克（Ennöckl，2002）、弗兰克和鲁瑟（2002，2004）、德国联邦教育与研究部（2002）、鲍尔和凯勒（2003）、沃伊特（2004）、弗埃格利斯塔勒等［Fueglistaller *et al.*（2004）］、柏沃特等（2004）、IGW-HSG 和 START（2003）、UnternehmerTUM（2004）、维

① 参见弗埃格利斯塔勒等（Fueglistaller *et al.*，2006）。
② 参见克劳斯塔等（Chlosta *et al.*，2006）。
③ 参见弗埃格利斯塔勒和霍尔特（Fueglistaller and Halter，2006）。
④ 参见伯格曼和霍尔特（Bergmann and Halter，2006）。
⑤ 参见凯勒（Kailer，2007a）。
⑥ 参见博斯马和哈丁（Bosma and Harding，2007）。
⑦ 参见威尔逊（Wilson，2004）。
⑧ 参见弗埃格利斯塔勒等（Fueglistaller *et al.*，2006）。
⑨ 参见欧盟创业与工业总署（EU Commission/DG Enterprise and Industry，2008a，2008b，2008c）。
⑩ 参见施姆德和休曼（Schmude and Heumann，2007）。
⑪ 参见乔斯滕等（Josten *et al.*，2008）。

尔特和海涅曼（2007）和乔斯滕等（2008）进行分析；第二个群体由校友组成，由霍尔泽和亚当麦茨（2003）、瑟斯坦等（2002）、斯兰姆贝克（2005）、克斯特和明克斯（2005）、凯利亚等（2010）和利欧多尔特（2005）与伯姆（2008）进行采访；第三项调查在教授和科研人员中开展，由鲍尔和凯勒（2003）、爱福门·波恩（2004）、伊什凡等（2005）、维尔特和海涅曼（2007）和斯托金格（2009）进行调查分析。

受到质疑的地方在于上文提及的这些调查研究中研究方法和研究问题都不一致。因此其研究结果无法进行比较，英美地区的研究也存在类似问题。[①]

（二）实证结果

1. 大学创业教育的框架条件

欧洲创业教育的比较分析表明欧洲各地创业教育在组织、课程结构和内容方面异彩纷呈。[②] 德语地区应用科技大学（高等专科学校）和高校都设立创业教席但技术大学没有。三分之二的机构和教席都由赞助商赞助或共同资助，四分之三的教席设立在大学商学院。只有一小部分创业中心既不隶属于某个学院也不在大学内运行。约有四分之三的机构与创业联盟合作。[③] 在某些情况下，技术转化中心只将重心定位在创业意识培养和咨询提供方面，其结果是创业教学和研究能力只局限于某个单独的学院而且创业项目交叉综合性不足。[④]

与英美地区相比，多数情况下欧洲创业教席拥有的人员和资金来源都更少。[⑤] 针对创业教育项目和创业席位的公共资金和扶持发挥着核心作用，

---

① 参见博瑟姆和梅森（Botham and Mason，2007），汉农（Hannon，2005），麦基翁等（McKeown *et al.*，2006），沙恩（Shane，2003）。

② 参见欧洲委员会创业与工业总署（EC/Enterprise and Industry Directorate-General，2008），欧盟创业与工业总署（EU Commission/DG Enterprise and Industry，2008a，2008b，2008c）。

③ 参见克兰德特等（Klandt *et al.*，2005）。

④ 参见施姆德（Schmude，2001）

⑤ 参见欧洲委员会创业与工业总署（EC/Enterprise and Industry Directorate-General，2008），欧盟创业与工业总署（EU Commission/DG Enterprise and Industry，2008a，2008b），特尔弗霍文等（Twaalfhoven *et al.*，2000）。

比较而言，拓展活动和校友网络的支持更加难以获取，因此校友网络和个人赞助的作用并不大。本科生和研究生的课程由主要大学提供，学术衍生公司提供的支持（比如通过培训和风险投资方式）作用并不大。此项任务由非营利性机构和公共资助的高科技孵化园来完成，其中可能有大学参与也可能没有大学参与。此外，英美大学更关注高速发展的企业，[①] 这些“瞪羚企业”的融资能力成为美国大学的比较优势。

2. 缺乏评估

创业教育领域的一个缺陷在于对其方法和理念的评估不足。[②] 投入评估盛行，然而对造成态度变化的影响的评估却很缺乏。[③] 德语地区没有包含产出变量和长线商业成功评估的表征培训项目作用的纵向研究。[④] 另外，尽管一些高校正计划实施校友跟踪活动，但截至目前对校友个人职业发展的分析仍十分鲜见。[⑤]

3. 对影响因素的识别

（1）工作经验是积极影响因素

跟学生创业活动有关的一个重要因素是他们能获得的工作经验，比如从过去或现在的全职或兼职工作、企业实习、继续培训和项目中获得的经验。过去几年间拥有一年以上工作经验的学生比重明显增加，[⑥] 尤其是几乎所有学习技术的学生都有明确的工作经验。[⑦] 工作经验的影响在于它与自我

---

① 参见伯姆（Böhm，2004），欧洲工商业企业家研究基金会（EFER，2007），穆格（Moog，2005），所罗门等（Solomon *et al.*，2002），威尔逊（Wilson，2004）。

② 参见欧洲委员会创业与工业总署（EC/Enterprise and Industry Directorate-General，2008），格拉瓦尼和Ó. 西奈德（Garavan and O'Cinnéide，1994），希蒂和库珀斯贾维（Hytti and Kuopusjärvi，2004），凯勒（Kailer，2007a），斯坦普福和希蒂（Stampfl and Hytti，2002），斯托里（Storey，2000）。

③ 参见法约尔等（Fayolle *et al.*，2005）。

④ 参见查尼和利贝卡普（Charney and Libecap，2000），亨利等（Henry *et al.*，2003），库珀和卢卡斯（Lucas and Cooper，2004）。

⑤ 参见凯勒（Kailer，2009），迈霍费尔等（Mayrhofer *et al.*，2005）。

⑥ 比如维尔特和海涅曼（Welter and Heinemann，2007）。

⑦ 参见鲍尔和凯勒（Bauer and Kailer，2003），UnternehmerTUM（2004）。

雇佣决策密切相关。[①]很大一部分学生已经具备了创业经历。[②]不同大学中具有创业经历的学生比重有所差异（最高的占到学生总数的 7%）。

（2）消极影响因素

同时，也发现了一些消极影响因素：[③]

① 抵押资产的净值不足、寻求抵押贷款和长期贷款、存在财务风险；

② 缺乏商业创意；

③ 缺乏专门技能，尤其是在商业领域；

④ 缺乏工作经验（在校友中情况没那么明显）；

⑤ 缺乏行业经验以及与供应商和/或客户的关系。

正如我们所料，此处存在由研究本身和性别因素导致的差异。[④]自我雇佣兴趣不高的学生把高风险、未来收入的不确定性或畏惧失败这些心理因素当成障碍。[⑤]个人商业计划越详细越具体，发现的障碍也会越明确（比如资金、商业伙伴的缺失）。在这样的环境下，平克瓦特[⑥]指出创业障碍感知比创业动机的影响还要大。对校友来说，资金缺乏、金融风险以及个人或家庭因素是最大的障碍。另外，一个作为雇员的稳定职位是校友走向（完全）自我雇佣的主要障碍。[⑦]格斯纳等（Göthner *et al.*）[⑧]指出即便存在市场潜力，创业态度积极的科学家也对自己的研究实现商业化缺乏信心。

4. 创业基础设施以及对扶持的需求

德语地区的特点是有许多扶持创业的体系和举措，[⑨]这些几乎都是由国家或地方的政府提供资助，然而学生（除创业学生外）对这些扶持措施并

① 参见德国联邦教育与研究部（BMBF，2002）。

② 参见弗埃格利斯塔勒等（Fueglistaller *et al.*，2006）。

③ 参见弗埃格利斯塔勒等（Fueglistaller *et al.*，2006），凯勒（Kailer，2009），斯托金格（Stockinger，2009）。

④ 参见弗埃格利斯塔勒等（Fueglistaller *et al.*，2006），乔斯滕等（Josten *et al.*，2008）。

⑤ 参见维尔特和海涅曼（Welter and Heinemann，2007）。

⑥ 参见平克瓦特（Pinkwart，2002）。

⑦ 参见利欧多尔特（Leodolter，2005），斯兰姆贝克（Slembeck，2005）

⑧ 参见格斯纳等（Göthner *et al.*，2008）。

⑨ 参见凯勒等（Kailer *et al.*，2000）。

不了解，同样对他们自己大学组织的项目和活动也不了解。[①] 大学的调查结果却不是这样的，这说明他们的沟通策略存在不足之处。

艾诺克（Ennöckl）、鲍尔（Bauer）及凯勒和弗埃格利斯塔勒等人（Fueglistaller *et al.*）的研究指出，[②] 学生最需要的扶持如下：

① 针对扶持和资金支持的咨询辅导；

② 与消费者和供应商对接平台的搭建；

③ 新创企业筹备阶段的培训；

④ 天使基金对接平台的搭建；

⑤ 针对专利及其许可的咨询辅导；

⑥ 互联网和办公基础设施的提供；

⑦ 专题研讨会（法律、工商管理、领导力、调适和战略规划）。

女性学生需要有实习、指导、培训和继续教育，在商业领域尤其如此。[③] 学生和校友的自我雇佣意愿越强，他们就越想参与到这些实践性教育活动当中来，这些活动都力求便于操作实施且都是根据学生需求量身定做。在这方面，与创业者交流经验的研讨会、个人咨询，侧重创业话题的研讨会以及与专家和投资者的交流受到高度重视。[④] 多数情况下，刚刚开始计划创业的学生对这些活动的评价比那些已经成为创业者的学生更高。[⑤] 这也表明大学更重视的是本科生和研究生的创业教育而不是对创业项目的咨询指导。

对于企业创建和企业继承者来说，最重要的信息和咨询来源是商会、银行、互联网、税务顾问和律师。[⑥] 这方面大学很少被当作重要的联系合作

---

① 参见艾诺克（Ennöckl，2002），维尔特和海涅曼（Welter and Heinemann，2007），乔斯滕等（Josten *et al.*, 2008），凯勒和索科利什（Kailer and Sokolish, 1999），UnternehmerTUM（2004）。

② 参见艾诺克（Ennöckl，2002），鲍尔和凯勒（Bauer and Kailer，2003），弗埃格利斯塔勒等（Fueglistaller *et al.*，2006）。

③ 参见乔斯滕等（Josten *et al.*，2008）。

④ 参见凯利亚和索科利什（Kailer and Sokolish，1999），鲍尔和凯勒（Bauer and Kailer，2003），艾诺克（Ennöckl，2002），凯勒（Kailer，2007a），利欧多尔特（Leodolter，2005）。

⑤ 参见凯勒（Kailer，2007a）。

⑥ 参见弗埃格利斯塔勒等（Fueglistaller *et al.*，2006），凯勒和韦斯（Kailer and Weiss，2005）。

伙伴。这一方面与学生对大学提供的一系列扶持措施知之甚少有关；[①]另一方面也是大学本身缺乏扶持措施造成的。[②]据伊什凡等（Isfan *et al.*）[③]统计，约有半数的德国教授不支持学生或科研人员自我雇佣。“校外”工作经验越多就越可能获得潜在创业者的支持。因此，发展一个强大的关系网络为包括高校在内的潜在学术开创者提供支持对于获得市场数据来说极为重要。[④]

5. 关于时间因素的研究发现

由于缺乏工作经验，大多数学生计划在毕业几年后才开始创业。预计在创业前平均每个创业者都会有二至五年的工作经验。[⑤]相反，在求学期间有兼职工作的学生由于有更丰富的工作经验往往在刚毕业时就计划创业。[⑥]签订限时工作合同的科研人员也是如此。[⑦]尽管很多学生在求学期间就已经成为创业者，[⑧]但是家族企业出身的学生还是选择在毕业后才去继承家族产业。[⑨]

在校友当中进行的调查也表明，在毕业和创业活动之间存在几年的间隔期，[⑩]因此，关注校友对大学来说很重要并且日益重要。与英美地区相比，德语地区大学与校友合作更少。[⑪]一项针对德语国家大学校友网络的调查发现，这些大学中多数都不向（潜在）创业者和企业继承人提供扶持和继续培训。[⑫]对奥地利校友和企业进行的调查表明，毕业后与校友的联系主

---

① 参见维尔特和海涅曼（Welter and Heinemann，2007：25），乔斯滕等（Josten *et al.*，2008），凯勒和索科利什（Kailer and Sokolish，1999）。

② 参见波恩（IfM Bonn，2004）。

③ 参见伊什凡等（Isfan *et al.*，2005）。

④ 参见克努特（Knuth，2008），科赫和考托宁（Koch and Kautonen，2005）。

⑤ 参见德国联邦教育和研究部（BMBF，2002），艾诺克（Ennöckl，2002），弗埃格利斯塔勒等（Fueglistaller *et al.*，2006），乔斯滕等（Josten *et al.*，2008），凯勒（Kailer，2007a）。

⑥ 参见凯勒和索科利什（Kailer and Sokolish，1999）。

⑦ 参见鲍尔和凯勒（Bauer and Kailer，2003），克里格斯曼（Kriegesmann，2000）。

⑧ 参见凯勒（Kailer，2007a）。

⑨ 参见利欧多尔特（Leodolter，2005）。

⑩ 参见利欧多尔特（Leodolter，2005），克斯特和明克斯（Kerst and Minks，2005）。

⑪ 参见穆格（Moog，2005），威尔逊（Wilson，2004）。

⑫ 参见哈伯克（Haböck，2007）。

要停留在院系层面。[①] 因此，除现有全校性校友网络和协会以外，还有必要建立创业教席间的校友网络。

6. 关于创业活动态度的研究发现

只有四分之一至三分之一的受访学生不把自我雇佣当作自己的职业选择。[②] 研究发现，约 5% 至 15% 的学生在求学期间或毕业后短期内就已成为创业者，其中半数是兼职创业者。[③]

从长远来看，学生中包括兼职创业者在内的创业者比重估计占 20% 到 40%,[④] 比这个比例还要高的在博士生[⑤] 和德国研究机构内没有终身职位的博士后科研人员中[⑥]。

三个因素发挥着关键作用，我们可称之为“分组变量”。第一个分组变量由学习领域差异构成。高于一般水平的是与商业有关的学习领域，如工商管理、商务法、电子工程、信息学[⑦] 及商业信息学。

第二个分组变量是性别：全球创业观察报告、高校创业国际调查和其他表明女性相对缺乏自主创业的动力的研究。[⑧] 这一差异在学生及他们学习的课程尤其是博士课程中相对更小。[⑨] 乔斯滕等[⑩] 进行的一项研究表明女学生相对缺少工作经验和市场知识，她们更喜欢在知识密集型业务领域兼职创业或作为业务伙伴创建企业。

第三个分组变量是团队建设。所有研究都表明三分之二至四分之三的

---

① 参见霍尔泽和亚当麦茨（Holzer and Adametz，2003），图姆－克拉夫特等（Thum-Kraft *et al.*，2007）。

② 参见弗埃格利斯塔勒等（Fueglistaller *et al.*，2006），维尔特和海涅曼（Welter and Heinemann，2007），乔斯滕等（Josten *et al.*，2008），凯勒（Kailer，2007a）。

③ 参见弗埃格利斯塔勒等（Fueglistaller *et al.*，2006）。

④ 参见鲍尔和凯勒（Bauer and Kailer，2003），艾诺克（Ennöckl，2002），弗埃格利斯塔勒等（Fueglistaller *et al.*，2006），凯勒（Kailer，2007a）。

⑤ 参见鲍尔和凯勒（Bauer and Kailer，2003）。

⑥ 参见克里格斯曼（Kriegesmann，2000）。

⑦ 参见维尔特和海涅曼（Welter and Heinemann，2007）。

⑧ 参见博斯马和哈丁（Bosma and Harding，2007），弗埃格利斯塔勒等（Fueglistaller *et al.*，2006）。

⑨ 参见维尔特和海涅曼（Welter and Heinemann，2007），凯勒（Kailer，2007a）。

⑩ 参见乔斯滕等（Josten *et al.*，2008）。

学生更喜欢团队建设。[①] 然而只有很少的一部分团队建设真正实现了，[②] 这表明团队成员的搜寻、选择和匹配过程中存在问题。约 50% 受访于鲍尔和凯勒[③] 的学生称缺少商业伙伴，跨学科团队建设是人们普遍赞同的，[④] 但公司创建通常由相同研究领域的同事或个人关系网络来完成。[⑤] 维尔特和海涅曼强调在创业决策时人与人之间的信任的重要作用。高校创业国际调查也表明只有一小部分创业团队包含有实践经验的外部人员。[⑥] 这就导致新创企业团队在市场营销、商品销售和关系网络搭建等方面存在缺陷。这些方面又很重要，因为风投资本家的投资决策在很大程度上受到创建者团队能力系统的影响。

二、讨论：对大学创业教育理念设计的建议

（一）组织依托

大学一般比较喜欢能给校园带来积极影响的创业活动，这就使创业教育负责部门的组织依托问题面临巨大挑战，因为一般来说创业教席被设置在商学院，这妨碍了它在校园更大范围内发挥创业教育的影响力。[⑦]

有可能发挥最大范围影响作用的方式是创建服务所有学院的全校性创业中心。[⑧] 本文要探讨的是创业教席与创业中心在分工上的差别，前者负责创业研究与本科、研究生创业教育，后者负责外部拓展活动、继续教育以及创业启动和后续发展的辅导。[⑨]

在招募新教学人员时，创业和咨询的实践经验是核心素质要求。在此

---

① 参见德国联邦教育和研究部（BMBF，2002：13），弗埃格利斯塔勒等（Fueglistaller *et al.*，2006）。

② 参见弗埃格利斯塔勒等（Fueglistaller *et al.*，2006），凯勒（Kailer，2007a）。

③ 参见鲍尔和凯勒（Bauer and Kailer，2003）。

④ 参见弗兰卡等（Franke *et al.*，2002），弗埃格利斯塔勒等（Fueglistaller *et al.*，2004）。

⑤ 参见艾诺克（Ennöckl，2002），施瓦茨和格里斯胡博（Schwarz and Grieshuber，2002）。

⑥ 参见弗埃格利斯塔勒等（Fueglistaller *et al.*，2006）。

⑦ 参见施姆德（Schmude，2001）。

⑧ 参见吉布（Gibb，2005），维尔特和海涅曼（Welter and Heinemann，2007），李和王（Lee and Wong，2006），穆格（Moog，2005）。

⑨ 参见伯姆（Böhm，2004）。

背景下，作为教育者的创业者和学术人员之间的合作成为焦点问题。定期在大学和实践之间进行转换很有意义，可通过休假或兼职创业来实现。[①] 由于项目和论坛经常具有区域性特点，额外补充一些国际关系网络也很有益处，比如哈佛商学院创业教育案例教学研讨会项目或德语国家 G 论坛（G-Forum）就是很好的范例。

比创业活动的组织建立更重要的是与地方创业基础设施提供机构的合作。创业部门可以发挥协调者的作用，[②] 也可以为建立地方关系网络开设一些应用研究项目（如评估和需求分析）。

（二）评估

由于补助和扶持项目等这些资源很有限，这就要求我们对其进行充分且有效的利用。此外，相当多的创业席位只在一定时期内被资助，[③] 因此对成果进行评估成为当务之急。[④] 值得一提的是，在人力资源管理（HRM）、管理发展及公司培训 [⑤] 背景下发展起来的评估概念实际上并没有用于创业教育。凯勒 [⑥] 提出了一个关于创业教育在创业前、公司建立及发展阶段的介入的理论模型。亨利等 [⑦] 提出了关于基于纵向研究的创业培训项目发展的理论模型。

尽管一些服务由外部成员（如客座讲师）免费提供，但发展和推行大学创业教育理念仍需要经济来源和工作人员。由于大学资源往往有限，对资源重新分配的讨论往往导致内部对抗和冲突。对项目的评估为培训管理的完善提供重要反馈，对校友开展未来扶持需求的调查同样具有这样的功

---

① 参见欧盟（EC，2006a）。

② 参见普莱特纳（Pleitner，2001）。

③ 参见克兰德特等（Klandt *et al.*，2005）。

④ 参见麦克马伦等（McMullan *et al.*，2001），施姆德和休曼（Schmude and Heumann，2007）。

⑤ 比如伊斯特比－史密斯（Easterby-Smith，1986），弗拉姆豪茨（Flamholtz，1986），豪斯（House，1967），库尔茨等（Kurtz *et al.*，1984），兰兹伯格和韦斯（Landsberg and Weiss，1995），莱姆基（Lemke，1995）。

⑥ 参见凯勒（Kailer，2000）。

⑦ 参见亨利等（Henry *et al.*，2003）。

效。后期前测后测对比调查以及更精细的评估设计都可能带来经济上的收益，因此可以作为扶持措施延期的依据。

然而评估研究的结果是否真正用于大学内部教职工和资源重新分配却未可知。事实证明，在德语地区将校友创业者整合到大学工作团队中来，对于未来战略定位、大学和学院发展计划制定或课程设置都有很好的效果，这一点还可以通过专门针对校友创业者的系统公关活动来进一步加强。[①]

（三）目标群体

1. 定义战略目标群体

由于可能的目标群体具有多样性并且学生的动机水平也高低不同，[②]因此似乎不宜实行统一且强制性的创业教育项目。创业扶持的主要目标对象是（潜在）创始人、新创企业创业者、内部创业者、（未来）新创企业顾问、培训者和教练（银行、创业中心、公司、风险投资公司和技术中心）。另外，也有对其他重要目标群体的扶持（公共关系专家、新闻工作者、游说团体和政治组织中的雇员）（广义上这些扶持也常常被称为创业教育）。（未来）创业研究者则代表着另一个目标群体。[③]

① 创业教育项目应专注于企业（潜在）创建者、创业者和公司创业者。[④]从内容上看，这个项目应将公司生命周期视为一个整体而不仅仅关注创业初期。

② 附加模块（如咨询）对新创企业顾问们来说非常有益。在哈根远程教育大学，新创企业顾问可以获得继续教育证书。[⑤]

③ 政治组织、新闻工作者和意见领袖代表也可作为目标群体，他们可通过一些（短期性）模块或间接性方式（如融入专家网络、研究项目和教学项目）参与进来。

---

① 例如 IUG（2007），UnternehmerTUM（2007）。

② 参见鲍尔和凯勒（Bauer and Kailer，2003），乔斯滕等（Josten *et al.*，2008）。

③ 参见布拉什等（Brush *et al.*，2003），约翰尼森和贝西亚纳（Johannisson and Veciana，2008）。

④ 参见柯比（Kirby，2006）。

⑤ 参见安德赛克（Anderseck，2001）。

专注于目标团体有很多好处。一项校友研究表明，学生参加的创业课程、其他相关服务及活动越多就越可能成为创业者。[①]

2. 专注于有高创业动机的个人和群体

影响个人创业活动的三个因素是：选择的学习领域、学习过程和家庭背景。[②]此外，由于德语国家教学资源往往有限，这就意味着创业教育需要专注于那些经过战略选择的具有更高创业动机和更多创业活动的目标群体和课程。这个方法的优势在于毕业生更有可能进行实际创业并为后来的学生提供示范和例证。

（自我）评估工具[③]对于识别高创业潜能的个体很有效。这些人是额外扶持的优先目标群体。[④]这些工具显然很重要，因为个体对职业前景的态度是影响个体做出自我雇佣决策的最主要因素。[⑤]对科研人员而言，重视签订临时合同的工作人员是合理的。[⑥]按照课程规定，在课前无法进行例如“选择赢家”这样的评估，那么至少应提供自我评估工具。此外，我们也可针对 3% 至 6% 的创业活跃的学生[⑦]或校友中的兼职创业者。[⑧]

3. 企业继承人

在学生群体中，继承企业不如创建新企业那样受欢迎。[⑨]原因可能是：缺乏业务和领导经验、资金问题、缺乏感兴趣的供转让的企业。另外，对实现自己新创企业创意的渴望往往是其强大创业动机的源泉，[⑩]因此，专注于已有工作经验的校友并支持继承者和企业移交者之间的知识转让十分有意义。

企业继承应该成为研究生阶段学习的一个常规话题。有家族企业的学

① 参见凯勒（Kailer，2005），缪勒（Müller，2008）。

② 参见弗埃格利斯塔勒等（Fueglistaller *et al.*，2006）。

③ 如埃尔彭贝克和冯·罗森斯蒂尔（Erpenbeck and von Rosenstiel，2003），海泽等（Heyse *et al.*，2004），缪勒（Müller，2007）。

④ 参见加洛韦等（Galloway *et al.*，2006）。

⑤ 参见弗埃格利斯塔勒等（Fueglistaller *et al.*，2004）。

⑥ 参见克里格斯曼（Kriegesmann，2000）。

⑦ 参见弗埃格利斯塔勒等（Fueglistaller *et al.*，2006）。

⑧ 参见艾诺克（Ennöckl，2002）。

⑨ 参见弗埃格利斯塔勒等（Fueglistaller *et al.*，2006）。

⑩ 参见维尔特和海涅曼（Welter and Heinemann，2007）。

生倾向于先完成学业再接管企业。[①] 因此在研究生学习期间应为这些学生提供额外的课程或扶持措施。

4. 女性学生和女性创业者

女性学生倾向于表达出一种对个体辅导、人际网络和交叉指导的特殊需求，[②] 她们更喜欢做兼职创业者或成为创业团队的成员。这种情况下将有经验的创业者、女性创业者以及在指导中受过培训的人组合在一起作为榜样示范会发挥很好的帮助作用。针对潜在女性创业者的扶持措施由于会带来人口统计学特征的变化，将对新企业创建数量产生显著影响。[③]

5. 毕业生

由于多数新公司都是在毕业后几年内建立起来的，与校友的持续沟通以及来自于他们的支持具有重要的战略意义。需要强调的是，与英美地区相比，德语国家的校友组织相对较少。[④] 多数情况下这些校友中心不提供培训课程以及针对潜在创业者和企业继承人的其他服务。[⑤] 校友主要与创业教席和他们就读的学院保持联系。[⑥] 因此，也建议创业部门建立自己的校友关系网络，以此作为现有全校性人际关系网络的补充。博士在读学生与尚未获得终身教职的大学教员的创业热情高涨，[⑦] 他们应该得到特殊扶持和关注。奥地利“学术 + 商业”项目（集中关注创业前孵化）、德国 PFAU（PFAU-Initiative）计划和维也纳大学校友会组织的 UNIUN（UNIUN-Program）项目都是其中的典范。

由于德语地区校友中心资源有限，对校友及其新创企业的指导需要创业机构与地方扶持性基础设施，如商会、青年创业者关系网络、新创企业

① 参见利欧多尔特（Leodolter，2005）。

② 参见乔斯滕等（Josten *et al.*，2008）。

③ 参见戈特沙尔克（Gottschalk，2008）。

④ 参见穆格（Moog，2005），威尔逊（Wilson，2004）。

⑤ 参见哈伯克（Haböck，2007）。

⑥ 参见霍尔泽和亚当麦茨（Holzer and Adametz，2003），图姆 – 克拉夫特等（Thum-Kraft *et al.*，2007）。

⑦ 参见鲍尔和凯勒（Bauer and Kailer，2003），维尔特和海涅曼（Welter and Heinemann，2007）。

中心、孵化园及创投基金的合作。

高校未来几年的中心任务是将现有的校友中心与创业者联系起来和/或发展像欧洲行政事务研究所（INSEAD）或麻省理工学院（MIT）这样的创业者俱乐部。

（四）课程设计和结构的关键因素

1. 在课程中解决初创企业可能面临的障碍

在设置创业课程时应考虑未来创业者的可能障碍[①]以及学业完成与创业活动之间的时间跨度，因此提高对创业的总体态度是主要目标。要达到这一目标，所学课程应该在创业者的榜样示范支持下从更宏观的创业概述入手展开教学。应该为对创业和内部创业有更具体兴趣的学生，提供更多的选修课程，其中应该集中讨论诸如融资和补贴之类的创业话题。由于相关信息很难广泛传播，对扶持性基础设施的概要介绍至关重要。这些选修课程还会教授与专利审核法及知识产权相关的问题。提供大量的信息和知识很难对创建新企业发挥促进作用，[②]因此在教学方面要采取“实践”方法，如准备商业计划等。[③]维尔特和维尔特[④]指出把实践型课程融入课程体系的极端重要性。为使学生能够建立起职业关系网络，课程应该把风险投资者、天使投资人以及创业基础设施中的教练和专家囊括起来。在创业过程中，正在准备创业或已成为创业者的学生与校友尤为需要培训和扶持，而大学也能提供这样的培训和扶持。对毕业生进行培训和为衍生公司与学术孵化器提供投资只是创业扶持的几个备选方法而已。

2. 对产生创业点子和评估其市场潜力的支持

事实证明，在创业点子、已有产品原型以及创业意向强度之间确定存在关联。

---

① 参见汉农（Hannon，2005）。

② 参见弗兰克和鲁瑟（Franke and Lüthje，2002）。

③ 参见欧洲委员会创业与工业总署（EC/Enterprise and Industry Directorate-General，2008a），缪勒（Müller，2008）。

④ 参见维尔特和维尔特（Walter and Walter，2008）。

在各门所学课程和各个教育层次中都能发现积极创业的学生。[①]维尔特和海涅曼[②]研究指出，学生的创业意向与课外活动密切相关。

因此应该让学生在其学术生涯的各阶段都有机会接触相关课程、研讨会、咨询辅导以及评估其创业能力、创业潜力和创业点子的方法和其他扶持措施。

学生的创业点子和产品原型往往是在学习工程或自然科学的过程中（如通过项目工作或硕士论文）在不考虑商业应用的情况下发展出来的。在不考虑潜在消费群体需求的情况下进行产品开发，被视为高科技创业领域的障碍。[③]因此很有必要向对创业活动感兴趣的学生提供一种可能性，去分析其理念或产品的市场潜能。在制定商机计划时就有效地明确其理念，这为后来策划阶段中更详细的商业计划奠定基础，也在跨学科课程中将工程专业和创业专业的学生结合到一起。

3. 建立与创业者联系的网络

学习过程中周边环境与工作经历的刺激是个体做出自雇决策的重要影响因素。[④]与创业者联系越紧密就能与其建立越多的联系并从这些榜样身上学到越多。[⑤]实地考察、创业公司实习、项目性活动、研讨和采访只是建立学生和创业者之间联络的诸多可能路径中的一部分。应通过邀请创业者担任课堂嘉宾或作为案例研究对象的方式为本科生提供和创业者面对面的机会。这里需要指出的是，初次创业者和经验丰富的创业者都很重要，因为只有这样才能把创业生命周期的每个阶段都展现出来。对企业失败的讨论也提供重要的见解。事实证明，创业者和外部专家作为指导者对毕业生大有裨益。学习期间，访谈校友对建立与创业者和新创企业顾问的联系意义重大。这种方式对帮助学生拓宽自己的人际网络也特别有价值。促进高校

① 参见弗埃格利斯塔勒等（Fueglistaller *et al.*，2006），凯勒（Kailer，2007a）。

② 参见维尔特和海涅曼（Welter and Heinemann，2007）。

③ 参见斯托金格（Stockinger，2009）。

④ 参见欧洲委员会创业与工业总署（EC/Enterprise and Industry Directorate–General，2008），维尔特和海涅曼（Welter and Heinemann，2007）。

⑤ 参见加洛韦等（Galloway *et al.*，2006）。

创业中心与校友网络及地方创业者网络（比如青年创业者网络、青年商会和其他商会）之间的合作是未来拓宽人际关系网络的主要任务，也是决定成为创业者的先决条件。[①]

4. 组建具有完备能力结构体系的创业团队

课程设计的另一个主要方面是为有多样能力的初始和衍生创业团队提供框架条件。高科技企业从具有商业、工程和法律背景的创建团队中受益匪浅。因此，应特别注重在课程中组建跨学科的大学生和博士生团队，同时也要高度重视将具有专业特长的略微年长和经验丰富的团队成员整合进来。

由此衍生出的出发点包括：

① 通过相应的系统性和教学性课程设计（比如定期反思的团队活动、团队培训及跨学科项目）来发展团队能力。

② 提供关于创业能力、个人与团队的学习、工作模式的评估。[②]

③ 成立自主学习中心，使本科生、研究生、校友、创业者和管理者能以合作方式继续学习，这方面阿什里奇管理学院（Ashridge Management School）的虚拟学习资源中心是很好的范例。

④ 由高校扶持来寻找有经验的能给新创企业项目带来专业技能、项目、领导经验、人脉以及创业资本的团队伙伴。

⑤ 由于可能出现团队冲突，因此在发展初期就提供培训扶持。

5. 项目的模块结构

建议实行创业教育的模块化设计，这样它就更加容易整合到不同的课程中去，也能更好地兼顾学生的个人兴趣和既有知识。特别是在后续培训中可以有很多种学习选择，包括从短期研讨会到研究生创业教育的工商管理硕士等。学生和校友都更喜欢能获得学分以便获得认证证书的课程。[③] 因

---

① 参见布卢姆伯格（Blumberg，2008）。

② 参见埃尔彭贝克和冯·罗森斯蒂尔（Erpenbeck and von Rosenstiel，2003），海泽等（Heyse *et al.*，2004），缪勒（Müller，2007）。

③ 参见鲍尔和凯勒（Bauer and Kailer，2003），艾诺克（Ennöckl，2002），维尔特和海涅曼（Welter and Heinemann，2007）。

此跨学科团队合作应为参与各个学习领域的学生提供学分（根据欧洲学分转换系统）。先前在企业中工作的经验及后续培训也可以被认证（ABWF，2006），"博洛尼亚进程"（Bologna Process）计划助推了这一趋势。这些模块的时间安排无论对在校学生还是已经工作的毕业生来说都是关键问题。参加创业暑期学校对已（自主）创业的人来说基本不可能，但对很多毕业生来说却很有吸引力。此外，自主学习的模块和资料也能减少时间限制。哈根大学（Hagen University）远程教育的"创业管理"是这方面的典范。

6. *在外部专家和创业者的帮助下为创业学习提供支持*

不同目标群体的时间和资金资源各不相同，因此需要不同的教学手段。[①]学习形式应该适应一般成年人尤其是创业者的需要，自主学习、团队协作、实践项目和持续反思 / 培训只是其中的一部分选择。[②]当然这需要有经验且受过良好培训的工作人员。大学里的教学人员并不都具备咨询和培训的能力。因此，有创业经验的人和创业相关机构（如银行、孵化园和风险投资者）中有经验的教练应成为教学人员的一部分。如何招聘这些人员并将他们融入项目至关重要。除团队教学和以客座讲师或项目教练的身份参与教育教学这些方式以外，类似于作为剑桥大学长聘驻校创业者[③]或实践教授（Professors of Practice）[④]这些方式似乎是发挥创业者功能最为有效的途径。当然这些做法也需要与国际性继续教育（比如哈佛商学院和欧洲创业研究基金会合作的创业教育案例教学研讨会）以及大学内部的朋辈辅导、自我发展和继续培训等方式相结合。

（五）服务与扶持措施

除（模块化）课程之外还应提供更多其他的扶持措施与服务。总的来说，这些扶持应该充分考虑学生和校友的不同动机水平和个体信息，并且

---

① 参见威尔逊（Wilson，2004）。

② 参见欧洲委员会创业与工业总署（EC/Enterprise and Industry Directorate–General，2008），欧盟创业与工业总署（EC Commission/DG Enterprise and Industry，2008），穆格（Moog，2005），雷伊（Rae，2007）。

③ 参见维卡纳姆（Vyakarnam，2005）。

④ 参见吉布（Gibb，2005）。

它们应该覆盖整个学习进程。只有围绕自我雇佣与创业领域的相关话题进行持续探讨才能使创业的人为障碍因素（如对失败的恐惧）得以削减。相应地，影响个体创建自己公司的物质障碍因素（比如缺少资金、伙伴和专业技术技能）越发凸显，需要人们在未来予以关注和破解。[①]学习进程中这些扶持措施的时间安排是一个关键问题。学生和校友越接近他们的创业启动，就越需要我们的扶持措施有实践性、个性化设计。[②]这就意味着应该为本科生提供创业总体概况和证书以作为激励因素，随后为他们提供作为创业教育中心环节的商业计划指导。对于处在学习后期阶段的学生以及积极创业的学生和校友应该提供额外的个体咨询、培训以及建立和扩充商业关系网络的扶持。同样，与提供创业基础设施的地方机构的合作也很可能富有成效。在学术性孵化器中，咨询的质量直接影响到年轻创业者是否做出扩展业务的决定。[③]

三、未来需要研究的问题

通过对实证研究结果及对大学创业教育理念设计建议的回顾，我们提出未来研究的几个主题，主要有以下两个方面。

第一，创业教育研究需要注重前文提到的目标群体以便通过整合其特定需求来凝练大学的创业教育理念。应该评估多种课程设计的影响，比如，潜在企业继承人由于在家族企业工作过往往具有工作经验，同时由于他们往往打算毕业后很快就接管家族企业，因此他们在学习过程中就开始做接管计划。显然，对学生项目团队来说，潜在的企业继承人是很有意思的团队成员（并且是 / 或者是实例）。由于时间限制，自主学习理念、跨学科团体以及项目团队中的全职就业学生、学生创业者和外部指导者的组合问题在未来研究中十分重要。应对不同环境进行评估以分析其各自影响。学术

① 参见德国联邦教育和研究部（BMBF，2002）。

② 参见鲍尔和凯勒（Bauer and Kailer，2003），维尔特和海涅曼（Welter and Heinemann，2007），凯勒（Kailer，2007a）。

③ 参见克利（Klee，2008）。

人员的角色转变也应该受到重视：未来需要什么样的非技术性能力（例如在培训和指导领域）？应该如何培养学术人员的这种能力？这也涉及这样一个问题：大学怎样找到外部专家和创业者与取得终身教职的教师之间最有效的合作方式？

第二，创业教育研究必须重新评估它的研究方法。必须承认更多纵向研究的相关性和必要性，这样才能获得关于融入大学创业教育理念中的各种措施影响的具体信息。跟战略性目标群体的选择相关的大学创业教育理念凝练问题也和研究方法问题密切相关。未来研究应注重定性研究及案例研究，以便深入理解各种措施的质量和长期影响（不仅在公司建立前，也包括在决定创业后），比如这些研究方法将比定量研究能够更好地了解学术衍生公司和高科技公司的需要。

参考文献

Achleitner, A.-K., C. Kaserer, S. Jarchow and K. Wilson (2007), “Entrepreneurship education in German speaking Europe”, Working Paper no. 2007–01, Center for Entrepreneurial and Financial Studies, Technical University Munich.

Anderseck, K. (2001), “Der Gründerberater – Elemente zu seiner Professionalisierung”, *IGA- Zeitschrift für Klein- und Mittelunternehmen*, 49 (2001/4), 256–272.

Arbeitsgemeinschaft betriebliche Weiterbildungsforschung e.V. (ABWF) (ed.) (2006), *Kompetenzen bilanzieren*, Münster: Waxmann.

Badelt, C. (2004), *Die unternehmerische Universität: Herausforderung oder Widerspruch in sich?* Wien: Picus.

Bauer, U. and N. Kailer (2003), “Gründungsneigung von Technikern am Beispiel der Technischen Universität Graz und ausgewählten Wirtschaftsingenieurstudiengängen”, BWL Education & Research Series No. 7.Graz.

Bergmann, H. and F. Halter (2006), *International Survey on Collegiate Entrepreneurship — Läderbericht Liechtenstein 2006*, St Gallen: KMU-HSG.

Berwert, A., E. Luthi, A. Leu, D. Künzle and H. Rütter (2004), “Studieren – Forschen –

Unternehmen gründen– THISS", Synthesis Report No. 25, Bern und Aarau.

Blumberg, B. (2008), "An inquiry in the role of personal networks for starting a new business", proceedings of the G-Forum 12th Annual Interdisciplinary Entrepreneurship Conference, 6–7 November, Dortmund.

Böhm, J. (2004), "Gründungsförderung an Hochschulen im internationalen Vergleich", thesis, University of Linz.

Böhm, D. (2008), "Gründungsneigung und Gründungsaktivitäten von HochschulabsolventInnen", thesis, University of Linz.

Bosma, N. and R. Harding (2007), *Global Entrepreneurship Monitor GEM 2006*, Babson College and London Business School (eds), Babson Park, MA and London.

Botham, R. and C. Mason (2007), "Good practice in enterprise development in UK higher education", National Council for Graduate Enterpreneurship Research Report 4/2007, Birmingham.

Brush, C., I. Duhaime, W. Gartner, A. Stewart, J. Katz, M. Hitt, S. Alvarez, G. Meyer, and S. Venkataraman(2003), "Doctoral education in the field of entrepreneurship", *Journal of Management*, 29 (3), 309–331.

Bundesministerium für Bildung und Forschung (BMBF) (ed.) (2002), "Studierende und Selbständigkeit – Ergebnisse der EXIST-Studierendenbefragung", EXIST – Studien No. 2, Bonn.

Bundesministerium für Wirtschaft (BMWi) (ed.) (n.d.), EXIST – Existenzgründungen aus der Wissenschaft, available at: http:///www.exist.de (accessed 5 June 2009).

Burgoyne, J. and R. Stuart (1978), "Management development programmes: underlying assumptions aboutlearning", in J. Burgoyne and R. Stuart (eds), *Management Development: Context and Strategies*, Westmead:Gower, pp. 93–114.

Carlsson, B. (2005), "Universities, entrepreneurship and public policy: lessons from abroad", in S. Shane(ed.), *Economic Development through Entrepreneurship: Government, University and Business Linkages*, Cheltenham, UK and Northampton, MA, USA: Edward Elgar, pp. 198–218.

Charlton, K. (2005), *Executive Education: Evaluating the Return on Investment – Bringing the Client Voice into the Debate*, Berkhamsted: International University Consortium for Executive Education and Ashridge Business School.

Charney, A. and G. Libecap (2000), "The impact of entrepreneurship education: an evaluation of the Berger Entrepreneurship Program at the University of Arizona 1985–1999", revised final report, Tucson.

Chlosta, S., H. Klandt and J. Tobias (2006), *German Survey on Collegiate Entrepreneurship*, Oestrich-Winkel:European Business School.

Cone, J. (2005), "Teaching entrepreneurship in colleges and universities", in *Kauffman Thoughtbook 2005*, Kansas City: Ewing Marion Kauff man Foundation, pp. 72–79.

Easterby-Smith, M. (1986), *Evaluation of Management Education, Training and Development*, Aldershot:Gower.

Easterby-Smith, M. and M. Tanton (1988), "Strategies and faculty development in business schools and management development institutions: an international study", CSML Working Paper, University of Lancaster.

Egeln, J., H. Fryges and S. Gottschalk (2007), "Dynamik von akademischen Spinoff-Gründungen in Österreich", Discussion Paper No. 07–021, ZEW Centre for European Economic Research, Mannheim.

Ennöckl, J. (2002), "Hemmende und fördernde Faktoren der Unternehmensgründung durch Studierende", thesis, University of Linz.

Erpenbeck, J. and L. von Rosenstiel (eds) (2003), *Handbuch Kompetenzmessung Stuttgart*, Stuttgart: Schaeffer-Pöschel Verlag.

EU Commission/DG Enterprise and Industry (2008a), "Survey of Entrepreneurship in Higher Education in Europe", Bruxelles, December, available at: http://ec.europa.eu/enterprise/entrepreneurship/support_measures/training education (accessed 2 January 2010).

EU Commission/DG Enterprise and Industry (2008b), *Survey of Entrepreneurship in Higher Education in Europe, Appendix B: Good Practice Examples of*

Entrepreneurship Education in European Higher Education Institutions, ECON/NICOS/FOR A, Bruxelles, December, available at: http://ec.europa.eu/enterprise/entrepreneurship/support_measures/training_education (accessed 2 January 2010).

EU Commission/DG Enterprise and Industry (2008c), *Survey of Entrepreneurship in Higher Education in Europe, Appendix A: Table Report*, Bruxelles, December, available at:http://ec.europa.eu/enterprise/entrepreneurship/support_measures/training_education (accessed 2 January 2010).

Euler, H.-P. (2004), "Studienwahl und Berufsschicksal von Absolventen und Absolventinnen technischnaturwissenschaftlicher Studienrichtungen", Trauner Universitätsverlag, Linz.

European Commission (EC) (2002a), "High tech SME in Europe", European Network for SME Research No.6, Brussels.

European Commission (EC) (2002b), University spin-outs in Europe – overview and good practice, Innovation Paper Series No. 21, Brussels.

European Commission (EC) (2006a), *Entrepreneurship Education in Europe: Fostering Entrepreneurial Mindsets through Education and Learning – Final Proceedings*, Oslo: EC.

European Commission EC (2006b), *Communication from the Commission to the Council and the European Parliament – Delivering on the Modernisation Agenda for Universities: Education, Research and Innovation*, COM(2006) 208 final, 10.5.2006, Brussels.

European Commission (EC) Enterprise and Industry Directorate- General (2008), "Best procedure project:entrepreneurship in higher education, especially within non-business-studies – final report of the expert group", Bruxelles.

European Commission (EC) Enterprise Directorate-General (2004), "Final report of the expert group 'Education for Entrepreneurship'", Bruxelles.

European Foundation for Entrepreneurship Research (EFER) (ed.) (2007), "29 centers of dynamic entrepreneurship", unpublished interim report, Bruxelles.

Fayolle A., B. Gailly and N. Lassas-Clerc (2005), "Capturing variations in attitudes and intentions: a longitudinal study to assess the pedagogical effectiviness of entrepreneurship teaching programmes", Cahiers de Recherche No. 2005/11, EM Lyon, Lyon.

Flamholtz, E. (1986), *Human Resource Accounting*, San Francisco, CA and London: Jossey-Bass.

Frank, H., C. Korunka and M. Lueger (1999), *Unternehmerische Haltung und Gründungswissen. Eine Bestandsaufnahme an Öterreichischen Universitäten und Fachhochschulen*, Vienna: University of Economics.

Frank, H., C. Korunka and M. Lueger (2002), *Entrepreneurial Spirit*, Vienna: WUV Universitätsverlag.

Franke, N. and C. Lüthje (2002), "Studentische Unternehmensgründungen – dank oder trotz Förderung?", *Schmalenbachs Zeitschrift für betriebswirtschaftliche Forschung*, 2002/3, 96–112.

Franke, N. and C. Lüthje (2004), "Entrepreneurial intentions of business students: a benchmarking study", Vienna University of Economics and Business Administration.

Fueglistaller, U. and F. Halter (2006), *Swiss Survey on Collegiate Entrepreneurship 2006.* KMU-HSG (ed.). St. Gallen.

Fueglistaller, U., F. Halter and R. Hartl (2004), "Unternehmertum im universitären Umfeld", *Internationales Gewerbearchiv*, 52 (1/2004), 15–31.

Fueglistaller, U., H. Klandt and F. Halter (2006), "International Survey on Collegiate Entrepreneurship", KMU-HSG Swiss Institute for Small Business and Entrepreneurship at the University of St Gallen and European Business School, St Gallen and Oestrich-Winkel.

Fueglistaller, U., H. Klandt, F. Halter and C. Muller (2009), "An international comparison of entrepreneurship among students. International report of the Global University Entrepreneurial Spirit Students' Survey", KMU-HSG Swiss Institute for Small Business and Entrepreneurship at the University of St Gallen and European Business

School, St Gallen and Oestrich-Winkel.

Galloway L., S. Kelly and W. Keogh (2006), "Identifying entrepreneurial potential in students", NCGE Working Paper 6/2006, Birmingham, available at: www.ncge.com (accessed 5 October 2009).

Garavan, T. and B. O'Cinnéide (1994), "Entrepreneurship education and training programmes: a review and evaluation", *Journal of European Industrial Training*, 18 (8), 3–12 (Part 1) and 18 (11), 13–21 (Part 2).

Gibb, A. (2005), "Towards the entrepreneurial university: entrepreneurship education as a lever for change", NCGE Policy Paper 3, Birmingham, available at: www.ncge.com (accessed 4 October 2009).

Göthner, M., U. Cantner, M. Obschonka and R. Silbereisen (2008), "Approaching the agora – determinants of scientists's intention to persue academic entrepreneurship", Proceedings of the G-Forum 12th Annual Interdisciplinary Entrepreneurship Conference, 6–7 November, Dortmund.

Gottschalk, S. (2008), "Die Auswirkungen des geographischen Wandels auf das Gründungsgeschehen in Deutschland", Proceedings of the G-Forum 12th Annual Interdisciplinary Entrepreneurship Conference, 6–7 November, Dortmund.

Gutschelhofer, A. and N. Kailer (2002), "Stiftungslehrstuhl für Unternehmensgründung an der Universität Linz – Konzept und aktueller Realisierungsstand", in S. Buchinger (ed.), *Gründerland Öterreich*, Wien:Bundesministerium fur Wirtschaft und Arbeit/Center Wirtschaftspolitik pp. 121–135.

Haböck, D. (2007), "Beiträge österreichischer Alumnivereinigungen zur Kundenbindung in Hochschulen und zur Förderung von Unternehmensgründungen aus Hochschulen", thesis, University of Linz.

Hannon, P. (2005), "The journey from student to entrepreneur – a review of the existing research into graduate entrepreneurship", NCGE Policy Paper 4, Birmingham, available at: www.ncge.com (accessed 5 October 2009).

Harms, R. and D. Grichnik (2007), "Zur Zukunft der deutschsprachigen Entrepreneurship for schung", *Zeitschrift für KMU und Entrepreneurship (ZfKE)*, 55 (2007/4), 266–275.

Henry, C., F. Hill and C. Leitch (2003), *Entrepreneurship Education and Training*, Aldershot and Burlington:Ashgate.

Heyse, V., J. Erpenbeck and H. Max (eds) (2004), *Kompetenzen erkennen, bilanzieren und entwickeln*, Münster: Waxmann.

Hindle, K. (2007), "Teaching entrepreneurship at university: from the wrong building to the right philosophy", in A. Fayolle (ed.), *Handbook of Research in Entrepreneurship Education*, Cheltenham, UK and Northampton, MA, USA: Edward Elgar, vol. 1, pp. 104–126.

Holzer, F. and C. Adametz (2003), *TUG- AbsolventInnenbefragung 2003*, Graz: University of Technology.

House, R. (1967), *Management Development: Design, Evaluation and Implementation*, Ann Arbor, MI: Bureau of Industrial Relations, University of Michigan.

Hytti, U. and P. Kuopusjärvi (2004), *Evaluating and Measuring Entrepreneurship and Enterprise Education:Methods, Tools and Practices*, Turku: Small Business Institute.

IGW-HSG and START (2003), *Swiss Survey on Collegiate Entrepreneurship*, St Gallen: IGW-HSG/START.

Institut für Mittelstandsforschung Bonn (IfM) (2004), "IfM Bonn untersucht Existenzgründungsklima an deutschen Hochschulen", available at: http://www.ifm-bonn.org/ergebnis/100nf.htm, 8.11.2004 (accessed 10 October 2009).

Institut für Unternehmensgründung und Unternehmensentwicklung (IUG) (2007), *GründerInnen und NachfolgerInnen im Portrait*, Linz: University of Linz.

Isfan, K., P. Moog and U. Backes-Gellner (2005), "Die Rolle der Hochschullehrer für Gründungen aus deutschen Hochschulen", in A.-K. Achleitner, H. Klandt, L. Koch and K.-I. Voigt (eds), *Jahrbuch Entrepreneurship – Gründungsforschung und Gründungsmanagement 2004/05*, Berlin and Heidelberg: Springer Verlag pp. 339–362.

Johannisson, B. and J. Veciana (2008), "The internationalization of postgraduate entrepreneurship education:the case of EDP", in H. Frank, H. Neubauer and D. Rössl (eds), *Beiträe zur Betriebswirtschaftslehre der Klein- und Mittelbetriebe*, in *Zeitschrift für KMU und Entrepreneurship (ZfKE)*, Sonderheft 7, Berlin:Duncker & Humblot. pp. 57–74.

Josten, M., M., van Elkan, J. Laux and M. Thomm (2008), "Gründungsquell Campus (I)", Trierer Arbeitspapiere zur Mittelstandsökonomie No. 12, A. Schmidt (ed.), Trier.

Kailer, N. (2000), "Gründung und Frühentwicklung von Unternehmen: Leistungsspektrum der Gründungshelfer, Kooperationsprobleme und Ansatzpunkte zur Verbesserung", in N. Kailer, H. Pernsteiner and R. Schauer (eds), *Initiativen zur Unternehmensgründung und – entwicklung*, Vienna: Linde, pp. 39–56.

Kailer, N. (2005), "Unternehmensgründung und –übernahme durch HochschulabsolventInnen", *ibw-Mitteilungen* (2005/4), pp. 1–10, available at: www.ibw.at (accessed 10 March 2010).

Kailer, N. (2007a), "Gründungspotenzial und-aktivitäten von Studierenden an österreichischen Hochschulen – Austrian Survey on Collegiate Entrepreneurship", IUG Working Paper Series No. 6, Institute forEntrepreneurship and Organizational Development, University of Linz, available at: http://www.isce.ch(accessed 12 March 2010).

Kailer, N. (2007b), "Evaluation of entrepreneurship education", in A. Fayolle (ed.), *Handbook of Research in Entrepreneurship Education – A Contextual Perspective*, vol. 2, Cheltenham, UK and Northampton, MA, USA: Edward Elgar, pp. 221–243.

Kailer, N. and K Sokolish (1999), "Auswahlverhalten, Beweggründe, hemmende und fördernde Faktoren des Studiums im FH-Studiengang Unternehmensführung für die mittelständische Wirtschaft", final report, Vienna.

Kailer, N. and G. Weiss (2005), "Unternehmensnachfolge in kleinen und mittleren Familienunternehmen in Oberösterreich", in R. Schauer, N. Kailer and B. Feldbauer-Durstmüller (eds), *Mittelständische Unternehmen – Probleme der Unternehmensnachfolge*, Linz: Trauner, pp. 9–116.

Kailer, N., D. Bohm and R. Zweimüller (2010), "Unternehmerisches Potenzial von

AbsolventInnen der Johannes Kepler Universität Linz – Ergebnisse einer Online-Erhebung bei JKU-AbsolventInnen", IUG Working Paper Series No. 6, Institute for Entrepreneurship and Organizational Development, University of Linz.

Kailer, N., H. Pernsteiner and R. Schauer (eds) (2000), *Initiativen zur Unternehmensgründung und-entwicklung – Konzeptionelle Überlegungen und Fördermaßnahmen auf dem Prüfstand*, Vienna: Linde Verlag.

Katz, J. (2004), *2004 Survey of Endowed Positions in Entrepreneurship and Related Fields in the United States*, Kansas City: Ewing Marion Kauff man Foundation.

Kerst, C. and K.-H. Minks (2005), *Selbständigkeit und Unternehmensgründung von Hochschulabsolventen fünf Jahre nach dem Studium*, Hannover: HIS-Projektbericht.

Kirby, D. (2006), "Creating enterpreneurial universities: a consideration", NCGE Working Paper 5/2006, Birmingham, available at: www.ncge.com.

Klandt, H., L. Koch, and B. Knaup (2005), *FGF Report Gründungs-Professuren 2004*, Bonn: Förderkreis Gründungs-Forschung.

Klee, E. (2008), "Eine empirische Analyse zu Präinkubatoren deutscher Hochschulen", Proceedings of the G-Forum 12th Annual Interdisciplinary Entrepreneurship Conference. 6–7 November, Dortmund.

Knuth, A. (2008), "Koordination der Gründungsförderung im Wissenschafts- und Hochschulbereich", Proceedings of the G-Forum 12th Annual Interdisciplinary Entrepreneurship Conference, 6–7 November, Dortmund.

Koch, L. (2003), "Unternehmerausbildung an Hochschulen", *Zeitschrift für Betriebswirtschaft*, Ergänzungsheft 2/2003, 25–45.

Koch, L. and T. Kautonen (2005), "Organizing new venture support in regional networks: Exploring evidence from 'EXIST-Entrepreneurs from Universities' in Germany", *Journal of Enterprising Culture*, 13, 127–144.

Kriegesmann, B. (2000), "Unternehmensgründungen aus der Wissenschaft", *Zeitschrift für Betriebswirtschaft*, 70 (4/2000), 397–414.

Kurtz, H.-J., A. Marcotty and R. Stiefel (1984), *Neue Evaluierungskonzepte in der*

Management-Andragogik, Munich: Edition Academic.

Landsberg, G. von and R. Weiss (ed.) (1995), *Bildungs-Controlling*, 2nd edn, Stuttgart: Schäffer-Poeschel.

Lee, L. and Wong, P. (2006), "Entrepreneurship education – a compendium of related issues", in S. Parker (ed.), *The Life Cycle of Entrepreneurial Ventures*, New York: Springer, pp. 79–106.

Lemke, S. (1995), *Transfermanagement*, Göttingen: VAP.

Leodolter, M. (2005), "Universitäts- AbsolventInnen als Unternehmensgründer und –übernehmer", thesis, University of Linz.

Lucas W. and S. Cooper (2004), "Enhancing self-efficacy to enable entrepreneurship: The case of CMI's Connections", MIT Sloan Working Paper 4489–04, MIT Sloan School of Management.

Mayrhofer, W., M. Meyer and J. Steyrer (2005), *Macht?Erfolg?Reich?Glücklich? – Einflussfaktoren auf Karrieren*, Vienna: Linde.

McKeown, J., C.Millman, S. Sursani, K. Smith and L. Martin (2006), "UK graduate enterpreneurship education in England, Wales and Scotland", NCGE Working Paper 30/2006, Birmingham.

McMullan, W., J. Chrisman and K. Vesper (2001), "Some problems in using subjective measures of effectiveness to evaluate entrepreneurial assistance programs", *Entrepreneurship Theory and Practice*, 26 (1), 37–54.

Meka, R. (2005), *Wissens-und technologieorientiertes Gründunsgeschehen*, Berlin: Bundesministerium für Bildung und Forschung.

Moog, P. (2005), *Good Practice in der Entrepreneurship-Ausbildung – Versuch eines internationalen Vergleichs*, Bonn: Förderkreis Gründungs-Forschung.

Müller, G (2007), "Fragebogen zur Diagnose unternehmerischer Potenziale (F-DUP)", extended version, Innovate Testcenter Landau, http://testcenter.innovate.de (accessed 10 February 2010).

Müller, S. (2008), "Der Einfluβ von Lehrinhalten und – methoden auf die unternehmerische Intention von Studierenden", Proceedings of the G-Forum 12th Annual Interdisciplinary Entrepreneurship Conference, 6–7, November, Dortmund.

Organisation for Economic Co-operation and Development Working/Centre for Entrepreneurship, SMEs andLocal Development (OECD) (2007), "Evaluation of programmes concerning education for entrepreneurship.Proposed project plan", WPSMEE 31st Session, 29–30 May, Tokyo.

Otten, C. (2000), *Unternehmensgründungen aus Kölner Hochschulen*, Cologne: Wirtschafts- und Sozialgeografisches Institut der Universitat zu Koln.

Pinkwart, A. (2002), "Einflussfaktoren der Gründungsneigung von Studierenden – Ergebnisse einer empirischen Untersuchung", Institut für Mittelstandsforschung Bonn, http://www.ifm- bonn.org/assets/documents/Aufsatz- 3- 22001.pdf (accessed 5 March 2010).

Pittaway, L. and P. Hannon (2007), "Institutional strategies for developing enterprise education: a conceptual analysis", NCGE Working Paper 037/2007, Birmingham.

Pleitner, H.-J. (2001), "Entrepreneurship – Mode oder Motor?", *Zeitschrift für Betriebswirtschaft*, 7 (10), 1145–1159.

Rae, D. (2007), *Entrepreneurship – from Opportunity to Action*, Basingstoke: Palgrave.

Richter, J. (2000), "StudentInnen und Unternehmensgründung", thesis, University of Linz.

Schmude, J. (2001), "Gründungsforschung und Unternehmerausbildung an Hochschulen", *Zeitschrift für Klein- und Mittelunternehmen (ZfKE)*, 49 (2001/2), 89–104.

Schmude, J. and S. Heumann (2007), "Vom Studenten zum Unternehmer: Welche Universität bietet die besten Chancen?", Ranking 2007, University of Regensburg.

Schwarz, E. and E. Grieshuber (2002), "Unternehmensgründung als Berufsalternative österreichischer Studierender", in S. Buchinger (ed.), *Gründerland Österreich* , Vienna: Bundesministerium für Wirtschaft und Arbeit/Center Wirtschaftspolitik, pp. 169–189.

Shane, S. (2003), *A General Theory of Entrepreneurship – the Individual-Opportunity Nexus*, Cheltenham, UK and Northampton, MA, USA: Edward Elgar.

Shane S. (2005), *Academic Entrepreneurship*, Cheltenham, UK and Northampton, MA,

USA: Edward Elgar.

Slembeck T. (2005), "Unternehmensgründung und Selbständigkeit: Wie steht es um die Absolventen der ZFH?", *ZHW- Info 23–05*, 22–7.

Solomon, G., S. Duffy and A. Tarabishy (2002), "The State of Entrepreneurship Education in the United States: A Nationwide Survey and Analysis", *International Journal of Entrepreneurship Education*, 1, 65–86.

Stampfl , C. and U. Hytti (2002), "Entrepreneurship als Herausforderung an das Bildungswesen. Ansätze in Österreich und europäischer Vergleich", ibw- Schriftenreihe No. 123, Wien.

Sternberg, R., U. Brixy and C. Hundt (2007), *Global Entrepreneurship Monitor. Länderbericht Deutschland*, Leibniz Universität Hannover and Institut für Arbeitsmarkt- und Berufsforschung (IAB) München.

Stockinger, A. (2010), "Entrepreneurship Education für technisch-naturwissenschaftliche Studienrichtungen:Empirische Erhebung und Modellbildung", Interim Report, Institute for Entrepreneurship, University of Linz.

Storey, D. (2000), "Six steps to heaven: evaluating the impact of public policies to support small businesses in developed economies", in D. Sexton and H. Landström (eds), *Handbook of Entrepreneurship*, Oxford: Basil Blackwell, pp. 177–193.

Thierstein, A., B. Wilhelm and H. Behrend (2002), *Gründerzeit: Unternehmensgründungen von Absolventen der Ostschweizer Hochschulen*, Bern: Haupt Verlag.

Thum-Kraft M., C. Falter, C. Gahleitner, A. Stockinger and L. Wöss (2007), "Betriebliche Kompetenzentwicklung in Kooperation von Hochschulen und Wirtschaft", IBW-Schriftenreihe 136, Vienna.

Twaalfhoven, B (2007), "Breeding European gazelles – the role of universities", presentation at the EFMD Annual Meeting 11–12 June, Brussels.

Twaalfhoven, B. and K. Wilson (2004), "Breeding more gazelles – the role of European universities", European Foundation for Entrepreneurship Research (ed.), available at: http://www.efer.eu/web/pdf/RP- Breeding%20Gazelles_TheRoleofUniversities.pdf (accessed 15 March 2010).

Twaalfhoven, B., W. Suen and J. Prats (2000), "Entrepreneurship Education and its Funding: A comparison between Europe and the United States", presentation to the European Business Summit, EFER, Brussels.

UnternehmerTUM (ed.) (2004), "Unternehmerkultur-Index 2004 – Befragung unter Studierenden und wissenschaftlichen Mitarbeitern der Technischen Universität München", Munich.

UnternehmerTUM (ed.) (2007), *Kreativität – Teamgeist – Innovation – Eigeninitiative*, 3rd edn, Munich: Zentrum für Unternehmertum an der Technischen Universitat Munchen.

Voigt, E. (2004), *Gründungsbereitschaft und Gründungsqualifizierung – Ergebnisse der Studentenbefragungen an der TU Ilmenau*, Ilmenau: University of Technology Ilmenau.

Vyakarnam, S. (2005), "To inspire, inform and help implement – the role of enterpreneurship education", second AGSE International – Entrepreneurship Teaching Exchange, 14–16 February, Melbourne.

Wallau, F. (2008), "Die Bedeutung von Unternehmensberatern für den Mittelstand", Vortrag zum 1, Mittelstandstag des Zentrums für empirische Mittelstandsforschung, 21 August, Hannover, Institut für Mittelstandsforschung Bonn.

Walter, S. and A. Walter (2008), "Universitäre Gründungsförderung: Direkter und/oder moderierender Einfluss auf studentische Gründungsintentionen?", Proceedings of the G-Forum 12th Annual Interdisciplinary Entrepreneurship Conference, 6–7 November, Dortmund.

Weaver, M., P. Dickson and G. Solomon (2006), "Entrepreneurship and education: what is known and not known about the links between education and entrepreneurial activity", in *The Small Business Economy for Data Year 2005 – A Report to the President*, Washington: US Government Printing Office, pp. 113–155.

Welter, F. and D. Heinemann (2007), "Gründerstudie 06/07 der Universität Siegen – Auf dem Weg zur Unternehmer-Uni", Beiträge zur KMU-Forschung Nr 5, PRO KMU, Siegen.

Wilson, K. (2004), *Enterpreneurship Education at European Universities and Business Schools – Results of a Joint EFER/EFMD Pilot Survey*, Brussels: European Foundation for Entrepreneurship Research (EFER).

Wilson K. (2007), "Dynamic entrepreneurship: the role of universities", presentation to the EU Expert Group Meeting 23 May, Bruxelles.

附录 16–1：高校创业教育理念的构成要素（UEC）

一、视角、任务与政策

① 建设“创业型大学”的任务表述；

② 项目的总体指导思想；

③ 持续评估和概念提升的承诺；

④ 大学和教师队伍发展政策。

二、战略决策

三、创业教育部门的机构设置方式

四、人力资源管理

① 教学人员（临时及终身制）的遴选标准与程序、发展计划及教学职业生涯规划，（跨学科）团队组建以及学术人员与外部讲座嘉宾的协作；

② 来自孵化器、风投公司、银行、创业中心的外部专家以及作为点评人、讲座嘉宾、教练和导师创业者的吸纳。

五、大学的框架条件

① 关于编外员工聘用、专利与发明权的规定；

② 薪酬方案、合同、奖励、绩效评估以及（非）终身职位员工的生涯规划；

③ 关于学分的规定，比如针对学生或员工的实践经验、交叉学科课程任务以及自己的创业启动等方面；

④ 对于创业教育活动的资助（比如政府、企业、银行和校友组织）；

⑤ 关于继续教育、培训扶持（补贴项目、参与者自筹经费）成本的规定；

⑥ 与风投基金合作，为衍生公司提供补贴，大学担任衍生公司的合伙人。

六、内、外部协作

① 创业教育本地与国际战略合作伙伴的识别（公司、校友创业者、青年创业者网络、商会、银行、创业中心、风险投资公司及孵化器）；

② 高校内战略合作伙伴的识别［其他学院和捐赠教席、校友中心、实习中心、学生会、青联组织、诸如 AIESEC（国际经济学商学学生联合会）或学生咨询团体之类的学生组织］；

③ 合作方式的选择（非正式关系网络、合作机构）。

七、目标群体

① 本科生、研究生、校友、企业和其他校外拓展活动；

② 全校性活动或聚焦于特定的研究领域或院系；

③ 与其他大学或企业大学的合作。

八、扶持期限

① 本科生、研究生及毕业后学习；

② 对校友会和衍生公司的继续教育、培训和扶持；

③ 要么专注于特定阶段（创业意识、创业激励、创业启动、创业成长和企业继承），要么对企业整个生命周期的扶持。

九、创业领域的研究

① 基础和应用研究；

② 研究结果对教育项目和支持网络的反馈环。

十、项目规划与课程设计

十一、教育目标

① 提高意识、形成自我雇佣的积极态度、促使学生将创业作为有吸引力的职业选择；

② 评估个体的创业能力；

③ 商业计划、创建和运营新企业或企业继承所需商业与技术能力的培养；

④ 软技能的提高（如营销、谈判、团队建设、领导力和关系网络建设）。

十二、项目和课程管理

① 规划原则（关于需求分析、准入标准与程序、项目规划、项目实施、检查、对学习转化的支持策略、评估、参与者追踪及与校友联络的指导原则）；

② 外部成员的参与（如专家、校友和创业者）。

十三、学习形式的范围

① 课程和工作坊（包括跨学科）；

② 发言嘉宾；

③ 现场考察和实践项目；

④ 案例教学；

⑤ 远程教育；

⑥ 自学计划；

⑦ 自主发展小组。

十四、额外支持与服务、外部拓展活动

① 咨询、培训、辅导和职业咨询；

② 后续培训、研讨会和自主发展小组；

③ 评估与自我评估；

④ 潜在合作伙伴配对与团队建设活动；

⑤ 校友创业者关系网络建设；

⑥ 与商业伙伴、银行和风投的联络；

⑦ 金融支持、衍生公司共同所有、获取风险投资；

⑧ 对创业启动期青年创业者的津贴；

⑨ 获得基础设施（办公室、秘书协助）支持。

第十七章　创业学习型团队在大学创业文化培育中的作用

大卫·雷、西蒙·吉和罗伯特·穆恩
（David Rae，Simon Gee and Robert Moon）

引言

“创业型大学”建设通常被视为一个理想并可实现的目标，但大学这样庞大而复杂的组织如何变得具有创业性呢？尽管有许多创业研究学者努力尝试改变创业文化，但由于常常是孤军奋战，他们的作用也经常被忽视。本章通过对德比大学（University of Derby，UoD）中一个创业学习型团队用五年时间通过“扮演创业者角色”的方式来培养整个大学创业学习文化这一案例，对上述问题进行了探讨，并就一所大学如何实现文化变迁提出了自己的见解。

本章探讨以下问题：

① 大学如何培养创业文化？

② 创业教师如何促进文化变迁？

③ 德比大学的经验中有什么可归纳的学习要点？

本章就斯劳特（Slaughter）、莱斯利（Leslie）和克拉克（Clark）提出的“创业型大学”概念的相关文献进行简要的评述，[①②] 而自这一概念提出后，许多大学中的创业活动和一些新方法得到了蓬勃发展，但其效用却一

① 参见莱斯利（Leslie，1997）。
② 参见克拉克（Clark，1998）。

直受到质疑。

德比大学的案例用于在组织、教学、系统和行为的变化与冲突这些更广泛的背景下，探究大学中创业文化发展与变迁过程。有研究认为，这一创业团队在连接不同的计划中能发挥关键作用，以此推动学校向创业型大学转变。“团队故事”是参与者作为反思型实践者对其学习过程的叙述，以及学生、教职工和外部参与者的反馈。科技创业大赛（Science Enterprise Challenge，SEC）和高等教育创新基金（Higher Education Innovation Fund，HEIF）对相关活动的资助数据也证明了创业活动的发展。该案例将行动学习作为组织变化中的意义建构过程，在变化过程中的“关键事件”，以及该团队从创业研究过程中形成的共享性经验发展而来的“实践理论”，都是这一案例的突出特点。

一、文献中的创业型大学

本文简要综述并总结了对“创业型大学”文献的理解，以及其伴随作用和创业教育学的发展。这一综述没有过多地去搜集那些数量不断增长的，且是由他人精心设计并进行调查研究的创业教育相关文献，[①] 而是找到与研究主题最相关的文献。

自克拉克研究了欧洲高等教育机构（higher education institutions，HEIs）的五个案例并将它们作为典范以来，“创业型大学”的概念便开始广泛传播。[②] 克拉克提出，创业型大学也存在不同种类，其中包括那些“想要进行改变并与那些仍完全故步自封的大学形成系统性差异的大学”。[③]“创业型大学……积极寻求自身运行方式的创新……制度创业既是过程也是结果。”[④]

克拉克提出创业型大学至少基于五个维度要素对自身进行改造：强有力的操控中心、拓宽的发展边界、多样化的经费来源、激活的学术中心地带和包含变革精神且整合的创业文化。[⑤]

① 参见汉农（Hannon，2004），皮特韦和科普（Pittaway and Cope，2005）。
② 参见克拉克（Clark，1998）。
③ 参见克拉克（Clark，1998：3）。
④ 参见克拉克（Clark，1998：4）。
⑤ 参见克拉克（Clark，1998）。

对于克拉克的学术成果及“创业型大学”的制度研究已有批评的声音。迪姆（Deem）认为创业型大学理念只是公共部门普遍存在的“新管理机制”的一种表现，[①] 而克拉克引用的案例是基于选择性的“夸张采访”，并没有反映这些机构的现实。当地的文化、经济和社会因素对塑造每一所大学的身份和本质仍具有影响力，并不是全球范围内都“趋同”创业型大学。苏亚雷斯和阿马拉尔（Soares and Amaral）认为，大学最重要的问题是要变得既更具创新性，又能通过结构与文化变迁产生新的非政府性收入来源。[②]

然而，也有一些作者赞同克拉克的方法。克里斯滕森（Kristensen）的研究指出，哥本哈根商学院正在成为一个“学习型组织”，它具有强有力的操控中心、基于本土特色的国际形象、与商界不断拓展的合作伙伴关系，且正发展成为一所学习型大学。[③] 它推动战略性员工发展、持续性素质拓展、开发商业研究中心和科技园，以及终身学习方法，努力成为更具国际竞争力的机构。加泰罗尼亚、[④] 意大利、[⑤] 波兰 [⑥] 和德国 [⑦] 的其他制度研究为我们呈现欧洲高等教育机构是如何以创业型大学概念为指导，采取各自不同方式来适应不断变化的环境情况。很明显，创业型大学概念在大学改革及其未来发展方向与重点的争论中具有影响力，尤其是与欧盟在知识、创新、创业和高等教育政策中的相互作用。值得注意的是，关于大学创业机构管理的盖尔森基兴宣言（Gelsenkirchen Declaration）提出：

> 欧洲高等教育领域和欧洲研究领域的出现，为欧洲高等教育机构提供维护自己作为教学机构和研究机构的新机会，它们生成并传播知识，从而促进社会和经济的发展与增强凝聚力。一旦大学为了变得更具有创业性而提高自身管理，并将创业研究纳入课程学习，从而培养

---

① 参见迪姆（Deem，2001）。

② 参见苏亚雷斯和阿马拉尔（Soares and Amaral，1999）。

③ 参见克里斯滕森（Kristensen，1999）。

④ 参见索莱－帕拉拉达等（Solé-Parallada *et al.*，2002）。

⑤ 参见拉泽罗尼和皮卡拉加（Lazzeroni and Piccalaga，2003）。

⑥ 参见帕夫洛夫斯基（Pawlowski，2003）。

⑦ 参见舒尔特（Schulte，2004）。

和激发学生自己在未来职业生涯中越来越具有创业精神，这样的复合角色会变得越来越有可能。[①]

这一宣言表明，一种新型高等教育机构正在兴起，它能创造和生成知识，对社会和经济产生影响。宣言列出转变大学管理结构和功能所必需的六大因素：

① 高管的专业化领导和员工专业化；

② 收入来源多样性；

③ 核心学术价值与新的管理、商业和市场实践相结合；

④ 与商业和社区密切接触；

⑤ 创新与创业文化；

⑥ 整合的学术和科研单位来促进知识转移和公司派生。

宣言同时建议为学生介绍创业学习。[②]

北美洲高等教育机构，譬如麻省理工学院（MIT）和斯坦福大学，经常被视为创业型大学的典范，却忽视了这些大学产学结合的独特历史传统。托多洛维奇等人（Todorovic *et al.*）的研究强调创新中的风险承担和通过改变组织文化、流程与人员实现研究商业化的问题，但没有提及教育、学生或教学问题。[③] 扎哈里亚和吉尔伯特（Zaharia and Gibert）指出了大学在知识型社会中所面临的挑战，即在“学术”与“经济”的交叉背景下，对大学的角色以及其与产业的关系提出了新的期待，这就需要大学要对知识创造、生成和分享进行双线管理。[④] 环境问题至关重要，例如与克拉克 1998 年的研究相比，关于屯特大学（Twente）的案例研究更深、更新，得出的结论是那些处于边缘地带和不利处境的高等教育机构也能转变为创业型并获得成功——当然如果这些学校拥有科技和社科部门，将十分有利于这种转变。[⑤] 米克雷（Miclea）指出，“学习去做”既是创业研究又是创业型大

---

① 参见盖尔森基兴（Gelsenkirchen，2003：241）。

② 参见盖尔森基兴（Gelsenkirchen，2003）。

③ 参见托多洛维奇等（Todorovic *et al.*，2005）。

④ 参见扎哈里亚和吉尔伯特（Zaharia and Gibert，2005）。

⑤ 参见拉泽瑞迪和塔佛拉蒂（Lazzoretti and Tavoletti，2005）。

学的基本要素，这一要素影响着行动指向的“知识型创业”的方式与目标。[①]这些不同观点反映出大学的期望范围、主题的复杂性及创业型大学构成要素定义的缺乏。

英国极具权威的创业学者的最新研究成果阐明了这一主题。柯比（Kirby）认为大学创业的重要障碍，主要与其较大的规模和管理阶层有关，这往往阻碍有创业精神的人追求学术事业。[②]他将“创新、识别和创造机会、参与团队协作、承担风险和应对挑战”的能力作为大学或其他地方创业文化的定义。[③]柯比运用创业和企业内部创业理论，阐述了大学应如何创造并支持有利于创业发展的环境。他提出一个战略性的管理方法，即提供对战略及其实施、组织、沟通、激励、表彰、奖励和推广的建议。

吉布认为，[④]商学院不再是大学创业的“领头羊”，而是需要用一种新方法“将创业从经济学的桎梏中解脱出来”，让其立足于“在更广泛的跨学科背景下，并采取一个多元化和普及的社会观点”。[⑤]吉布认为，创业型大学是基于创业教育的方法，并为创业组织设计提出指导方针。总的来说，这种改变需要将高等教育机构转变为“学习”而非“学会”的场所，从多种渠道用开放的态度对待所有知识来源。[⑥]

吉布将创业型大学与创业教育联系起来。尽管人们对这一话题有非常广泛的探讨，但对创业教师及其教学方法的发展却罕有关注。[⑦]近几年的趋势已向经验学习转移，学习“为了”创业而不是“关于”创业，往往注重切实的、可评估的商业计划成果而不是创业技能。汉农提出五大教育理念——自由主义、进步主义、行为主义、人本主义、激进主义——以及他们对创业的启示，建议教育者可根据基本理念接受“领袖、向导、控制者、

---

① 参见米克雷（Miclea，2004）。
② 参见柯比（Kirby，2006）。
③ 参见就业部（Department of Employment，1989：3）。
④ 参见吉布（Gibb，2002，2005）。
⑤ 参见吉布（Gibb，2002：251）。
⑥ 参见吉布（Gibb，2005）。
⑦ 参见贾若万和Ó. 西奈德（Garavan and O’Cinnéide，1994），戈曼等（Gorman *et al.*，1997），汉农（Hannon，2004），皮特韦和科普（Pittaway and Cope，2005）。

辅助者和协调者”的角色，[①] 以及“在明确的创业教育理念基础上建立的高等教育课程……这将实现更高的一致性、明确性，且与目的、过程和实践相一致”。[②]

同样，尽管大学要实现创业型转化需要人力和技术因素这一点是显而易见的，但这方面的研究确实不多。在组织变革中一定会对人力资本和能力有所涉及。克拉克谈到“强有力的操控中心”时，举了一个大学的创业学者和管理人员带领变革的例子；[③] 柯比规定应该做什么但没有规定是谁去做，该如何做；[④] 而吉布清楚地认识到学术领导力必不可少，并由那些具有创业精神的人展现出来。[⑤] 可推测，将创业引入大学需要具备以下能力：

① 愿景和战略野心；

② 领导力；

③ 沟通能力、表达能力和影响力；

④ 个人创造力和创新思维；

⑤ 将多种资源的学习成果灵活运用到不同情景中；

⑥ 在变化、不确定和复杂的条件下工作的能力；

⑦ 组织和学术管理技能。

二、大学创业环境

本文概述了英国创业型大学以及对其环境塑造的标志性发展。越来越明显的是，高等教育机构的运作环境是动态的，但其中只有部分环境是有利于创业的。监管力量［尤其是来自英格兰高等教育基金管理委员会（Higher Education Funding Council for England，HEFCE）及其高等教育质量保障局（Quality Assurance Agency，QAA）的监管］、教学质量和科研水平的评估过程（the Research Assessment Exercise，RAE）、包括学生学费和助学金在

① 参见汉农（Hannon，2005：112）。

② 参见汉农（Hannon，2005：113）。

③ 参见克拉克（Clark，1998）。

④ 参见柯比（Kirby，2006）。

⑤ 参见吉布（Gibb，2005）。

内的经费资助变化及对管理和风险控制的关注等因素都会制约创业发展。自2003年以来，随着现代化、员工和养老金的成本增加，高校承受了不断增长的财政压力。一些大学蓬勃发展，而其他大学则面临学生人数下降的挑战。

在例如高等教育企业与社区延伸基金（Higher Education Reach-out to Business and Community，HEROBAC）、科技创业大赛和高等教育创新基金等项目的有力资助带动下，政府政策和独立研究报告，如《迪尔英报告》（*Dearing*）[①]、《高等教育白皮书》（英国教育和技能部）[②]和《兰伯特评论》（*The Lambert Review*）[③]都大力倡导高校向创业型转变。这些做法都想要推动创业学术研究发展，并促进高校内部文化与系统性变革进而获得“第三方”资助。然而这种变化缓慢且困难重重。因为大学是根植于不同程度的慈善和公共机构的混合组织，它近似商业化，具有独特的学术价值观、习俗和角色认同，既面临着竞争压力，又肩负着计划控制和市场自由的双重期待。这些高等教育机构往往深处于历史和由来已久的本土文化中，这影响和限制了高校的变革能力。这虽然阻挡不了创业的发展，但也确实造成了一定的阻碍。

可以说，“创业型大学”概念不再能带来特殊的帮助。克拉克提出，一个单一的、明确的“创业型大学”概念是不存在的，但术语“创业的”、“创新”和“学习”仍是适用的。[④]毋庸置疑，对于那些将“创业型大学”这个概念视为一种鼓励自我改革方式的政策制定者来说，这是非常有用的，它使高等教育机构对市场、机会和社会更加敏感，同时也提升了大学获取额外收入的能力和减少对国家资金依赖的程度。虽然不是全部，但大多数英国高等教育机构都认为自己是具有创业性的，因为他们广泛参与了多数情况下由政府资助发起的“第三方”活动。这样一来，大多数高校的活动中都具备一定程度的创业性，其中有一些高校比较成功，更接近成为“创业型大学”的目标。但比如说，如果衡量标准是达到高等教育创新基金的

---

① 参见《迪尔英报告》（*Dearing*，1997）。

② 参见英国教育和技能部（DfEs，2003）。

③ 参见《兰伯特评论》（*The Lambert Review*，2003）。

④ 参见克拉克（Clark，1998）。

指标并获得其资助，那么大型科学研究机构的表现将越来越好，因为它们在获得研究资助与知识转移这一重要且专业的领域中驾轻就熟。

公共政策的推力，一方面促进英国大学的创业实践；另一方面，对其工作方式进行衡量、校正和控制。向着这一目标，管理者和学者追求组织变革，因为这对于他们的机构、部门或自己的职业生涯是有价值的、必要的。高等教育机构身处于竞争激烈的市场，对于大多数高校来说，在这个市场中，创业是他们得以生存和发展的唯一路径，通过建立商业活动，用创新方式吸引和教育学生，促进新企业创办并积极参与商业、社区和经济重建。然而，我们对于人这一维度的影响因素及通过这种对创业文化变革所学到的东西知之甚少。我们将通过分析德比大学这一案例（2001 年至 2006 年）来进一步深入探讨，在这个案例中，我们通过追溯组织变革过程来考察大学创业文化的发展。

三、德比大学：一个创业型组织?

德比大学前身为德比高等教育学院（Derby College of Higher Education），于 1992 年正式发展为综合性大学，是第一个直接转变为大学的高等教育学院（CHE）。随着新建筑、学生宿舍的建立，课程和国际伙伴关系的发展，德比大学经历了几年快速扩张时期，并与巴克斯顿的高峰学院（High Peak College of Buxton）合并，成为了一个综合性继续教育和高等教育机构。由于身份、产品、基础设施和机构的组织形式迅速改变，且不断寻求机会和问题的创新性解决方案，这一时期德比大学的发展无疑可被描述为具有创业性的。然而，到 2001 年，这一时期的增长已趋于稳定并历经挫折。学生们变得更难以吸引，该学校边际财务状况恶化，并且在学校目标、实现目标的能力及资源获取三者之间有出现紧张局面的迹象。

2001 年至 2006 年这段时期是德比大学一次艰难变革的阶段，为实现规模经济，德比大学进行重大的结构性重组，把九个小学院重组成包含多个学术部门的四个大院系。德比大学推行一个大胆而又昂贵的计划，19 世纪它在巴克斯顿圆顶德文郡医院（Devonshire Hospital）创建新校区。财政紧缩致使开支受到严格控制，包括教师宿舍和教职工工作量等许多领域受到影响。大量教职工离职，包括当时的校长、副校长和常务副校长也都提前退休。学生和教职工对这所在学术标准和客户服务方面声誉不可靠的机构开始持谨慎态度。

当然也有乐观的时候。1999 年，通过商业与社区参与，德比大学发现了地区性发展的机遇，并首次成功获得了高等教育创新基金的系列资助。2000 年建立区域创业发展（Regional Enterprise Development，RED）办公室和员工关系网来开发和管理整个机构外部资助活动。虽然德比大学的发展波折不断，并在此期间经历了人员大调整，但仍逐渐开发出了一个商业化且集中的工作方法。德比大学通过东米德兰大学协会（East Midlands Universities Association，EMUA）、科技创业网络（Science Enterprise Network，EMSEN）和孵化网络（Incubation Netword，EWIN）与本地区其他高等教育机构建立了伙伴关系。这是在由当时的常务副校长带领下迈出的重要一步，因为以前区域内不同种类的大学之间的关系呈现不同程度的不信任，而且这些关系网促进了德比大学的发展，在与其他大学的合作中分享其专业知识并资助这些领域的发展。依托区域创业发展办公室及其相关活动，德比大学在区域商业与社区活动发展、鼓励组织机构形成创新创业文化等方面开始赢得良好声誉。

在处理大学“传统”商业管理活动的同时，管理这些外部资助活动面临诸多内部矛盾与冲突。从外部商业组织或其他大学中选任的员工发现，虽然他们名义上负责重要项目和活动，但大学的财政及人事政策使诸如签订合同、招聘项目人员、启动费用等问题变得费时又耗力。区域创业发展办公室只好对外部收入进行“控制”，尽管它们往往有着很高的贡献度。一些教育工作者植根于传统的“550 授课时数”的心态，不能或不愿意与业务客户参与课外的短期课程或活动。提供优质教室、餐饮、技术支持和管理等服务往往不符合外部客户的期望。过度扩张、有时甚至效率低下和官僚主义的大学环境，与这种发展“专业服务企业”精神相冲突的情况不仅仅存在于德比大学，这也正是吉布的官僚企业创业困境概念的体现。①

① 参见吉布（Gibb，2002）。

四、创业学习型团队的形成和发展

2001 年时，德比大学中还没有负责创业教育的教学人员。接下来五年，创业学习活动及其对制度的影响增长显著。这包括本科生、硕士生和博士生的创业课程发展；教学、学习和评估方法的创新；为学生、毕业生和当地社区资助的创业项目；基于实践的创业学习研究及内外部关系网中教育者、实践者以及影响者的陆续参与。本章最后介绍 2006 年“创业激励教育”（Energising Enterprise Education，3Es）员工的发展活动，该活动代表德比大学一个里程碑式的成就。

这项活动源于一个创业学习型团队的成果，它为了解大学内部的创业发展做出重要贡献。该团队教授并发展创业教育，却发现他们只能在大学里作为创业者才能成功运作。该团队成员作为实践者的形成性和反思性学习经历是创业行动学习的过程，通过意义建构、重点介绍“关键事件”并从实践中得出“实践理论”。[①] 该团队的成长与团队研究发展相关，这也表明显著变化发展往往归因于团队而不是个人成效。[②]

高等教育机构的创业教育者往往来自不同背景，而非“传统”的专业学者。这支队伍曾被赋予新角色，对每个人而言，这都意味着是一次职业生涯的挑战，他们要超越自己以往的经验，在学习中不断进步。高等教育历来鼓励和奖励个人，而不是一个团队的努力，但当大学创业中心拥有强大的团队合作时，其效率是最高的，例如杜伦大学小企业中心，以及更新的案例：诺丁汉大学创业与创新研究所（University of Nottingham Institute for Enterpreneurship & Innovation，UNIEI）、利兹都会大学和格拉摩根的大学。这个团队由三个人组成：

① 大卫 · 雷伊（David Rae，DR），于 2001 年被聘为德比大学德比郡商学院创业发展总监，并成为其在区域创业发展中的代表。他的工作经历

---

① 参见科普（Cope，2005），雷伊（Rae，2004，2005），韦克（Weick，1995）。

② 参见伯利和斯托克利（Birley and Stockley，2000），维卡纳姆等（Vyakarnam *et al.*，1999）。

包括运营学生娱乐设施、在出版业工作及在负责创业和培训的公共部门机构中工作并经营自己的培训业务，同时完成教育硕士（M.Ed.）学位。他曾作为高级讲师加入诺丁汉商学院，在那里他为新创业者和自我经营管理的公司开发了外部资助项目，并在“蜂巢”（The Hive）建立中起重要作用，“蜂巢”是毕业生创新者和创业者中心。在德比大学，他第一次在高等教育中获得管理角色，在此之前，他已创建四个新公司、两个独立企业和两个隶属大型组织的企业。

② 西蒙·吉（Simon Gee，SG），拥有建筑、房地产开发及小企业管理的职业背景。在经历一段时间的建筑实践和项目管理的自我雇佣后，他获得了工商管理硕士学位，并建立了一个成功的房地产投资小企业，且在德比大学国际项目中兼职讲课。在维持商业兴趣的同时，他于 2001 年被聘为创业高级讲师，这是他第一个全职的学术任命。

③罗伯特·穆恩（Rob Moon，RM），在转行攻读工商管理硕士并开始自己的执教生涯前，他的职业生涯始于航空发动机设计并拥有计算机辅助设计、创新项目管理的经验和专门研究跨组织边界的创业方法。他于 2003 年被聘为创业讲师，这是他第一个全职的学术任命。

团队中的每一个人都在他们的职业生涯早中期有意转行进入高等教育领域，并取得硕士学位。他们每个人都有在小型企业或公司企业工作及独立工作的经验。作为一个团队，他们提出了一种共享精神来改变大学创业学习方法，并通过管理多个计划、任务和角色的灵活性，来发挥每个团队成员的优长并向这个目标迈进。

五、东米德兰科技创业联盟（EMSEN）

2001 年，东米德兰科技创业联盟成为了科学创业中心第二阶段一次成功竞标的主题，这是诺丁汉大学创新创业研究所发起的一个合作项目，其中涵盖了该地区所有的高等教育机构，将创业教育扩展到科学、技术和跨学科领域中。初期资助从 2001—2003 年延续到 2004—2006 年。参与东米德兰科技创业联盟对德比大学团队来说是一个重要体验，这让他们接触到成功的创业教育实例和专业知识，这个联盟将推动整个地区大学文化变迁的人都聚集起来，为在每个机构从事推进商业计划的变革者建立一个联盟。沃伦（Warren）曾写过关于东米德兰科技创业联盟经验的教育挑战的文章，[①] 吉布斯（Gibbs）也阐述过这一联盟更广泛的政策意义。[②]

德比大学参与东米德兰科技创业联盟是为发展创业教育和相关活动；激发创业文化和活动；加深区域伙伴关系并从中获益，与不断发展的新企业接洽，这其中就包括毕业生自主创业企业；并支持创业管理中心（Centre for Entrepreneurial Management，CEM）的建立，这家管理中心的目的是要发展教育中与创业有关的活动，以及在企业创办和发展、知识转移、区域发展和商业活动中发挥核心作用。

表 17–1　德比大学参与东米德兰科技创业联盟的创业成果（2001—2006 年）

输出	2001—2002	2002—2003	2003—2004	2004—2005	2005—2006
创业学习者	170	248	391	493	576
创新项目	2	6	9	16	17
新成立企业	1	4	7	30	32
商业和社区项目	0	20	49	20	22
新企业课程 / 模块	2	2	2	3	6
创业导师	4	8	12	23	25

现在看来，东米德兰科技创业联盟资助活动的合同目标是相当受限的。但他们都遵循合同规则并鼓励创新思维和有目的的活动，以确保他们每年都达到稳步增长的活动规模。表 17–1 显示德比大学在参与东米德兰科技创业联盟后，2001 年至 2006 年这五年创业成果突出的进步。

这种贡献如上表所示，对这五年间与通过东米德兰科技创业联盟合作实现的总成果进行比较：

① 8000 多名本科生和研究生参与创业与创新项目；

② 开展 250 多个“真实”业务 / 以社区为基础的项目和 350 多个学生岗位；

---

① 参见沃伦（Warren，2003）。

② 参见吉布斯（Gibbs，2006）。

③ 250 多个学术 / 行政人员参与知识转移项目；

④ 350 多个已评估的创新经营理念及形成或孵化 100 多个新企业；

⑤ 2000 多个以区域为基础的企业参与课程设计、发展和讲授；

⑥ 开办学生创业比赛、促进社会企业发展、与商业支援机构建立联系、开发新学术模块 / 课程[①]。

该团队概括出的结论是，2001 年至 2006 年，德比大学创业发展共经历六个阶段：初创、组织、发展、扩展、重新调整和更广泛的参与。表 17–2 记录了这些阶段，并呈现了团队每年的显著成就及重大事件。

六、团队创业带动了不同学科间的互动

表 17–2　企业发展阶段与企业成长中的重要活动

2001年——初始阶段
大卫·雷伊和西蒙·吉受聘 商学院开始参与大学区域创业发展活动 东米德兰科技创业联盟竞标成功，开启五年的持续发展 运用创业管理模块重新恢复工商管理硕士学位 拟建创业管理中心
2002年——组织阶段
在重组的负责创业、外部管理发展和知识转化活动的商学院成立创业管理中心 为本科生“交叉学科项目”（Combined Subject Programme，CSP）开发三个模块的创业课程 为工商管理硕士课程提供创业管理模块 在心理学和地球科学专业提供创业课程 为自我经营管理者与创业孵化提供业务发展计划
2003年——发展阶段
与大学企业孵化正式签订协议 为毕业生创业者开发新创业项目 修订“交叉学科项目”以恢复创业联合辅修学位 聘请罗伯特·穆恩 在环境科学专业与产品设计专业教授创业课程 工商管理博士（DBA）推出基于实践研究的博士项目 在东米德兰科技创业联盟莱斯特会议上展示德比大学创业团队 在国际中小企业联合会（ICSB）会议上，大卫·雷伊在五项卓越研究奖中获得第一名

① 参见吉布斯（Gibbs，2006）。

续表

2004年——扩展阶段
罗伯特·穆恩和大卫·雷伊参加麻省理工学院创业发展项目 与次区域发展机构共同进行的“德比郡创业”试点项目 开发“商业发展聚焦项目”，在 2004—2007 年间成功运行 为计算机与摄影专业开设创业课程 将德比大学学科交叉项目创业管理设立为一个联合学位 为东米德兰科技创业联盟赢得高等教育创新基金第二轮资助，2004—2006 年间第三方活动制度化
2005年——重新调整阶段
与德比大学创业管理中心改组商学院，注重创业、创新和资助项目 第二届高等教育创新基金和次区域企业项目交付 制定创业管理研究生学位规划 制定“创业激励教育”活动策划 向公司管理团队介绍大学创业战略 为旅游、体育和酒店管理专业提供创业课程
2006年——更广泛的参与阶段
“创业激励教育”活动启动 创业管理研究生学位生效并启动 第二届高等教育创新基金和次区域创业项目完成 2006—2008 年主要区域和次区域创业项目成功奖 参与第三届高等教育创新基金招标并取得成功，为学生设立创业启动奖学金 大卫·雷伊受聘于林肯大学

需要注意的是，这个级别的成就已不能通过每个人独立工作来实现，也不能以传统方式，即按照大学常规程序通过团队协作来实现。最重要的可迁移学习点是一个创业学习型团队把创业学习与机构内一系列其他相互影响的领域联系起来。他们只有通过团队合作，不断促进学习并采用创新性的方式才能达到目标。同时，这个团队协作是包容性的而不是排他性的，通过连接相关商业计划的联合项目与校内外团队接洽。由诺丁汉大学创新创业研究所引领的这种类型的创业团队协作，是东米德兰科技创业联盟关系网的一个特色，并且在区域创业发展战略团队中也十分明显。图 17–1 说明在高等教育中的创业背景下创业团队如何在五个关键领域之间相互作用。具体包括五个方面：

① 大学的使命和战略管理：通过向校长和高级管理者提议，来影响和确保在学校战略和计划中体现创业。

② 创业课程：在整个高等教育机构中发展，并嵌入创业课程。

③ 引导学生创业：让学生参与创业性的学习活动。

④ 外部社区：与外部社区连接，建立创业动态伙伴关系。

⑤ 第三方活动：设立第三方项目以维持和发展创业。

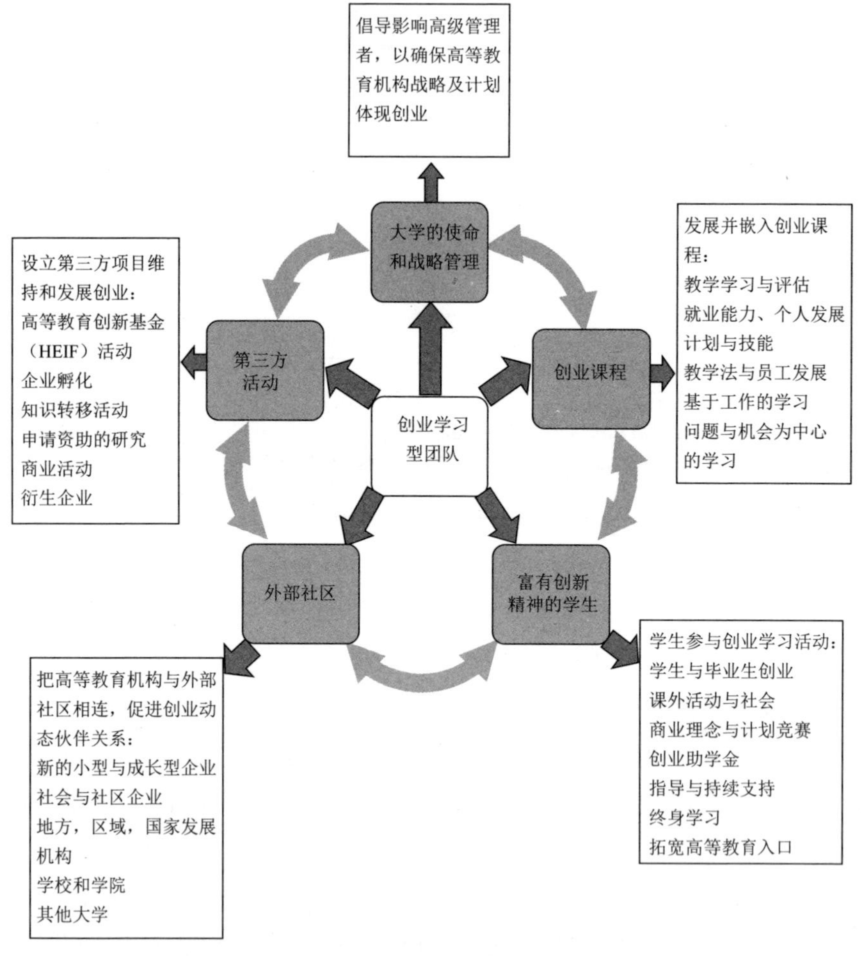

图 17-1　创业学习型团队五个相互作用的关键区域

七、学校高级管理者致力于创业

在高等教育的复杂环境中，人们不可避免地要专门研究特定学科和从事特殊类型的研究工作，创业团队也不例外。危险的是，人们很难找到“共同事业”的焦点或不同学科领域之间的潜在机遇，因为缺乏互动从而导致“筒仓管理”（silo management）的出现，就这一点来说吉布是商学院的批判者。[①] 这甚至可适用于高等教育机构高级管理者的工作。有人可能会认为，大学高级管理者最重要的任务是让大学更具创业性，但这忽略了他们所负责活动的复杂性和范围，其中不仅包括对大学的治理和管理，也包括对一系列外部组织的负责。在 2001—2006 年间，德比大学高级管理者变得更支持并倾向于创业，特别是在 2004—2005 年间自校长、副校长、业务发展主任的人事变动后更是如此。这些高级管理者与迪恩斯学院（Faculty Deans）一起，筹备倡导、引领和鼓励大学创业，没有他们的支持任何发展都会受限。然而，对这些高级管理者来说，创业仅仅是他们关注的问题之一；而对于创业学习型团队（entrepreneurial learning team，ELT）来说，创业则是他们的主要关注点。因此，从创业角度影响高等教育机构（HEI）战略，并为在组织中实现创业方法与高管进行互动是十分重要的。

这种包容的团队合作在“创业激励教育活动”中得以证明。这一活动也是这个团队开展的最宏大的项目之一。它运用“关键事件”的简短案例教学，展示了团队的创新方法。在评估 2005 年的进展时，可以清晰地发现在大学创业发展存在显著的文化障碍，过去四年的变化缓慢，很少有管理者和教学人员参与其中。该团队认为，最好的办法是让更多大学教学人员参与理解和应用创业方法。为实现这一目标，他们需要克服文化障碍，让整个大学工作人员认识到“创业学习对我来说意味着什么”。

八、创业激励教育员工发展活动：通过员工发展实现文化变革

举办这一重大员工发展活动是为激发并分享他们对于如大学课程中所

---

① 参见吉布（Gibb，2002）。

有学科领域的创业技能和创业学习，以及在与合作机构工作中的创业作用等问题的观点。活动的目标是：

① 共享和加深对以下三个问题的理解——学习和教育中的创业、就业和职业、与企业和社区建立良好关系；

② 在整个课程的教学和激励创业学习的过程中，培养学生的技能、创新能力和自信心；

③ 将创业与大学在经济和社会中更广泛的作用联系起来，特别是在促进经济增长和扩大学习入口的作用上。

据预计，参与者将得到以下学习成果：

① 了解创业教学和学习是如何与他们的工作有关；

② 从优秀实践案例中学习并运用它；

③ 发现创业学习资源和方法；

④ 交流、学习并从创业与创新性参与者身上得到启发。

一个工作小组策划并组织这次活动，它包括团队中的两名成员，一位是管理人员，以及职业发展中心、质量提升与员工发展中心、教学与评估联盟、区域创业发展办公室及企业孵化中心经理的代表们。这个小组在敲定计划、组织演讲者和主持人、提供咨询和支持营销与详细的计划组织，以及在协助当天的活动中起到至关重要的作用。小组每个成员能通过活动来实现其计划的一部分，例如，通过就业服务将创业与学生就业能力联系起来。

本次活动对所有涉及创业、就业能力、外部企业、社区和教育的员工实行全面开放。77 名高校教职工和 45 名来自外部机构的人员，包括其他大学、学院、学校、企业和公共部门机构的人员参加本活动，来促进高校教职工和外部机构之间的联络和协作。

从创业激励教育员工发展活动中得到的成果和结论有以下几点：

① 本次活动成功地实现其目标，并吸引一些对创业经验反响积极的人。它的成功离不开过去四年中合作关系、课程和团队合作的发展。

② 从外部来看，合作伙伴和同行认为该活动是创新的，学校在创业发

展上的领先实践使其更具知名度，并有效展示其能力。与合作机构的外部互动为活动的成功提供了保障。

③从内部来看，此次活动所依赖的捐助和支持，不仅来自创业学习型团队，也来自企业发展、职业发展、质量提升与员工发展及教学与评估等方面成员的投入，这表明通过有效的内部团队协作，创业能够在机构中取得最好效果。

④ 在大学使命这一更加广阔的语境下，本次活动增强了人们对于加强创业学习、技能训练、创新学习、教学和评估、就业能力、扩大参与及商业与社区发展之间联系的意识。

⑤ 团队被问道："什么时候再组织这样的活动？" 这反映出在大学中继续推动一种创业文化、一个有效的内部网络来支持商业计划、确保学生都能最大限度参与，以及找到与企业建立良好关系的创造性方法的重要性。

九、在德比大学实现了什么？

虽然创业在德比大学取得显著进展，并建立课程，但真正意义上来说，面向的学生数量仍有限（在 2005—2006 年间只有 576 名）。虽然员工和学校教学与评估发展活动促使越来越多的学生学习创业方法，但将创业扩展成面向全体学生的课程还有很多工作要做："如今创业教育范围得到很好的发展和组织。创业课程虽然存在，但只是存在于集中区域，而不是存在所有院系。"（引自一个匿名受访者的调查描述）

创业学习已与毕业生企业孵化支持项目相连接，通过地区创业项目能够建立起该地区的新企业与大学的联系。但创业和孵化仍分开管理，为校园创业者提供专门的"工作和学习空间"的工作进展缓慢。

2006 年，通过发放电子问卷的方式，对关键知情人群体对"创业型大学"的看法进行了调查。这些知情人包括校长（Vice Chancellor，VC）、副校长、业务发展主任、学院院长、副院长，企业孵化和发展伙伴关系的经理与东米德兰科技创业联盟主席。他们对提出的三个问题的回答，摘录如下。

① 你是否认为德比大学在鼓励学生、员工、企业和社区开展创业活动

中已取得进展，并逐渐向“创业型大学”发展？

在德比大学，你为创业描绘了宏伟蓝图，并吸引到了一些重要人士的参与——高级管理者、学术型企业家、教学团队，当然还有学生。

构建核心讲授团队一直是德比大学案例中成功的关键，令一套核心价值观与丰富多样的课程设置相符合。

具体的意义将在发展过程的中期到长期中进行判断。我相信这种影响会随着理念建构更加显著。

总体来说，德比大学通过提高其在大学中的知名度、推动问题提上议事日程、制定课程和成为创业领域公认的专家，在过去五年中已取得长足进步。未来面临的挑战是扩大这一点，鼓励更多毕业生创立企业、实现对外创收、改善系统和进程，使他们能应付快速变化的动态环境。

在这方面已有显著进步，尤其在过去 12 个月里。在校长和更强的区域和次区域雇主 / 社区参与的变化后，这种类型的活动有一个文化转移。尽管我们正在朝正确的方向发展，但目前还没有建立起作为一个“创业型大学”的声誉。

② 在成为一个“创业型大学”的过程中，你认为德比大学取得的进展有怎样重大的意义？

在艺术与设计中，存在一种对于创造、创新、创业的天然渴望，一些第三方活动也允许这种渴望被认可、被赞扬并起积极作用，而不是被埋没在课程中。

随着更加一体化的服务、沟通、联合风险投资及类似“创业型大学”的思想和行为的发展，鼓励支持企业创建的势头只增不减。

在创业激励教育员工发展活动、新校长、商业发展系（Business Development Unit，BDU）、商业政策和基金等资助的推动下，管理人员和工作人员在发展创业技能和行为时发生文化转变。

充满活力的团队推动创业文化发展。除为“客户”提供创业发展活动外，也有效促进员工发展。

③ 你认为德比大学在成为一个更具创业型组织的过程中，遇到的最大制约或限制是什么?

受访者认为互相矛盾的目标和优先处理问题，以及同管理投入和重点，是成为更具创业性的大学的主要制约因素。有限的内部员工和财政资源，以及现有文化和制度，是相对不显著的制约因素:

> 有无数的历史实践需要时间来解读，它们扎根于一个大学文化网络中。当人员更换时会发生重大变化，而历史和神话逐渐消除。
>
> 所有大学都面临现有文化和制度的问题。在德比大学案例中，领导层的改变有助于推进商业计划。
>
> 目前，德比大学在很大程度上依赖于英格兰高等教育基金管理委员会的资金，作为一个机构，它的创业限制是显而易见的。

受访者认为德比大学五年间已取得显著进展，尤其是在过去 12 个月内，在学校高层管理人员变化后，进展更快。变化过程中不同因素关系复杂且相互依赖，团队工作被公认为在这种关系中已发挥重要作用。很显然，受访者认为德比大学还不是一个创业型大学，但正在向那个方向发展。这加强了创业型大学概念是一个“成为”过程，而不是“存在”的固定状态的观点。

十、团队学到了什么?

该团队不断反思他们在开发、引进和使用大学创业学习时应用的方法和手段，包括哪些失败或不够成功的想法和创新。这是该团队创业协作的“实践理论”，通过反思实践来发展，并被证明是有效性的:①

① 你必须像一个创业者一样自信地行动，将你的计划变为现实。需要理解并致力于实现目标，相信改变会发生，每个人都相互协作，并带着不屈不挠的精神来面对。

② 改变文化需要改变语言和期望，以及挑战改变所要面临的文化障

① 参见雷伊（Rae，2004）。

碍。相对于“创业者”这一术语，“创业”这个词更容易被接受。

③ 团队关注的重点是在商学院（且经常是大学）之外，因为大部分机遇和资源来源于外部。识别和参与如东米德兰科技创业联盟、英国国家大学生创业促进委员会（NCGE）与地区性、国家性和国际性联盟等网络可用来进行自我培育，凭借内部和外部营销证明效益，并通过研究、新闻和媒体渠道加强团队的口碑与信誉。

④ 该团队必须具有创业性，通过建立创业、教育和商业政策计划之间新的联系，包括职业生涯和就业能力、创新教学学习和评估方法、企业孵化、对外创收和社区发展、员工发展和研究来提升创业性；这样做，大大增加了对创业学习和成果的影响。

⑤ 团队不仅需要一个创新者，而且也需要一个申请、审查、批评并在实践中提升创新的系统化过程。我们创新一个创业学习方法，即用在不同项目和模块组合中的“机会中心创业”。[①] 这种方法灵活且能适应不同群体和情况，能跟随商机变化运转且无需重塑核心产品。

⑥ 团队需要对行动负集体责任，需要运用综合技能，包括领导力、建立关系网和表现力、创造力和创新、组织和项目管理、实施、解决问题和运用技术、寻找和管理资源、市场营销和研究。因为没有人拥有全部技能，团队需要相互信任，以运用他们的最佳技能来实现目标。

⑦ 创业学习是社会性的、参与性的、建设性的、基于实践的、经验性的，并关乎个人成长；它不是说教式的教学或讲授，并不应该循规蹈矩。它应是启发性的、有趣的，并与情境相关，甚至对学习者来说是愉快的。导师是向导、协助者、顾问、激励者，也是与学生实际交往的榜样。我们的同学、同事和外部合作伙伴自信、积极且热情，他们分享了这样的观点：相信你所做的并尽情享受它吧！

---

① 参见雷伊（Rae，2003，2007）。

十一、有哪些效果并不是那么好?

在某些学科领域中，创业仍是一个新概念，文化和区域的问题，导致信任的缺失。在 2001—2002 年间，心理学等学科领域拒绝了创业概念，因为他们认为自己的未来是在一个“稳定的”英国国民健康保险制度（National Health Service，NHS）中，而与创业无关。五年后，该组织的文化变迁影响着学生经验，但它需要时间来改变根深蒂固的学术价值观：有人认为，“创业和创新对于许多专业学者来说仍比较新奇”。

把非商科类教师发展为创业导师也需要时间，为在课程中增强和提升学生的创业学习信心、热情和技能，教学人员的发展也有更多工作要做。在建设创业文化时不断鼓励和发展员工是至关重要的，正如德比大学设立的年度“优秀员工奖”。

德比大学与其他财政边缘的大学一样，比起非财务收益，它更重视从第三方活动中得到的财务收益，从而吸引这笔资金作为变革的着力点，因此建设可持续发展的且非资助的活动非常重要。改变大学行政管理的“数豆者”（bean counter，善于算计的人）思维模式更是如此，这种思维模式阻碍长期的发展:“一种收入最大化的文化会降低创业能力的可用性。”

吸引学生参与到课程之外的活动很难，比如：商业创意和计划大赛、特殊的晚间“创业俱乐部”。活动最初只吸引一小批“核心成员”，学生往往只是机械地集中关注与课程考核相关的作业及能带来短期利益的事情，因此必须确保能让学生感到活动与自己息息相关、富有吸引力且掌握主动权。

十二、结论

团队从德比大学 2001 年到 2006 年的艰难经历中学到很多，一些与他们相类似的实践者感兴趣的课程也在这个阶段被开发出来。这些与创业团队、大学文化背景以及包括大学和其他组织在内的创业网络作用有关。

由三位学者组成的核心团队在德比大学取得进步，无论个人或集体，他们从刚刚任命且毫无经验成长为对大学产生显著影响的创业团队。创业学习型团队的发展和效力，以及它提出的价值观、技能和方法被认为是变革过程中的关键因素。个人被任命为大学创业教育推动者或领导者这样的案例很多，通常在得到外部资金支持后，在试图变革课程、文化和制度时遇到困难和挫折。[①] 为行之有效，这种“变革推动者”需要制定共同参与者的内部网络，有可能包括不同学科领域、事业、企业或商业发展和外部资金人员，并获得高级管理层的支持。因为变化的产生需要通过集体行动，所以期待个人带来制度变革是一个更危险的模式，而创业团队可能是一个更有效的方法：正如创业一样，创业教育应被认为是“复数而不是单数”。[②] 一个团队比单独行动的个人更能带来广泛的技能、人脉和经验，以及更广泛的人际网络，即与学科、教职员工和学生接触的能力。因此，在任命和发展创业教育者时，大学应考虑他们凝聚、领导或参与团队和关系网络的能力。

还应认识到，任何高等教育机构都处于部门和机构都不断变化的一个复杂的、大型的组织。任何一个人或一个团队无论在时间上或是程度上或效果上对这种变化的影响能力都是有限的。变化的方向是不固定的，像发生在其他机构中的一样，领导阶层或环境的变化可能使其与创业型大学背道而驰。发展“创业型大学”的一个局限是：变化需要不断沟通，进展不是永久或固定的，并且可能会被内部或外部的变化削弱或抵消，如高层人事变动、资金损失变动或其他因素。除了将“创业型大学”看作是一个旅程而不是终点，没有简单的答案；换言之，不断的变化和发展是必由之路。

大学创业发展代表一种文化变迁，它与“基础文化”的冲突也许不可避免。德比大学起源于一个由地方当局管理的高等教育学院，受制于严格的内部和外部监管，而这种文化产生许多障碍，并引起创业和监管之间的矛盾；德比大学不是 1992 年后唯一经历这种紧张关系的新建大学，只有随

---

① 参见沃伦（Warren，2003）。

② 参见维卡纳姆等（Vyakarnam *et al.*，1999）。

着人们的进步和制度性的环境变迁，情况才能有所改观。冲突总会带来变革和学习。当创新给稳固与传统的定位带来挑战时，一种新定位就会被认为是最好的发展选择，德比大学就是这样的情况。

有人提出，实际上并没有“创业型大学”模型，而是存在一系列的基于各种权变因素的可能类型和模式。[①]这样，创业型大学可能不仅反映自己的历史和文化，同时也反映学生数量、地方与区域参与者和必须与之互动的组织。这些因素将包括那些不一定有助于学术创业的方面。例如，教学人员可能会抗拒他们眼中的高等教育“市场化”，不愿意接受学科内资本主义自由市场思想，因为在这些学科内批判性思维和独立思考受到重视。规则、管理和质量保证的学术体制可能会使课程改革缓慢或遇到困难，可能不欢迎创业被引入到课程中，特别是与不同教学方法联系在一起。人们需要了解这种障碍，因为它们可能不只展现出了一种惰性，它们还可能揭示大学文化认同中有价值的、难以改变的方面。我们从有关这一课题的文献可看出，每一所大学都需要建立并塑造自己的创业变革故事，虽然一所大学可以有无限潜力向另一所大学学习，但“一个模式”的复制是不可能成功的。也许民族文化是影响大学的一个显著因素；我们看到波兰高等教育机构的例子和最近加入欧盟的其他国家的高等教育机构及其学生，比德国学生对创业表现出更大的兴趣。不同文化有着不同的制度发展历程、传统及对高等教育有着不同的期待。

创业团队协作概念也可超越单一机构运作，例如与东米德兰科技创业联盟的合作关系，或大学和其他组织之间的合作关系。实证研究表明，这样的团队广泛地运作，但关于他们，人们知之甚少。有些可能是“便利组合”，聚在一起仅为获得资金，而其他人则发展出更具实质性和持久性的理念。我们的经验表明，通过创业、业务发展及创新，一些运营在德比大学或与其合作机构中的创业团队，以一种有组织的方式被制定。这样的团队走到一起，将问题变成一个机会并取得成果，要么适应并发展，要么就

① 参见皮特韦和汉农（Pittaway and Hannon，2007）。

解散。这种灵活和应急性结构的类型是必要的，尽管它们在具有刚性结构的学术部门还无法很好地被理解。另一个例子是2006年至2008年由数所英国大学实施的“通过教育发展实现学生创业配置”（Student Placement for Entrepreneurship through Education Development，SPEED）项目，其中以人际关系网络为基础的方案颇有成效，不仅为学生提供创建自己的企业并获得工作经验的机会，而且有效促进参与大学制度变革。[①]英国创业教育（Enterprise Educators UK，EEUK）会议和组织，以及诸如“通过教育发展实现学生创业配置”的项目，这些尽管相对简单但很有影响力的模式的发展，可以证明创业教育者学习关系网的产生与创新实践共享的潜力十分显著。但在项目由于缺乏可持续资源基础和“主流”资金而终止之前，这样的计划在一段时间内会得到国家政府或欧盟的资助，这也成为一种趋势。现有受资助的创业教育，急需创建自力更生的经营模式，但前提是要将创业教育作为课程的一个核心要素制度化并保持下来。

许多起源于英国国家大学生创业促进委员会且与创业相关的举措已在英国大学启动，并且这些举措为本研究提供了更广泛的范围。一项高等教育创业与创业精神的报告发现，学生参与创业占整个行业的11%，其中36%的学生在课程内参与创业，64%的学生则在课程外参与创业，有一半的大学展示出“创业特征”，包括学生创业孵化器、创业启动基金、员工培训、创业分管副校长、明确的创业政策及课程发展基金。[②]这些都被看作是创业活动的“基石”。随后一份报告评论说：“主要的结构、文化和观念上的障碍都使得创业教育很难融入到高等教育机构中。”[③]这份报告基于三项基本原则，且为高校实施创业教育提供了“被授权的环境利益相关者和创业实践者”的理论框架，这三项基本原则是：

①一个有利的制度环境的必要性；

②大学内部和外部主要利益相关者的参与；

① 参见伯奇和克莱门茨（Birch and Clements，2006）。

② 参见英国国家大学生创业促进委员会（NCGE，2007：2）。

③ 参见英国国家大学生创业促进委员会（NCGE，2008：6）。

③ 在教学、学习和支持实践方面发展创业教学法。

同样在 2008 年，英国国家大学生创业促进委员会推出三项新举措：

① 创业冠军领导和支持大学创业；

② 大学创业关系网连接产业、院校和学生；

③ 设立年度最佳创业型大学奖项。

七大因素被视为这些奖项的判断标准：

① 强有力的领导，为所有学生和员工提升创业能力；

② 与外部利益相关者的紧密联系能提供附加值；

③ 创业成果的交付对人们和组织产生影响；

④ 创新学习方法以激发创业行动；

⑤ 开放边界，鼓励组织之间有效的知识流动；

⑥ 多学科教育方法，模仿现实世界经验，专注于解决复杂的全球性挑战；

⑦ 促进创业思维和领导能力应用的发展。

这些发展与本章有何关联？第一，这些发展代表一个非常明确的、“国家干预经济的”规约性政策方向，作为一个代表英国政府部门的机构，该政策方向由全国毕业生创业委员会制定。在某些情况下对于一些机构来说，这些规定可能是有益的，但仍极具规约性。第二，这些发展表明按照以下设计原则，基于标准和框架将会产生文化变迁，且创业活动会增加，但也不能保证一定如此。正如有了组织发展的任何复杂规定，比起试图使用它们作为一个改变的方法，鼓励人们使用它们作为在自己组织内思考和讨论问题的一种方式可能更有价值。第三，这些发展不会改变我们的基本观点，即组织变革更可能是由一个团队来完成，而不是由一个人来完成。我们的论据是，变化是人文主义的，至少是组织化的，且这种规定并不能真正地解释实践者（比如我们自己）带来这种变革的方式。

因此，我们对有关这个问题研究的贡献是，提出创业型大学由团队实现，团队成员在组织内外如同创业者一样共同协作，并能策略性和实战性地行动，还能把不同的人和计划联系起来形成一连串的创业活动，这样的创业活动无论是在财政上还是在学习、创新和文化形式上都为学校与学生、教职工和外部合作者创造新价值。

缩写词:

BDU	德比大学商业发展系
CEM	德比大学创业管理中心
CHE	高等教育学院
CSP	德比大学学科交叉项目
DBA	工商管理博士
DR	大卫·雷伊(创业学习型团队成员)
EEUK	英国创业教育
ELT	创业学习型团队
EMIN	东米德兰孵化联盟
EMSEN	东米德兰科技创业联盟
EMUA	东米德兰大学协会
3Es	创业激励教育员工发展活动
EU	欧盟
HE	高等教育
HEFCE	英格兰高等教育基金管理委员会
HEI	高等教育机构
HEIF	高等教育创新基金(2000—2008 年提供三轮资金支持)
HEROBAC	高等教育商业与社区延伸基金(设立于高等教育创新基金之前)
LTA	大学教学与评估发展活动
MBA	工商管理硕士
M.Ed.	教育硕士研究生奖学金
MIT	麻省理工学院
NCGE	英国国家大学生创业促进委员会
NHS	英国国民健康保险制度
PhD	博士学位
QAA	高等教育质量保障局,HEFCE 的一个部门

RAE	由 HEFCE 实施的研究评估考核
RED	区域创业发展（德比大学商业发展联盟）
RM	罗伯特·穆恩（创业学习型团队成员）
SEC	科技创业大赛（在科学课程中发展创业的基金）
SG	西蒙·吉（创业学习型团队成员）
SPEED	“通过教育发展实现学生创业配置”项目
UNIEI	诺丁汉大学创业与创新研究所
UoD	德比大学
VC	校长

参考文献

Birch, C. and B. Clements (2006), “Creating graduate entrepreneurship through self-employed work placements – Project SPEED”, paper presented at the 29th Institute for Small Business Affairs Entrepreneurship and SME Development Conference, November, Cardiff .

Birley, S. and S. Stockley (2000), “Entrepreneurial teams and venture growth”, in D. Sexton and H. Landstrom(eds), *The Blackwell Handbook of Entrepreneurship*, Oxford: Blackwell.

Clark, B.R. (1998), *Creating Entrepreneurial Universities: Organizational Pathways of Transition*, Oxford: IAU Press/Elsevier.

Cope, J. (2005), “Toward a dynamic learning perspective of entrepreneurship”, *Entrepreneurship: Theory & Practice*, 29 (4), 373.

Dearing, R. (1997), *Higher Education in the Learning Society, Report of the National Committee of Inquiry into Higher Education*, Norwich: HMSO.

Deem, R. (2001), “Globalisation, new managerialism, academic capitalism and entrepreneurialism in universities:is the local dimension still important?”, *Comparative Education*, 37 (1), 7–20.

Department for Education and Skills (DfES) (2003), *The Future of Higher Education*,

Norwich: HMSO.

Department of Employment (1989), *Enterprise in Higher Education: Key Features of the Enterprise in Higher Education Proposals*, Sheffield: The Training Agency.

Garavan, T.N. and B. O' Cinnéide (1994), "Entrepreneurship education and training programmes: a review and evaluation – Part 1", *Journal of European Industrial Training*, 18 (8), 3–12; Part 2, 18 (11), 13–21.

Gelsenkirchen (2003), "The Gelsenkirchen declaration on institutional entrepreneurial management and entrepreneurial studies in higher education in Europe", *Higher Education in Europe*, 29 (2), 241–242.

Gibb, A. (2002), "In pursuit of a new 'enterprise' and 'entrepreneurship' paradigm for learning: creative destruction, new values, new ways of doing things and new combinations of knowledge", *International Journal of Management Reviews*, 4 (3), 213–231.

Gibb, A. (2005), "Towards the entrepreneurial university: entrepreneurship education as a lever for change", National Council for Graduate Entrepreneurship, Policy Paper No. 003, Birmingham.

Gibbs, R. (2006), "East Midlands Science Enterprise Network report, July 2006", University of Nottingham Institute for Enterprise & Innovation, Nottingham.

Gorman, G., D. Hanlon and W. King (1997), "Some research perspectives on entrepreneurship education, enterprise education and education for small business management: a ten-year literature review", *International Small Business Journal*, 15 (3), 56–77.

Hannon, P. (2004), *Making the Journey from Student to Entrepreneur: A Review of the Existing Research into Graduate Entrepreneurship*, Birmingham: National Council for Graduate Entrepreneurship.

Hannon, P. (2005), "Philosophies of enterprise and entrepreneurship education and challenges for higher education in the UK", *International Journal of Entrepreneurship & Innovation*, 6 (2), 105–114.

Kirby, D. (2006), "Creating entrepreneurial universities: a consideration", National Council for Graduate Entrepreneurship Working Paper 005/2006, Birmingham.

Kristensen, B. (1999), "The entrepreneurial university as a learning university", *Higher Education in Europe*, 24(1), 35–47.

Lambert, R. (2003), *Lambert Review of Business-University Collaboration*, Norwich: HMSO.

Lazzeroni, M. and A. Piccaluga (2003), "Towards the entrepreneurial university", *Local Economy*, 18 (1), 38–49.

Lazzoretti, L. and E. Tavoletti (2005), "Higher education excellence and local economic development: the case of the entrepreneurial University of Twente", *European Planning Studies*, 13 (3), 475–493.

Miclea, M. (2004), "'Learning to do' as a pillar of education and its links to entrepreneurial studies in higher education: European contexts and approaches", *Higher Education in Europe*, 29 (2), 221–231.

National Council for Graduate Entrepreneurship (NCGE) (2007), *Enterprise and Entrepreneurship in Higher Education*, Birmingham: NCGE.

National Council for Graduate Entrepreneurship (NCGE) (2008), *Developing Entrepreneurial Graduates:Putting entrepreneurship at the centre of higher education*, Birmingham: NCGE.

Pawlowski, K. (2003), "Towards the entrepreneurial university", *Higher Education in Europe*, 26 (3), 427–436.

Pittaway, L. and J. Cope (2005), "Entrepreneurship education – a systematic review of the evidence", paper presented at ISBE conference, Blackpool, 1–3 November.

Pittaway, L. and P. Hannon (2007), "Institutional strategies for developing enterprise education", paper presented at ISBE conference, Glasgow, 7–9 November.

Rae, D. (2003), "Opportunity centred learning: an innovation in enterprise education?", *Education and Training*, 45 (8/9), 542–549.

Rae, D.(2004), "Practical theories from entrepreneurs' stories: discursive approaches to entrepreneurial learning", *Journal of Small Business and Enterprise Development*, 11 (2), 195–202.

Rae, D. (2005), "Entrepreneurial learning: a narrative-based conceptual model", *Journal of Small Business & Enterprise Development*, 12 (3), 323–335.

Rae, D. (2007), *Entrepreneurship: From Opportunity to Action*, Basingstoke: Palgrave Macmillan.

Schulte, P. (2004), "The entrepreneurial university: a strategy for institutional development", *Higher Education in Europe*, 29 (2), 187–191.

Slaughter, S. and G. Leslie (1997), *Academic Capitalism*, Baltimore, MD: Johns Hopkins University Press.

Soares, V. and A. Amaral (1999), "The entrepreneurial university: a fine answer to a difficult problem?", *Higher Education in Europe*, 24 (1), 11–22.

Sole-Parellada, F., J. Coll-Bertran and T. Navarro-Hernandez (2001), "University Design and Development", *Higher Education in Europe*, 26 (3), 341–350.

Todorovic, W., R. McNaughton and P. Guild (2005), "Making university departments more entrepreneurial:the perspective from within", *International Journal of Entrepreneurship & Innovation*, 6 (2), 115–122.

Vyakarnam, S., R. Jacobs and J. Handelberg (1999), "Exploring the formation of entrepreneurial teams: the key to rapid growth business?", *Journal of Small Business & Enterprise Development*, 6 (2), 153–165.

Warren, L. (2003), "What are the educational challenges of the Science Enterprise Challenge?", paper presented at 48th ICSB Conference, Belfast, June.

Weick, K. (1995), *Sensemaking in Organizations*, Newbury Park, CA: Sage.

Zaharia, S. and E. Gibert (2005), "The entrepreneurial university in the knowledge society", *Higher Education in Europe*, 30 (1), 31–40.

第十八章 公司创业培训：一项关于常规的研究

贾尼斯·伯恩（Janice Byrne）

引言

创新形成竞争优势。[①] 然而随着企业组织机构老化和日益官僚化，他们将面临失去创业和创新驱动力这一根基的风险。给创新进程重新注入生机就需要积极地遴选、提拔和支持公司内的“变革者”。[②] 为公司管理人员提供转型培训是造就和培养这些“变革者”的一种方式。公司创业（Corporate Entrepreneurship，CE）项目可以有助于打击常常伴随着公司规模壮大而出现的僵化和官僚主义。[③] 广泛的员工培训已被发现可以促进组织创新，[④] 现在企业组织为了获取竞争优势，也越来越多地采用培训项目作为系统性改革的一部分。[⑤]

许多企业组织都采用公司创业培训（Corporate Entrepreneurship Training，CET）项目作为在现有组织机构下引导创新行为和创业活动的一种方式。[⑥] 针对管理人员的培训项目不再仅仅是传输知识，而是寻求唤起持

① 参见波特（Porter，1990）。
② 参见坎特（Kanter，1983）。
③ 参见索恩伯里（Thornberry，2003）。
④ 参见希普顿等（Shipton *et al.*，2006）。
⑤ 参见克莱格等（Kraiger *et al.*，2004）。
⑥ 参见霍恩斯比等（Hornsby *et al.*，2002），坎特（Kanter，1985），库拉特科等（Kuratko *et al.*，1990），索恩伯里（Thornberry，2003）。

久的行为转变。[①] 转型方案预设参加培训的管理人员会在行为上发生改变，以在之后的个人或企业组织的变革中更加高效。[②] 管理人员教育方案越来越多地被"作为重塑管理人员世界观与调整企业组织向新方向看齐的良机加以利用"。[③] 实施公司创业培训项目是为了鼓励参与者发现和利用创新机遇。他们的目标是"转换"管理人员的观念并培养新行为模式。但这些举措在实践中究竟效果如何？引导行为转变过程中的关键问题是什么？我们应如何观察和衡量这些举措的影响？

长期以来，企业常规被视为其组织行为的一种可观察的表现形式。企业组织中许多工作都通过常规表现出来，[④] 因此常规成为组织行为的一个重要元素。[⑤] 在进化、生态以及组织学习文献方面，对常规的分析是许多研究的基础。常规是指在某些规则和习惯束缚下的重复性行为模式，显示出企业组织所从事活动的许多特征。[⑥] 最近研究表明，公司常规在对组织变革过程理解中发挥着重要作用。[⑦] 常规既是惰性与阻力之源[⑧]，也是灵活的内生变化之本。[⑨] 研究还强调常规与代理人之间如何密不可分：常规正是由积极的"代理人们"颁布和重制的。[⑩]

迄今为止，在公司常规的文献中都没有充分探讨常规变革的潜力所在。人们仍需加深对在现有公司常规之上努力引进与施行变革所产生影响的理解。[⑪] 在组织文献中仍缺少对有关组织机构和管理者改变常规过程的解释。[⑫]

---

① 参见康格和辛（Conger and Xin，2000）。

② 参见凯茨·德·弗里斯和柯罗托夫（Kets de Vries and Korotov，2007）。

③ 参见康格和辛（Conger and Xin，2000：73）。

④ 参见西尔特和马奇（Cyert and March，1963），马奇和西蒙（March and Simon，1958）。

⑤ 参见费尔德曼（Feldman，2000）。

⑥ 参见西尔特和马奇（Cyert and March，1963），纳尔逊和温特（Nelson and Winter，1982）。

⑦ 参见贝克尔（Becker，2004），科恩等（Cohen *et al.*，1996）。

⑧ 参见汉南和弗里曼（Hannan and Freeman，1984），利文索尔和马奇（Levinthal and March，1993）。

⑨ 参见费尔德曼（Feldman，2000），迈纳（Miner，1991）。

⑩ 参见布莱斯南等（Bresnen *et al.*，2005），费尔德曼（Feldman，2000）。

⑪ 参见布莱斯南等（Bresnen *et al.*，2005）。

⑫ 参见埃德蒙森等（Edmondson *et al.*，2001）。

关于代理人通常如何帮助企业组织改革这一问题的深入探索也相对较少。[①]产品开发方面的创新已受到相当程度的重视，但人员方面的创新是否也一直得到了同等关注以及识别和培养具有创业潜力的人员仍是值得讨论的问题。[②]这种趋势在侧重于“过程”或把组织作为主要分析单位的公司创业文献中也得到体现。个人及其创业行为的代理人并未得到足够重视。[③]

本章试图研究公司创业培训项目是否可以影响个人意愿并引发其改变常规。第一节论述了这项研究的理论基础，借鉴公司创业与公司常规的文献来引发有关公司创业培训评估的一些重要思考。第二节介绍研究设计、研究背景并简述了一些研究方法选择和数据收集分析的过程。第三节概述了一些初步研究结果并探讨它们的解释和意义以开展进一步的研究。

一、理论基础

（一）创新与公司创业

作为一项核心创业活动，创新的结果很难预测。[④]这种结果源于企业组织的“变更”。[⑤]变更为挑选最合适且符合标准的创新举措过程提供原料。[⑥]任何背离惯例或传统的行为，无论是有意为之还是盲目而为都属于变更。[⑦]公司可通过以下方式激发自主的变更：①施行正式的实验和模仿计划；②为员工提供直接或间接的奖励；③鼓励无意识的变更或“玩笑”。[⑧]

公司创业是一个公司对外风险投资与对内开展创新和更新活动的总称。[⑨]在实施公司创业项目时，企业组织试图通过其中的制度化实验引发探

---

① 参见贝克尔（Becker，2004）。
② 参见汤普森（Thompson，2004）。
③ 参见切尔尼奇（Czernich，2004）。
④ 参见潘等（Phan *et al.*，2009）。
⑤ 参见奥德里奇和吕夫（Aldrich and Ruef，2006），伯格尔曼（Burgelman，1991）。
⑥ 参见奥德里奇和吕夫（Aldrich and Ruef，2006）。
⑦ 同上。
⑧ 参见迈纳（Miner，1994）。
⑨ 参见潘等（Phan *et al.*，2009）。

索性变化。[①]公司创业可理解为“个人或群体结合现有的组织，创建新组织或推动组织内部复兴与创新的过程”。[②]过去的非创业型公司为了生存和在竞争日益激烈、财政状况拮据的环境中获得成功也开始进行创业，因而公司创业覆盖范围不断扩大。[③]公司创业不是照常营业而是“不同寻常的业务”[④]，借助众多变化的产生来打破“现状”。无论变化源于何处，变化频率越高，企业组织实现变革的机会就越大。[⑤]

一些企业组织中，创新已成为一项可预测的常规活动，融入到大型组织官僚结构中。[⑥]那些有利于已知事物延续下去的结构和惯例往往与创新背道而驰。[⑦]在这种情况下，发生变更并引发重要创新的可能性就大大减少。寻求创新往往体现在对产品和生产流程的重视上，人们对这方面的创新在很大程度上被认为是“理所当然的”。[⑧]公司创业的培育则需要重视企业组织文化和结构。[⑨]同时打算创业的公司需要仔细考虑负责创业过程[⑩]的行动者或个人[⑪]，以实际行动帮助其发展。

1. 文化

文化是组织内部推进创业活动的一个决定性因素，也是这一过程的开端。[⑫]一个公司的创新能力受文化规范的影响。[⑬]无论在私人经营企业还是公办企业，越来越多的大型企业组织看重员工的机敏性格、机会识别能力、创造性地解决问题并主动采取措施的能力。[⑭]有志于创业的公司会营造出一

① 参见伯格尔曼（Burgelman，1983）。
② 参见夏尔马和克里斯曼（Sharma and Chrisman，1999：18）。
③ 参见潘等（Phan *et al.*，2009）。
④ 参见索恩伯里（Thornberry，2003）。
⑤ 参见奥德里奇和吕夫（Aldrich and Ruef，2006）。
⑥ 参见切尔尼奇（Czernich，2004）。
⑦ 参见坎特（Kanter，2000）。
⑧ 参见汤普森（Thompson，2004：1082）。
⑨ 参见爱尔兰等（Ireland *et al.*，2006），坎特（Kanter，1983，2000）。
⑩ 参见史蒂文森和哈里略（Stevenson and Jarillo，1990），汤普森（Thompson，2004）。
⑪ 参见切尔尼奇（Czernich，2004）。
⑫ 参见康沃尔和帕尔曼（Cornwall and Perlman，1990）。
⑬ 参见坎特（Kanter，1983）。
⑭ 参见宾克斯等（Binks *et al.*，2006）。

种期待奖励高水平成果的“文化自豪感”。[①] 支持创业行为的企业文化鼓励风险承担、寻求机遇和创新。[②] 高层管理人员的价值观和理念对创业价值观的塑造和传输发挥着关键作用。[③] 人力资源管理通常被看作是文化传输的媒介，[④] 因此成为了设计公司创业项目时的一个重要考量因素。

2. 结构和惯例

公司可以通过改变内部结构来创造更有利的创业环境。[⑤] 为使公司创业蓬勃发展，企业组织必须减少分割并鼓励跨部门跨职能的整合。[⑥] 前人的研究表明，创新在企业组织内部通过开发更有效率的新管理机制得以实现。[⑦] 创业型公司往往在提升员工技术能力的培训上进行更系统的投资，[⑧] 研究也印证了广泛的员工培训有助于公司创新。[⑨] 在公司创业进程中，组织内不同层级的参与者扮演的角色并不是彼此完全独立的。[⑩] 因此，推动跨部门、跨层级和跨职能的联系对创新极为重要——而培训就是可以加强这些联系的一个路径。[⑪]

3. 个人

企业组织的创新过程在很大程度上依赖“变革者”、[⑫]“内企业家”[⑬] 或“创业型经理人”[⑭] 来打开局面激发变革。公司创业者是那些不愿与同事一样安于现状的管理者或员工，是“想要将公司引入新航向的梦想家”。[⑮] 企

---

① 参见坎特（Kanter，1985）。
② 参见拜恩和法约尔（Byrne and Fayolle，2009）。
③ 参见科万和斯莱文（Covin and Slevin，1991）。
④ 参见邦奇（Bunch，2007）。
⑤ 参见爱尔兰等（Ireland *et al.*，2006）。
⑥ 参见坎特（Kanter，1985）。
⑦ 参见霍夫曼和赫加蒂（Hoffman and Hegarty，1993）。
⑧ 参见海顿（Hayton，2005），希普顿等（Shipton *et al.*，2006）。
⑨ 参见希普顿等（Shipton *et al.*，2006）。
⑩ 参见潘等（Phan *et al.*，2009）。
⑪ 参见克雷恩鲍姆和塔什曼（Kleinbaum and Tushman，2008）。
⑫ 参见坎特（Kanter，1983）。
⑬ 参见平肖（Pinchot，1985）。
⑭ 参见史蒂文森和哈里略（Stevenson and Jarillo，1990）。
⑮ 参见库拉特科和戈尔兹比（Kuratko and Goldsby，2004：13）。

业组织内各个层级的员工都可以成为公司创业的一分子——公司创业的开启过程既可以自上而下，也可以自下而上。[①]公司创业水平（即对机遇的追求）主要取决于公司内员工的态度。[②]中层管理人员不仅对自主战略方案提供至关重要的支持，[③]而且他们对公司创业环境的认知直接决定着项目实施是否有效。[④]

索里伯里[⑤]对美国四家大型公司的公司创业项目进行了评估后发现，对培养公司创业者来说，即便辅导和商业计划培训不是最重要的方式，也依旧不可或缺。培训有助于为企业文化注入新价值观、密切公司内部联系以及触发有远见的领导者和“变革者”所必需的个人“转型”。下面几段内容将对公司创业培训这一问题进行更详尽的探讨。

（二）公司创业培训

人力资源是竞争优势的重要来源之一，这个观念已成为越来越多人的共识。[⑥]一些公司试图通过对人员培训和开发的投资来发展优秀人力资源。[⑦]培训是通过学习和培养来提高个人、团队和公司效能的一种系统性方法。[⑧]越来越多的人意识到持续的竞争优势主要依靠人才而不是技术，因此公司培训内容更加丰富了。[⑨]开发是指为个人成长或未来工作和/或任务付出的提升个人知识与技能的系统性努力。[⑩]

一个公司的创业行为与其在鼓励员工追寻机遇方面的努力情况呈正相关：培训人员使其有能力发现机遇并在他们发现机遇时给予奖励。[⑪]公司

① 参见潘等（Phan *et al.*，2009）。
② 参见史蒂文森和哈里略（Stevenson and Jarillo，1990）。
③ 参见伯格尔曼（Burgelman，1983）。
④ 参见霍恩斯比等（Hornsby *et al.*，2002）。
⑤ 参见索里伯里（Thornberry，2003）。
⑥ 参见罗纳和吉布森（Ruona and Gibson，2004）。
⑦ 参见哈奇和戴尔（Hatch and Dyer，2004）。
⑧ 参见戈尔茨坦和福特（Goldstein and Ford，2002）。
⑨ 参见福特（Ford，1997）。
⑩ 参见阿吉尼斯和克莱格（Aguinis and Kraiger，2009）。
⑪ 参见史蒂文森和哈里略（Stevenson and Jarillo，1990）。

创业培训意味着鼓励“那些脱离惯性营业方式的新创意和新做法”。[①] 成功企业的领导者承认一旦那些具有创业倾向的员工得到技术培养，那么在公司的成功之路上，他们将成为有价值的贡献者。[②] 公司创业项目应考虑到企业组织环境及此背景下的战略目标。公司创业培训项目可加深全体参与者对公司所处竞争环境的认识并培养他们处理不确定性和复杂性环境的创业能力。[③]

即使开展培训项目，激发企业内创业也绝非易事。在那些将创新和创业放在经营策略次要位置的公司中，政策和惯例的堆叠可能会使重大创新步履维艰。[④] 创业管理与行政管理的需求之间也出现矛盾。公司创业的一个主要障碍是成熟的公司管理惯例与那些适于创建和运营新公司或新项目的举措间的持续性冲突。[⑤] 为使创业管理能支持“新”公司或“新”项目的创立，具有远见的领导者，“耐性资金周转”，灵活的规划，延续的、稳定的以及跨职能合作的团队是很重要的。[⑥] 不同层级、角色和职能的各个参与者都需要行为和认知的改变。员工和管理人员都需要调整和改变现有的惯例、行为以及思维方式，这样企业内部创业才能得以实现。

（三）公司常规

“常规”是企业组织变革的两个重要模块——组织生态和组织学进行概念分析的起点。[⑦] “常规”是一种将企业组织活动模式化的、规律的、可预测以及可辨别的行为和心理过程：在产品开发、工作设计和人力资源管理等很多领域中都可找到其身影。[⑧] 考虑到企业组织内部的发展和变革，“常规”存续的时间比个人更久，是可靠的分析单位。“常规”构成了一种遵循

---

① 参见海诺宁（Heinonen，2007：312）。
② 参见汤普森（Thompson，2004）。
③ 参见拜恩和法约尔（Byrne and Fayolle，2009）。
④ 参见坎特（Kanter，1985）。
⑤ 参见赛克斯和布洛克（Sykes and Block，1989）。
⑥ 参见坎特（Kanter，1985）。
⑦ 参见迈纳（Miner，1991）。
⑧ 参见加鲁尼克和威克斯（Galunic and Weeks，2001）。

一定规则和习惯的重复性行为模式，而这些规则和习惯在重复过程中并不会发生太大变化。[①]某人可能出于良好的意愿和目标[②]在其工作环境中创造并延续着某种“常规”（例如某种战略、文化惯例、规则或举措），但这种“常规”会比它的发明者存在更加长久。发明者可能会离开公司，但其常规却可保留下来并由继任者延续着。[③]

这种对公司常规的理解并没有为理解常规变革给予太多策略上的帮助。常规的“改变”或“调整”被看成是一个缓慢的进化过程，要在脱离代理人一段时间后才会显现。[④]然而，近期许多关于常规的研究开始重新审视代理人和变革的问题。常规既而被定义为在众多参与者间相互依存、重复且可辨别的行为模式。[⑤]诚然，对常规的研究需要厘清社会和人格碰撞过程中产生的影响。[⑥]更多更新后的内部生态模式给无论是盲目跟从还是深思熟虑的机制都留下了选择空间：常规不会自己重生，而是由代理人在某种原因下使其重现，这些原因需做出解释而不能主观臆测。[⑦]然而有关企业组织常规的文献并未指出如何“制定常规及其制定背景是如何影响它在某个特定时间点的使用情况，以及随着时间推移它的变化或持续情况”。[⑧]

如果公司创业涉及打破现状，我们则要在逻辑上假设那些成功的公司创业培训挑战了一些理所当然的公司常规，并且激励具有创业精神的人员和团队去挑战这些常规。任何对公司创业培训影响的评估都需考察培训参与者（即代理人）目前是否力图改变组织内被认为是理所当然和“习以为常”的做法（常规）。这样的培训项目可否引发常规的变化？是否可改变个体对公司常规的诠释或理解以实现创新和创业的蓬勃发展？培训能否为

---

① 参见纳尔逊和温特（Nelson and Winter，1982）。
② 参见莱维特和马奇（Levitt and March，1988）。
③ 参见舒尔茨（Schulz，2002）。
④ 参见莱维特和马（Levitt and March，1988），纳尔逊和温特（Nelson and Winter，1982）。
⑤ 参见费尔德曼和彭特兰（Feldman and Pentland，2003）。
⑥ 参见迈纳（Miner，1991）。
⑦ 参见加鲁尼克和威克斯（Galunic and Weeks，2001）。
⑧ 参见霍华德－格伦维尔（Howard-Grenville，2005：618）。

常规在个人层面的变革提供动力？在下一节内容中笔者将尽己所能揭开这些问题的答案。

二、研究设计

研究方法的选择并非对与错的问题，而是“适不适合”的问题，应由研究者的杰出才能和知识兴趣来引导[①]。由于缺乏对公司创业培训和公司常规二者关系的研究，笔者选择格拉泽和斯特劳斯（Strauss）[②]的扎根理论研究法来指导此项研究。扎根理论是一种系统的定性研究方法论，注重在研究过程中由数据生成理论。研究过程并非始于生成假设，而是以数据收集为开端。研究者利用多种方法进行数据收集并确定关键论题。笔者采用这一研究方法来初步研究反映创新及内部创业团队协作方式的“规律的、可预测的以及可辨别的行为和心理过程”。本章中笔者将展示目前研究的一个特定公司创业培训项目。鉴于这一案例和培训项目的重要性，我将在进一步详细说明研究设计决定前对其做出简短概述。出于保密，我们为实施培训项目的这一公司起一个弗瑞科（FreCo）的假名。下面我将给出一些有关公司和培训项目的背景信息。

（一）案例分析：弗瑞科公司内企业家的培养

弗瑞科公司是服务覆盖五大洲、客户超过1.7亿的大型电信集团。它在全球有1.15亿移动用户和1200多万宽带互联网（ADSL）用户。过去七年间，弗瑞科公司已为一些“高潜质”的中层管理者提供了公司创业培训项目。该项目的设计和实施是与一所领先的欧洲商学院管理教育部门合作完成的。这里所提到的培训项目，即“内企业家培养项目”（Developing Intrapreneurs Program，DIP），为25位中层管理人员一次性提供为期三个多月的培训。该项目始于2003年，平均每年培训三批人员。内企业家培养项目旨在提升所选拔的“高潜质”管理人员的创新和内部创业精神。起初该培训为自愿参加，但越来越多的管理人员被“期望”能参加公司系列的

---

① 参见伯格伦德（Berglund，2007）。

② 参见格拉泽和斯特劳斯（Glaser and Strauss，1967）。

培训项目。该项目在公司内部已声誉颇高，被宣扬为积极管理者的一个良好职业选择。那些入选的“高潜质”管理者的前途被看好。

在三到四个月的课程安排中，管理者要参加为期三周的旨在提高其“内部创业”技能的活动。他们被分为由六人组成的小组，组员安排都被有意设计成职能最大化和地域多样性的配置。培训期间学员要参加市场营销、财务、战略和团队建设等方面的互动研讨会、讲座和小组练习。所有课程都着重强调了创新和“内部创业”两大主题。在三门密集的内部培训课程间歇，组员要通过线上的电子邮件、电话会议，有时还有实体会议等方式协作。各小组（通常每批学员被分成四个小组，每个小组人数为五至六人）都会接到一项为团队开发服务或产品创新的任务并作为最终培训成果。

每批学员的创新项目都有一个反映组织内“热门”话题的核心主题（近期话题包括“金融危机”或“社交网络”）。在为期三周的培训中，有两周（第一周和最后一周）专门安排各小组在指定会议室中开展创新项目。在两周间的过渡期，各组实际上也在完成创新项目并由培训导师或教练给予持续的指导和支持。小组导师对小组的发展和进步做出反馈——个人也可依据自身意愿决定依靠这一导师制度的程度。在最后一周里，每组都要向其他参与者和由弗瑞科公司高管、培训项目负责人以及人力资源（HR）部门官员所组成的评委会展示本组创新项目。虽然不会明确标示某个创新项目为“优胜项目”，但被认定的确具有“创新”潜力的小组可以获得继续开发项目所需的资源和支持。

（二）方法选择

模型研究项目的研究方法必须与研究问题、前期工作、研究设计和理论成果之间相匹配。[①] 管理学理论研究都经历了新生向成熟连续发展的阶段。[②] 而现在要研究的主题即培训中尤其是内部创业培训中的常规变化在有关培训和公司创业的研究中尚未有较为充分的研究成果。鉴于此，本研究

① 参见埃德蒙森和麦克马纳斯（Edmondson and McManus，2007）。

② 同上。

处于新生理论构建阶段。虽然新生理论尝试性地回答关于方法和原因的新问题，但常常只表明了现象之间的新联系。[①]因此，这个脉络上的研究必须以“研究者兴趣出发的现象开放式调查”为引导。[②]基于这一框架，笔者进行了研究方法的选择。

尽管该理论尚处于新生状态，但研究过程仍须建立在理论基础指导之上。我们需要考虑许多研究设计问题。首先，在观察企业组织演进和变革时必须考虑分析单元的选择，例如：① 组织内常规和竞争力；②将组织看作是一个整体；③ 组织内所有群体或人员。[③]在本案例中，笔者对揭开常规的奥秘很感兴趣，因为学员认为常规在其成为一名公司创业者的过程中非常重要。笔者正在研究一个企业组织中的常规。由于该公司是一个大型全球性集团，并且其培训项目的参与者由来自不同部门（移动、商务等）、不同区域（罗马尼亚、波兰、埃及、法国等）以及不同职能（市场营销、技术、工程、金融等）的人员组成。有些参与者可能来自集团之前收购的国家移动运营商。因此，在公司的文化、惯例和常规上可能会存在一定程度的异质性。即使每个参与者都共处同一个企业组织环境，但他们脱胎于不同的公司常规。因此笔者对参与者 / 团队 / 常规的动态性十分感兴趣。

这项研究参考了个人和小组表现的主观描述。因此它可能易受到自我报告偏差的影响。虽然自我报告常引来非议，[④]但对其的关注往往是错位的。自我报告研究可作为一种初步技术来确定某个问题是否值得付出更高代价和更长时间的努力去研究。[⑤]为控制自我报告或主观评估可能出现的偏差，笔者有意询问了其他参与者并从小组导师那里寻求信息，以便更均衡地看待参与者提出来的常规。

另一个需要考虑的重要问题是选择性偏差及对渐进方式下的不确定性

---

① 参见埃德蒙森和麦克马纳斯（Edmondson and McManus，2007）。

② 参见埃德蒙森和麦克马纳斯（Edmondson and McManus，2007：1160）。

③ 参见奥德里奇和吕夫（Aldrich and Ruef，2006）。

④ 参见施密特（Schmitt，1994），斯佩克特（Spector，1994）。

⑤ 参见施密特（Schmitt，1994）。

做出解释的必要性。换言之，研究者必须注意不能只聚焦于成功者，还应对失败者进行研究①，也就是说，在对失败创业者所做出的努力中学得有关创业的知识。由此，在本案例中笔者不仅关注创新项目不断取得进展的小组，也关注那些没有获得成功的小组。

（三）数据收集

在新生理论研究中，理想的数据类型应该是“定性的、初为开放式的数据，且研究者在研究过程中需要对其含义做出解释”。收集方法可包括“采访、观察、从兴趣现象的实地考察中获取文本或其他资料”②。笔者打算参与一些数据收集阶段（最近刚刚完成第一阶段）。下面几段内容将对这些阶段做出概述。

1. 阶段一：观察和初步采访

在第一阶段中，笔者参与到培训项目中，熟悉其结构、内容和有效参与情况，观察了包括游戏、策略梳理、头脑风暴和团队挑战在内的多种教学场景中参加者的互动情况。笔者曾在培训课程的休息时间与参与者进行简短的交谈，也与多位授课教授探讨课程内容。笔者会见了（来自商学院的）项目总监与弗瑞科公司人力资源开发经理，与他们讨论项目宏观目标以及对参与者经历和评估程序的总体印象。笔者亲自了解了课程文件和手册（员工培训手册、对项目结果的内部反馈），并仔细研读了课程教材（案例研究、练习、光盘、能力评估表、阅读材料等）。

2. 阶段二：半结构化访谈

第二阶段我们对弗瑞科公司各部门参加公司创业培训的员工进行了 12 次半结构式访谈。受访者分属两个不同培训批次。笔者在第一组（第 15 批）培训最后一周以及第二组培训（第 16 批）第一周采访了学员。访谈是半结构化的，表 18-1 总结了主要问题。

① 参见奥德里奇和吕夫（Aldrich and Ruef，2006）。

② 参见埃德蒙森和麦克马纳斯（Edmondson and McManus，2007：1160）。

表 18–1　面试问题：第 15 批学员（第 3 周）

1. 你为什么决定参加这个课程？
2. 到目前为止你对该课程有哪些体验？
3. 这项课程什么地方吸引了你？
4. 你在课程中遇到了什么困难？
5. 你认为在这次培训中有所收获吗？
6. 这次培训给你带来了什么变化？
7. 这次培训会让你处理工作的方式有所不同吗？有什么不同？

当收集数据时，重要的一点是在专注于研究问题和探究现象时，面对参与者丰富的阅历保持足够的灵活性。[①] 笔者与第 15 批学员中前两三位参与者进行交流时，每个人都不断提到团队体验。在这几次采访中，笔者简单询问了他们培训包含哪些内容，他们的团队工作进展如何以及他们认为这次培训有什么重要“收获”。看来他们对团队活力和团队成员的认识对总体项目能产生的作用具有强大影响力。笔者意识到参与者心中对这项课程的期望值迥然不同，对课程涉及内容的理解程度多有差异。参与者的角色差异明显，他们认为能接触到什么样的“新”材料是体现培训项目价值的重要因素。这促使我稍微修订了访谈问题[②]，以便进一步探究。第16批学员尚处于培训第一周，所以我只围绕前五个问题进行了访谈。

表 18–2　修改后的面试问题

1. 你在公司里的角色是什么？
2. 你是怎么发现这项课程的？
3. 你为什么决定参加这项课程？
4. 你期望从这项课程中得到什么？
5. 到目前为止，你对该课程有哪些体验？
6. 到目前为止，你关于团队合作的体验如何？
7. 这项课程的什么地方吸引了你？
8. 你在课程中遇到了什么困难？
9. 你认为在这次培训中有所收获吗？
10. 你认为什么是内部创业者？

① 参见伯格伦德（Berglund，2007）。

② 见本页表 18–2。

续表

11. 作为内部创业者，你如何评价自己？ 12. 这次培训给你带来了什么变化？ 13. 这次培训会让你处理工作的方式有所不同吗？有什么不同？

3. 阶段三：观察

笔者准备继续观察后续培训参与者在团队训练和小组工作之余的互动、交流以及相互影响。笔者将对这些团队进行为期三个月的追踪，通过电子邮件定期与学员们保持联系并接收来自团队导师的反馈。通过对一个高级管理团队的长期反复观察，埃德蒙森[①]发现成员自己处于无意识的行为模式之下。因此对同一小组进行长期多次观察能让我们了解学员作为团队成员开展创新项目时，其行为方式和心理活动过程（即常规）的变化情况。

4. 阶段四：深度访谈

团队管理的行为方式基于时间周期变化而形成，所以时间对我们理解团队互动过程至关重要。[②]因此笔者将对每一次为期三周的教学（当进行团队合作时）进行观察，列席他们的小组会议并请求查看特定小组成员之间在这三个月中的电子邮件往来。笔者将在团队合作开始阶段、培训期间及培训尾声对所有组员进行采访。笔者也试图在培训结束后的六个月内对小组成员进行追踪，来跟进他们创新项目的状况及事后他们的想法与感受。

三、初步数据分析和调查结果

在定性研究工作中，数据的收集和分析阶段之间常会出现明显重叠。[③]该研究仍处于数据分析初期，在该阶段研究人员可进行“可控的投机取巧”，这使得我们可利用“个别案例的独特性和新主题的出现来完善由此产生的理论”。[④]在理论建构初期，数据分析应面向“主题内容分析和结构

① 参见埃德蒙森（Edmondson，2002）。

② 参见马克等（Marks *et al.*，2001）。

③ 参见马卡拉和图尔肯（Makela and Turcan，2007）。

④ 参见艾森哈特（Eisenhardt，1989：539）。

证据编码”。[①] 图 18–1 展示迄今为止从数据收集阶段中（阶段一和阶段二）确定出的几个最重要的“主题”。

个人发展
“我了解了很多对自己的认知和别人对我的看法”（S）
“我现在已经回到自己的团队，但我做事的方式与以往不同”（F）
“我回到公司时曾谈论过一些理念……一些曾与我共事过的人对此感到十分惊讶”（R）

人际交往过程
“我们保持着很好的联系……开始时，我们每周至少要抽出两个小时的时间来参加全体成员的电话会议……”（D）
“我们很难相处……这是一种文化问题，我们之间有时很难沟通……我是埃及人，我知道我说得太多，小组其他成员会觉得我太激动了……”（M）
“我们小组成员有很多差异……有些人个性非常强烈……有些人不爱说话，而是喜欢在一旁观察”（K）
“我们团队的合作确实经历了一些困难，因此我觉得并没有充分受益于这项培训。我们总是各自为战，并不经常在一起合作”（A）
“它让我在单独完成工作方面受益匪浅”（T）

核心范畴：
团队体验
“我们团队中有很多个性很强的人——拥有丰富经验和不同想法的人。因此，我们必须相互做出很多妥协以便达成共识”（R）
“我很幸运来到一个充满活力和创造力且汇聚众多人才的‘优秀’团队。一开始我们就通过树立团队价值观建立了共同文化。我们团队确实充满活力和创造力”（A）

领导力
“人们都害怕担任领导。在我们组内集体力量不如个人力量”（R）
“我现在要努力培养 / 发展我身边的人——停下来选派更多的人。我还看到了建设一支优秀团队的好处”（F）

跨职能培训
“在我们小组中，我们决定调换每位成员原来的职位……比如说，如果你是销售人员，那么你将分到财政人员的角色，如果你在 IT 部门工作，你将负责项目的营销工作”（P）
“我参加课程是因为我已拥有工程学背景，我想再学习一点营销方面的东西……”（J）

图 18-1　新兴主题

① 参见埃德蒙森和麦克马纳斯（Edmondson and McManus，2007：1160）。

在数据分析阶段，扎根理论家试图将数据和各种范畴概念化，再经过删减、详细阐述以及找出它们之间的关联最终将其整合为一个新理论。[①]一种操作方法是分三个阶段进行编码——开放式编码、轴心式编码和选择式编码。[②]在这三个阶段中，范畴或“主题”得以生成、联系起来并围绕某个“框架”结构被构建。[③]必须确定核心范畴并依据论点将主要范畴与其关联在一起。

笔者认为“团队体验”可能是一个核心范畴。初步研究结果表明，参与者的团队体验会影响他们改变常规的动机。“团队体验”在这里指团队的总职能以及参与者对其有效性的看法。在第 15 批学员中（此次培训中笔者对参与者进行了从始至终的观察），最成功的创新项目是由一个“调换”了成员职位的小组负责的，他们花费很多时间来了解彼此，围绕一组核心团队价值观（他们产生冲突时常以此为参考标准）建立团队，也提到这次培训对他们产生了许多影响。虽然这是一个孤立的案例，但显然正是这个团队的特别之处让他们产出了创新成果并对在公司内推行“内部创业”持积极态度。

在上述研究过程中所产生的论点将在与原始数据的对比中进行验证。[④]虽然研究处于早期阶段，但仍可形成一些初步论点，如下：

1. 拥有积极团队体验的培训参与者更有可能感到自己在培训里有所收获。

2–a. 拥有积极团队体验的培训参与者更有可能处于开展了有效人际交往的团队之中。

2–b. 处于开展了有效人际交往的团队之中的培训参与者更有可能进行常规改革。

3–a. 拥有积极团队体验的培训参与者更有可能在领导力上有所成长。

---

① 参见马卡拉和图尔肯（Makela and Turcan，2007）。
② 参见斯特劳斯和科尔宾（Strauss and Corbin，1998）。
③ 参见马卡拉和图尔肯（Makela and Turcan，2007）。
④ 同上。

3-b. 认为自己的领导力 / 理解力有所成长的培训参与者更可能进行常规改革。

4. 在团队中从事不同于平时职位的培训参与者更可能进行常规改革。

创业领域的扎根理论家将他们得出的结果与之前的研究结果进行仔细对比就能获益。[①] 这种情况下之前对公司创业的研究通常将企业组织而不是个人作为分析单位。此外这一领域的培训工作未曾被广泛研究。关于培训激发常规改革的可能性也缺乏实证研究。在下文中，笔者将借鉴有关创新和团队的文献来阐述初步研究成果。

研讨

在此项正在进行的研究项目中，笔者试图发掘一项内部创业培训项目是否能激发个人进行常规改革的动机。这类培训项目往往看重在追求创新过程中所需的远见、领导力和团队合作技巧。调查结果指出了在公司创业培训环境中团队体验可能带来的影响。

公司越来越依赖于团队和跨职能团队去不断创新产品和新工艺。[②] 以下几个因素可能促进或抑制团队层面的创新。一个团队的结构——其规模、存续期和多元性——可以影响创新的形成。培训中团队的多元性可影响参与者对公司常规的认识。当前的管理人员教育项目通常包含团队体验式练习，其参与者来自各个职位和部门以助于"学习经验的融会贯通"。[③] 在公司创业培训项目中，学员在与来自不同部门、职位和背景的众多参与者的接触中受益良多。这些学员带来了各种各样的团队合作常规和创新方法。培训参与者可以受益于他们团队的多元性——及其带来的知识共享。知识是创新活动的核心，[④] 具有不同知识背景下的不同视角的个人在进行公开讨论时所产生的"创意摩擦"可让公司从中受益。[⑤] 如果能成功管控潜在冲

---

① 参见马卡拉和图尔肯（Makela and Turcan，2007）。

② 参见安科纳和考德威尔（Ancona and Caldwell，1992），洛夫莱斯等（Lovelace *et al.*，2001）。

③ 参见康格和辛（Conger and Xin，2000）。

④ 参见库拉特科（Kuratko，2006）。

⑤ 参见伦纳德 – 巴顿（Leonard-Barton，1995）。

突，就可能产生全新的、具有创造性的以及令人激动的点子。①

然而，仅凭团队的多元性并不足以解释创新精神。②就创新而言，良好的人际交往能力和团队合作能力才是最重要的。为促进参与者的个人发展，使其学习如何在团队环境中进行创新并锻炼有效管理能力和人际交往能力，公司创业培训中的团队合作非常重要。在培训过程中团队互动强烈影响着个人学习和培训体验。事实证明，权力结构健全、心理状态安全稳定的团队能促进成员协作和学习。③学习可以促进学员重新理解公司常规继而提高创新能力。

团队研究还表明多元性是一把双刃剑，既能阻碍也能促进创新发展。④然而团队层面多元性的消极影响可以通过推进协商及运用解决争端技巧加以避免。⑤想要发挥培训效力就要明确在培训之前、过程中和结束后影响学习的因素。⑥这表明，为确保公司创业培训项目的效力，在课程中融入诸如协商和解决争端等软技巧至关重要。

领导力要素在公司创业培训中也极为重要。一个具有远见卓识的强有力的领导者对公司创业项目的成功至关重要。⑦权威结构既可促进也可抑制集体学习。⑧把一名具有创意鉴赏能力的高管与那些有创新动力的员工安排在一起，其创新之路前途光明。⑨金（King）⑩发现有创造力的团队成员都需要自由，卓有成效的领导者会基于成员和团队的协作能力而不是他们的技术能力来进行选择。培训中的团队领导者表现出的支持性、咨询性或非控制性沟通行为可促进团队成员努力创新，并有助于打造一个创新友好型的

① 参见罗菲（Roffe，1999）。
② 参见阿格雷尔和古斯塔夫森（Agrell and Gustafson，1996）。
③ 参见埃德蒙森等（Edmondson *et al.*，2001）。
④ 参见安科纳和考德威尔（Ancona and Caldwell，1992）。
⑤ 同上。
⑥ 参见福特（Ford，1997）。
⑦ 参见布沙尔（Bouchard，2008）。
⑧ 参见埃德蒙森等（Edmondson *et al.*，2001）。
⑨ 参见阿马比尔（Amabile，1983）。
⑩ 参见金（King，1995）。

团队环境。[①] 想要提升创新能力的公司应为其领导者 / 管理者提供人际关系培训。[②] 随着团队在公司中被更广泛地用以推动创新，对团队领导力的需求也变得更加迫切。[③]

四、结论

这项研究显然尚处于形成阶段。研究中使用和应用的理论还需要进一步探讨和研究。公司创业需整个企业组织内的员工采取创新的实践和发挥能动性。有时这些创新实践可能需要对公司常规进行重塑。个体对公司常规重新制定和再现。笔者的研究结果表明，培训经历可能会触发对常规的披露或质疑。许多学员感受到团队体验是培训项目中一个极其重要的元素。这样看来，一个团队的多元性、人际交往过程和领导力似乎会影响学员面对新常规时的开放度。或许个体在团队中感觉“越安全”就越有可能在团队中敞开胸怀，主动改变固有的做法或思维方式。在这项探索性研究中笔者注意到一个有趣的研究命题：在培训中的团队体验能在多大程度上推动个人在创新过程中进行常规变革。未来研究还可以探讨领导力、团队多元性和人际交往过程对常规改革的影响程度。

由于本研究的性质，辨明其中的因果关系有些困难。用定量和定性研究方法进行纵向探究，可能更适用于发掘参与者对公司常规的理解发生了什么改变。然而鉴于个人产生创业行为的动机可能受很多因素影响，对此进行衡量绝非易事。研究者还必须考虑方法偏差解释和研究设计局限对其报告结果普适性的影响。[④] 本研究中，截至目前为止，笔者只观察了一个公司创业培训项目的案例。培训参与者是同一公司成员，其他情况下的培训效果如何还需进一步研究。尽管存在这些局限性，这项研究仍可以被视作在公司创业培训领域中为更多假设驱动型理论的构建和验证奠定基础所迈出的第一步。

---

① 参见撒克（Thacker，1997）。

② 参见阿马比尔（Amabile，1983）。

③ 参见埃德蒙森等（Edmondson *et al.*，2001）。

④ 参见施密特（Schmitt，1994）。

参考文献

Agrell, A. and R. Gustafson (1996), "Innovation and creativity in work groups", in M. West (ed.), *Handbook of Work Group Psychology*, Chichester: Wiley.

Aguinis, H. and K. Kraiger (2009), "Benefits of training and development for individuals and teams, organizationsand society", *Annual Review of Psychology*, 60, 451–474.

Aldrich, H. and M. Ruef (2006), *Organisations Evolving*, 2nd edition, Thousand Oaks, CA: Sage.Amabile, T.M. (1983), *The Social Psychology of Creativity*, New York: Springer-Verlag.

Ancona, D.G. and D.F. Caldwell (1992), "Demography and design: predictors of new product team performance", *Organization Science* 3(3), 321–341.

Becker, M.C. (2004), "Organizational routines: a review of the literature", *Industrial and Corporate Change*, 13(4), 643–677.

Berglund, H. (2007), "Researching entrepreneurship as lived experience", in H. Neergaard and J. Parm Ulhoi(eds), *Handbook of Qualitative Research Methods in Entrepreneurship*, Cheltenham, UK and Northampton, MA, USA: Edward Elgar, pp. 75–93.

Binks, M., K. Starkey and C. Mahon (2006), "Entrepreneurship education and the business school", *Technology Analysis and Strategic Management*, 18(1), 1–18.

Bouchard, V. (2008), *Intrapreneuriat – Innovation et croissance: Entreprendre dans l'entreprise*, Paris: Dunod.

Bresnen M., A. Goussevskaia and J. Swan (2005), "Organizational routines, situated learning and processes of change in project-based organizations", *Project Management Journal*, 36 (3), 27–41.

Bunch, K. (2007), "Training failure as a consequence of organizational culture", *Human Resource Development Review*, 6(2), 142–163.

Burgelman, R.A. (1983), "A process model of internal corporate venturing in the diversified major firm", *Administrative Science Quarterly*, 28(2), 223–244.

Burgelman, R.A. (1991), "Intraorganizational ecology of strategy making and organizational adaption: theory and field research", *Organization Science*, 2(3), 239–261.

Byrne J. and A. Fayolle (2009), "Corporate entrepreneurship training evaluation: a model and a new research perspective", *Industry and Higher Education*, 23 (3), 1–13.

Cohen, M.D., R. Burkhart, G. Dosi, M. Egidi, L. Marengo, M. Warglien and S. Winter (1996), "Routines and other recurring action patterns of organizations: contemporary research issues", *Industrial and Corporate Change*, 5, 653–697.

Conger J.A. and K. Xin (2000), "Executive education in the 21st century", *Journal of Management Education*, 24(1), 73–101.

Cornwall, J.R. and B. Perlman (1990), *Organizational Entrepreneurship*, Homewood, IL: Irwin.

Covin, J.G. and D.P. Slevin (1991), "A conceptual model of entrepreneurship as firm behaviour", *Entrepreneurship Theory and Practice*, 16 (1), 7–24.

Cyert, R.M. and J.G. March (1963), *A Behavioural Theory of the Firm*, Englewood Cliffs, NJ: Financial Times Prentice Hall.

Czernich, C. (2004), *When Ideas meet Organizations: The Survival of Entrepreneurial Ventures Inside the Established Firm*, Stockholm: Institute of International Business.

Edmondson, A. (2002), "The local and variegated nature of learning in organizations", *Organization Science*, 13(2), 128–146.

Edmondson, A. and S. McManus (2007), "Methodological fitin management field research", *Academy of Management Review*, 32(4), 1155–1179.

Edmondson, A., R. Bohmer and G. Pisano (2001), "Disrupted routines: team learning and new technology implementation in hospitals", *Administrative Science Quarterly*, 46(4), 685–716.

Eisenhardt, K. (1989), "Building theories from case study research", *Academy of Management Review*, 14(4), 532–550.

Feldman, M. (2000), "Organizational routines as a source of continuous change", *Organization Science*, 11(6), 611–629.

Feldman, M. and B. Pentland (2003), “Reconceptualising organizational routines as a source of flexibility and change”, *Administrative Science Quarterly*, 48, 94–118.

Ford, J. (1997), Advances in training research and practice: an historical perspective in J.K. Ford, S. Kozlowski, K. Kraiger, E. Salas and M. Teachout (eds), *Improving Training Effectiveness in Work Organizations*, Mahwah, NJ: Lawrence Erlbaum Associates.

Galunic, D. and J. Weeks (2001), “Intraorganizational ecology”, in J. Baum (ed.), *A Companion to Organizations*, Oxford: Blackwell.

Glaser, B. and A. Strauss (1967), *The Discovery of Grounded Theory: Strategies for Qualitative Research,* Chicago, IL: Aldine.

Goldstein, I.L and J.K. Ford (2002), *Training in Organizations: Needs Assessment, Development, and Evaluation*, Belmont, CA: Wadsworth Belmont.

Hannan, M.T. and J. Freeman (1984), “Structural inertia and organizational change”, *Amercian Sociological Review*, 49 (2), 149–164.

Hatch, N. and J. Dyer (2004), “Human capital and learning as a source of sustainable competitive advantage”, *Strategic Management Journal*, 25(12), 1155–1178.

Hayton, J., (2005), “Promoting corporate entrepreneurship through human resource management practices: a review of empirical research”, *Human Resource Management*, 15 (1), 21–41.

Heinonen, J. (2007), “An entrepreneurial-directed approach to teaching corporate entrepreneurship at university level”, *Education and Training*, 49(4), 310–324.

Hoffman R. and H. Hegarty (1993), “Top management influences on innovations: effects of executive characteristics and social culture”, *Journal of Management*, 19(3), 549–574.

Hornsby, J., D. Kuratko and S. Zahra (2002), “Middle managers’ perception of the internal environment for corporate entrepreneurship: assessing a measurement scale”, *Journal of Business Venturing*, 17(3), 253–273.

Howard-Grenville, J. (2005), “The persistence of flexible organizational routines: the role of agency and organizational context”, *Organization Science*, 16(6), 618–636.

Ireland, R., D. Kuratko and M. Morris (2006), “A health audit for corporate entrepreneurship: innovation at all levels: part 1", *The Journal of Business Strategy*, 27(1), 10–17.

Kanter, R.M. (1983), *The Change Masters: Corporate Entrepreneurs at Work*, London: Unwin Hyman.

Kanter, R.M. (1985), "Supporting innovation and venture development in established companies", *Journal of Business Venturing*, 1 (1), 47–60.

Kanter, R.M., (2000), "When a thousand flowers bloom: structural, collective and social conditions for in novationin organizations", in R. Swedberg (ed.), *Entrepreneurship, The Social Science View*, Oxford: Oxford University Press.

Kets de Vries, M. and K. Korotov (2007), "Creating transformation executive education programs", *Academy of Management, Learning & Development*, special issue, 6 (3), 375–387.

King, S. (1995), "Managing creativity and learning", *Management Development Review*, 8 (5), 32–34.

Kleinbaum, A. and M. Tushman (2008), "Managing corporate social networks", *Harvard Business Review*, July–August, 26–27.

Kraiger K., D. McLinden and W. Casper (2004), "Collaborative planning for training impact", *Human Resource Management*, 43 (4), 337–351.

Kuratko, D.F. (2006), *Entrepreneurship: Theory, Process, Practice,* 7th edn, Mason, OH: Thomson South-Western.

Kuratko D. and M. Goldsby (2004), "Corporate entrepreneurs of rogue middle managers? A framework for ethical corporate entrepreneurship", *Journal of Business Ethics*, 55, 13–30.

Kuratko, D., R. Montagno and J. Hornsby (1990), "Developing an intrapreneurial assessment instrument for an effective corporate entrepreneurial environment", *Strategic Management Journal*, 11, 49–58.

Leonard-Barton, D. (1995), *Well-springs of Knowledge: Building and Sustaining the Sources of Innovation*, Boston, MA: Harvard Business School Press.

Levinthal, D. and J. March (1993), "The myopia of learning", *Strategic Management Journal*, 14, 95–112.

Levitt, B. and J. March (1988), "Organizational learning", *Annual Review of Sociology*, 14, 319–340.

Lovelace, K., D.L. Shapiro and L. Weingart (2001), "Maximizing cross-functional new product teams innovativeness and constraint adherence: a conflict communications perspective", *Academy of Management Journal*, 44 (4), 779–793.

Makela, M. and R. Turcan (2007), "Building grounded theory in entrepreneurship research", in H. Neergaardand J. Parm Ulhoi (eds), *Handbook of Qualitative Research Methods in Entrepreneurship*, Cheltenham, UKand Northampton, MA, USA: Edward Elgar.

March, J. and H. Simon (1958), *Organizations*, New York: John Wiley and Sons.

Marks, M., J. Mathieu and S. Zaccaro (2001), "A temporally based framework and taxonomy of team processes", *Academy of Management Review*, 26 (3), 356–376.

Miner, A. (1991), "Organizational evolution and the social ecology of jobs", *American Sociological Review*, 56(6), 772–784.

Miner, A.S. (1994), "Seeking adaptative advantage", in J.A.C. Baum and J. Singh (eds), *Evolutionary Dynamics of Organizations*, New York: Oxford University Press, Inc., pp. 76–89.

Nelson, R. and S. Winter (1982), *An Evolutionary Theory of Economic Change*, Cambridge: Belknap Press/Harvard University Press.

Phan, P.H., M. Wright, D. Ucbasaran and W.L. Tan (2009), "Corporate entrepreneurship: current research and future directions", *Journal of Business Venturing*, 24 (3), 197–205.

Pinchot, G. (1985), *Intrapreneuring*, New York: Harper and Row.

Porter, M. (1990), "The competitive advantage of nations", *Harvard Business Review*, March–April, 73–91.

Roffe, I. (1999), "Innovation and creativity in organizations: a review of the implications for training and development", *Journal of European Industrial Training*, 23 (4/5),

224–237.

Ruona, W. and S. Gibson (2004), “The making of twenty-first century HR: an analysis of the convergence of HRM, HRD, and OD”, *Human Resource Management*, 43 (1), 49–66.

Schmitt, N. (1994), “The importance of theory and measurement”, *Journal of Organizational Behavior*, 15 (5), 393–398.

Schulz, M., (2002), “Organizational learning”, in J.A.C. Baum (ed.) *The Blackhall Companion to Organization*, Oxford: Blackwell, 415–451.

Sharma P. and J. Chrisman (1999), “Toward a reconciliation of the definitional issues in the field of corporate entrepreneurship”, *Entrepreneurship Theory and Practice*, 23 (3), 11–28.

Shipton, H., M.A. West, J. Dawson, K. Birdi and P. Malcolm (2006), “HRM as a predictor of innovation”, *Human Resource Management Journal*, 16 (1), 3–27.

Spector, P.E. (1994), “Using self-report questionnaires in OB research: a comment on the use of a controversial method”, *Journal of Organizational Behavior*, 15 (5), 385–392.

Stevenson, H. and J. Jarillo (1990), “A paradigm of entrepreneurship: entrepreneurial management”, *Strategic Management Journal*, 11 (5), 17–27.

Strauss, A.L. and J. Corbin (1998), *Basics of Qualitative Research*, 2nd edn, Thousand Oaks, CA: Sage.

Sykes H.B. and Z. Block (1989), “Corporate venturing obstacles: sources and solutions”, *Journal of Business Venturing*, 4 (3), 159–167.

Thacker, R. (1997), “Team leader style: enhancing the creativity of employees in teams”, *Training for Quality*, 5 (4), 146–149.

Thompson, J. (2004), “Innovation through people”, *Management Decision*, 42 (9), 1082–1094.

Thornberry, N.E. (2003), “Corporate entrepreneurship: teaching managers to be entrepreneurs”, *The Journal of Management Development*, 22 (4), 329–344.

图书在版编目(CIP)数据

创业教育研究手册．第3卷／（法）阿兰·法约尔（Alain Fayolle）主编；刘志译，徐健文，周思瑞校．—北京：商务印书馆，2020
（创新创业教育译丛）
ISBN 978-7-100-18037-5

Ⅰ．①创… Ⅱ．①阿… ②刘… ③徐… ④周… Ⅲ．①创造教育—手册 Ⅳ．①G40-012

中国版本图书馆CIP数据核字（2020）第004433号

创业教育研究手册（第三卷）
〔法〕阿兰·法约尔（Alain Fayolle） 主编
刘 志 译
徐健文 周思瑞 校

商 务 印 书 馆 出 版
（北京王府井大街36号 邮政编码100710）
商 务 印 书 馆 发 行
艺堂印刷（天津）有限公司印刷
ISBN 978-7-100-18037-5

2020年8月第1版 开本710×1000 1/16
2020年8月第1次印刷 印张29
定价：87.00元